Das Verfügungsrecht beim Frachtgeschäft,

mit besonderer Berücksichtigung

des Postfrachtgeschäfts.

Von

Dr. jur. P. Leutke,

Postinspektor.

Berlin 1905.

J. Guttentag, Verlagsbuchhandlung,

G. m. b. H.

Vorwort.

Das Verfügungsrecht beim Frachtgeschäft ist monographisch seit längerer Zeit nicht mehr erörtert worden; für das Postfrachtgeschäft — dessen Gestaltung dem Verfasser praktisch besonders nahe lag — hat es eine selbständige Behandlung überhaupt noch nicht gefunden.

Die folgende Darstellung dürfte daher, zumal angesichts der Neuregelung unseres Privatrechtszustands durch das Bürgerliche Gesetzbuch und das neue Handelsgesetzbuch, nicht nur für den Juristen, sondern auch für den Post- und Eisenbahnbeamten und nicht zuletzt für den Kaufmann einiges Interesse bieten. Freilich erhebt die vorliegende Schrift nicht den Anspruch, den Gegenstand voll zu erschöpfen; Verfasser hofft namentlich die Fragen des internationalen Eisenbahn- und Postverkehrs sowie des Seerechts in den Kreis späterer Betrachtungen ziehen zu können.

Die Arbeit, zu der Verfasser die Anregung Herrn Professor Dr. Pappenheim in Kiel verdankt, war schon im Oktober 1901 abgeschlossen, doch ist die neuste Jurisdiktion und Literatur nachgetragen.

Das Sachregister hat Herr Gerichtsreferendar Kopka freundlichst aufgestellt, wofür ihm auch an dieser Stelle verbindlichster Dank gesagt sei.

Mitteilungen über Mängel oder Unrichtigkeiten und Ratschläge für den weiteren Ausbau werden stets willkommen sein.

Möge das Büchlein eine freundliche Aufnahme finden.

Königsberg (Pr.), im Dezember 1904.

Leutke.

Inhalt.

Teil II.

Vom Postfrachtgeschäft.

Literatur.

Anschütz, Deutsches Staatsrecht, in Holtzendorffs Enzyklopädie, 6. Aufl., 1904.
Arndt, Das Verordnungsrecht des Deutschen Reichs, 1884.
— Das Staatsrecht des Deutschen Reichs, 1901.
— Das selbständige Verordnungsrecht, 1902.
— Verfassung des Deutschen Reichs. Mit Einleitung und Kommentar. 2. Aufl., 1902.
— Staatsrecht und Verwaltungsrecht, in Birkmeyers Enzyklopädie der Rechtswissenschaft, 2. Aufl., 1904.
— Das RG. und die Begriffe „Gesetz" und Verwaltnngsvorschriften, im Verwaltungsarchiv Bd. 13 Heft 3.
Bähr, Über die sog. Verträge zugunsten Dritter, in den Jahrbüchern für die Dogmatik des heutigen römischen und deutschen Privatrechts, Bd. 6, 1863.
— Besprechung von Mandry, der zivilrechtl. Inhalt der Reichsgesetze, in der kritischen Vierteljahrsschrift für Gesetzgebung und Rechtswissenschaft, Bd. 25, 1883.
Buchmann, Die Stellung des Adressaten im Frachtgeschäft, Inaug.-Dissert. Regensburg, 1897.
Busch, Die deutschen Postgesetze „über die Bestellung (Ablieferung) usw." im Archiv für Theorie und Praxis des Handelsrechts, Bd. 20, 1871.
Cnyrim, de res personasve transportandi obligatione, quam cum posta contrahimus. Marburg. Inaug.-Dissert., 1854.
Coermann, Die deutsche und internationale Frachtgesetzgebung, 1901.
Cohen, Die Verträge zugunsten Dritter ꝛc. Rostock. Inaug.-Dissert., 1891.
Cosack, Lehrbuch des Handelsrechts, 6. Aufl., 1903.
— Lehrbuch des deutschen bürg. Rechts. Bd. 1, 4. Aufl., 1903, Bd. 2, 4. Aufl., 1904.
Dambach-v. Grimm, Das Gesetz über das Postwesen des Deutschen Reichs, 6. Aufl., 1901. Nachtrag dazu von **v. Grimm**. 1904.
Denkschrift, zum Entwurf eines HGB. und eines Einf.-Ges. in „Materialien zu den Reichs-Justizgesetzen, herausgegeben von Hahn und Mugdan, Bd. 6, 1897".
Dernburg, Preuß. Privatrecht, 5. Aufl., Bd. 1, 1894, Bd. 2, 1897.
— Das bürgerliche Recht des Deutschen Reichs und Preußens, 1. und 2. Aufl., Bd. 1, 1902, Bd. 2_1, 1899, Bd. 2_2, 1901.
Dernburg-Biermann, Pandekten, 7. Aufl., 1902 und 1903.
Düringer-Hachenburg, Das HGB. vom 10. Mai 1897, Bd. 1, 1899, Bd. 2 (Handelsgeschäfte — Allgemeine Vorschriften, bis § 372 einschl.), 1901.
Eger, Das deutsche Frachtrecht mit besond. Berücksicht. des Eisenbahnfrachtrechts, 2. Aufl., 3 Bde., 1888, 1890, 1891.
— Handbuch des preuß. Eisenbahnrechts, 2 Bde., 1889 und 1896.
— Die EVO. vom 26. 10. 1899, 2. Aufl., 1901.

Endemann, W., Recht der Eisenbahnen, 1886.
— Deutsches Handelsrecht, 4. Aufl., 1887.
— **Fr.**, Einführung in das Studium des BGB., 1898.
Enzyklopädie der Rechtswissenschaft, begründet von F. v. Holtzendorff, herausgegeben von Kohler, 6. Aufl., 2 Bde., 1904.
Faßbender, Hat der Adressat einer Postanweisung gemäß den die Reichspost betreffenden Spezialvorschriften in Verbindung mit dem subsidiär in Betracht kommenden bürgerlichen Rechte einen Rechtsanspruch auf Aushändigung der Postanweisungssumme? Leipz. Inaug.-Dissert., 1903.
Fischer, P. D., Die Post, 1901.
Fischer-König, Die deutsche Post- und Telegraphen-Gesetzgebung, 5. Aufl., 1902.
Fischer-Henle, BGB., 6. Aufl., 1904.
Förster-Eccius, Preuß. Privatrecht, 6. Aufl., 1892.
Förtsch, Die Reichsgesetze, betr. die privatrechtlichen Verhältnisse der Binnenschiffahrt und der Flößerei, 2. Aufl., 1900.
Freund, Besprechung von Mittelstein, Beitr. zum Postrecht, und Tinsch, die Postanweisung, in Z. 40.
Friedberg, Die Handelsgesetzgebung des Deutschen Reichs, 7. Aufl., 1904.
Frieg, Die rechtliche Konstruktion der Postanweisung. Erlang. Inaug.-Dissert., 1897.
Gad, Die Haftpflicht der deutschen Postanstalten, 1863.
Gangloff, Das gesetzliche Pfandrecht des Frachtführers am Frachtgut. Erlang. Inaug.-Dissert., 1897.
Gareis, Die Verträge zugunsten Dritter, 1873.
— Die Postanweisung, in den Blättern für Rechtsanwendung, zunächst in Bayern N. F., Bd. 34, 1889.
— Das Deutsche Handelsrecht, 7. Aufl., 1903.
Georgi, Verträge zugunsten Dritter. Tübing. Inaug.-Dissert., 1897.
Gerber-Cosack, System des deutschen Privatrechts, 17. Aufl., 1895.
Goldmann, Das RG., betr. die privatrechtlichen Verhältnisse der Binnenschiffahrt usw., 1896.
— Das HGB. v. 10. 5. 1897, erläutert (nur bis § 104 erschienen), 1901.
Goldschmidt, Handbuch des Handelsrechts, 1. Abt., 2. Aufl., 1874, 2. Abt., 1868.
— Universalgeschichte des Handelsrechts, 1891.
— System des Handelsrechts, 4. Aufl., 1892.
Gorden, Die EVO. vom 26. 10. 1899, 1900.
— Die Gepäckbeförderung in E. E. u. A., Bd. 17, 1901.
Günther, Das Frachtbriefduplikat nach Eisenbahnfrachtrecht, Rostock. Inaug.-Dissert., 1903.
Häbler, Die Haftpflicht ex recepto, 1884.
Hänel, Studien zum deutschen Staatsrechte, Bd. 1, 1873, Bd. 2, 1880 und 1888.
— Deutsches Staatsrecht, 1892.
v. Hahn, Kommentar zum Allg. Deutschen Handelsgesetzbuch, Bd. 2, 1883.
Heckhausen, Bedeutung und Wirkung des Frachtbriefes, Freiburg. Inaug.-Dissert., 1900.
Heim, Das Briefgeheimnis, im Archiv für Post und Telegraphie, 1900, S. 965 ff.
Hellhoff, Besitz- und Eigentumsübergang im Falle der Versendung nach geltendem deutschen Rechte. Freiburg. Inaug.-Dissert., 1903.

Hellwig, Die Verträge auf Leistung an Dritte, 1899.
Hensel, In den Annalen des Deutschen Reichs von Hirth und Seydel, Jahrgang 1882.
Hertz, Die Pfändung von Fernsprecheinrichtungen und Postanweisungsbeträgen in DJZ., 1903.
Hertzer, Vorlegung, Pfändung und Beschlagnahme von Gütern, die sich im Gewahrsam der Eisenbahn befinden, in Z. d. V. D. E., 1903, S. 881 ff.
Hillig, Das Frachtgeschäft der Eisenbahnen, 1864.
Hönncher, Die rechtliche Natur der Postanweisung, Leipzig. Inaug.-Dissert, 1898.
Höpfner, Im Archiv für die zivilistische Praxis, Bd. 36, 1853.
Hogrewe, Das selbständige Klagerecht des Adressaten einer Postsendung, Götting. Inaug.-Dissert., 1895.
Holl, Die Verträge zugunsten Dritter, Erlang. Inaug.-Dissert., 1899.
Hubrich, Das RG. über den Gesetzes- und Verordnungsbegriff nach Reichsrecht, 1905.
Jaffé, Der Briefbeförderungsvertrag, Berlin. Inaug.-Dissert., 1897.
Jasper, Die Haftpflicht des Frachtführers, Leipzig. Inaug.-Dissert., 1902.
Kann, Die Transportgeschäfte der Post, Erlang. Inaug.-Dissert., 1892.
Karstens, Im Archiv für die zivilistische Praxis, Bd. 37, 1854.
Keyßner, Allgemeines Deutsches HGB., 1870.
Kießelbach, Die rechtliche Natur der Postanweisung, Erlang. Inaug.-Dissert., 1896.
Klein, Über die Abweichungen des Frachtrechts der Eisenbahnen vom sonstigen Frachtrechte hinsichtlich der Haftpflicht, Erlang. Inaug.-Dissert., 1897.
Kniep, Der Besitz des BGB., 1900.
Koch, Deutschlands Eisenbahnen, 2. Abt., 1860.
Kohler, Die Briefmarke im Recht, im Arch. f. b. R., Bd. 6, 1892.
— Das Recht an Briefen, im Arch. f. b. R., Bd. 7, 1893.
Kompe, Vom Posttransportvertrage usw., in der Zeitschrift für deutsches Recht Bd. 18, 1858.
— Zur Lehre vom Postfrachtgeschäft, in Z. 11, 1868.
Kuhn, Im Archiv für Handelsrecht, Bd. 6.
Laband, Das Staatsrecht des Deutschen Reichs, 4. Aufl., 4 Bde., 1901.
Landgraf, Das RG., betr. die privatrechtl. Verhältnisse der Binnenschiffahrt und der Flößerei, 2. Aufl., 1900, nebst Ergänzungsband.
Lehmann, Der Entwurf des revidierten HGB., im Archiv für die zivil. Praxis, Bd. 86, 1896.
Lehmann-Ring, Das HGB. für das Deutsche Reich, Bd. 2, 1901.
v. d. Leyen, Die Verkehrsordnung für die Eisenbahnen Deutschlands, in Z. 41.
— Die Fortbildung des Eisenbahnfrachtrechts, in Z. 49.
v. Linde, Beiträge zur Lehre über die Haftverbindlichkeit der Postanstalt usw., in der Zeitschrift für Zivilrecht und -Prozeß, Bd. 16, 1859.
Löning, Lehrbuch des Deutschen Verwaltungsrechts, 1884.
Löwi, Die Postanweisung, Erlang. Inaug.-Dissert., 1891.
Makower, HGB. mit Kommentar, Bd. 1, Teil II: Buch III (Handelsgeschäfte), 12. Aufl., 1904.
Makower-Löwe, Gesetze, betr. die privatrechtl. Verhältnisse der Binnenschiffahrt u. Flößerei, 3. Aufl., 1903.

Mandry-Geib, Der zivilrechtliche Inhalt der Reichsgesetze, 4. Aufl., 1898.
Materialien siehe unter Denkschrift.
Mayer, Theorie des französischen Verwaltungsrechts, 1886.
Meermann, Die Stellung des Frachtführers nach dem neuen HGB. und dem RG., betr. die privatrechtl. Verhältnisse der Binnenschiffahrt, Erlang. Inaug.-Dissert., 1897.
Meili, Die Haftpflicht der Postanstalten, 1877.
— Das Recht der modernen Verkehrs- und Transportanstalten, 1888.
Merten, Die rechtliche Natur der Postanweisung, Greifswald. Inaug.-Dissert., 1895.
Meyer, G., Lehrbuch des Deutschen Verwaltungsrechts, 1883.
Mittelstein, Beiträge zum Postrecht, 1891.
— Rechtsfragen des Postanweisungsverkehrs, in Gruchots Beiträgen, Bd. 36, 1892.
— Das Frachtrecht und Eisenbahnfrachtrecht des Entwurfes eines HGB. in E. E. u. A., Bd. 13, 1897.
— Deutsches Binnenschiffahrtsrecht, 2 Bde., 2. Aufl., 1900—1903.
Müller, Über die de recepto actio und deren analoge Ausdehnung auf die Postanstalten, 2. Aufl., 1857.
— **L.,** Frachtbrief und Frachtbriefduplikat, Erlang. Inaug.-Dissert., 1899.
Münter, Das Frachtfahrerrecht.
Neuberg, Post-, Telegraphen- und Fernsprechgesetzgebung, 1903.
v. d. Osten, Der einfache Sachtransport nach deutschem Reichspostrecht, 1884.
Pappenheim, Das Transportgeschäft nach dem Entwurf eines HGB. mit Ausschluß des Seehandelsrechts, 1896.
Paschke, Die Rechtsgültigkeit der EVO. v. 26. 10. 1899, Leipzig. Inaug.-Dissert., 1903.
Petschek, Über Eigentum an Briefen nach heutigem gemeinen Recht, im Arch. f. b. R., Bd. 9, 1894.
Pfizer, Die Postanweisung, in den Jahrbüchern für die Dogmatik des heutigen römischen und deutschen Privatrechts, Bd. 31, 1892.
Pietsch, Die Eisenbahn-Gesetzgebung des Deutschen Reichs, Berlin, 1902.
Protokolle zum Handelsgesetzbuch von 1861.
Puchelt, Kommentar zum HGB.
Reindl, In E. E. u. A., Bd. 17, 1901.
Reiß, Die rechtliche Bedeutung des Frachtbriefes, Leipzig. Inaug.-Dissert., 1903.
Rießer, Zur Revision des HGB., Beilageheft zu Z. Bd. 33, 1887.
v. Rönne, Staatsrecht des Deutschen Reichs, 2 Bde. 1876, 1877.
Rumler, Die Bedeutung und Wirkung des Ladescheins, Erlang. Inaug.-Dissert., 1899.
Sarwey, Das öffentliche Recht und die Verwaltungsrechtspflege, 1880.
Scheda, Sind Postanweisungsbeträge pfändbar?, in Gruchots Beiträgen, Bd. 47, 1903.
Schellmann, Über die rechtliche Natur des Postbeförderungsvertrags, Marburg. Inaug.-Dissert., 1861.
Scherer, Die Rückforderung der auf gefälschte Postanweisungen geleisteten Zahlungen. Separatabdruck aus der Zeitschrift für französisches Zivilrecht, Bd. 20, 1889.
— **M.,** Die Gesetzgebung des Deutschen Reichs mit Erläuterungen, 2. Ergänzungsheft, 1902, 3. Ergänzungsheft, 1903, 4. Ergänzungsheft, 1904, 1. Lief.
Schlegelberger, Hat der Adressat eines Geldbriefes nach dessen Ankunft am Bestimmungsort gegen die Postanstalt einen Anspruch auf Auslieferung? in DJZ., 1901.
— Das Zurückbehaltungsrecht, in den A. z. P. u. Z., Bd. 12, 1904.

Schloßmann, Der Besitzerwerb durch Dritte nach römischem und heutigem Recht, 1881.
Schmidt, Die Grenzen der Haftpflicht der Reichspostverwaltung 2c. Sonderabdruck aus Gruchots Beiträgen, Bd. 33, 1889.
— Über die rechtliche Natur der Postanweisungen 2c. Sonderabdruck aus Gruchots Beiträgen, Bd. 34, 1890.
— Besprechung von Mittelstein, Beiträge zum Postrecht, im Arch. f. b. R., Bd. 6, 1892.
Schmidt, Paul, Das Recht des Empfängers einer Postsendung gegen die Post auf Auslieferung. Tübing. Inaug.-Dissert., 1898.
Scholz, Die Prozeßvertretung des Reichs-Post- und Telegraphenfiskus, in Gruchots Beiträgen, Bd. 47, 1903.
Schott, Das Transportgeschäft, in Endemanns Handbuch des deutschen Handels-, See- und Wechselrechts, Bd. 3, 1885.
Schröder, Der Eigentumsübergang bei versendeten Sachen, in Z. 51.
v. Schwarze, Die Beschlagnahme von Briefen und Telegrammen, in „Erörterungen praktisch wichtiger Materien aus dem deutschen Strafprozeßrecht", 1881.
Sell, Über den Erwerb des Eigentums an Briefen, im Archiv für die zivilistische Praxis, Bd. 21, 1838.
v. Seydel, Bayerisches Staatsrecht, Bd. 3, 1887, Bd. 5, 1891.
— Kommentar zur Verfassungsurkunde, 2. Aufl., 1897.
Sieblist, Die Post im Auslande, 3. Aufl., 1900.
Sievers, Das kaufmännische Zurückbehaltungsrecht, im sächsischen Archiv, Bd. 14, 1904.
Stahl, Die Verträge zugunsten Dritter nach dem BGB., Bonn. Inaug.-Dissert., 1899.
Staub, Kommentar zum HGB., 6. und 7. Aufl., 1900.
Stegner, Die rechtliche Natur des Postanweisungsgeschäfts nach geltendem Rechte. Insbesondere Erörterung der Frage, ob der Postverwaltung die Befugnis zusteht, die auf gefälschte Postanweisungen ausgezahlten Beträge vom Empfänger wieder erstattet zu verlangen. Leipz. Inaug.-Dissert., 1902.
Stenglein, Lexikon des deutschen Strafrechts, 2 Bde., 1900.
— Die strafrechtlichen Nebengesetze des Deutschen Reichs, 3. Aufl., 1903.
Stobbe-Lehmann, Handbuch des Deutschen Privatrechts, 3. Aufl., Bd. 3, 1898.
Sydow, Kritik von Mittelsteins Beiträgen, im Archiv für Post und Telegraphie, 1891.
— **-Busch,** Konkursordnung, 9. Aufl., 1902.
— — Zivilprozeßordnung, 9. Aufl., 1901.
Tachau, Die Pfändung von Postanweisungsbeträgen, in DJZ., Bd. 8, 1903.
Thöl, Das Handelsrecht, Bd. 3, das Transportgewerbe, 1880.
— Handelsrechtliche Erörterungen, 1882.
Tinsch, Die Postanweisung, zivilrechtlich betrachtet, 1890.
— Der selbständige Anspruch des Adressaten gegen die Postanstalt, in Gruchots Beiträgen, Bd. 35, 1891.
Turnau-Förster, Das Liegenschaftsrecht nach den Deutschen Reichsgesetzen, Bd. 1: Das Sachenrecht des BGB., 2. Aufl., 1902.
Unger, Die Verträge zugunsten Dritter, in den Jahrbüchern für die Dogmatik des heutigen römischen und deutschen Privatrechts, Bd. 10, 1871.
Vogel, Das Dispositionsrecht beim Transport. Zürich. Inaug.-Dissert., 1889.

Walter, Über den Anspruch des Adressaten eines Geldbriefs oder einer Postanweisung gegen die Post auf Auslieferung des Geldbriefs oder Auszahlung des Postanweisungsbetrags ꝛc., Greifswald. Inaug.-Dissert., 1900.

Wanninger, Die Abänderungen des Eisenbahnfrachtrechts durch das neue HGB. Erlang. Inaug.-Dissert., 1898.

Warneyer, Jahrbuch der Entscheidungen, 1. Jahrg., 1903, 2. Jahrg., 1904.

Wehrmann, Das Eisenbahnfrachtgeschäft, 1880.

Windscheid-Kipp, Lehrbuch des Pandektenrechts, 8. Aufl., 1900.

Wirsing, Die zivilrechtliche Haftung der Post. Erlang. Inaug.-Dissert., 1892.

Wolff, Die rechtliche Natur des Postanweisungsgeschäfts, Erlang. Inaug.-Dissert., 1892

Zersch, Wie unterscheiden sich im Namen eines Dritten geschlossene Verträge von solchen zugunsten eines Dritten? Jenaer Inaug.-Dissert., 1901.

Zorn, Das Reichs-Staatsrecht, 2. Aufl., 1895 und 1897.

Zschimmer, Die Offerte an das Publikum. Rostock. Inaug.-Dissert, 1897.

Abkürzungen.

A. = Anmerkung.
A. A. = anderer Ansicht.
abw. = abweichend.
ADA. = Allgemeine Dienstanweisung für Post und Telegraphie.
Arch. f. b. R. = Archiv für bürgerliches Recht.
Ausf. = ausführlich.
Ausführ.-Bestimm. = Ausführungs-Bestimmungen.
A. z. P. u. Z. = Abhandlungen zum Privatrecht und Zivilprozeß des Deutschen Reichs.
BGB. = Bürgerliches Gesetzbuch.
BGBl. = Bundes-Gesetzblatt.
BSchG. = Binnenschiffahrtsgesetz.
CPO. = Zivilprozeßordnung.
DJZ. = Deutsche Juristen-Zeitung.
E. E. u. A. = Eisenbahnrechtliche Entscheidungen und Abhandlungen.
EG. = Einführungsgesetz.
EVO. = Eisenbahnverkehrsordnung.
HGB. = Handelsgesetzbuch { I. altes. II. neues.
JÜ. = Internationales Übereinkommen über den Eisenbahn-Frachtverkehr.
JW. = Juristische Wochenschrift.
KO. = Konkursordnung.
Lit. = Literatur.
Mat. od. Mater. = Materialien (siehe Literaturverzeichnis).
MStGO. = Militärstrafgerichtsordnung.
OVG. = Entscheidungen des Oberverwaltungsgerichts.
PG. = Postgesetz.
PO. = Postordnung.
Prot. = Protokolle zum alten Handelsgesetzbuch.
PTG. = Posttaxgesetz.
RG. = Entscheidungen des Reichsgerichts in Zivilsachen oder Reichsgesetz, je nach dem Zusammenhang.
RG. in Strafs. = Entscheidungen des Reichsgerichts in Strafsachen.
RGBl. = Reichs-Gesetzblatt.
ROHG. = Entscheidungen des Reichs-Oberhandelsgerichts.
RV. = Reichsverfassung.
StPO. = Strafprozeßordnung.
s. o. = siehe oben
s. u. = siehe unten.
Z. = Zeitschrift für das gesamte Handelsrecht.
Z. d. V. D. E. = Zeitung des Vereins Deutscher Eisenbahnverwaltungen.

Einleitung.

„Die Welt am Ende des 19. Jahrhunderts steht unter dem Zeichen des Verkehrs; er durchbricht die Schranken, welche die Völker trennen, und knüpft zwischen den Nationen neue Beziehungen an."

Kaiser Wilhelm II.

§ 1.

Eine der interessantesten und zugleich praktisch wichtigsten Fragen aus dem Gebiet des Post-Privatrechts ist unstreitig die nach dem Verfügungsrecht über die Postsendungen während des Transports. Ihre praktische Wichtigkeit ergibt sich aus den überaus engen Beziehungen in denen heute jeder Gebildete, ja jedermann aus dem Publikum zur Post und ihren Geschäften steht, welche er täglich für sich in Anspruch nimmt. Ob und wie lange ein gewöhnlicher Brief, eine Postanweisung mit dem darauf ruhenden Geldbetrag, ein Wertbrief der Verfügungsgewalt des Absenders untersteht, ob und von welchem Zeitpunkt ab der Adressat ein Recht auf Aushändigung der Sendung auch gegen den Willen des Absenders geltend machen darf, ist im geschäftlichen Leben wie im Privatverkehr häufig von der größten Wichtigkeit [1]). Und daß diese Frage auch theoretisch ein nicht geringes Interesse bietet, beweist die häufige Behandlung, welche sie in der juristischen Literatur, zum Teil von gewichtigen Autoritäten, erfahren hat.

Durfte eine Erörterung über das Verfügungsrecht beim Postfrachtgeschäft hiernach auch früher auf wohlwollende Aufnahme weiterer Kreise rechnen, so beansprucht sie neuerdings ein besonderes Interesse, nachdem mit dem Inkrafttreten der neuen Reichsgesetzgebung prinzipielle und einschneidende Änderungen der hier, wie auf das Post-Privatrecht überhaupt, anzuwendenden Rechtsnormen eingetreten sind.

---

1) Hogrewe S. 5 glaubt, die Frage sei „nicht gerade von eminent praktischer Bedeutung", weil sie zu einem Prozeß vor der höchsten Instanz in neuster Zeit nicht geführt hat. Eine sonderbare Begründung!

Während nämlich nach Art. 421 Abs. 2 des früheren HGB. die Vorschriften des 1. Abschnitts „Vom Frachtgeschäft überhaupt" im 5. Titel „Von dem Frachtgeschäft" des IV. Buchs (Handelsgeschäfte) auf die Frachtgeschäfte der Postanstalten insoweit Anwendung fanden, als nicht für diese durch besondere Gesetze und Verordnungen ein anderes bestimmt war, also subsidiär hinter dem eigentlichen Postrecht, schließt § 452 des neuen HGB. die Anwendbarkeit der allgemeinen Bestimmungen über das Frachtgeschäft (§§ 425—451) auf die Beförderung von Gütern durch die Postverwaltungen des Reichs und der Bundesstaaten ganz aus. Das gleiche tut hinsichtlich der seerechtlichen Bestimmungen des neuen HGB. sein § 663. Hierdurch und durch die Erklärung im 2. Satz des § 452, daß die bezeichneten Postverwaltungen nicht als Kaufleute im Sinne dieses Gesetzbuchs gelten, sind die Transportgeschäfte der Postanstalten der Herrschaft des neuen HGB. vollständig entzogen; an seine Stelle tritt jetzt beim Schweigen der Postspezialgesetze das BGB.[1]). Diese Änderung der rechtlichen Grundlagen des Postfrachtgeschäfts ist durchaus nicht so unerheblich und praktisch belanglos, wie es auf den ersten Blick scheinen könnte. Sie in ihrem vollen Umfang zu würdigen, liegt außerhalb des Rahmens dieser Arbeit; einige kurze Bemerkungen darüber mögen genügen.

Zunächst ist die alte, in Theorie und Praxis wiederholt erörterte Streitfrage betreffs der Kaufmannseigenschaft der Post[2]) in Übereinstimmung mit der von der Reichspostverwaltung vertretenen Ansicht gegen die herrschende Meinung in verneinendem Sinne entschieden und damit, für das Privatrecht wenigstens, aus der Welt geschafft[3]).

Die Außerkraftsetzung des Art. 400 bezw. § 431, wonach der Frachtführer ein Verschulden seiner Leute und ein Verschulden anderer Personen, deren er sich bei der Ausführung der Beförderung bedient, in gleichem Umfang zu vertreten hat wie eigenes Verschulden, ist allerdings insofern bedeutungslos, als dieser Rechtssatz mit der Ausdehnung auf alle Schuldner bezüglich des Verschuldens ihrer gesetzlichen Vertreter und der Personen, deren sie sich zur Erfüllung ihrer

[1]) Über die abweichende Ansicht Arndts u. anderer s. u. § 13.

[2]) Ausführliche Literatur siehe bei Laband 3. Aufl. II. S. 50 A. 1. u. bei Arndt, Staatsrecht S. 285.

[3]) Über die öffentlichrechtliche Bedeutung dieser Frage s. Laband 4. Aufl. III. S. 48ff. und besonders Pappenheim S. 12ff.

Verbindlichkeiten bedienen, in das BGB.[1]) Aufnahme gefunden hat, mithin für die Postverwaltung nach wie vor gilt.

Dagegen ist mit dem Art. 406[2]) (jetzt § 436), nach welchem die Annahme des Guts und des Frachtbriefs den Empfänger verpflichtet, dem Frachtführer nach Maßgabe des Frachtbriefs Zahlung zu leisten, das rechtliche Fundament für die gleichartige Bestimmung im § 50 VI der PO.[3]) gefallen.

Auch der Umstand, daß die Post jetzt über das dem Frachtführer im § 440 (früher Art. 409) zugestandene Pfandrecht an dem Gut wegen aller durch den Frachtvertrag begründeten Forderungen nicht mehr verfügt, entbehrt nicht der Bedeutung. Zwar verleiht § 6 des Posttaxgesetzes vom 28. Oktober 1871 der Verwaltung wegen der Postgefälle und darüber hinaus § 273 BGB. wegen aller fälligen Ansprüche ein Retentionsrecht an den noch in ihrem Besitz befindlichen Sendungen. Da dieses aber weder das Recht zum zwangsweisen Verkauf der Sendung in sich schließt, noch der Post im Konkurs des Schuldners ein Vorzugsrecht[4]) vor dessen übrigen Gläubigern sichert, — beides Rechtswirkungen des Pfandrechts — ist sie jetzt dem die Zahlung verweigernden Empfänger bezw. Absender gegenüber erheblich schlechter gestellt als früher. Bei unbezahlt gebliebenen Beträgen an Porto und Gebühren[5]) wird diese Änderung praktisch allerdings kaum eine Rolle spielen, denn hier bietet § 25 des PG. in Gestalt der exekutivischen Einziehung der Post ein für die meisten Fälle ausreichendes Mittel, sich bezahlt zu machen. Die Wiedererlangung der verauslagten Zoll- und Steuerbeträge usw. dürfte indessen nicht selten auf Schwierigkeiten[6]) stoßen.

Hier interessiert uns aber vor allem der Fortfall der Bestimmungen des Art. 405 (künftig § 435), wonach der Empfänger dem Frachtführer

---

[1]) § 278.

[2]) Kann, S. 181 ff. hält diesen Artikel mit Unrecht auch auf das frühere Postrecht nicht für anwendbar.

[3]) „Hat der Empfänger die Sendung angenommen, so ist er . . . zur Entrichtung des Portos und der Gebühren verpflichtet“ usw. — Über den Rechtscharakter der PO. s. u. § 12.

[4]) Die Portobeträge sind keine „öffentlichen Abgaben“ im Sinne der §§ 49, 1 und 61, 2 der KO.; vgl. auch § 48 daselbst. — Arndt, Staatsrecht S. 295 nennt das Porto eine „öffentlich-rechtliche Gebühr“ (s. u. § 14).

[5]) Worunter hier nur die Beförderungsgebühren zu verstehen sind; vgl. Dambach S. 165, 3.

[6]) Vgl. Kann, S. 173 ff.

gegenüber nach Ankunft des Guts am Ort der Ablieferung ein selbständiges Recht auf dessen Aushändigung besitzt. Ob und in welchem Umfang dieser selbständige Anspruch nach früherem Recht auch dem Empfänger einer Postsendung der Post gegenüber zustand, war eine vielumstrittene Frage, mit welcher wir uns weiter unten[1]) eingehend zu beschäftigen haben werden. Im Anschluß daran wird zu untersuchen sein, welchen Einfluß auf die Beantwortung dieser Frage das neue Reichsrecht ausgeübt hat.

Den Ausgangspunkt für unsere Erörterungen bilden naturgemäß die allgemeinen Bestimmungen des HGB. über das Verfügungsrecht beim Frachtgeschäft. Sie seien daher zunächst in den Kreis unserer Betrachtung gezogen.

---

[1]) §§ 18 ff.

Teil I.

Vom gewöhnlichen Frachtgeschäft.

I. Allgemeines.

§ 2.

Begriff und Inhalt des Frachtgeschäfts.[1])

Der Ausdruck „Frachtgeschäft" findet sich in der Sprache der Gesetzgebung zuerst in dem Allgemeinen Deutschen Handelsgesetzbuch von 1861, von welchem ihn das neue Handelsgesetzbuch vom 10. Mai 1897 übernommen hat. Ersteres handelt im fünften Titel des IV. Buchs „Von dem Frachtgeschäft" — und zwar im 1. Abschnitt „Vom Frachtgeschäfte überhaupt", im 2. „Von dem Frachtgeschäfte der Eisenbahnen insbesondere" — und im V. Buch, welches das Seerecht normiert, im 5. Titel „Von dem Frachtgeschäft zur Beförderung von Gütern", im 6. Titel dagegen „Von dem Frachtgeschäft zur Beförderung von Reisenden". Hiernach umfaßt das Seefrachtgeschäft die Beförderung von Gütern oder von Reisenden, und zwar liegt ein solches Frachtgeschäft im weiteren Sinne auch dann vor, wenn ein Privatmann eine Verfrachtung nur einmal und gelegentlich übernimmt. Anders beim Landfrachtgeschäft. Als solches charakterisiert das alte HGB. zunächst nur das Geschäft des Frachtführers, d. h. desjenigen, der „gewerbemäßig den Transport von Gütern zu Lande oder auf Flüssen und Binnengewässern ausführt"[2]). Die Grenzen des Landfrachtgeschäfts sind sonach enger gezogen, indem die Übernahme des Personentransports[3]) ganz und die des Gütertransports insoweit aus-

[1]) Die §§ 2, 3, 7 und 8 dieser Abhandlung sind — im wesentlichen unverändert — 1908 als Königsberger Inaugural-Dissertation erschienen

[2]) HGB I 390.

[3]) Näheres über den Personenbeförderungsvertrag der Eisenbahnen s. bei Eger in DJZ. 1901 S. 107ff.; vgl auch Lehmann-Ring S 402; Makower S. 1541.

geschlossen bleibt, als sie nicht gewerbemäßig erfolgt. Ein vereinzelter Gütertransport zu Lande oder auf Binnengewässern gilt nur dann als Landfrachtgeschäft, wenn er von einem Kaufmann übernommen wird, gleichviel auf welche Geschäfte sich dessen gewöhnlicher Handelsbetrieb erstreckt[1]). Ohne Rücksicht auf die vielumstrittene Frage der Gewerbemäßigkeit werden im alten HGB. ferner die Frachtgeschäfte „von Eisenbahnen und anderen öffentlichen Transportanstalten" den Bestimmungen des Abschnitts „Vom Frachtgeschäfte überhaupt" unterstellt, jedoch mit der Modifikation, daß diese für die Frachtgeschäfte der Postanstalten nur subsidiär hinter dem eigentlichen Postrecht und für die der Eisenbahnen neben den Bestimmungen des 2. Abschnitts „Von dem Frachtgeschäfte der Eisenbahnen insbesondere" gelten sollen[2]). Eine mehr oder weniger abweichende Regelung haben außer dem Postfrachtgeschäft noch erfahren die sog. „internationalen Eisenbahntransporte"[3]) durch das „Internationale Übereinkommen über den Eisenbahnfrachtverkehr", abgeschlossen zu Bern am 14. Oktober 1890[4]), die Beförderung von Gütern auf Flüssen oder sonstigen Binnengewässern durch das materiell dem Seerecht nachgebildete RG., betreffend die privatrechtlichen Verhältnisse der Binnenschiffahrt, vom 15. Juni 1895[5]), und endlich die Geschäfte des „Frachtflößers" durch das RG., betreffend die privatrechtlichen Verhältnisse der Flößerei, ebenfalls vom 15. Juni 1895[6]).

Sonach waren umfangreiche Gebiete des Binnenfrachtgeschäfts den Bestimmungen des „Vom Frachtgeschäfte überhaupt" betitelten Abschnitts des alten HGB. nicht oder nicht ausschließlich unterworfen und die im einzelnen maßgebenden Rechtsnormen an verschiedenen Stellen zu suchen. Gleichwohl ist ein Bedürfnis, die früher selbständig behandelten Gegenstände des Transportrechts dem Handelsgesetzbuch einzuverleiben, auch bei dessen Neuredaktion nicht anerkannt, das bisherige System vielmehr als zweckmäßig beibehalten worden. Zu Änderungen hat man sich nur vereinzelt und meist nur zu dem Zweck entschlossen, die Vorschriften des HGB. möglichst mit denen des

---

[1]) HGB. I 420, II 451.

[2]) HGB. I 421.

[3]) Pappenheim S. 6.

[4]) RGBl. 1892 S. 793ff.

[5]) RGBl. 1895 S. 301ff. und 1898 S. 868ff. in der neuen Fassung.

[6]) RGBl. S. 341ff.

Berner Übereinkommens und des Binnenschiffahrtsgesetzes in Einklang zu bringen[1]).

Von diesen Änderungen springt zunächst die selbständigere Gestaltung des Eisenbahnfrachtrechts ins Auge. Das neue HGB. befaßt sich mit dem Landfrachtgeschäft zwar ebenfalls in zwei Abschnitten, dem sechsten und siebenten des dritten Buchs, überschrieben „Frachtgeschäft" und „Beförderung von Gütern und Personen auf den Eisenbahnen". Während aber nach dem früheren Recht auf die Eisenbahnen die Bestimmungen des Abschnitts „Vom Frachtgeschäfte überhaupt" neben denen des Abschnitts „Von dem Frachtgeschäfte der Eisenbahnen insbesondere" Anwendung fanden[2]), gelten die Vorschriften des gewöhnlichen Landfrachtrechts jetzt für die Eisenbahnen erst in zweiter Linie, soweit nämlich nicht in dem Abschnitt „Beförderung von Gütern und Personen auf den Eisenbahnen" ein anderes bestimmt ist[3]), eine Neuerung, welche der Bedeutung und Eigenart des Eisenbahnfrachtrechts entspricht[4]).

Bei denjenigen, dem öffentlichen Verkehr dienenden Bahnunternehmungen, welche der EVO. nicht unterliegen (Kleinbahnen)[5]), sind, insoweit als im HGB. auf die EVO. verwiesen wird, an deren Stelle die Beförderungsbedingungen dieser Bahnunternehmungen maßgebend, — eine sehr bedenkliche Vorschrift, welche, wie Pappenheim mit Recht ausführt, „das Fortbestehen eines einheitlichen deutschen Privatrechts

---

[1]) Denkschrift zum Entwurf in der Fassung der dem Reichstage gemachten Vorlage S. 2, 273f.; vgl. dazu Pappenheim S. 8f.; Gierke in Z. 45 S. 531; Cohn im Arch. f. b. R. Bd. XII S. 249 und Literatur daselbst; v. d. Leyen im Z. 49 S. 417ff.

[2]) HGB. I 421.

[3]) HGB. II 454. Wegen des veränderten rechtlichen Charakters der EVO. s. u. S. 34ff.

[4]) Auf die Frachtgeschäfte der öffentlichen Eisenbahnen (Großbahnen) finden die Rechtsquellen in folgender Reihenfolge Anwendung:

1. Die im § 471 HGB. aufgezählten zwingenden Normen;
2. Die Bestimmungen der EVO.;
3. Der Vertrag zwischen dem Publikum und der Bahn, wie er sich aus den Beförderungsbedingungen, Tarifen, Betriebsreglements usw. ergibt;
4. Die dispositiven Bestimmungen des 7. Abschnitts (Beförderung von Gütern und Personen auf den Eisenbahnen);
5. Die Vorschriften des 6. Abschnitts (Frachtgeschäft);
6. Subsidiär das BGB., namentlich die Vorschriften über den Werkvertrag.

[5]) Vgl. v. d. Leyen in Z. 49 S. 420 u. 434f.

hinsichtlich des Eisenbahntransportgeschäfts von der zufälligen Übereinstimmung partikulärer Beliebungen abhängig macht"[1]).

Während das Seefrachtgeschäft früher zu den objektiven Grundhandelsgeschäften — auch Einzelhandelsgeschäfte genannt — gehörte[2]), zählte das Binnenfrachtgeschäft zu den subjektiven — Gewerbehandelsgeschäften —, d. h. es war Handelsgeschäft nur, wenn es gewerbemäßig betrieben wurde[3]). Praktisch war dieser Unterschied von geringer Bedeutung. Das neue HGB. hat die objektiven Grundhandelsgeschäfte beseitigt, es fordert den Gewerbebetrieb für jedes Handelsgeschäft[4]). Wer ein sogenanntes Handelsgewerbe, z. B. das eines Frachtführers[5]), betreibt, ist Kaufmann und damit nicht nur den Bestimmungen über das Frachtgeschäft, sondern überhaupt dem ganzen Handelsgesetzbuch unterworfen.

An der Spitze der Vorschriften über das Landfrachtgeschäft, mit dem wir uns hier ausschließlich beschäftigen, steht die Definition des vom alten HGB. neu aufgestellten[6]) terminus technicus, „Frachtführer". Die Definition des neuen HGB. — Frachtführer ist, wer es gewerbemäßig übernimmt, die Beförderung von Gütern zu Lande[7]) oder auf Flüssen oder sonstigen Binnengewässern auszuführen — weicht sachlich von der des alten[8]) nicht ab; eine redaktionelle Verbesserung liegt in der Beseitigung der inkorrekten Ausdrucksweise „auf Flüssen und Binnengewässern" sowie in der Legung des Tons auf die Übernahme der Ausführung der Beförderung, statt wie früher, auf die Ausführung[9]).

Nach diesen Legaldefinitionen bildet also die Ausführung oder richtiger die Übernahme der Ausführung das Essentiale des Landfrachtgeschäfts. Wer den Transport tatsächlich bewerkstelligt, ist unerheblich; Frachtführer im Sinne des Gesetzes ist nur der dominus

---

1) Pappenheim S. 19ff. 22; HGB. II § 473; Pr. G. v. 28. Juli 1892, betr. die Kleinbahnen und Privatanschlußbahnen.

2) HGB. I Art. 271, 4.

3) HGB. I 272, 3.

4) HGB. II § 1.

5) HGB. II § 1 Z. 5.

6) v. Hahn II S. 572 zu Art. 390.

7) D. h. nicht bloß auf der Erdoberfläche, sondern auch unterirdisch (Tunnelbahnen) oder überirdisch (Hochbahnen, Luftballons, Brieftauben).

8) Oben S. 19.

9) HGB. II 425; RG. XXV S. 112; Denkschrift S. 274; Pappenheim S. 76; Mittelstein FrR. S. 69.

negotii, der dafür einzustehen hat, daß der Transport überhaupt und ordnungsmäßig zur Ausführung gelangt. Der Frachtführer braucht daher die Beförderung weder selbst zu besorgen, noch sie durch eigene Organe besorgen zu lassen, vielmehr kann er sich dazu auch dritter selbständiger Personen bedienen, wenn nur die Ausführung in seinem eigenen Namen geschieht. Es kann daher jemand Frachtführer sein, der kein einziges Transportmittel besitzt und niemals eine Transporthandlung selbst vornimmt[1]). Ob dieser dominus negotii eine natürliche oder juristische Einzelperson ist, oder eine Gesellschaft, oder eine private oder öffentliche Transportanstalt, ist gleichgültig[2]).

Das Frachtgut[3]) muß aber während der Beförderung in den Gewahrsam (die custodia) des Unternehmers übergehen, und dieser ist verpflichtet, für die Erhaltung des Frachtguts vom Moment der Übernahme ab Sorge zu tragen[4]). Ist dies bei einem zu befördernden Gegenstand nicht der Fall, wie z. B. beim Handgepäck eines Eisenbahn-Reisenden, so liegt ein Frachtvertrag überhaupt nicht vor[5]).

---

[1]) Gareis S. 441ff, Staub A. 10 zu § 425; Makower S. 1397; Goldschmidt I S. 613; Hahn § 11 zu Art. 390; Eger, FrR. I S. 29ff; Pr. ER. II S. 401; Schott S 293; ROHG. 9 S. 89, 20 S 341; RG. 25 S. 112.

[2]) Schott S. 290; Endemann, HR S 626; Eger, FrR I S. 30.

[3]) Über den Begriff des Frachtguts vgl. Makower S. 1400; Lehmann-Ring II S. 311

[4]) Die Beförderung eines Postwagens oder eines Postabteils in einem Eisenbahnzug auf Grund des Gesetzes vom 20. 12. 1875 ist daher kein Frachtgeschäft; die custodia verbleibt dabei der Post; vgl. Lehmann-Ring II S 311 Fischer-Henle spricht von unentgeltlicher Leistung von Diensten und unentgeltlicher Herbeiführung eines Erfolgs, S. 305.

[5]) Lehmann-Ring S. 394; Makower S. 1526; Staub Anm. 4 zu Art 425; Dernburg, Pr. PrivR. II S. 593; Eger, FrR. I S. 23; Förtsch S. 241; Wehrmann S. 27; Klein S. 100ff. u. Literatur daselbst. Abw. Gareis S. 443; vgl. aber S. 464. Das RG. hat bezüglich des Reise- und Handgepäcks ausgeführt: „. . Die EVO. vom 26. Oktober 1899, welche in ihrem vierten Abschnitte die Beförderung des Reisegepäcks behandelt, läßt inhaltlich der Vorschriften in den §§ 30ff. klar erkennen, daß die Beförderung des sogenannten Reisegepäcks auf Grund eines besonderen Transportvertrages erfolgt, welcher neben dem Personentransportvertrage selbständig in bezug auf das Reisegepäck gegen Bezahlung einer Gepäckfracht (§ 32 Abs. 4) durch Auflieferung des Reisegepäcks und Lösung eines die Stelle des Frachtbriefes vertretenden Gepäckscheins, zum Abschluß gelangt. . . . Das Reisegepäck geht durch Aufgabe desselben bei der Eisenbahn vertragsmäßig in den Besitz, die Obhut und die Aufsicht derselben über und unterliegt dieser bis zu seiner Abholung an der Ankunftsstation durch den hierzu Berechtigten . . § 28 der EVO gestattet nur die Mitführung des sogenannten Handgepäcks in den Personen-

In der Legaldefinition ist dieses Erfordernis zwar nicht expressis verbis enthalten; es ergibt sich aber aus dem Wesen des Frachtvertrags und beim neuen HGB. auch aus § 1 Z. 5, wo den Geschäften des Frachtführers die Geschäfte des Schleppschiffahrtsunter-

---

wagen und bestimmt ausdrücklich, daß Gepäckscheine hierfür nicht ausgegeben werden, die Reisenden auch das in den Wagenabteilen mitgeführte Reisegepäck selbst zu beaufsichtigen haben. . . . Durch den von dem Reisenden für seine Person durch Lösung der Fahrkarte abgeschlossenen Transportvertrag erwirbt derselbe allerdings mit Rücksicht auf die Bestimmung in § 28 der Verkehrsordnung zugleich das vertragsmäßige Recht auf Mitnahme seines Handgepäcks in seinen Wagenabteil und die Eisenbahn ist, soweit dabei die erforderlichen Grenzen innegehalten werden, vertragsmäßig verpflichtet, dies ihrerseits zu gestatten. Dieses Recht und diese Pflicht folgen aber ohne weiteres aus dem abgeschlossenen Personentransportvertrage in Verbindung mit § 28 a. a. O. und stellen sich als ein Ausfluß dieses Vertrages dar, welchen man insofern als einen erweiterten Personentransportvertrag bezeichnen kann.

. . . . Hiernach ist davon auszugehen, daß der Reisende, was von entscheidender Bedeutung ist, durch Mitnahme seines Handgepäcks in den Personenwagen dieses unter seiner eigenen Obhut und Beaufsichtigung selbst mit sich führt, die unmittelbare Verfügung über dasselbe behält, solches selbst befördert und eine von der Beförderung seiner Person getrennte gesonderte Beförderung des Handgepäcks durch die Eisenbahn nicht stattfindet." RG. in Strafs. 35 S. 220ff.

Im Anschluß an diese Entscheidung hat das RG., 4. Strafsenat, unterm 9. 4. 1904 in Sachen Werle und Genossen ausgeführt:

Der 3. Strafsenat hat in dem Urteile vom 1. 5. 1902 (Bd. 35 S. 220ff.) an die Spitze seiner Erörterungen gestellt: Voraussetzung für die Beförderung durch expresse Boten sei unter allen Umständen, daß der Bote das Beförderungsmittel darstelle. Es wird demnächst auseinandergesetzt, daß ein solches Verhältnis da nicht vorliege, wo der Bote die Beförderungsgegenstände nicht mit sich führe, sondern wo er diese einem Dritten zur selbständigen Beförderung übergebe. Eine derartige selbständige Beförderung durch einen Dritten walte da ob, wo der die Eisenbahn zum eigenen Fortkommen benutzende Bote die Beförderungsgegenstände als Reisegepäck zur Beförderung im Gepäckwagen des Personenzugs aufgebe, sie walte dagegen nicht ob, wo der Bote die Beförderungsgegenstände in dem von ihm benutzten Personenwagenabteil als Handgepäck bei sich führe. Im ersteren Falle vermittele er eine von der Beförderung seiner Person getrennte, gesonderte Beförderung des Gepäcks, im letzteren Falle handele es sich nicht um den Abschluß eines besonderen Frachtvertrags, sondern nur um eine aus § 28 der Verkehrsordnung abgeleitete Nebenwirkung des abgeschlossenen Personentransportvertrags, wobei der Beförderungsgegenstand nicht in die Obhut nnd Aufsicht eines Dritten gelange, sondern in der des Boten selbst verbleibe. Ausdrücklich ist dabei vom III. Strafsenat die Frage unentschieden gelassen, ob das gleiche Verhältnis auch für den damals der Entscheidung nicht unterliegenden Fall zutreffe, wo jemand zwei Personenfahrkarten löse, aber nur einen der beiden ihm zustehenden Plätze mit einer Person besetze, während er auf dem für den anderen Platz bestimmten Handgepäckraum Beförderungsgegen-

nehmers, der in den weitaus meisten Fällen die zu befördernden Gegenstände nicht in seinen Gewahrsam erhält, koordiniert werden[1]).

Der Frachtführer ist verpflichtet, zu prüfen, ob die Verpackung des Guts nach Maßgabe der mit der gewählten Beförderungsart verbundenen Gefahren als ausreichend erscheint. Diese Pflicht findet ihre Grenze darin, daß dem gewöhnlichen Frachtführer nur eine äußere Untersuchung, die aber sorgfältig zu geschehen hat, zusteht und obliegt[2]).

---

stände unterbringe. Und diese hier im Streit befangene Frage muß verneint werden. Entscheidend ist nicht der Umstand, daß der Bote die Sachen in seiner Obhut hat, sondern daß er das Beförderungsmittel bildet. Kann dies im Einklange mit den Ausführungen des III. Strafsenats da angenommen werden, wo der Bote vermöge des über die Beförderung seiner Person mit der Eisenbahnverwaltung abgeschlossenen Vertrages das Recht zur Mitführung eines gewissen Quantums von Gepäck als „Handgepäck" ohne besonders dafür zu gewährende Vergütung beanspruchen kann, so liegt doch hier ein derartiges Verhältnis eben nicht vor. Die Bezahlung der Fahrkarten für diejenigen Plätze in den Wagenteilen, die von Personen gar nicht besetzt, sondern lediglich zur Beförderung von Sachen benutzt werden sollten, stellt sich tatsächlich allein als Vergütung für die Unterbringung von Gepäckstücken dar, auf deren Mitführung die in den betreffenden Wagenabteilen reisenden Boten auf Grund der für ihre Plätze gelösten Fahrkarten keinen Anspruch hatten. Es handelt sich also bei dem Transport der auf den von Personen unbesetzten Plätzen untergebrachten Beförderungsgegenstände tatsächlich nicht um Ausübung von Rechten, die innerhalb des Kreises der Befugnisse aus dem zur Beförderung ihrer Personen von den Boten abgeschlossenen Transportvertrage liegen, sondern um Heranziehung der Eisenbahn zu einer von der Beförderung jener durchaus unabhängigen und selbständigen Frachttransportart, deren wahrer Charakter dadurch keine Veränderung erleidet, daß die Vergütung für Benutzung des im Personenwagen befindlichen Gepäckraums nicht ausgesprochen unter dem Titel „Fracht", sondern verschleiert als „Personenfahrgeld" gewährt wird, umsomehr als dies offensichtlich zu keinem anderen Zwecke geschieht, als dem einer Umgehung des Gesetzes (des Postgesetzes vom 28. 10. 1871).

Hiernach unterliegt das angefochtene Urteil, das sich nur mit Erörterung und Verneinung des objektiven Tatbestandes befaßt, der Aufhebung gegenüber den bereits oben genannten 6 Angeklagten. Archiv f. Post- u. Tel. 1904 S. 561 f.

Über die Haftpflicht der Schlafwagengesellschaften für das in ihren Wagen aufgenommene Gepäck der Reisenden vgl. Brückner im Recht, 1902 S. 305 ff. Vgl. dazu ferner Z. d. V. D. E. 1903 S. 88 ff. Dort wird auch das Verhältnis zwischen Eisenbahn und Schlafwagengesellschaft mit dem Verhältnis zwischen Eisenbahn und Post verglichen.

[1]) So auch Cosack S. 887. Vgl. ferner bezüglich des Schleppvertrags Dernburg, bürgerl. R. Bd. II 2, S. 447; Makower S. 1899; Gareis S. 442; Förtsch S. 96; Landgraf Ergänzungsband S. 16; Hahn II S. 574; ROHG. 23 S. 320; RG. 6 S. 99, 10 S. 166.

[2]) RG. 26. 9. 00 Sächs. Arch. 12 S. 731 u. E. E. u. A. 19 S. 193.

Die Eisenbahnen dagegen sind jederzeit befugt, unter Hinzuziehung des Berechtigten oder zweier Zeugen die Übereinstimmung des Inhalts der Sendungen mit den Angaben des Frachtbriefs zu prüfen und das Ergebnis festzustellen[1]). Diese Befugnis steht in erster Linie der Versand-Abfertigungsstelle zu; wenn besondere Gründe dafür vorliegen aber auch der Empfangs-Abfertigungsstelle[2]).

Einige Schriftsteller[3]) vermissen in der Definition des Begriffs „Frachtführer" vor „ausführt" die Worte „für andere". Allerdings leuchtet ein, daß derjenige kein Frachtführer sein kann, der nur seine eigenen Güter befördert, so z. B. der Hausierer, der sich dazu eines eigenen Wagens bedient. Offenbar liegt dies aber schon in dem Erfordernis der „Gewerbemäßigkeit"[4]), weil diese mindestens die Absicht voraussetzt, die Beförderung nur gegen eine Gegenleistung eines zweiten Kontrahenten, und zwar einen Entgelt, zu bewerkstelligen[5]).

Art, Wert und Beschaffenheit der zu transportierenden Güter, ferner, ob der Transport sich zu Lande oder auf Binnengewässern — für den Transport auf Schiffen ist indes das Binnenschiffahrtsgesetz maßgebend — bewegt, ob er von Ort zu Ort oder innerhalb eines Orts[6]) erfolgt, ob in größerem oder geringerem Umfang, ob durch Tier-, Wasser-, Dampf- oder Menschenkraft, durch Wind, Luftdruck oder Elektrizität usw. ist unwesentlich. Ebensowenig macht es einen Unterschied, wenn der Unternehmer statt eines besonderen Transportmittels seine eigene Körperkraft oder die eigene Bewegungskraft des Frachtguts[7]) benutzt. Frachtführer sind deshalb nicht nur der gewöhnliche Frachtfuhrmann, der Flußschiffer und die Eisenbahn, die Dienstmannsinstitute[8]) und Privatpaketposten, sondern auch die Dienst-

---

[1]) EVO. § 53; Allg. Abf.-Vorschr. Teil II § 26.

[2]) Allg. Abf.-Vorschr. § 51, 4.

[3]) So Puchelt A. 5 zu Art. 390; vgl. Staub A. 9 zu § 425.

[4]) Abw. Puchelt a. a. O.

[5]) Vgl. aber unten S. 32.

[6]) Es genügt aber nicht, daß ein Gegenstand überhaupt fortgeschafft wird, sondern er muß vertragsmäßig an eine bestimmte Stelle geschafft werden. Ein Vertrag über Fortschaffung von Müll oder Dung ist daher nur dann ein Frachtgeschäft, wenn der Müll oder Dung auf ein bestimmtes Grundstück transportiert werden soll, nicht aber dann, wenn der Fuhrmann ihn behalten oder an einer beliebigen Stelle abladen darf. Vgl. Makower S. 1397.

[7]) Z. B. des Dampfschiffs oder des Automobils bei der Beförderung derartiger Fahrzeuge vom Ort der Herstellung nach dem der Ablieferung.

[8]) Lehmann-Ring S. 813.

männer, Fußboten, Gepäckträger und Viehtreiber[1]), natürlich unter der Voraussetzung, daß die Güter oder das Vieh während der Beförderung ihrer Obhut anvertraut werden, und daß sie aus der Beförderung[2]) ein Gewerbe machen. Auch wenn ein Kaufmann, der nicht Frachtführer ist im Betrieb seines Handelsgewerbes eine einzelne Beförderung von Gütern zu Lande oder auf Flüssen oder sonstigen Binnengewässern auszuführen übernimmt, gelangen die Bestimmungen des VI. Abschnitts (Frachtgeschäft) zur Anwendung[3]).

Nicht als Frachtführer anzusehen sind dagegen die Personentransportanstalten, es sei denn, daß sie zugleich Güter befördern, die gewöhnlichen Lohnkutscher und andere Unternehmer, welche nur zum Zwecke der Ausführung eines Transports Dienste leisten oder auf Grund eines ihnen erteilten Auftrags oder Befehls tätig werden, Nichtkaufleute, welche gelegentlich und vereinzelt einen Gütertransport ausführen, Personen, welche das Frachtgeschäft nicht in eigenem Namen, wenn auch für eigene Rechnung betreiben, ferner Personen, welche bei Transporten nur Dienste leisten, wie Kutscher, Prokuristen, Eisenbahnbeamte, endlich Personen, welche nur die Transportmittel an andere, die den Transport übernehmen, leihen, liefern oder vermieten[4]). Alle diese Geschäfte fallen nicht unter die Bestimmungen

---

[1]) So auch Gareis S. 442; Eger, FrR. I S. 15ff.; Gareis u. Fuchsberger S. 816; Schott S. 290; Wehrmann S. 28, 34, Staub Anm. 2 zu § 425; Makower S. 1398; ferner ROHG. 13 S. 133ff.; RG. 6 S. 100; Hahn II S. 574; Puchelt II S. 443ff. Z. T. abw. Cosack S. 387; Dernburg, bürg. Recht, II 2 S. 447 A. 4; Goldschmidt I S. 615; Lehmann-Ring S. 313 § 85 I 1. Für die Gepäckträger insbesondere, bei denen die Entscheidung dieser Frage wegen ihrer Haftung praktisch von großer Bedeutung ist, vgl. Eger in E. E. u. A. 17 S. 284f.; Reindl ebenda S. 363 und Literatur S. 365; Gorden ebenda S. 374 u. 378ff. u. 19 S. 285. Die Eisenbahngepäckträger sind für die Beförderung des Gepäcks nach und von der Wohnung als selbständige Frachtführer anzusehen, — OLG. Hamburg, 29. 6. 00, Rechtspr. der OLG. 2 S. 281 — ebenso als selbständige Gewerbetreibende bei der Aufbewahrung von Gepäck. Für derartige Vertragsleistungen haftet daher nicht die Eisenbahn nach EVO. § 37, sondern allein der Gepäckträger. OLG. Kiel v. 7. 5. 03 in E. E. u. A. 20 S. 164; Scherer 1902 S. 160. Vgl. ferner Holzbecher in Z. d. V. D. E. 1900 S. 173f., Reindl a. a. O. 1903 S. 81ff., Gorden a. a. O. 1902 S. 182ff., 1903 S. 285.

[2]) Über die zur Beförderung gehörigen Nebentätigkeiten vgl. Makower S. 1399.

[3]) § 451.

[4]) Staub A. 4; Lehmann-Ring Nr. 1 zu § 425; Makower S. 1398; Gareis S. 441f.; Eger, FrR. I S. 8, 21, 31, 35; ROHG. 20 S. 342; Goldschmidt I S. 613; Puchelt I S. 15, II S. 21, 447; vgl. v. Hahn I S. 21, II 578/79. Auch die Posthalter sind hiernach keine Fracht-

des Titels „Frachtgeschäft“, vielmehr finden auf sie, wenn sie Handelsgeschäfte sind, die entsprechenden handelsrechtlichen Normen, sonst die Regeln des BGB. Anwendung.

Bei einem Transport können mehrere aufeinanderfolgende Frachtführer beteiligt sein. Man nennt sie Samtfrachtführer, Unterfrachtführer oder Zwischenfrachtführer. Ob ein oder mehrere Frachtführer

---

führer, vgl. RG. vom 17. März 1900 in Gruchots Beitr. Bd. 44 S. 1077, in Seufferts Arch. Bd. 55 S. 425 und im Arch. f. Post u. Telegraphie 1900 S. 678ff. Das RG. führt hierüber aus: „Nach dem Inhalte des Vertrags, welchen der Kläger (Postfiskus) mit dem Beklagten (Posthalter) abgeschlossen hat, ist von dem Berufungsgerichte mit Recht die Auffassung zurückgewiesen worden, welche der Kläger auch in der Revisionsinstanz vertreten hat und welche dahin geht, daß der Beklagte für den eingetretenen Verlust der vier Geldbriefbeutel mit den fünf Wertsendungen nach Maßgabe der Artikel 390, 395 und 400 des Handelsgesetzbuchs älterer Fassung zu haften habe. Denn der Beklagte ist nach der Stellung, welche ihm die Postverwaltung nach dem erwähnten Vertrag über die Besorgung des Postfuhrwesens der Station G. eingeräumt hat, nicht Frachtführer im Sinne des Handelsgesetzbuchs gewesen, wie dies das Berufungsgericht mit Recht angenommen hat. Zwar ist nach diesem Vertrage die Verpflichtung des Beklagten als Posthalter nicht darauf beschränkt, daß er die zur Beförderung der regelmäßigen und nicht regelmäßigen Posten erforderlichen Postillione, Wagen und Pferde stellt, sondern er hat auch die Beförderung der Wagen durch die Postillione zu besorgen und haftet für diese, wenn sie bei der Beladung oder Entladung des Postwagens, soweit sie ihnen durch die Dienstanweisung für Postillione übertragen ist, durch Handlungen oder Unterlassungen eine Dienstwidrigkeit begehen, für den hieraus dem Kläger entstehenden Schaden. Gleichwohl aber ist der Beklagte als Posthalter nicht Frachtführer im Sinne des HGB. Denn Frachtführer in diesem Sinne ist nicht schon der, welcher zum Zwecke der Ausführung des Transports Dienste leistet, oder auf Grund eines ihm erteilten Auftrags oder Befehls tätig wird; Frachtführer ist vielmehr — wie der erkennende Senat in dem in Band 25 der Entscheidungen des RG. in Zivilsachen veröffentlichten Urteile vom 25. Mai 1889, Nr. 25 S. 108, 110ff., ausführlich dargelegt hat — nur derjenige, welcher die dem Frachtführer obliegende Transportleistung selbst, das Werk, welches zu vollenden ist, in gewerblicher Selbständigkeit und auf eigene Rechnung ausführt. Beide Merkmale gehören zum Begriffe des Frachtvertrags und rechtfertigen die verschärfte Haftung des Frachtführers; beide fehlen in der Stellung des Beklagten als Posthalters. Er hat nicht selbständig Anordnungen über die Art und Weise des Transports, die Sicherung und den Schutz derselben zu treffen, sondern hat lediglich den Anordnungen des Klägers in diesen Beziehungen Folge zu leisten und dafür einzustehen, daß auch die Postillione, die in seinen Diensten stehen, den vom Kläger selbständig getroffenen Anordnungen Folge leisten. Die Gefahr des Transports selbst übernimmt der Posthalter durch die Dienste, die er leistet, nicht, er ist auch, weil er nicht auf eigene Rechnung transportiert, nicht befugt, je nach dem größeren oder geringeren Werte der Postsendungen und dem hiernach wechselnden Risiko selbständig die Vergütung zu berechnen. Er hat vielmehr lediglich dem Kläger seine

beteiligt sind, spielt beim Verfügungsrecht keine erhebliche Rolle, wohl aber bei der Haftung[1]).

Ob auch der Nachrichtentransport in den Rahmen des Frachtgeschäfts fällt, ist nach dem neuen wie nach dem alten Recht streitig[2]); es hätte sich vielleicht empfohlen, die Definition des § 425 dergestalt zu vervollständigen, daß jeder Zweifel ausgeschlossen wurde.

§ 3.

Rechtliche Natur des Frachtvertrags.

Das heutige Frachtrecht „ist seinem Kern nach römisch, aber stark beeinflußt von germanischen und spezifisch merkantilen, dem Mittelalter wie der Neuzeit angehörigen Rechtselementen" [3]).

Dienste zu dem von diesem vorgeschriebenen Transporte vermietet und erhält für diese Dienstmiete die nach dem Vertrage festgesetzte Vergütung, die sich nach der Zahl der gestellten Pferde, der Beschaffenheit der Wagen und der zurückgelegten Entfernung bemißt und danach allein sich berechnet. Der Beklagte ist demnach weder Frachtführer noch Unterfrachtführer, denn auch die Stellung des letzteren setzt die gewerbliche Selbständigkeit und Arbeit auf eigene Rechnung voraus, die es ihm freistellt, einen ihm angesonnenen Transport nach seinem Ermessen abzulehnen. Der Beklagte hingegen hatte eine derartige Befugnis dem Kläger gegenüber nicht. Er war nur dessen Gehilfe.

Das vom Kläger vorgelegte Urteil des vormaligen Königlich Preußischen Ober-Tribunals steht allerdings auf einem hiervon abweichenden Standpunkte; näher begründet ist derselbe aber nicht.

Es konnte deshalb bei Prüfung der Schadensersatzklage, welche der Kläger erhoben hat, nur die vom Beklagten übernommene vertragsmäßige Haftung in Frage kommen, die sich allerdings nach dem erwähnten Artikel 22 Abs. 2 der Postfuhrordnung auf jeden Schaden und Nachteil erstreckt, welcher der Postverwaltung durch eine Handlung oder Unterlassung des Postillions während der Postdienstleistung zugefügt wird. Eine solche schadenbringende, für den Verlust ursächliche Handlung hat der Kläger tatsächlich nicht behauptet, geschweige denn bewiesen."

Frachtführer ist ferner nicht der Hotelbesitzer, der das Gepäck der Reisenden von bezw. nach der Bahn im Hotelomnibus befördern läßt; denn diese Tätigkeit dient nur zur Unterstützung seines Hotelsbetriebs (BGB. §§ 701 ff.); sie kann aber aus § 451 HGB. zum Frachtgeschäft werden. Vgl. Staub Anm. 7 zu § 425; Lehmann-Ring S. 311, 313; Makower S. 1400.

[1]) HGB. II 432; Lehmann-Ring S. 331; Makower S. 1435 ff.

[2]) HGB. I 390, II 425. Dafür u. a. Gareis 5. Aufl. S. 574 ff.; Gareis-Fuchsberger S. 818 A. 1; Schott S. 285, 291; ROHG. 13 S. 135, 23 S. 18 f.; dagegen namentlich Staub A. 5 zu § 425; Goldschmidt I S. 617, 626; Cosack S. 469; Dernburg, bürgerl. R., II 2 S. 450; Lehmann-Ring S. 311.

[3]) Goldschmidt Univ. S. 41.

Den Römern fehlten zwar nicht einzelne Rechtssätze und ganze Rechtsinstitute, welche ausschließlich dem Handel dienten[1]), indes ein eigentliches Sonderrecht für den Handel oder auch nur die gewerbliche Tätigkeit war ihnen unbekannt. Bei der Reichhaltigkeit und Elastizität des bürgerlichen, besonders des Obligationenrechts, konnte auch von einem Bedürfnis nach umfassenderer Ausprägung von besonderen Rechtsnormen für den Handel nicht die Rede sein. Genügten doch die weiten und biegsamen Kategorien der Real- und Konsensualkontrakte und andere formlose Rechtstypen zur Abwickelung der kompliziertesten Handelsgeschäfte. Die meisten wichtigen Rechtsinstitute des heutigen Verkehrs bestanden schon damals, manche[2]) sogar schärfer individualisiert als gegenwärtig, nur nicht durch besondere termini technici hervorgehoben, sondern den allgemeinen Typen des Zivilrechts unterstellt[3]). So auch der Landtransportvertrag. Er wurde in Rom nach den Grundsätzen der loc. cond. operis beurteilt[4]), nicht zugleich, wie das Seefrachtgeschäft, nach denen das receptum, eines prätorischen Obligationsverhältnisses, dessen juristischer Charakter, wie Goldschmidt scharfsinnig definiert[5]), darin besteht, daß unter bestimmten Voraussetzungen gewissen zivilen Vertragsverhältnissen z. B. dem depositum, mandatum, der locatio conductio oder einem Innominatkontrakt eine umfassendere Garantieverpflichtung (salvum fore recipere) von Rechtswegen hinzutritt.

Der heutige Frachtvertrag, als dessen Inhalt wir die Übernahme der Ausführung eines Transports festgestellt haben, also eine Leistung (opus), für welche als Gegenleistung ein Entgelt gewährt wird, fällt ebenfalls unter die loc. cond. operis (Werkvertrag)[6]). Doch damit

---

[1]) Man denke z. B. an die actio tributoria, die compensatio gegen die Klagen der argentarii, die actio exercitoria und an das foenus nauticum.

[2]) So Kreditgeschäfte, Kommodat, Sozietät

[3]) Goldschmidt Univ. S. 71ff

[4]) Goldschmidt Univ. S. 78; Z. 3 S. 353; 1 11 § 3 D. loc. cond. 19, 2; l. 13 § 1; l 25 § 7, eod, l 3 § 1 D naut. caup. stab. 4, 9

[5]) Z. 3 S 62—65, 97, l. 1 pr D 4, 9, Ait Praetor: Nautae, caupones, stabularii, quod cuiusque salvum fore receperint, nisi restituent, in eos iudicium dabo. Vgl. Müller S. 15.

[6]) „Der Vertrag, durch welchen sich ein Unternehmer (conductor) gegenüber dem Besteller (locator) zur Vollführung eines Unternehmens gegen einen Geldpreis verbindet." Dernburg Pand. II S. 312 § 113; vgl. BGB. §§ 631ff. Auch ein Zeitfrachtvertrag ist im Zweifel Werkvertrag, doch bedarf es in jedem Fall einer Prüfung, ob die Parteien die Herbeiführung eines bestimmten Erfolgs beabsichtigt hatten oder ob der Frachtführer bezw. seine Leute und Geräte dem Besteller nur

ist sein rechtlicher Charakter nicht erschöpft. Vielmehr zeigen sich in der Verwahrungspflicht des Frachtführers und besonders in den strengen Grundsätzen[1]) über die Voraussetzung der Haftpflicht für Verlust und Beschädigung deutlich die Elemente des receptum[2]). In dieser Verbindung von loc. cond. und receptum, das hier nicht als Modifikation der loc. cond. auftritt, sondern als integrierender Bestandteil des Vertrags, erscheint der Frachtvertrag als ein selbständiges Gebilde des modernen Gütertransportwesens, als ein contractus sui generis[3]). Dabei ist jedoch zu berücksichtigen, daß die Grundsätze des receptum als eines durchaus anomalen Rechtsinstituts, das allein der utilitas seine Existenzberechtigung verdankte[4]) und schon den Römern jeder analogen Ausdehnung unfähig erschien[5]), nur da Anwendung finden, wo sie gesetzlich angeordnet[6]) oder von den Kontrahenten vereinbart sind[7]). In allen übrigen Beziehungen fällt der Binnenfrachtvertrag nur unter die loc. cond. operis; aus dem Zivilrecht dürfen daher, soweit dies überhaupt erforderlich und zulässig, im Wege der Rechtsanalogie nur die Normen dieses Rechtsinstituts zur Ergänzung herangezogen werden.

für dessen Rechnung zur Verfügung gestellt waren. In letzterem Falle würde ein Miet- bezw. Dienstvertrag vorliegen. Makower, S 1394, RG. 25 S. 108, 48 S 92.

1) Im neuen HGB. nur noch für die Eisenbahnen aufrechterhalten, für den gewöhnlichen Frachtführer dagegen, ebenso wie früher schon für die Binnenschiffahrt, beseitigt. HGB II 429, 456; BSchG § 58; Pappenheim S. 71 Für Schaden aus Zeitversäumnis haftet der Frachtführer allgemein nur nach dem Prinzip der loc. cond. HGB. I 397, II 429, 466.

2) Vgl. Pappenheim S. 37f.; Eger in E. E. u A. Bd. 17 S. 366, ders. in DJZ. 1901 S 108; Förtsch, DJZ. 1898 S. 181f.

3) Staub A. 1 zu § 425; Schott S. 295f.; Thöl III S. 11ff.; Eger FrR. I S. 14, Pr ER. II S. 399f. und Lit. das.; Endemann, Recht der Eisenb. S. 525; Buchmann S. 9, ROHG. 4 S. 14, 20 S. 340; RG. 15 S. 76, 25 S. 110. Ebenso mit geringen Modifikationen auch sämtl. übrigen modernen Handelsgesetze. Der Code civil z. B. definiert den Frachtvertrag als une espèce de louage d'ouvrage et d'industrie (Art. 1779), unterwirft ihn aber gleichzeitig der strengen Haftung aus dem receptum (Art. 1782, 1952—54).

4) l. 1 § 1 D. naut. caup. 4, 9

5) l. 14 D. de leg 1, 3: Quod vero contra rationem iuris receptum est, non est producendum ad consequentias. l. 162 D. de div. reg. 50 17: Quae propter necessitatem recepta sunt, non debent in argumentum trahi. Vgl. Linde S. 188.

6) HGB. I 395, II 456; PG. § 6.

7) Ebenso Müller S. 66; Kompe, Postfrachtgeschäft S. 45, 46; Schellmann S. 40f.; Cnyrim S. 10ff.

In Übereinstimmung hiermit hat auch das ROHG. erkannt[1]), daß, „wenn überhaupt und bezw. insoweit das Allgemeine Preußische Landrecht nach Art. 1 HGB. zur Bestimmung der Rechtsnatur der gewerblichen und resp. kaufmännischen Frachtgeschäfte (Art. 390, 420, 421 ibid.) herangezogen werden kann, nur die §§ 925ff. Tit. 11 Teil I ALR., nämlich diejenigen Vorschriften, welche von Verträgen „über verdungene Werke" handeln, in Betracht kommen können." Die früher vereinzelt versuchte[2]) Konstruktion des Post- und damit wohl des gesamten Binnenfrachtgeschäfts als Mandat, loc. cond. operarum oder auch negotiorum gestio kann für den entgeltlichen Frachtvertrag heute als aufgegeben gelten[3]).

Ein Frachtvertrag braucht aber nicht unbedingt entgeltlich zu sein. Auch unentgeltliche Frachtverträge sind möglich. So ist z. B. die Pflicht der Eisenbahnen aus dem RG. vom 20. 12. 1875, gewisse Postsendungen unentgeltlich zu befördern, ein unentgeltlicher Frachtvertrag mit der Post. Das durch einen unentgeltlichen Frachtvertrag begründete Schuldverhältnis ist Auftrag, nicht Werkvertrag. Dies ist wichtig für die Haftung. Auch auf unentgeltliche Frachtverträge finden die Bestimmungen des HGB. §§ 425ff. Anwendung, vorausgesetzt, daß ein Kaufmann als solcher sie abschloß — was wohl selten vorkommen wird — und daß sich nicht aus der Abrede der Unentgeltlichkeit ein anderes ergibt[4]).

Als Werkverdingung gehört der entgeltliche Frachtvertrag zu den Konsensualkontrakten und wird perfekt nudo consensu, d. h. wenn der Wille der Parteien über die Essentialien des Vertrags, d. s. die Übernahme der Ausführung des Transports und die Vergütung dafür, übereinstimmt[5]). Er ist prinzipiell formlos; daß er in der Praxis häufig schriftlich abgeschlossen oder bestätigt wird, ändert am Prinzip der Formlosigkeit ebensowenig, wie das Recht des

---

[1]) ROHG. 20 S. 340; vgl. 5 S. 163, 167; 11 S. 20; 23 S. 320.

[2]) Höpfner S. 121; Karstens S. 209; Sell S. 142. Gerber-Cosack findet im Frachtvertrag auch „ein Moment des Mandats", S. 366.

[3]) Vgl. o. A. 3 S. 31; Müller S. 71; Meili, Telegraphenrecht S. 30; Vogel S. 13ff.

[4]) Jedenfalls würde bezüglich der Haftung derjenige, der unentgeltlich befördert, als Mandatar nach rein bürgerlichem Recht schlechter stehen wie als Frachtführer nach Handelsrecht. Vgl. Lehmann-Ring S. 812; Makower S. 1394, 1396; Staub S. 1507 A. 8. Abw. ROHG. 3 S. 405, 13 S. 133. Vgl. auch Fischer-Henle S. 305.

[5]) Makower S. 1400.

Frachtführers auf Ausstellung eines Frachtbriefs[1]). Denn dieser begründet den Vertrag nicht, sondern tritt zu dem perfekten Vertrag lediglich als Beweismittel hinzu, ohne jedoch das einzige Beweismittel zu bilden; er beurkundet den tatsächlich erteilten einseitigen Beförderungsauftrag, nicht aber den Vertragsabschluß. Der Frachtbrief hat sonach für das Verhältnis zwischen Absender und Frachtführer beim gewöhnlichen Landfrachtgeschäft im allgemeinen nur die Bedeutung einer Beweis-, nicht aber einer Vertrags-(Formal-) oder einer Dispositiv-Urkunde[2]). Im neuen HGB. ist diese Eigenschaft des Frachtbriefs nicht mehr hervorgehoben; der seit 1879 allgemein geltende Grundsatz der freien Beweiswürdigung macht eine derartige Vorschrift entbehrlich[3]). In einzelnen Beziehungen allerdings kommt dem Frachtbrief eine weitergehende Bedeutung zu, da nämlich, wo er die Grundlage für die Rechte und Pflichten der Parteien bildet — vgl. z. B. HGB. § 436[4]) — ferner wenn die Kontrahenten vereinbaren, daß der Vertrag erst mit der Ausstellung oder mit der Annahme des Frachtbriefs gültig sein soll, wie z. B. beim Eisenbahnfrachtvertrag, bei welchem der Frachtbrief nicht nur den tatsächlich erteilten Beförderungsauftrag beurkundet, sondern auch das Angebot des Vertragsabschlusses. Gleichwohl trug auch dieser bis zum 1. Januar 1900 den Charakter eines

---

[1]) Dieses Recht besteht aber nur in denjenigen Fällen, in denen sich nicht eine gegenteilige Verkehrssitte gebildet hat. Einem Dienstmann oder einem Fuhrhalter der einen Umzug besorgt, braucht man einen Frachtbrief nicht auszustellen. Ebenso Staub A. 4, 8 zu § 426; Makower S. 1407. A. A. Lehmann-Ring S. 315.

[2]) HGB. I 391; Makower S. 1400, 1404ff.; Lehmann-Ring II S. 314f; Goldschmidt I S. 649, II S 739; Wehrmann S. 30, 35; Eger, FrR. I S. 39, Pr. ER. II S. 406 und Lit. das., Schott S. 299/300 und Lit. das.; RG. in Straff. 32 S. 28. Ein Frachtbrief ist eine Urkunde im Sinne des § 267 StGB., ebenso auch jeder wesentliche Teil des Frachtbriefs, z. B. die Gewichtsangabe (RG. in Straff. 8 S. 168) und die Spesennote auf dem Frachtbrief. Rechtsprechung des RG. in Straff. 1 S. 751. Stenglein, Lexikon 2 S. 1190 und 1469. — Auch die Fälschung eines Frachtbriefs vor seiner Übergabe an die Eisenbahnverwaltung ist nach § 267 StGB. strafbar. RG. in Straff. 18 S. 245. Stenglein, Lexikon 2 S. 1528.

[3]) HGB. II 426; Denkschrift S. 274; vgl. Rießer S. 87; Mittelstein, Frachtrecht S. 69 vermißt die klare grundlegende Norm ungern. Hellwig S. 486 A. 978 verwertet sie für seine Auffassung.

[4]) Vgl. Gareis S. 443f.; Dernburg, Bürgerl. R. II 2 S. 451; Hellwig S 485ff.; Staub A. 1 zu § 426; Foertsch S. 97; Buchmann S. 11.

formlosen Konsensualvertrags. Die damals geltende EVO. vom 15. November 1892 erhob zwar die Ausstellung eines Frachtbriefs zur Voraussetzung für den Kontrahierungszwang der Eisenbahnen und forderte für den Abschluß des Frachtvertrags eine bestimmte Form — das Bedrucken des Frachtbriefs mit dem Tagesstempel[1]). Indessen galten diese Bestimmungen weder als Gesetz noch als Rechtsnorm, sondern lediglich als Verwaltungsvorschriften, welche — nur an die Eisenbahnen und nicht an das Publikum gerichtet — auch lediglich als privatrechtliche Bestandteile des Frachtvertrags maßgebend waren[2]). Ihnen konnte daher auch nicht derogatorische Kraft gegenüber der Bestimmung im Art. 317 des alten HGB. innewohnen, nach welcher bei Handelsgeschäften die Gültigkeit der Verträge durch schriftliche Abfassung oder andere Förmlichkeiten nicht bedingt ist. Ein Eisenbahnfrachtvertrag ohne Frachtbrief war früher nicht ungültig, ebensowenig machte das Fehlen des Stempels den Frachtvertrag nichtig; nur mußte der Beweis für den Abschluß in anderer Weise erbracht werden.

Das neue HGB. hat der EVO., welche inzwischen in einer neuen Fassung vom 26. Oktober 1899 veröffentlicht ist[3]), die Bedeutung einer Rechtsverordnung beigelegt[4]). Diese Änderung wird in der Denkschrift[5]) damit begründet, es entspreche nicht der Natur der Sache, daß die Normen, welche für das Verhältnis der Beteiligten maßgebend sein sollen, statt durch Aufstellung der betreffenden Rechtssätze auf dem Umweg einer Nötigung zu vertragsmäßigen Festsetzungen zur Geltung gebracht würden. Es sei deshalb vorzuziehen, die Vorschriften über die Haftpflicht der Eisenbahnen als unmittelbar zur Anwendung kommende Rechtssätze in den Entwurf aufzunehmen, aber auch den dem Gesetz selbst nicht einverleibten Bestimmungen der

---

1) §§ 51, 54.

2) Material S. 418; ROHG. 19 S. 184ff.; RG. in Gruchots Beitr. 44 S. 1051; Eger, Pr. ER. II S. 370 u. Lit. das.; Pappenheim S. 18; v. d. Leyen, Z. 89 S. 510; abw. Schott S. 464f.; v. Rönne, Dtschs. Staatsrecht II 1 § 100 S. 321/322. Vgl. auch Lehmann-Ring S. 371 Nr. 8.

3) RGBl. 1899 S. 557ff.

4) Einmal ausdrücklich durch § 454, sodann, indem im HGB. vielfach auf ergänzende Bestimmungen der EVO. Bezug genommen wird, z. B. §§ 453, 459, 460, 468 u. a. m. Und zwar beziehen sich die Bezugnahmen nicht auf die bei der Verkündung des HGB. in Kraft gewesene, sondern auf die jeweilig geltende EVO. Vgl. Staub A. 8 zu § 453; Makower S. 1498.

5) S. 288.

EVO. die gleiche Bedeutung beizulegen. Dadurch würden zugleich in mehrfacher Hinsicht befriedigendere Ergebnisse erzielt, als bei dem gegenwärtigen Rechtszustand, besonders die Zulässigkeit des Rechtsmittels der Revision aus § 511 der alten CPO.[1]) bei unrichtiger Anwendung der EVO. Daß die Neuerung den früher zweifellos vorhandenen Unzuträglichkeiten abgeholfen hat, ist zuzugeben; es fragt sich nur, ob sie nicht schwere Bedenken dadurch hervorrufen muß, daß sie die gesetzgeberische Gewalt bezüglich des für den Handelsverkehr so wichtigen Eisenbahnfrachtvertrags an einen der beiden Kontrahenten[2])

---

[1]) Neue CPO. § 549.

[2]) Die neue EVO. ist vom Bundesrat beschlossen worden. Ob seine Zuständigkeit in der RV. begründet ist, erscheint zweifelhaft. Verneint wird diese Frage und die EVO. deshalb für **rechtsungültig** erklärt u. a. von **Laband** in DJZ. 1900 S. 509ff.; 1901 S. 61; Staatsrecht Bd. III S. 121ff.; **Gorden** in E. E. u. A. 1903 S. 285ff. Bejaht von **Harburger**, DJZ. 1901 S. 59ff.; **Reindl** in E. E. u. A. Bd. 17 S. 75ff.; **Kaufmann** in DJZ. 1901 S. 185f.; **Makower** S. 1493; **Eger**, EVO. S. 9; in Z. d. V. D. E. 1900 S. 1537, von **Reindl** a. a. O. 1901 S. 66, von **Großmann** a. a. O. 1901 S. 549 und in der Monographie von **Paschke**. Vgl. ferner **Bornhak** im Pr. Verwaltungsblatt Bd. 17 S. 188; **Gerstner** in Z. d. V. D. E. 1900 S. 101; **Göz** in den Jahrbüchern der Württemb. Rechtspflege Bd. 18 S. 122ff.; **Arndt**, das Recht der Eisenbahnbetriebs- u. Verkehrsordnung im Pr. Jahrb. Bd. 104 S. 323ff.; ders., das selbständige Verordnungsrecht S. 193ff.; **Hubrich**, Gesetz und Verordnung, und **Hertzer**, Handkommentar zur EVO. 1902.

Gorden in E. E. u. A. 20 S. 193ff. erhebt gegen die EVO. schwere Vorwürfe — ihre Rechtsbeständigkeit werde aus beachtenswerten staatsrechtlichen Gesichtspunkten angezweifelt, zahlreiche ihrer Spezialvorschriften seien von der Wissenschaft für ungültig erklärt, in einem Falle (§ 21 Abs. 2) sei sogar festgestellt, daß die Formulierung ihrer Vorschriften unpräzis ist und dem gesetzgeberischen Willen nicht entspricht — und erhofft eine baldige vollständige Revision und zwar auf dem Wege eines Reichsgesetzes. Wäre ein Gesetz zur Regelung des Eisenbahnverkehrs mit seinen rasch wechselnden Verkehrsbedürfnissen wirklich zweckmäßig? Vgl. auch **Gorden** in E. E. u. A. 1900 Anl. Heft III und im Arch. f. öffentl. R. 1902 S. 418. Vgl. ferner wegen der Ungültigkeit des § 21 Z. d. V. D. E. Nr. 41 von 1902. Nr. 8, 93 und 97 von 1903 und des § 31 a. a. O. Nr. 20 und 38 von 1903.

Zweifelhaft ist auch, welche rechtliche Bedeutung den von anderen Behörden als dem Bundesrat erlassenen ergänzenden und abändernden Bestimmungen zur EVO. zukommt. Auf die Zulässigkeit derartiger Bestimmungen verweist die EVO. an mehreren Stellen, z. B. Eingangsbestimmungen Abs. 2 u. 3, §§ 7, 30, 32 usw. ebenfalls können diese von untergeordneten Behörden erlassenen Bestimmungen nicht die Eigenschaft der EVO. als einer den allgemeinen Vorschriften des HGB. vorgehenden Rechtsnorm teilen; vgl. Denkschrift S. 269; **Eger**, EVO. S. 8f., 158; **Makower** S. 1494.

Dasselbe gilt von den zu den einzelnen Paragraphen der EVO. von der

delegiert und bei der ungenügenden rechtlichen Grundlage der EVO. das Fortbestehen eines einheitlichen deutschen Eisenbahntransportrechts in Frage stellt[1]).

Wie dem auch sei, die EVO. enthält jetzt zwingendes Recht und hat derogatorische Kraft nicht nur gegenüber den Frachtrechtsnormen des neuen HGB. innerhalb der durch § 471 gezogenen Grenzen, sondern laut Art. 2 des EG. auch gegenüber den auf den Frachtvertrag anwendbaren Vorschriften des BGB. Demnach sind künftig Eisenbahnfrachtverträge ohne die in der EVO. vorgeschriebenen Form[2]) nichtig. Der Mangel der Form kann zwar später geheilt werden. Gleichwohl verliert der Eisenbahnfrachtvertrag dadurch die Eigenschaft eines formlosen Konsensualvertrags und wird vollkommen zu einem contractus sui generis, und zwar — wie der internationale Eisenbahnfrachtvertrag — zu einem Formal- und Realvertrag[3]).

Als eigentliche Kontrahenten kommen beim Frachtvertrag zunächst nur der Absender und der Frachtführer in Betracht.

Absender ist derjenige, welcher in eigenem Namen, wenn auch für fremde Rechnung den Frachtauftrag erteilt und den Frachtvertrag mit dem Frachtführer abschließt, nicht derjenige, welcher das zu befördernde Gut bloß aushändigt, auch nicht derjenige, welcher die

---

Generalkonferenz der Deutschen Eisenbahn-Verwaltungen erlassenen „Allgemeinen Zusatzbestimmungen". Auch sie sind nicht Teile der EVO. im Sinne des HGB. Vgl. auch HGB. § 471; Lehmann-Ring S. 401; Makower S. 1589f.

[1]) Ausführlich hierüber Pappenheim S. 21ff.; vgl. Gareis S. 459f.; Mittelstein bei Eger S. 173/174; Staub § 453 A. 2—4; v. d. Leyen in Z. 49 S. 420 u. 433ff.; Lehmann-Ring S. 370; Makower S 1493f; besonders aber Reindl in E. E. u A. Bd. 17 S. 75ff.; wo auch auf das eigenartige Notverordnungsrecht des Reichs-Eisenbahnamts auf Grund des Abs. 2 der Eingangsbestimmungen zur EVO. und auf die erheblichen staatsrechtlichen Bedenken gegen diese dem Reichs-Eisenbahnamt erteilte Ermächtigung hingewiesen ist. — In Bayern ist durch § 28 der zur Ausführung des BGB. und seiner Nebengesetze erlassenen Königl. Verordnung vom 24. 12. 1899 (sogen. Zuständigkeitsverordnung) bestimmt, daß zum Erlaß der EVO. das Staatsministerium des Kgl. Hauses und des Äußern zuständig sei; Abs. 2 der Eingangsbestimmungen der EVO. findet daher auf Bayern keine Anwendung (Bayr. Gesetz- u. Verordnungsblatt 1899 S. 1075). Vgl. v. d. Leyen in Z. 49 S. 440.

[2]) EVO. §§ 51, 54. Eines Frachtbriefs bedarf es nicht für den Transport von Reisegepäck und von Expreßgut. §§ 32, 39.

[3]) Gareis S. 448; Hellwig S. 487; Staub S. 453 A. 5, Dernburg, Bürg. R. Bd. II 2 S. 449 Vgl. Makower S. 1400.

Dienste des Frachtführers in fremdem Namen in Anspruch nimmt, wie der Prokurist[1]).

Derjenige, für dessen Rechnung der Frachtführer in Tätigkeit tritt, heißt nach kaufmännischem Sprachgebrauch, den auch das alte und neue HGB. angenommen haben, „Versender". Wenn also jemand durch einen Spediteur Güter verschickt, so gilt frachtrechtlich der Auftraggeber als Versender, der Spediteur dagegen als Absender. Versender und Absender werden gewiß häufig identisch sein, keinesfalls aber sind sie es regelmäßig[2]).

Der Frachtvertrag begründet Rechte und Pflichten zunächst nur zwischen dem Absender und dem Frachtführer. Die Eigenart dieses von vornherein auf einen Wechsel in den Subjekten berechneten Vertrags läßt aber in den meisten Fällen noch ein drittes Rechtssubjekt in der Person desjenigen hinzutreten, an den das Gut abgeliefert werden soll, des Empfängers, nämlich stets dann, wenn Absender und Empfänger nicht dieselbe Person sind[3]). Dieser Empfänger nun, der beim Abschluß des Frachtvertrags vollständig außerhalb des Rechtskreises steht, den der Vertrag zieht, gewinnt an rechtlicher Bedeutung, je mehr sich der Frachtvertrag seiner Erfüllung nähert, so zwar, daß seine Rechte am Frachtgut in demselben Maße zunehmen, in welchem die des Absenders sich verringern, und daß es in einzelnen Stadien der Beförderung zweifelhaft erscheint, ob das Verfügungsrecht über das Frachtgut dem Absender oder dem Empfänger zusteht.

---

[1]) Makower S. 1402; Cosack S. 394; Staub § 433 A. 3; Protokolle zum alten HGB. S. 781, 844, 4733; Goldschmidt II S. 735 A. 4; Wehrmann S. 31; Hahn II S. 573; Eger, Fr. R. I S. 53, 54, Pr.ER. II S. 402 und Lit. das.

[2]) Wie Schott S 294 behauptet; vgl. Eger, ER. II S. 402 u. Lit. das.; Wehrmann S. 31, 32; Z. 19 S. 564.

[3]) Der auch in das neue HGB. übergegangene — §§ 426,[3], 427, 432 u. a. — Ausdruck „Empfänger" ist sprachlich nicht ganz korrekt, enthält vielmehr eine Antezipation, die häufig nicht zutrifft, insofern, als die dadurch bezeichnete Person das Gut tatsächlich oft nicht erhält (HGB. I 407, II 437). Richtiger wäre es deshalb, anstatt von dem „Empfänger" zur Bezeichnung der Person, an welche das Frachtgut nach Beendigung des Transports ausgehändigt werden soll, vom „Adressaten" oder „Destinatär" zu sprechen. Da aber die Gesetze usw. den Ausdruck „Empfänger" gebrauchen, mag er auch in dieser Abhandlung Verwendung finden. Vgl. dazu Makower S. 1407f.

II. Der Übergang der (dinglichen usw.) Rechte am Frachtgut.

§ 4.

Gewahrsam, Besitz, Eigentum.

Wie wohl alle Errungenschaften der modernen Kultur hat sich auch das heutige Transportwesen erst allmählich aus bescheidenen Anfängen heraus zu seiner jetzigen Blüte und Vollkommenheit entfaltet. Der Mangel allgemeiner und regelmäßiger Transportmittel, die Gefahren der Güterbeförderung, hervorgerufen ebenso durch den primitiven Zustand der Wege, Brücken und Flußläufe, wie durch die dadurch begünstigte Unsicherheit, endlich die Unmöglichkeit einer zuverlässigen Kontrolle über den Transportführer nötigten den Kaufmann noch in der Neuzeit, seine Güter selbst zu begleiten oder durch einen zuverlässigen Stellvertreter begleiten zu lassen[1]). Dies Verfahren bedingte und erleichterte den Verkehr von Person zu Person; zu seiner rechtlichen Normierung genügten Geschäftsformen, die fast ganz auf den Verkehr unter Gegenwärtigen zugeschnitten waren. Die Erstarkung des Verkehrs infolge größerer Sicherheit und regelmäßiger Kommunikationsmittel, verbunden mit einer erheblichen Steigerung des Güteraustauschs, mußte hierin einen vollständigen Umschwung herbeiführen. Der Frachtführer, der früher eine rechtlich untergeordnete Stellung beim Transport eingenommen hatte, trat mehr in den Vordergrund, seitdem die Güter beim Transport unter seine Aufsicht und in seinen Gewahrsam[2]) gestellt wurden und die

---

[1]) Schott, S. 295.

[2]) Unter Gewahrsam ist die tatsächliche Gewalt oder Herrschaft über eine Sache zu verstehen. Ob der Begriff dem Besitzbegriff des BGB. — vom mittelbaren Besitz (BGB § 868) abgesehen — völlig entspricht, mag dahingestellt bleiben. Jedenfalls hat der Besitzdiener (BGB. § 855) nicht den Gewahrsam an den Sachen des Besitzherrn (Gaupp-Stein, CPO. § 808, A. 2; Planck, BGB. § 855 A. 1; a. A. Petersen-Anger, CPO. Bem. 2 zu § 808). Deshalb ist auch zur Pfändung einer Sache, die der tatsächlichen Herrschaft eines Dienstboten oder Arbeiters unterworfen ist, dessen Einwilligung nicht erforderlich. Diese Auffassung entspricht auch der Anwendung, die der Begriff des Gewahrsams im Strafrecht findet. Dienstboten und Arbeiter, welche sich Gegenstände zueignen, die ihnen zeitweise zur Benutzung oder Verarbeitung übergeben sind, begehen einen Diebstahl, nicht eine Unterschlagung, weil die betreffenden Sachen sich nicht in ihrem, sondern in ihres Herrn Gewahrsam befanden. OLG. Braunschweig in DJZ. 1904 S. 872, vgl. auch S. 453.

Begleitung durch den Absender oder einen Beauftragten des Absenders unterblieb. Gleichzeitig erheischte und erlangte notwendigerweise ein neuer wichtiger Rechtsfaktor, der Empfänger, eine Summe von Rechten, zuerst als Stellvertreter des Absenders, mit diesem eine einzige Person bildend, nach und nach aber als selbständiges Rechtssubjekt, um nicht zu sagen als dritter Kontrahent aus dem Frachtvertrag, anerkannt.

Die so gestaltete Entwickelung, welche in ihrer Begleiterscheinung — dem häufigen Gegensatz zwischen tatsächlicher und rechtlicher Herrschaft über das Gut — äußerst verwickelte Verhältnisse schuf, stellte das Recht vor eine neue und schwierige Aufgabe, vor die Beantwortung der Frage nämlich, wann die dinglichen und obligatorischen Rechte in bezug auf das Frachtgut vom Absender auf den Frachtführer oder den Empfänger übergehen. Diese Frage hinsichtlich der dinglichen Rechte ausführlich zu behandeln, kann nicht Aufgabe dieser Abhandlung sein; doch seien einige kurze Bemerkungen gestattet.

Hervorzuheben ist zunächst, daß für den Erwerb, Verlust und Schutz des Besitzes sowohl wie des Eigentums[1]) beim Frachtgeschäft wie für alle ähnlichen Fragen des Handelsverkehrs überhaupt im allgemeinen die Regeln des bürgerlichen Rechts gelten. Nur in einzelnen Punkten bestehen für den kaufmännischen Verkehr Besonderheiten.

Dem Frachtführer wird das Gut übergeben, nicht damit er ein ihm zustehendes Recht auszuüben vermag, sondern um ihn in die Lage zu setzen, das eingegangene Schuldverhältnis zu erfüllen. Seine Detention des Guts ist nur Mittel zum Zweck, er hat darauf keinen Anspruch, muß sich vielmehr jeder anderweiten Verfügung des Absenders über das Gut, sei es vor oder nach Erlangung der Detention, unterwerfen.

In der Absendung eines Guts an und für sich liegt auch nicht eine Tradition[2]). Nach gemeinem Recht war dazu erforderlich einmal die Besitzübertragung, sodann der beiderseitige Übereignungswille des Tradenten und des Empfängers oder mindestens der ein-

---

[1]) Über den Begriff und die verschiedenen Definitionen des Eigentums vgl. Schloßmann in Iherings Jahrb. Bd. 45 S. 289ff.

[2]) Wenn man nämlich Tradition als „Übergabe behufs Eigentumsübertragung" auffaßt.

seitige Wille des Tradenten[1]). Eine Übertragung des Besitzes findet beim Frachtgeschäft nicht statt, weil der Absender den juristischen Besitz durch seinen Stellvertreter, den Frachtführer, fortsetzt. Der Übereignungswille fehlt dem Absender, weil seine Absicht stets dahin geht, den Eigenbesitz am Gut erst mit dessen Aushändigung an den Empfänger am Ablieferungsort aufzugeben, bis dahin aber selbst Herr über das Gut zu bleiben. Eine Tradition des Guts seitens des Absenders an den Empfänger könnte in der Übergabe an die Mittelsperson, den Frachtführer, nur erblickt werden, wenn fingiert würde, der Versendung läge ein Mandat oder eine negotiorum gestio zugrunde, dergestalt, daß der Absender als Mandatar oder negotiorum gestor des Empfängers entweder das mittels constituti possessorii tradierte Gut durch die Mittelsperson nur noch für den Empfänger detiniere oder zu dessen Gunsten auf Besitz und Detention durch Übergabe des Guts an den Frachtführer als den zum Besitzerwerb für den Empfänger berechtigten Stellvertreter verzichte. Beide Konstruktionsversuche können nicht befriedigen; ihre Unhaltbarkeit ist von Goldschmidt überzeugend nachgewiesen[2]).

Bezüglich des Frachtführers betont[3]) Goldschmidt mit Recht, „der Auftrag zu transportieren oder den Transport zu besorgen, schließt an sich keineswegs den völlig verschiedenen Auftrag oder auch nur die Ermächtigung ein, für den Adressaten Besitz zu ergreifen. Die Zwischenperson für den Transport als solche ist nicht Vertreter, weder des Versenders für die Besitzübertragung, noch des Adressaten für den Besitzerwerb."

Endlich wird auch der Empfänger in der Regel erst mit dem tatsächlichen Empfang des Guts den Besitz antreten wollen, da es seinen Interessen häufig zuwiderlaufen würde, wenn die wichtigen, für ihn präjudizierlichen Rechtsfolgen[4]) des Besitzerwerbs schon mit der Übernahme des Guts durch den Spediteur oder Frachtführer einträten, welche für die Wahrnehmung dieser Interessen bei ihrer

---

[1]) So Schloßmann, Vertrag S. 94; Pernice, Z. 25 S. 109; § 40 J. de rer. div. 2, 1; vgl. dagegen Dernburg, Pand. I 2, S. 103 und Lit. das. (§ 213); ferner Regelsberger in Iherings Jahrb. Bd. 44 S. 415 ff.

[2]) II S. 681 f.; vgl. auch unten.

[3]) II S. 683.

[4]) HGB. I 343, 346 ff., 354; II 373 ff; BGB. § 483 ff; vgl. dazu Staub, Exkurs zu § 382, A. 55 ff.

nur auf den Transport gerichteten Tätigkeit in den seltensten Fällen geeignete Vertreter sein werden.

Ist so nach gemeinem Recht die bloße Versendung keine Tradition, so kann eine solche aber sehr wohl der Versendung vorausgegangen sein oder ihr nachfolgen[1]). Ob und wann dies der Fall ist, hängt lediglich von dem im konkreten Falle dem Frachtgeschäft zugrunde liegenden Rechtsgeschäft und den rechtlichen Beziehungen der Parteien ab; jedenfalls muß der auf den Besitzwechsel gerichtete Wille der Beteiligten offensichtlich sein und übereinstimmen, insbesondere darf die Zustimmung des Empfängers, sei es daß sie vorausgeht oder nachfolgt, nicht fehlen[2]).

Diese Voraussetzungen sind aber beim Frachtgeschäft meist nicht vorhanden. Der Frachtführer erhält seinen Auftrag im allgemeinen vom Absender in eigenem Namen, gleichviel auf wessen Veranlassung, und ist daher Vertreter des Absenders. Demgemäß gehen Besitz und Eigentum[3]) erst mit der Aushändigung des Guts an den Empfänger auf diesen über. Nur wenn ausnahmsweise der Absender einer Mittelsperson den Transport ausdrücklich im Namen des Empfängers aufgetragen hat, vollzieht sich die Tradition bereits mit der Übergabe des Guts an die Mittelsperson[4]).

Abweichend von diesen Grundsätzen des gemeinen Rechts verlegten mehrere partikuläre Gesetzbücher[5]) den Zeitpunkt des Besitzübergangs besonders beim Kauf schlechthin oder doch unter einfacheren Voraussetzungen als das gemeine Recht auf den Moment der Auslieferung der Ware an den Spediteur oder Frachtführer.

---

[1]) Goldschmidt I S. 617—622; Eger, FrR. II S. 88.

[2]) § 5 J per quas person. nobis adquir. 2, 9; l. 13 pr. D. de acq. rer.. dom. 41, 1; l. 42, § 1 D. de acq. vel. am. poss. 41, 2; l. 23 D. de neg. gest. 3, 5; vergl. Schröder S. 89.

[3]) Einen interessanten Beitrag zu der Frage des Eigentumsübergangs liefert Zimmermann, Z. 19 S. 397ff., indem er nachzuweisen sucht, daß beim Distanzkauf in genere in Ermangelung einer anderweiten Betätigung des Willens, Eigentümer zu werden, das Eigentum nicht schon durch Übernahme der Ware vom Frachtführer, sondern erst durch die Genehmigung der Ware auf den Käufer übergeht, S. 418.

[4]) Goldschmidt I S. 623; Dernburg, Pand. I 2, S. 106 (§ 214); Prot. S. 376—78.

[5]) So Pr. ALR. Teil I Tit. 11 § 128ff.; Sächs. BGB. § 204; außerdem code de commerce Art. 100; Öster. BGB. § 429. Vgl. Staub A. 55 im Exkurs zu § 382; Goldschmidt I S. 621 A. 16; Schröder S. 39f.

Es bestand also in dieser Hinsicht früher eine Rechtsverschiedenheit, an welcher das HGB. von 1861 nichts geändert hatte, da es nur die obligatorischen Beziehungen zwischen Absender, Frachtführer und Empfänger regelte, die Besitz- und Eigentumsfrage aber unerörtert ließ [1]).

Das BGB. hat, wie zu erwarten war, nicht das unjuristische Prinzip der Partikulargesetzgebungen angenommen, sondern sich auf den Standpunkt des gemeinen Rechts gestellt. Im allgemeinen genügt nach geltendem Reichsrecht [2]) für den Besitzerwerb die Erlangung der tatsächlichen Gewalt über die Sache, ohne daß es des animus domini bedarf; und analog tritt Verlust des Besitzes ein mit der freiwilligen oder unfreiwilligen Aufgabe der tatsächlichen Gewalt [3]).

Was aber bedeutet der Begriff der tatsächlichen Gewalt? Welches ist überhaupt die Natur des Besitzes? Ist er ein Recht, eine Tatsache, ein Rechtsverhältnis? Wie steht es mit dem Wesen und der Bedeutung des Besitzwillens? Wie mit der Lehre von der Stellvertretung beim Besitzerwerb? Wann liegt Mitbesitz, wann mehrfacher Besitz vor?

Es genügt, diese Fragen aufzuwerfen, um feststellen zu können, daß das BGB. längst nicht alle Kontroversen der Besitzlehre des gemeinen Rechts beseitigt hat. Immerhin verdanken wir den Bestimmungen des BGB. über den **Besitzdiener** oder unselbständigen Detentor und den **Besitzmittler** oder selbständigen Detentor einen erheblichen Fortschritt in der Regelung des Besitz- und Eigentumsübergangs gerade im Falle der Versendung.

Das vorerwähnte allgemeine Prinzip des BGB wird durchbrochen, wenn jemand die tatsächliche Gewalt über eine Sache für einen anderen in einem Verhältnis ausübt, vermöge dessen er den sich auf die Sache beziehenden Weisungen des anderen Folge zu leisten hat; in diesem Falle ist nämlich nur der andere, der dominus negotii, Besitzer [4]). Übergibt also der Verkäufer die Sache zum Zweck ihres Transports an den Käufer seinem Besitzdiener, so bleibt er unmittelbarer Besitzer, obwohl er die tatsächliche Gewalt nur mittelbar hat,

---

[1]) Vgl. ROHG. 2 S. 258; 11 S. 327; 22 S. 68 und 330

[2]) BGB. § 854.

[3]) BGB. § 856.

[4]) BGB. § 855 Über die einzelnen Fälle der unselbständigen Ausübung der tatsächlichen Gewalt vgl. **Strohal** in Jherings Jahrb. Bd. 38 S. 5; Prot. zum BGB. III S. 31.

bis die Sache an den Erwerber abgeliefert ist. Erst mit der Ablieferung geht der Besitz der Sache auf den Käufer über. Der Besitzdiener übt während des Transports die unselbständige tatsächliche Gewalt über die Sache aus; den Besitz daran erwirbt er nicht. Umgekehrt vollzieht sich die Übergabe und damit der Besitzübergang an den Käufer schon bei der Ablieferung der Sache zum Transport, wenn dieser durch einen Besitzdiener des Käufers erfolgt.

Besitzt dagegen jemand eine Sache als Verwahrer oder in einem ähnlichen Verhältnis, vermöge dessen er einem anderen gegenüber auf Zeit zum Besitz berechtigt oder verpflichtet ist, so ist auch der andere — und zwar mittelbarer — Besitzer[1]). Ein solcher Besitzmittler, der im Gegensatz zum Besitzdiener und zum Eigenbesitzer steht, mit der vollen Rechtsstellung eines unmittelbaren Besitzers ist auch der Frachtführer; er übt eigenen Besitz am Frachtgut aus. Der Absender gibt zwar die tatsächliche Gewalt über die Sache auf und verliert damit eigentlich den Besitz, aber er bleibt infolge des durch den Frachtvertrag geschaffenen obligatorischen Rechtsverhältnisses, das ihm den Anspruch auf Rückgabe der Sache verleiht, in einer gewissen tatsächlichen Beziehung zu ihr. Diese Beziehung nennt das Gesetz mittelbaren Besitz. So entsteht ein Doppelbesitz, nicht Mitbesitz[2]).

Auch dieser mittelbare Besitz ist wirklicher Besitz[3]), wenn auch der mittelbare Besitzer nicht nach allen Richtungen hin dieselben Rechte genießt, wie der unmittelbare Besitzer. U. a. fehlt ihm gerade der Besitzschutz gegenüber dem Besitzmittler[4]). Infolgedessen ist der Absender als mittelbarer Eigenbesitzer gegenüber dem Frachtführer als unmittelbarem Besitzer auf Geltendmachung des Anspruchs aus dem Frachtvertrag beschränkt.

Als Besitzer des Frachtguts kann sowohl der Frachtführer als auch der Absender verklagt, die Klage kann aber auch gegen beide gerichtet werden[5]).

Übertragen kann der mittelbare Besitz auf einen anderen dadurch werden, daß diesem der obligatorische Anspruch auf Herausgabe der

---

[1]) BGB. § 868.

[2]) Fischer-Henle § 868 A. 3; vgl. dazu Wolff, Der Mitbesitz nach dem Rechte des BGB. in Iherings Jahrb. Bd. 44 S. 143 ff. und von Seeler, Zur Lehre vom Mitbesitz a. a. O. S. 363 ff.

[3]) Fischer-Henle § 868 A. 4; Turnau-Förster Bd. 1 S. 69 f.; Hellhoff S. 13 A. **.

[4]) Denkschrift zum BGB. S. 169; Prot. desgl. III S. 226.

[5]) CPO. § 76.

Sache, der dem mittelbaren Besitzer auf Grund des zwischen ihm und dem Besitzmittler bestehenden Rechtsverhältnisses zusteht, abgetreten wird[1]). „Die Vorschrift des § 870 geht in ihrer Tragweite über den Besitzschutz hinaus und ist namentlich für den Erwerb dinglicher Rechte an beweglichen Sachen (vgl. § 931 usw.) von Bedeutung"[2]). Durch die Abtretung des obligatorischen Herausgabeanspruchs soll also im Falle des mittelbaren Besitzes an einer beweglichen Sache nicht nur dieser, sondern gemäß § 931[3]) BGB. auch das Eigentum übertragen werden, vorausgesetzt daß Einigung über den Eigentumsübergang besteht[4]).

Für das Frachtrecht ergibt sich hieraus folgendes: Der Absender behält das Verfügungsrecht und damit den mittelbaren Besitz zunächst auch noch, nachdem das Gut am Bestimmungsort eingetroffen ist. Sobald aber der Frachtführer dem Empfänger den Frachtbrief übergeben oder dieser Klage auf Herausgabe des Guts angestellt hat, ist das Verfügungsrecht des Absenders auf den Empfänger übergegangen[5]). Damit hat der Absender auch den Herausgabeanspruch verloren — es wird angenommen, dieser sei an den Empfänger abgetreten — und mit dem Herausgabeanspruch den mittelbaren Eigenbesitz, sowie das Eigentum. Beides hat nunmehr der Empfänger erlangt, auch wenn das Gut selbst noch nicht an ihn abgeliefert ist[6]),

---

[1]) BGB. § 870; vgl. Hellwig S. 844ff.; Hellhoff S. 12ff.

[2]) Denkschrift zum BGB., S. 170.

[3]) Im allgemeinen ist zur Übertragung des Eigentums an einer beweglichen Sache Übergabe und Einigung über den Eigentumsübergang erforderlich (BGB. § 929, Satz 1).

Die Sache kann sich im unmittelbaren oder mittelbaren Besitz des Eigentümers oder in dem des Erwerbers oder endlich im Besitz eines Dritten befinden.

Ist der Eigentümer noch im Besitz der Sache, so kann nach § 930 die Übergabe durch Besitzkonstitut (constitutum possessorium, Besitzvertretung [so Turnau-Förster Bd. 1 S. 899]) ersetzt werden. Voraussetzung dabei ist jedoch ein Rechtsverhältnis, auf Grund dessen der Erwerber von dem bisherigen Besitzer den mittelbaren Besitz erlangt (RG. 35, S. 252).

Ist der Erwerber bereits im Besitz der Sache, so bedarf es überhaupt keiner Übergabe, vielmehr genügt die Einigung (brevi manu traditio § 929 Satz 2).

Für den Fall endlich, daß ein Dritter sich im Besitz der Sache befindet, bestimmt § 931: Die Übergabe kann dadurch ersetzt werden, daß der Eigentümer dem Erwerber den Anspruch auf Herausgabe der Sache abtritt.

Vgl. dazu RG. vom 8. 10. 1901 in JW. 1901 S. 831.

[4]) Vgl. dazu RG. vom 27. 11. 1903 in JW. 1904 S. 62, Nr. 21.

[5]) Ausführlich darüber s. u. §§ 7 und 8.

[6]) sondern etwa noch unter Zollverschluß steht. Ebenso u. a. Hellwig

Dies gilt aber nur für das Frachtgeschäft mit einfachem Frachtbrief.

Hat sich der Absender bei der Versendung mit der Eisenbahn ein Frachtbriefduplikat[1]) oder einen Aufnahmeschein ausfertigen lassen und diese Urkunde dem Empfänger zugestellt, so befindet sich das Gut im mittelbaren Mitbesitz des Absenders und des Empfängers. Dieser Mitbesitz genügt nicht zur Übertragung des Eigentums, wohl aber zur Bestellung eines Pfandrechts[2]). Im übrigen tritt das Verfügungsrecht des Empfängers bei Ausstellung eines Frachtbriefduplikats oder Aufnahmescheins nicht später ein als bei Benutzung eines gewöhnlichen Frachtbriefs[3]).

Hat dagegen der Frachtführer einen Ladeschein[4]) (oder ein Konnossement) ausgestellt, dessen Übergabe in derselben Weise wirkt, als wäre das Gut selbst übergeben, so erlangt der Empfänger mit der Übergabe dieser Urkunden den mittelbaren Eigenbesitz und das Eigentum unbedingt.

Im allgemeinen wird angenommen, daß der Frachtführer im Namen des Absenders in Tätigkeit tritt. Dieser behält dann den mittelbaren Eigenbesitz bis zur Ablieferung des Guts an den Empfänger[5]) oder bis zum Eintritt der beiden vorerwähnten juristischen Tatsachen, es sei denn, daß die Übereignung schon während des Transports durch Besitzkonstitut erfolgt ist[6]).

Der Transport kann aber auch durch einen Besitzmittler des Empfängers stattfinden. Dann vollzieht sich der Eigentumsübergang schon in dem Augenblick, in welchem das Frachtgut dem Frachtführer zwecks Zusendung an den Empfänger ausgeliefert wird.

S. 345, 486ff.; Schröder, S. 43f.; Cosack, Bürg. R., Bd. 2, S. 131; Scherer, 3. Ergänzungsheft, S. 297f. und 312f.; vgl. auch Kommentar Bd. III Nr. 40; Hellhoff S. 25ff; v. Tuhr in der Krit. Vierteljahrsschr. Bd. 48 S. 569; Warneyer 2. Jahrg. 1904 S. 79; OLG. Dresden vom 20. 6. 1902; Sächs. OLG. 24, 528; a. A. u. a. Gareis, S. 343ff.; Sydow-Busch, KO. S. 128 A. 6 zu § 44; Staub A. 87 zum Exkurs zu § 382 (S. 1418), A. 6. zu § 488; Förtsch S. 104; Lehmann-Ring S. 337f.; Makower S. 1444; RG. 27 S. 86; s. auch u. S. 79 und § 10.

[1]) S. u. § 10.

[2]) BGB. § 1206.

[3]) Schröder, S. 44; Hellhoff S. 27; vgl. Lehmann-Ring S. 376 Nr. 8.

[4]) S. u. § 10.

[5]) BGB. § 929.

[6]) Vgl. HGB. § 434, Satz 2.

Die Post betrachtet sich ausschließlich als Besitzmittlerin des Absenders. Im übrigen sind bei Postsendungen zu unterscheiden diejenigen, welche auf Grund einer Begleitadresse oder eines Ablieferungsscheins zur Aushändigung gelangen, und die übrigen Sendungen, wie gewöhnliche Briefe, Postkarten usw. Bei den Sendungen gegen Begleitadresse usw. vollzieht sich der Besitz- und Eigentumsübergang genau so, wie bei den Frachtgütern mit gewöhnlichem Frachtbrief, weil auch die Aushändigung der Begleitadresse oder des Ablieferungsscheins einen Herausgabeanspruch des Empfängers begründet[1]). Bei den übrigen Sendungen geht das Eigentum erst mit ihrer Aushändigung an den Empfänger auf diesen über[2]).

§ 5.

Das Verfolgungsrecht des unbezahlten Verkäufers und das Zurückbehaltungsrecht.

Das Verfolgungsrecht des unbezahlten Verkäufers, ein dingliches[3]) Recht aus dem Kaufvertrag, wird zwar durch die handelsrechtlichen Bestimmungen über das Frachtgeschäft oder überhaupt durch das HGB. nicht berührt. Gleichwohl darf es bei seiner Bedeutung für den Frachtverkehr[4]) hier nicht unerörtert bleiben.

---

[1]) So auch Schröder S. 42 und 45; s. u. § 20.

[2]) A. A. Hellhoff, S. 20.

Vgl. im übrigen zu der außerordentlich bestrittenen Besitz- und Eigentumsfrage u. a. die Kommentare zum BGB., die Monographie von Hellhoff und Schröder S. 39ff.; außerdem Hellwig S. 344ff, 486ff.; Leonhard, Vertretung beim Fahrniserwerb; Wendt, Der mittelbare Besitz des BGB., im Arch. f. d. zivil. Praxis Bd. 87; Strohal, Der Sachbesitz nach dem BGB., in Iherings Jahrb. Bd. 38; Bekker, Der Besitz beweglicher Sachen, ebenda Bd. 34; Beyerlein, Besitzerwerb durch Konnossement; Regelsberger, Über Besitzerwerb durch Mittelspersonen, in Iherings Jahrb. Bd. 44 S. 393ff; Wolff, Der Mitbesitz nach dem BGB., ebenda S. 143ff und Lit S. 145; von Seeler, Zur Lehre vom Mitbesitz, ebenda S. 363ff.; Kniep, Besitz des BGB., 1900; Nord, Die rechtliche Natur der Besitzübertragung, Rostock. Diss. 1903; Schwenk, Der Rechtsschutz des mittelbaren Besitzes, Breslauer Diss. 1903; Sprenger, Der Besitzdiener, Rostock. Diss. 1902; Weidemann, Der mittelbare Besitz des BGB., Berlin. Diss. 1902; Düringer-Hachenburg Bd. 2 S. 464ff., 499ff.; Rotering, Besitz und Gewahrsam, 1901; RG. in JW. 1902 S. 10f.

[3]) So auch Staub, Exkurs zu § 382 A. 78; a. A. z. B. Cosack, Bürgl R., Bd. 2 S. 2; Jaeger, KO. A. 30 zu § 44.

[4]) Vgl. ROHG 6 S. 306ff.; 10 S. 71; 12 S. 394; 24 S 348; RG. 8 S. 81ff; 32 S. 20; Z. 8 S. 303ff.

Es findet sich unter verschiedenen Namen in Gesetz und Praxis vieler Länder, bald in der strengeren Form eines Rechts auf Restitution des vor Ausbruch des Konkurses dem Käufer bereits ausgehändigten Guts (droit de suite im engeren Sinne), bald in der neueren und milderen Form eines Verbotrechts gegen die Auslieferung des beim Eintritt der Zahlungsunfähigkeit des Käufers noch unterwegs befindlichen Guts (Hemmungsrecht, right of stoppage in transitu)[1]). Wir haben es hier also mit einem unmittelbaren Rechtsverhältnis zwischen Absender und Empfänger oder, genauer ausgedrückt, mit einer auf dieses Rechtsverhältnis bezüglichen Handlung des Absenders zu tun, bei welchem der Frachtführer nur insofern eine Rolle spielt, als er zufällig das Gut detiniert. Das Verfolgungsrecht ist deshalb scharf zu trennen von dem obligatorischen Verfügungsrecht, das dem Frachtvertrag zwischen Absender und Frachtführer entspringt, dagegen die zwischen Absender und Empfänger bestehenden, dem Transport zugrunde liegenden Verhältnisse unberührt läßt.

Daß die Anerkennung des Verfolgungsrechts unter der Herrschaft des gemeinen Rechts mit seinem umfassenden Schutz des unbezahlten Verkäufers durch das Retentionsrecht und dingliche Klagen weniger im Bedürfnis lag, als unter der Herrschaft derjenigen Rechtssysteme, welche den Eigentumsübergang unter laxeren Voraussetzungen zulassen, z. B. des Pr. Landrechts, leuchtet ohne weiteres ein. Diente es dort nur der Erweiterung des vorhandenen, so bildete es hier den Ersatz des fehlenden Rechtsschutzes für den unbezahlten Verkäufer im Falle der Käufer in Konkurs geriet, bevor oder nachdem er das Eigentum an den auf dem Transport befindlichen Gütern erlangt hatte. Unter der Herrschaft beider Rechtssysteme aber ist die Verfolgungsklage eine Rechtssingularität geblieben, welche allein Billigkeitsrücksichten ihre Entstehung verdankt[2]). Der Umstand, daß das Verfolgungsrecht weder im alten[3]) noch im neuen HGB. erwähnt ist, tut seiner Wirksamkeit keinen Abbruch. In der neuesten Reichsgesetzgebung hat es Anerkennung gefunden durch die Bestimmung des § 44 der KO., wonach der Verkäufer (oder Einkaufskommissionär) Waren, welche von einem anderen Ort an den Gemeinschuldner abgesandt und von diesem noch

---

[1]) Goldschmidt II S. 858f.; ROHG. 6 S. 298ff.

[2]) Goldschmidt II S. 869. Napoleon I.: une disposition de convenance et d'équité introduite contra rationem iuris.

[3]) Vgl. aber Protokolle zum HGB. von 1861 S. 4027, 4755, 76—78, 5047 bis 5048; Hahn II S. 687.

nicht vollständig bezahlt sind, auf Grund eines Aussonderungsrechts aus der Konkursmasse zurückfordern kann, sofern die Waren nicht schon vor der Eröffnung des Konkursverfahrens an dem Ort der Ablieferung angekommen und in den Gewahrsam des Schuldners oder einer anderen Person für ihn gelangt sind.[1])

Mit anderen Worten: Beim Distanzkauf kann der Verkäufer die noch unbezahlte und zur Zeit der Konkurseröffnung unterwegs befindliche oder befindlich gewesene Ware selbst dann zurückfordern, wenn sie schon in das Eigentum des Gemeinschuldners oder der Konkursmasse übergegangen ist[2]).

Die Bedeutung des Verfolgungsrechts besteht hiernach darin, daß es weiter greift als das obligatorische Verfügungsrecht und gerade dann praktisch wichtig wird, wenn dieses bereits auf den Empfänger übergegangen ist. An Bedeutung für die Praxis hat das Verfolgungsrecht allerdings seit dem Inkrafttreten des neuen Reichsrechts verloren, da das Eigentum jetzt nicht mehr, wie nach französischem Recht, durch den bloßen Abschluß des Kaufvertrags übergehen kann und in der Regel auch nicht, wie nach Pr. Landrecht, durch die Aushändigung der Ware an den Frachtführer oder Spediteur übergeht.

Übrigens ist die juristische Bezeichnung des Rechts als „Verfolgungsrecht" nicht ganz zutreffend. In Wahrheit handelt es sich, wie schon aus dem Wortlaut des § 44 KO. hervorgeht, um ein Rückforderungsrecht namentlich für den Fall, daß die Ware sich bereits im Gewahrsam des Konkursverwalters befindet[3]). Ist die Ware noch unterwegs und soll nur verhindert werden, daß sie zur Konkursmasse gelangt, so genügt schon das Verfügungsrecht des Absenders aus § 433 HGB. bezw. aus § 33 I PO., um den Frachtführer oder die Post anzuweisen, das Gut nicht an den Konkursverwalter herauszugeben[4]), sondern an den Absender zurückzuschicken. Fordert der Konkursverwalter dann gleichwohl die Herausgabe des Guts an die Konkursmasse, so kann der Verkäufer sein Verfolgungsrecht als Einrede geltend machen[5]).

[1]) Vgl. Gareis S. 343 u. 451 u. Lit. das.; Goldschmidt, Univ. S. 800ff.

[2]) So Staub, Exkurs zu § 882 A. 77. „Der Eigentumsübergang gilt in diesem Falle rechtlich als ungeschehen", Sydow-Busch, KO. S. 121 A. 8 und Lit. das. Vgl. Schröder S. 44f.

[3]) RG. 82 S. 20.

[4]) RG. 43 S. 98.

[5]) RG. 41 S. 335.

Was das Verhältnis des Verfolgungsrechts zu dem ebenfalls dinglichen[1]) kaufmännischen Zurückbehaltungsrecht[2]) anlangt, welches unter gewissen Voraussetzungen[3]) neben dem gesetzlichen Pfandrecht[4]) ausgeübt werden kann, so ging nach früherem Recht in den Fällen, in welchen das Eigentum bereits auf den Käufer übergegangen war, — und diese werden bei Geltendmachung des Verfolgungsrechts die Regel bilden — das Zurückbehaltungsrecht dem Verfolgungsrecht vor, so daß dieses leicht illusorisch werden konnte[5]). Das neue HGB. hat hierin eine Änderung eingeführt, indem es bestimmt[6]), daß ein Dritter das Zurückbehaltungsrecht nur insoweit gegen sich gelten zu lassen braucht, als er den Einwendungen gegen den Anspruch des Schuldners auf Herausgabe des Gegenstands unterliegt. Dies ist nach allgemeinen Rechtsgrundsätzen nicht der Fall, wenn entweder das Recht des Dritten älter ist, als das Retentionsrecht oder wenn es zwar jünger, aber nicht bloß durch Rechtsgeschäft, sondern — wie das Verfolgungsrecht — durch Gesetz begründet ist. Demnach steht künftig das kaufmännische Zurückbehaltungsrecht dem Verfolgungsrecht des unbezahlten Verkäufers nach[7]).

---

[1]) So Gareis § 369 A 7, Staub S 1216; Makower S. 1051; a. A. Düringer-Hachenburg Bd. 2 S 557; Lehmann-Ring S. 91; Cosack, Dernburg u. Denkschrift S. 212; ferner RG. 8 S. 83, 14 S. 154.

[2]) Ein zweifaches Recht: das Recht, die Herausgabe des zurückbehaltenen Guts zu verweigern, außerdem in der Regel das Recht, sich aus diesem Gut zu befriedigen.

[3]) HGB. §§ 369ff.

[4]) HGB. § 440.

[5]) Goldschmidt II S. 1058.

[6]) § 369, 2.

[7]) Cosack S. 131; Düringer-Hachenburg Bd. 2 S. 568; Makower S. 1056; Staub, Exkurs zu § 382, A. 78 u. 90; Schlegelberger in A. z. P. u. Z. 12 S. 227.

Näheres über das kaufmännische Zurückbehaltungsrecht, namentlich über seinen Inhalt, sein Verhältnis zum früheren Recht und zum BGB., seine Voraussetzungen, seinen Zweck, seine Bedeutung gegenüber den Rechten Dritter und dem Pfändungspfandrecht sowie im Konkurs siehe bei Düringer-Hachenburg Bd. 2 S. 557ff., besonders S 568; Makower S. 1086ff.; Staub S. 1207ff. Vgl. ferner die Dissertationen von Becker (Göttingen 1901), Reichardt (Jena 1903), Frommhold (Leipzig 1903), Graupner (Leipzig 1903), Pick (Rostock 1903) u. R. Müller (Rostock 1901) sowie über das Zurückbehaltungsrecht des BGB. Noack (Leipzig 1903), Frese (Rostock 1902), Katter (Greifswald 1900), Fulda (Greifsw. 1900), Rieger (Tübingen 1901) und Schönenberg (Gießen 1901).

§ 6.

Das Rücktrittsrecht.

Da das Gut dem Frachtführer nur übergeben wird, damit er eine ihm obliegende Pflicht erfüllen kann[1]), aber niemand ein Recht auf Erfüllung seiner Pflichten hat[2]), liegt es in der Natur der Sache, daß der Absender, wenn er nur seinerseits seinen Verpflichtungen aus dem Frachtvertrag nachkommt, auf die Erfüllung des Vertrags seitens des Frachtführers jederzeit willkürlich verzichten und das Gut zurückfordern kann, solange nicht Dritten entgegenstehende Rechte erwachsen sind.

Dies folgt auch aus der rechtlichen Natur des Frachtvertrags als eines Werkvertrags, bei welchem der Besteller bis zur Vollendung des Werks den Vertrag jederzeit kündigen kann. Kündigt der Absender willkürlich, so ist der Frachtführer berechtigt, die vereinbarte Fracht zu verlangen. Er muß sich jedoch dasjenige anrechnen lassen, was er infolge der Aufhebung des Vertrags an Aufwendungen erspart oder durch anderweite Verwendung seiner Arbeitskraft erwirbt oder zu erwerben böswillig unterläßt[3]). Unter Umständen wird der Absender die volle Fracht zahlen müssen.

Die Befugnis des Absenders, gegen Zahlung der vollen Fracht den Vertrag beliebig aufzuheben, kann aber nicht eigentlich als Rücktrittsrecht angesehen werden. Sie bedeutet lediglich eine Konsequenz des Satzes, daß niemandem ein Recht auf Vollzug seiner Verpflichtungen zusteht[4]). Von einem wirklichen Rücktrittsrecht des Absenders kann man nur sprechen, wenn ihm unter gewissen Voraussetzungen beim Rücktritt Begünstigungen zugestanden werden, auf welche er nach allgemeinen Rechtsgrundsätzen keinen Anspruch haben würde. Eine solche Begünstigung gewährt das HGB.[5]) dem Absender für den Fall, daß der Antritt oder die Fortsetzung der Reise ohne sein Verschulden, sei es durch Naturereignisse oder sonstige Zufälle, sei es durch Schuld

---

[1]) S. 39.

[2]) Prot. S. 793.

[3]) BGB. § 649; Lehmann=Ring S. 322, 335; Makower S. 1402.

[4]) Vgl. über den Rücktritt vom Vertrag Düringer=Hachenburg Bd. 2 S. 166ff.; ferner Littmann, Das gesetzliche Rücktrittsrecht vom Vertrag nach dem BGB., Rost. Dissert., und Steidle, Das Rücktrittsrecht des Gläubigers bei nicht rechtzeitiger Leistung des Schuldners, Tübing. Diss., 1903.

[5]) § 428, 2; EVO. § 65, 2.

des Frachtführers[1]) zeitweilig verhindert wird; der Absender ist dann ermächtigt, vom Vertrag zurückzutreten, und zwar ohne jede Entschädigung, ja u. U. mit einem Entschädigungsanspruch gegen den Frachtführer, wenn dieser die Schuld trägt[2]), sonst gegen Leistung einer Distanzfracht, welche nur das damnum emergens — und auch dieses nicht erschöpfend — umfaßt, sich vielmehr lediglich aus den Auslagen für die Vorbereitung der Reise, die Wiederausladung und die zurückgelegte Strecke zusammensetzt.

Das so gestaltete Rücktrittsrecht gilt aber nur für einen engbegrenzten Kreis von Fällen „zeitweiliger Verhinderung", d. h. von einerseits nicht ganz geringfügigen Verzögerungen, andererseits aber nicht dauernden Hindernissen[3]). Diese Fälle bedurften einer ausdrücklichen rechtlichen Normierung, da die allgemeinen Rechtsgrundsätze des BGB. keinen ausreichenden Anhalt boten, sie sachgemäß und den modernen Rechtsanschauungen der Handelskreise entsprechend zu entscheiden. Über die dauernde Verhinderung des Antritts oder der Fortsetzung der Reise enthält das HGB. keine Bestimmungen. Hier entscheidet lediglich das bürgerliche Recht[4]). Danach steht dem Frachtführer, falls die Weiterbeförderung des Guts durch Zufall dauernd verhindert wird, ein Anspruch auf Teilfracht in der Regel nicht zu[5]).

Eine Ausnahme zugunsten des Frachtführers erleidet dieser Grundsatz, wenn die Teilbeförderung nach Lage der Sache als teilweise Erfüllung im Sinne des § 323 BGB. angesehen werden kann — und das wird in der Praxis meist der Fall sein, — oder wenn die Beförderung durch die Beschaffenheit des Guts unmöglich gemacht ist.

Gerät der Frachtführer in Konkurs, so muß der Konkursverwalter auf Verlangen des Absenders sofort erklären, ob er den Transport übernehmen bezw. vollenden will[6]). Unterläßt er dies, so kann der Absender vom Vertrag zurücktreten, aber auch hier bei teilweiser Ausführung des Transports nur gegen Zahlung von Distanzfracht[7]).

---

1) Denkschrift S. 256, wodurch die abweichende Ansicht von Schott S. 390 als unrichtig nachgewiesen ist.

2) Staub Anm. 6 zu § 428; Förtsch S. 213; ROHG. 4 S. 174; Lehmann-Ring S. 321; Makower S. 1418f.

3) ROHG. 4 S. 172ff.; Bolze 17 Nr. 430; Prot. S. 789—793, 858, 4686—89, 5093—94.

4) BGB. §§ 323ff., 645; Lehmann-Ring S. 320; Makower S. 1417.

5) Denkschrift S. 257.

6) KO. § 17.

7) Schott S. 388.

Dasselbe gilt sinngemäß vom Konkurs des Absenders, in welchem u. U. dem Frachtführer ein Rücktrittsrecht vom Vertrag zusteht.

Ob durch die Konkurseröffnung der Beförderungsauftrag gemäß § 23 KO. erlischt, hängt nach Makower davon ab, ob der Frachtvertrag als ein Geschäftsbesorgungs-Werkvertrag anzusehen ist. Während Staub unter „Besorgung von Geschäften" im Sinne des § 362 HGB. nur die Besorgung eines Rechtsgeschäfts für Rechnung eines anderen, sei es im Namen des anderen oder im eigenen Namen, versteht, hält Makower diese beschränkende Auslegung nicht für zulässig, vertritt vielmehr die Ansicht, daß zwar der Antrag stets auf Abschluß eines Rechtsgeschäfts zwischen Antragendem und Antragsempfänger gerichtet sein muß, daß aber Inhalt des zwischen beiden abzuschließenden Rechtsgeschäfts nicht zu sein braucht, daß der Antragsempfänger ein Rechtsgeschäft für den Antragenden besorgt[1]).

Ein willkürliches Rücktrittsrecht existiert für den Frachtführer nicht. Ob und wann besondere Gründe — außer dem Konkurs — ein Rücktrittsrecht des Frachtführers erzeugen, z. B. Verzug des Absenders bei Lieferung des Guts, ist nach bürgerlichem Recht zu entscheiden, hier aber nicht zu untersuchen[2]).

III. Das Verfügungsrecht.

§ 7.

Das Verfügungsrecht des Absenders.

Eine der Haupteigentümlichkeiten des Frachtvertrags beruht, wie schon angedeutet, darin, daß seine Abwickelung meist an einem anderen Ort und fast immer unter anderen Personen erfolgt, als sein Abschluß. Nur wenn Absender und Empfänger identisch sind, weicht das Rechtsverhältnis von demjenigen bei anderen zweiseitigen Verträgen nicht ab. In allen übrigen Fällen entsteht die schwierige Frage, ob und in welchem Augenblick aus dem zwischen Absender und Frachtführer abgeschlossenen Vertrag Rechte und Pflichten auch für den Empfänger begründet werden, dessen Eintritt bereits beim Abschluß des Vertrags in der Absicht der Kontrahenten liegt. Der Zweck des Frachtvertrags nicht minder wie das Verkehrsbedürfnis zielen darauf hin, dem

[1]) Staub, A. 2—4 zu § 362; Makower S. 989, 1394, 1402.

[2]) Vgl. Lehmann-Ring S. 321 A. 1, 322.

Empfänger — auch abgesehen von Vertretung oder Abtretung — Rechte und Pflichten aus dem Vertrag zu gewähren. Nach strengem Obligationenrecht konnten jedoch ursprünglich derartige Rechtswirkungen aus einem Vertrag zwischen zwei Kontrahenten niemals unmittelbar für einen unbeteiligten Dritten entstehen[1]). Selbst bei den Verträgen zugunsten Dritter kamen für den Dritten nur Rechte, nicht auch Pflichten in Frage. Dieser versteinerte Rechtszustand mußte notwendigerweise den Bedürfnissen des gesteigerten Verkehrs zum Opfer fallen. Es bildete sich ein „im einzelnen freilich vielfach schwankendes Gewohnheitsrecht“[2]), welches dem Empfänger gestattete, nach Beendigung des Transports alle Rechte des Absenders aus dem Frachtvertrag gegen den Frachtführer geltend zu machen. Dem HGB. von 1861 blieb es vorbehalten, die trotz dieses Gewohnheitsrechts auf diesem Gebiet herrschende Unsicherheit durch klare und positive Vorschriften zu beseitigen, Vorschriften, welche der Erschließung wie der Sicherheit des Verkehrs in gleichem Maße Rechnung trugen und trotz nicht ganz korrekter Fassung einen außerordentlichen Fortschritt bedeuteten. Danach hat der Frachtführer[3]) „den späteren Anweisungen des Absenders wegen Zurückgabe des Guts oder wegen Auslieferung desselben an einen anderen als den im Frachtbriefe bezeichneten Empfänger so lange Folge zu leisten, als er nicht letzterem nach Ankunft des Guts am Orte der Ablieferung den Frachtbrief übergeben hat. Ist dies bereits geschehen, so hat er nur die Anweisungen des bezeichneten Empfängers zu beachten, widrigenfalls er demselben für das Gut verhaftet ist.“

Das neue HGB. hat im § 433 diesen Artikel im wesentlichen übernommen, enthält jedoch insofern eine Verbesserung des früheren Rechtszustands, als die Vorschriften des § 433 mit dem § 15 des IÜ. (ältere EVO. § 64) in Einklang gebracht sind. § 433 lautet:

> „Der Absender kann den Frachtführer anweisen, das Gut anzuhalten, zurückzugeben oder an einen anderen als den im Frachtbriefe bezeichneten Empfänger auszuliefern. Die Mehrkosten, die durch eine solche Verfügung entstehen, sind dem Frachtführer zu erstatten. Das Verfügungsrecht des Absenders erlischt, wenn nach der Ankunft des Gutes am Orte der Ablieferung der Frachtbrief dem Empfänger übergeben oder von

---

1) Savigny, Obl. Recht II S. 79; Dernburg, Pand. II S. 8 § 3.
2) Goldschmidt II S. 744.
3) HGB. I 402.

dem Empfänger Klage gemäß § 435 gegen den Frachtführer erhoben wird. Der Frachtführer hat in einem solchen Falle nur die Anweisungen des Empfängers zu beachten; verletzt er diese Verpflichtung, so ist er dem Empfänger für das Gut verhaftet."

Zunächst eine allgemeine Bemerkung.

Das neue HGB. stellt, wie bereits oben[1]) angedeutet, keinen „einheitlichen", alle Bedürfnisse befriedigenden Neubau dar, sondern will nichts sein, als ein Aus- und Anbau eines erprobten alten Gebäudes „unter treuer Wahrung von dessen Grundcharakter"[2]). Bei Erörterung der Vorschriften des neuen HGB. ist es daher erforderlich, diejenigen des alten HGB. zum Vergleich heranzuziehen und in zweifelhaften Fällen auf die Literatur darüber zurückzugehen.

Doch zurück zu § 433. Er beantwortet die Frage, wem das Verfügungsrecht über das Frachtgut während des Transports zusteht, dahin, daß zunächst der Absender der Berechtigte ist, daß aber von dem Zeitpunkt der Übergabe des Frachtbriefs an den Empfänger nach der Ankunft des Guts am Ort der Ablieferung oder von dem Zeitpunkt der Klageerhebung auf Übergabe des Frachtbriefs oder Aushändigung des Frachtguts unter denselben Voraussetzungen das Verfügungsrecht auf den Empfänger übergeht[3]).

Wenn das Gesetz dem Frachtführer nur aufgibt, im ersten Stadium des Transports auf Anweisung des Absenders das Gut „anzuhalten, zurückzugeben oder an einen anderen als den im Frachtbrief bezeichneten Empfänger auszuliefern", so darf daraus nicht gefolgert werden, daß Verfügungen anderer Art ausgeschlossen sein sollen. Im § 433 Abs. 1 sind nur die am häufigsten vorkommenden und daher wichtigsten Arten einer anderweiten Verfügung erwähnt; diese Gesetzesvorschrift findet aber auch auf jede andere Verfügung

---

[1]) S. 20.

[2]) Pappenheim S. 3/4.

[3]) Frachtbriefduplikat und Ladeschein bleiben hier zunächst unberücksichtigt; siehe darüber unten § 10.

Vgl. hierzu und zu dem folgenden auch Eger, die Änderungen des Deutschen Eisenbahntransportrechts durch die Einführung des neuen deutschen HGB. vom 10. 5. 97 und der EVO. v. 26. 10. 99 in den Annalen des Deutschen Reiches 1908 Nr. 12; Methner, das neue und das alte HGB. in ihren Abweichungen 1899; Kaufmann, die wesentlichen Unterschiede des alten und des neuen HGB., 1900; K. Lehmann in Buchka, Oetker, Lehmann, CPO. KO. HGB. in alter u. neuer Gestalt vergleichend dargestellt, 1899.

des Absenders analoge Anwendung[1]). Der Absender ist z. B. im Prinzip auch befugt, zum Schutz des Guts in den Transport einzugreifen, sei es durch Anordnung von Sicherheitsmaßregeln, sei es durch Übernahme der Leitung, sei es endlich durch selbständige Ausführung einzelner Transporthandlungen usw. Nur dürfen diese späteren Dispositionen weder die Pflichten des Frachtführers erschweren, noch seine Rechte beeinträchtigen. In der Praxis allerdings bleibt von diesem theoretischen Eingriffsrecht des Absenders bei den heutigen Massentransporten recht wenig übrig. Eisenbahnen z. B. brauchen derartige Dispositionen des Absenders überhaupt nicht auszuführen, wenn deren Befolgung den regelmäßigen Transportverkehr stören würde[2]). Bei Posttransporten sind Einwirkungen des Absenders der Natur der Sache nach ausgeschlossen.

Daß Mehrkosten,[3]) welche durch eine nachträgliche Verfügung des Absenders entstehen, dem Frachtführer zu erstatten sind, folgt zwar aus allgemeinen Rechtsgrundsätzen, ist aber zur Beseitigung von Zweifeln entsprechend der Vorschrift im § 15, 8 des JÜ. im § 433 ausdrücklich angeordnet. Die weitere, ebenfalls aus allgemeinen Rechtsgrundsätzen folgende Vorschrift im Art. 15, 8 des JÜ., daß der Eisenbahn ein Anspruch auf Erstattung der Kosten für die durch ihr eigenes Verschulden veranlaßten Verfügungen des Absenders nicht zusteht, hat dagegen in den § 433 nicht Aufnahme gefunden[4]).

Die vom Gesetz ausdrücklich erwähnte **Zurückgabe des Guts** bedeutet nicht etwa entgeltliche oder gar frachtfreie Zurückbeförderung an den Abgangsort; vielmehr ist darunter nur die Herausgabe des Guts an den Absender oder dessen Vertreter an dem Ort zu verstehen, an welchem sich das Gut gerade befindet. Verlangt der Absender den Rücktransport nach dem Aufgabeort, so muß er einen neuen Frachtvertrag abschließen. Hierzu ist die Eisenbahn verpflichtet, wenn die Voraussetzungen des § 453 HGB. vorliegen. Für den gewöhnlichen Frachtführer besteht eine derartige gesetzliche Verpflichtung nicht; es wäre in der Tat unbillig, ihn zu zwingen, von jedem beliebigen

---

[1]) Vgl. Protokoll S. 852, 1233, 5043; EVO. § 64, 1; **Eger**, Pr. ER. II S. 579 und Lit. das.; **Staub** § 433 A. 1 usw.; **Makower** S. 1440f.; ROHG. 12 S. 107ff.; RG. 1 S. 2f.; Z. 19 S. 569ff.

[2]) EVO. § 64, 5.

[3]) **Makower** S. 1443.

[4]) Vgl. EVO. § 64, 8. Mit Recht tadelt **Mittelstein**, Fr. u. E. FrR. S. 73 die hierin liegende Inkonsequenz.

Unterwegsort aus ein vom Absender zurückgefordertes Gut ohne Rücksicht auf die ihm sonst noch zum Transport übergebenen Frachtgüter an den Abgangsort zurückzubefördern[1]).

Bei der im Gesetz ebenfalls vorgesehenen Auslieferung des Guts an einen anderen als den im Frachtbrief bezeichneten Empfänger kann es sich um einen neuen Adressaten in demselben Bestimmungsort, oder um denselben oder einen anderen Adressaten in einem neuen Bestimmungsort handeln. Im ersteren Falle wird der Frachtführer den nachträglichen Dispositionen des Absenders ohne Mühe entsprechen können. Wie aber, wenn der Absender das Gut nach einem neuen Ablieferungsort dirigiert, der in entgegengesetzter Richtung von dem ersten liegt, oder zwar in derselben Richtung aber weit über den ersten hinaus? Soll der Landfrachtführer auch ein so weitgehendes Verlangen zu erfüllen verpflichtet sein, das einer völligen Aufhebung des ursprünglichen unter gleichzeitigem Abschluß eines neuen Frachtvertrags gleichkäme? Gewiß nicht; vielmehr können hierbei, wie dies früher sogar für den Eisenbahnfrachtverkehr ausdrücklich festgesetzt war[2]), nur Zwischenstationen in Frage kommen. Für den Eisenbahnfrachtverkehr mit seinem überallhin verbreiteten Verkehrsnetz ging diese Einschränkung entschieden zu weit; sie wurde daher schon durch die allgemeinen Zusatzbestimmungen I Abs. 2 zu § 64 der alten EVO. aufgehoben[3]). Im § 64, 1 der neuen EVO. ist die Befugnis des Absenders ausdrücklich dahin erweitert, daß er das Gut auch auf einer über die Bestimmungsstation hinaus oder seitwärts gelegenen Station abliefern lassen kann[4]).

---

[1]) Staub A. 1 zu § 433; Eger, FrR. II S. 105; Schott S. 393; Thöl S. 26; Wehrmann S. 71; ROHG. 16 S. 196ff.

[2]) Alte EVO. § 64, 1.

[3]) Eger, Pr. ER. II S. 581 A. 185.

[4]) Die Allg. Abf.-Vorschr. Teil II § 46, 2 lassen ausdrücklich folgende nachträgliche Anweisungen zu:

a) wegen Zurückgabe des Guts auf der Versandstation an den Absender;
b) wegen Zurückbeförderung des Guts von der Bestimmungsstation nach der Versandstation und Zurückgabe an den Absender;
c) wegen Weiterbeförderung des Guts von der ursprünglichen Bestimmungsstation nach einer andern Station;
d) wegen Anhaltens des Guts unterwegs und Zurückbeförderung von der Unterwegsstation nach der Versandstation;
e) wegen Auslieferung an einen andern als den im Frachtbrief bezeichneten Empfänger am Bestimmungsort;

Natürlich gilt auch hier der Grundsatz, daß der Frachtführer abändernden Dispositionen des Absenders nur Folge zu leisten braucht, soweit sie seine Rechte aus dem Frachtvertrag nicht beeinträchtigen und ihm nicht lästige Verpflichtungen auferlegen[1]).

An eine bestimmte Form sind die späteren Anweisungen des Absenders beim gewöhnlichen Frachtgeschäft nicht gebunden, sie können daher beliebig (mündlich, schriftlich, telegraphisch, durch Fernsprecher, Boten usw.) erteilt werden. Sache des Frachtführers ist es jedoch, sich davon Überzeugung zu verschaffen, daß eine ihm zugestellte nachträgliche Disposition auch wirklich von dem verfügungsberechtigten Absender ausgeht[2]). Dies setzt eine außerordentlich schwierige und oft (z. B. bei Telegrammen) ganz unmögliche Prüfung voraus, an die naturgemäß bei dem Massentransport der Eisenbahnen nicht zu denken ist. Die EVO. schreibt deshalb vor[3]), daß die Eisenbahn derartige Verfügungen des Absenders nur zu beachten braucht, wenn diese ihr mittels schriftlicher und vom Absender unterzeichneter Erklärung auf einem vorgeschriebenen Formular[4]) durch Vermit-

---

f) wegen Anhaltens des Guts unterwegs und Zurückgabe an den Absender auf der Unterwegsstation oder Auslieferung auf dieser Station an einen andern als den im Frachtbrief bezeichneten Empfänger;

g) wegen Anhaltens des Guts unterwegs und Beförderung nach einer andern, seitwärts oder rückwärts gelegenen Station.

Eine Gewähr für die Ausführung der Anweisungen zu d, f u. g, über welche erst die Unterwegsstation endgültig zu befinden in der Lage ist, wird nicht übernommen (a. a. O. § 46, 4).

Ferner ist zulässig die nachträgliche Auflage, Erhöhung, Minderung oder Zurückziehung der Nachnahme sowie die nachträgliche Frankierung des unfrankiert abgesandten Guts, a. a. O. § 38, 19—22, § 87, 14.

1) Staub A. 1 zu § 433; Eger, FrR. II S. 107, 129; Endemann, Recht der Eisenb. S. 596/97; Wehrmann S. 71/72; Thöl S. 25; Goldmann S. 66; ROHG. 11 S. 293ff., 16 S. 195ff., 24 S. 418.

2) Makower S. 1441; ROHG. 25 S. 230; vgl. 22 S. 133—135.

3) § 64, 3 und 6.

4) Jede in anderer Form (etwa durch Telegramm oder Fernsprecher) gegebene Verfügung des Absenders ist nichtig, EVO. § 64, 7. Ist ein Frachtbriefduplikat oder ein Aufnahmeschein ausgestellt, so muß die Erklärung außerdem auf dieser Urkunde wiederholt werden. Letztere ist gleichzeitig mit der besonderen Erklärung vorzulegen, von der Versand-Abfertigungsstelle unter der Erklärung mit einem Abdruck des Tagesstempels zu versehen und dann dem Absender zurückzugeben. Nur wenn Absender und Empfänger identisch sind, bedarf es der Innehaltung dieser Formen nicht. In diesem Falle sind nachträgliche Anweisungen stets dann auszuführen, wenn die Berechtigung des Anweisenden zu Zweifeln keinen Anlaß gibt. Die Versandstation führt die nachträgliche Anweisung des Absenders durch

telung der Versandstation zugegangen sind, offenbar deshalb, weil letztere nach Lage der Sache allein oder doch am besten zu prüfen vermag, ob eine nachträgliche Verfügung vom Absender herrührt. Um seiner Verfügung verbindliche Kraft zu verschaffen, muß der Absender sie durch die Versandstation abgehen lassen; eine Anweisung des Absenders zwar von dem Versandort aus, aber ohne Inanspruchnahme der Versandstation, genügt nicht. Allerdings darf die Eisenbahn auch Anweisungen des Absenders ausführen, bei welchen die vorgeschriebenen Formen nicht beobachtet sind; verpflichtet dazu ist sie jedoch nicht[1]).

Befindet sich das Gut in den Händen eines Unterfrachtführers, der es auf Grund eines durchgehenden Frachtbriefs befördert, so kann die nachträgliche Anweisung an den Hauptfrachtführer oder irgend einen der beteiligten Unterfrachtführer erteilt werden.

Das Verfügungsrecht des Absenders endet zunächst — das HGB. gebraucht den nicht ganz einwandfreien Ausdruck „erlischt" — mit dem formellen, in jedem Fall genau präzisierten Akt der Übergabe des Frachtbriefs an den Empfänger. Gleichzeitig tritt der Frachtführer in ein direktes Rechtsverhältnis zu letzterem. Damit jedoch das Recht des Absenders nicht dem diskretionären Ermessen des Frachtführers preisgegeben ist, dergestalt etwa, daß dieser es durch Vorausſendung des Frachtbriefs oder Übergabe desselben an einem anderen Unterwegsort verkürzen könnte, soll der Übergabe des Frachtbriefs die erwähnte Rechtswirkung erst nach Ankunft des Guts am Ort der Ablieferung innewohnen. Daraus folgt, daß auch eine vorzeitige Aushändigung des Guts an den Empfänger an dem Abgangs- oder einem Unterwegsort als dem Vertragswillen widersprechend nicht statthaft und nicht geeignet ist, dem Verfügungsrecht des Ab-

Eisenbahn-Dienstschreiben oder durch die Post oder, wenn der Absender es verlangt, auch telegraphisch aus, Allgemeine Abfertigungs-Vorschriften Teil II §§ 46,1 u. 5, 52,20. Vgl. auch Z. d. V. D. E. Nr. 45 v. 1904.

[1]) Eger, Pr. ER. II S. 582 f.; vgl. Allgem. Abfertigungs-Vorschriften Teil II § 46. Abs. 6: . . . „Trifft . . . eine Anweisung des Absenders unmittelbar bei der Bestimmungsstation des Gutes ein, so ist ihr, wenn Bedenken darüber, daß sie vom Absender herrührt, nicht vorliegen und die Einlösung des Frachtbriefs noch nicht bewirkt ist, insoweit Folge zu geben, als mit der Auslieferung des Guts vorerst zurückzuhalten und der Absender zur schleunigen Erteilung einer vorschriftsmäßigen Verfügung durch Vermittelung der Versandstation aufzufordern ist."

Abs. 7: „Nachträgliche Anweisungen des Absenders, nach welchen das Gut unterwegs angehalten werden soll, müssen unberücksichtigt bleiben, sofern sie ohne Vermittelung der Versandstation an die Unterwegsstation gelangen."

senders zugunsten des Empfängers Abbruch zu tun[1]), ferner daß das Verfügungsrecht des Absenders auch nach Übergabe des Frachtbriefs an den Empfänger am Bestimmungsort fortbesteht, wenn das Gut selbst den Bestimmungsort noch nicht erreicht hat. Die früher mehrfach[2]) vertretene Ansicht, das Verfügungsrecht gehe auf den Empfänger auch dann über, wenn der Zeitpunkt gekommen ist, zu welchem der Transport vertragsmäßig hätte beendigt sein müssen, gleichviel ob das Gut selbst am Bestimmungsort eingetroffen ist oder nicht, kann nach dem klaren Wortlaut des neuen HGB. nicht mehr aufrecht erhalten werden[3]).

Mit gutem Grund ist schon im alten HGB. die Übergabe des Frachtbriefs und nicht, wie von mehreren Seiten vorgeschlagen[4]), des Guts als der für das Verfügungsrecht des Absenders rechtlich erhebliche Akt hingestellt. Man wollte eben einen ganz bestimmten Zeitpunkt fixieren, über dessen Eintritt oder Nichteintritt ein Zweifel nicht entstehen kann; ein solcher zweifellos bestimmbarer Termin ist die Übergabe des Guts nicht; denn diese kann sich auf Stunden oder Tage erstrecken, während welcher es sehr zweifelhaft ist, wann die Übergabe für jedes Stück eines größeren Gütertransports als beendet gilt[5]). Selbstverständlich setzt aber auch die Übergabe des Guts am Bestimmungsort dem Dispositionsrecht des Absenders ein Ziel, selbst wenn der Frachtbrief nicht gleichzeitig ausgehändigt wird, oder wenn ein Frachtbrief überhaupt nicht ausgestellt ist. Denn mit der Übergabe des Guts an den Empfänger hat der Frachtführer den Vertrag erfüllt; weder er noch der Absender ist dann noch in der Lage, über das Gut anderweit zu disponieren[6]).

Kommen die auf einem Frachtbrief beförderten Güter nicht gleichzeitig an, so endet das Verfügungsrecht des Absenders über alle

---

[1]) Staub A. 1 zu § 435; Eger, FrR. II S. 117; Pr. ER. II S. 591, besonders A. 13; Goldschmidt II S. 747f.; Schellmann S. 27ff.; Wehrmann S. 74; Prot. S. 852, 1232, 4732.

[2]) Vgl. z. B. Goldschmidt II S. 748; Eger, FrR. II S. 118; Pr. ER. II S. 591; ROHG. II S. 429.

[3]) Ebenso u. a. Staub A. 1 zu § 435.

[4]) Prot. S. 1282, 4781; Monit. Nr. 457.

[5]) Prot. S. 1282/34, 4781/83; Eger, FrR. II S. 111.

[6]) Lehmann-Ring S. 337; Staub, Einleitung zu § 433; Förtsch S. 104; Eger, FrR. II S. 115; Schott S. 392 A. 38; Prot. S. 1282ff., 4783; RG. 27 S. 86.

zu demselben Frachtbrief gehörigen Stücke mit der Übergabe des Frachtbriefs nach Ankunft des angekommenen Teils[1]).

Daß der Frachtbrief gerade am Ort der Ablieferung übergeben werden muß, ist nicht Voraussetzung für die Rechtswirkung der Übergabe[2]). Diese Wirkung tritt daher ein, sobald das Gut am Bestimmungsort angekommen ist, gleichviel ob der Frachtbrief dem Empfänger an diesem, oder an dem Abgangs- oder an einem dritten Ort übergeben oder zugesandt wird.

Wohl aber ist die Übergabe des Frachtbriefs für die Anwendbarkeit des § 433 erforderlich; die Übergabe eines Avisbriefs, einer Faktura, eines Zollpapiers usw. genügt nicht, um das Verfügungsrecht des Absenders zu beseitigen[3]).

Als „Übergabe" des Frachtbriefs gilt nicht nur die Tradition an den Empfänger selbst, sondern auch an dessen Bevollmächtigten oder Zessionar, überhaupt jede Weitergabe des Frachtbriefs in der Absicht, den Gewahrsam aufzugeben, also z. B. die Aushändigung des Frachtbriefs an die Zoll- oder Steuerbehörde des Bestimmungsorts, u. a. an einen Rollfuhrmann, Spediteur usw.[4]).

Das Gut oder der Frachtbrief darf nur an den Empfänger oder seinen Bevollmächtigten ausgehändigt werden. Erleichternde Vorschriften, wie sie z. B. hinsichtlich der Aushändigung von Postsendungen § 39 PO. enthält, finden sich weder im HGB. noch in der EVO. Ist der Frachtbrief zunächst ohne das Frachtgut ausgehändigt, so hat nicht etwa der Inhaber des Frachtbriefs ohne weiteres ein Recht auf Aushändigung, denn der Frachtbrief ist kein Inhaberpapier[5]).

Die Übergabe des Frachtbriefs an den Empfänger nach Beendigung des Transports vernichtet das Verfügungsrecht des Absenders nicht vollständig, sondern schließt es nur aus für den Fall, daß der Empfänger von dem dadurch auf ihn übergegangenen Recht auf Erfüllung des Frachtvertrags auch wirklich Gebrauch macht. Geschieht

---

1) A. A. Makower S. 1443, 1450.

2) Staub A. 5. zu § 433: Eger, FrR. II S. 119; Schott S. 392; abw. Kuhn (Das Frachtgeschäft, in Buschs Arch. 6, 1865) S. 363/64; Pr. Ob. Trib. vom 14. 7. 1866 bei Striethorst 63 S. 310.

3) Lehmann-Ring S. 837; Staub A. 5 zu § 433; Goldschmidt I S. 749 A. 38; Eger, FrR. II S. 120; Schott S. 393; ROHG. 3 S. 436.

4) ROHG. 2 S. 252—57, 8 S. 26, 14 S. 293. Über den Begriff „Aushändigung" vgl. unten § 8.

5) Vgl. hinsichtlich der Postpaketadressen und Ablieferungsscheine unten § 20.

dies aus irgend einem Grunde nicht, verweigert z. B. der Empfänger die Abnahme des Guts, oder wird seine Klage auf Herausgabe des Guts rechtskräftig abgewiesen, so lebt das zugunsten des Empfängers nur vorübergehend suspendiert gewesene Verfügungsrecht des Absenders in vollem Umfang wieder auf und der Frachtführer ist nach wie vor verpflichtet, den Anweisungen des Absenders Folge zu leisten, selbstverständlich gegen Vergütung der Fracht 2c. seitens des letzteren[1]).

Kommt der Frachtführer den Anweisungen des verfügungsberechtigten Absenders nicht nach, so tritt dieselbe Rechtswirkung ein, wie im Fall der Nichtbeachtung einer Anweisung des verfügungsberechtigten Empfängers. Der Frachtführer ist dem Absender bezw. Empfänger „für das Gut verhaftet" [2]). Der Umfang dieser Haftung ist in der Literatur streitig; entschieden zu weit geht Eger[3]), wenn er verlangt, daß der Frachtführer in solchem Falle nicht nur den wirklichen Schaden, sondern auch den entgangenen Gewinn erstatten soll, denn es wäre unbillig, dem Frachtführer hier eine strengere Haftpflicht aufzuerlegen, als u. U. beim Verlust des Guts. Vielmehr wird der Frachtführer auch im Fall einer schuldhaften oder böslichen Nichtbefolgung einer Anordnung des dispositionsberechtigten Teils nur nach den für die Haftung des Frachtführers überhaupt geltenden Vorschriften haften müssen, also je nach dem Erfolg nach §§ 429 und 430 bezw. 456 ff. oder nach den Grundsätzen des bürgerlichen Rechts[4]).

Bei Beförderungen mit durchgehendem Frachtbrief haftet jeder Unterfrachtführer, dem die Anweisung, sei es unmittelbar, sei es durch Vermittelung einer ausreichend legitimierten Person zugegangen ist[5]).

---

[1]) Ebenso Förtsch S. 104; Hellwig S. 422; Staub A. 6 zu § 433; Buchmann S. 17 f. und für das ältere Recht v. Hahn II S. 634; Wehrmann S. 74; Schott S. 394; ROHG. 6, 273 ff.

A. M. Eger, Pr. ER. II S. 587, weil obige Ansicht angeblich den Bestimmungen der Art. 402 und 405 HGB. widerspricht und in den Protokollen keinen Anhalt findet (vgl. aber Eger S. 588 und Vogel S. 38, 48).

Vgl. auch Lit. bei Eger.

[2]) HGB. § 433 Abs. 2; EVO. § 64, 4.

[3]) Pr. ER. II S. 588; FrR. II 131; vgl. Goldmann BSchG. S. 68 u. Literatur das.; Lehmann-Ring S. 338 Nr. 15.

[4]) So auch Gareis S. 452 u. Schott S. 394; vgl. Staub A. 7 u. 8 zu § 433; Buchmann S. 18; v. Hahn II S. 634; Puchelt II S. 490; Makower S. 1444 f.

[5]) Vgl. Makower S. 1185 d u. 1442.

Außer den beiden erwähnten Akten, der Übergabe des Frachtbriefs und der des Guts, ist als Kautel für den Fall, daß der Frachtführer die Übergabe des Frachtbriefs böslich verzögert oder verweigert, durch §§ 433 und 435 ausdrücklich noch eine dritte Möglichkeit gegeben, das Dispositionsrecht des Absenders einzuschränken: die Anstellung der Klage auf Übergabe des Frachtbriefs oder des Guts seitens des Empfängers. Durch diese Bestimmung des § 433 ist der bisherige scheinbare Widerspruch zwischen Art. 402 und 405 des alten HGB. hinsichtlich des Erfolgs der Klageanstellung durch den Empfänger beseitigt[1]).

Die Klage muß sich auf § 435 HGB. stützen; eine Klage aus einem anderen Rechtsgrund, z. B. aus einem Vertrag zwischen Empfänger und Frachtführer oder eine Eigentumsklage des Empfängers genügt nicht. Ein bestimmter Klageantrag ist nicht vorgeschrieben; jede auf den Rechtsgrund des § 435 gestützte Klage wird daher als genügend anzusehen sein, z. B. eine Klage auf Aushändigung des Frachtbriefs allein, eine Klage auf Aushändigung des Frachtbriefs und des Guts, eine Klage auf Schadensersatz wegen Verlusts des Guts nach seiner Ankunft am Bestimmungsort; nicht aber eine Klage auf Vorlegung des Frachtbriefs oder des Guts[2]).

Schließlich sei noch auf die vom früheren Recht (Art. 407) abweichenden, dem § 52 Abs. 2 und 3 BSchG. nachgebildeten Bestimmungen des § 437[3]) hingewiesen. Danach ist der Frachtführer im Fall eines Ablieferungshindernisses, gleichviel worin es besteht, verpflichtet, zunächst und unverzüglich den Absender zu benachrichtigen und dessen Anweisung einzuholen. Nur wenn dies den Umständen nach nicht möglich ist oder wenn der Absender nicht sofort verfügt oder eine nicht ausführbare Verfügung erteilt, darf der Frachtführer das Gut hinterlegen oder im Wege des Selbsthilfeverkaufs öffentlich versteigern lassen. In beiden Fällen hat er aber, um sich gegen Schadenersatzansprüche zu sichern, wenn tunlich dem Absender und dem Empfänger unverzüglich Mitteilung zu machen. Auch in dieser Neuerung erblicke ich einen Fortschritt gegenüber dem früheren Recht[4]), zugleich aber bei

---

[1]) Pappenheim S. 77; Rießer S. 88; Mittelstein, Fr. u. E. FrR. S. 78; Eger, F.R. II S. 76 f. Besser, weil bestimmter, würde es übrigens statt „wird" am Schlusse des 1. Satzes im 2. Absatz des § 433 heißen „ist". Vgl. JÜ. Art. 15,4 und unten § 8, materielles Recht.

[2]) Vgl. Lehmann-Ring S. 837 Nr. 12; Makower S. 1443.

[3]) Ebenso im wesentlichen JÜ. Art. 24, 1; EVO. § 70, 1.

[4]) Vgl. Pappenheim S. 75, 78.

der vorherrschenden Rolle, welche dem Absender eingeräumt ist, einen Beweis für die Richtigkeit der oben[1]) vertretenen Ansicht, daß das Verfügungsrecht des Absenders durch den Akt der Übergabe des Frachtbriefs an den Empfänger nach beendigtem Transport nicht völlig erlischt, sondern nur zugunsten des Empfängers suspendiert wird, um wieder in Kraft zu treten, sobald letzterer von seinem Recht, sei es freiwillig oder unfreiwillig, keinen Gebrauch macht[2]).

Das alte HGB. stellte den Absender im Fall eines Ablieferungshindernisses nicht so günstig. Indem es im Art. 407 vorschrieb, daß der Beteiligte den Zustand des Guts durch Sachverständige feststellen lassen „kann", ein Recht des Absenders auf Benachrichtigung des Empfängers aber nicht gewährte, machte es das Verfahren von dem Willen des Absenders zunächst unabhängig. Allerdings nur zunächst; denn da als Beteiligter[3]) in nicht geringerem Maß als Frachtführer und Empfänger der Absender anzusehen ist, mußte ihm auch Gelegenheit geboten werden, seine Rechte zu wahren. Die Sorgfalt eines ordentlichen Frachtführers gebot diesem daher auch nach früherem Recht, ohne daß dies expressis verbis vorgeschrieben war, im Fall eines Ablieferungshindernisses den Absender mit möglichster Beschleunigung zu benachrichtigen. Unterließ er das, so haftete er dem Absender für den durch die Unterlassung entstandenen Schaden[4]).

Der besonderen Vorschriften des Art. 407 über das Recht der Beteiligten, Sachverständige zur Feststellung des Zustands des Guts durch das Gericht bestellen zu lassen, bedurfte es im neuen HGB. nicht mehr, nachdem darüber in der neuen CPO.[5]) durch einen bereits bei der Beratung des BGB. in Aussicht genommenen Zusatz[6]) Bestimmung getroffen ist. Dagegen mußte die Befugnis des Frachtführers, das Gut zu hinterlegen oder im Notfall verkaufen zu lassen, in das HGB. (§ 437) aufgenommen werden, weil sich diese Befugnis

---

[1]) S. 60.

[2]) So auch Cosack S. 397.

[3]) Beteiligte sind u. U. auch außerhalb des Frachtvertrags stehende Dritte, sofern sie nämlich an der Feststellung des Zustands des Guts ein rechtliches Interesse nachweisen können; vgl. Eger, Pr. ER. II S. 625.

[4]) Eger, FrR. II S. 489, 509ff.; Endemann, HR. S. 639; Gareis 5. Aufl. S. 549; Hahn II S. 660; Puchelt II S. 509; Schott S. 394f.; Thöl S. 59; vgl. ROHG. 6 S. 275f.; 20 S. 347f.; EVO. § 70; ferner Lehmann-Ring S. 348; Makower S. 1458.

[5]) § 488.

[6]) Anl. 2 der Denkschrift zum Entwurf des BGB.

aus den einschlägigen Bestimmungen des BGB.[1]) nicht herleiten läßt. Zur Hinterlegung und zum Verkauf des Guts nach § 437 Abs. 2 ist der Frachtführer natürlich auch dann ermächtigt, wenn der Absender ihn auf Grund des § 433 angewiesen hat, das Gut anzuhalten, dann aber über das Gut nicht ungesäumt weiter verfügt[2]).

§ 8.

Das Verfügungsrecht des Empfängers.

Das Ergebnis unserer bisherigen Feststellungen läßt sich zusammenfassen in den Satz: Solange nicht nach der Ankunft des Guts am Ort der Ablieferung entweder der Frachtführer dem Empfänger den Frachtbrief oder das Gut übergeben oder der Empfänger gegen den Frachtführer Klage auf Übergabe des Frachtbriefs oder des Guts angestellt hat, steht das Verfügungsrecht ausschließlich dem Absender zu.

Dieser allein ist dominus negotii; der Empfänger ist nicht befugt, Dispositionen zu treffen, welche der Machtsphäre des Absenders präjudizieren oder gar dessen Anordnungen widerstreiten. Noch besteht keine unmittelbare Rechtsbeziehung zwischen Frachtführer und Empfänger.

Aber „nach Ankunft des Guts am Orte der Ablieferung ist der Empfänger berechtigt, die durch den Frachtvertrag begründeten Rechte gegen Erfüllung der sich daraus ergebenden Verpflichtungen in eigenem Namen gegen den Frachtführer geltend zu machen, ohne Unterschied, ob er hierbei in eigenem oder in fremdem Interesse handelt; er ist insbesondere berechtigt, von dem Frachtführer die Übergabe des Frachtbriefs und die Auslieferung des Guts zu verlangen. Dieses Recht erlischt, wenn der Absender dem Frachtführer eine nach § 433 noch zulässige entgegenstehende Anweisung erteilt"[3]).

A. Die juristische Konstruktion.

Diese positiven gesetzlichen Bestimmungen führen zu der schwierigen Frage, wie der Eintritt des Empfängers in den nicht von ihm mitabgeschlossenen Frachtvertrag und der gleichzeitige Austritt eines der beiden ursprünglichen Kontrahenten, des Absenders, mit der allge-

[1]) §§ 372, 383—385.

[2]) Denkschr. S. 261.

[3]) HGB. § 435.

meinen Lehre von den Obligationen in Einklang zu bringen und juristisch zu konstruieren ist. Diese Frage hat eine allseitig befriedigende Beantwortung bisher nicht gefunden und in der Theorie zu den verschiedensten Auffassungen Anlaß gegeben. Bei dem Interesse, welches diese verschiedenen Ansichten bieten, verlohnt es sich, darauf etwas näher einzugehen.

Bei vielen anderen Kontroversen geben die Gesetzesmaterialien einen ausreichenden Anhalt für eine positive Entscheidung. Hier führen sie nur zu einem negativen Ergebnis[1]), dem nämlich, daß der Empfänger nicht nur die Eigenschaft eines wirklichen oder präsumtiven Bevollmächtigten bezw. Mandatars des Absenders haben soll, sondern ein eigenes, wenn auch von dem Rechte des Absenders nicht unabhängiges, vielmehr bis zu einem gewissen Zeitpunkt dessen Weisungen unterworfenes Recht. Auch ist in den Protokollen anerkannt, daß das eigene Interesse des Empfängers nicht Voraussetzung dafür bildet, das ihm nach Art. 405 zustehende Recht in eigenem Namen geltend zu machen. Welcher Art aber dieses eigene Recht des Empfängers ist und in welches Institut des Obligationenrechts es gehört, dafür bieten weder die Vorarbeiten für das alte, noch diejenigen für das neue HGB. einen Anhalt.

Von den zahlreichen Versuchen einer juristischen Konstruktion dieses Rechtsverhältnisses nach gemeinem Recht seien folgende erwähnt:

1. Der Empfänger sei als präsumtiver Mandatar des Absenders anzusehen[2]).

Danach würde der Empfänger immer nur die Rechte des Absenders geltend machen dürfen. Daß dies nicht die Absicht des Gesetzgebers war, geht, wie bereits hervorgehoben, schon aus den Protokollen[3]) unzweifelhaft hervor. Auch stehen die Konsequenzen dieser Ansicht — der Frachtführer müßte den Anweisungen des Absenders bezw. dessen Widerruf des Mandats bis zur Beendigung des Transports gehorchen, selbst nach der Übergabe des Frachtbriefs bezw. nach Anstellung der Klage; er wäre befugt, dem Empfänger gegen-

---

[1]) Prot. S. 1234—36, 4734—35, 4740, 4755—58, 5045, 5099; vgl. Goldschmidt II S. 746, 747; v. Hahn II zu Art. 405; Eger, FrR. II S. 81; Koch S. 66; Vogel S. 28ff.; ROHG. 4 S. 361, 6 S. 276. Zu beachten ist aber, daß den Protokollen nicht die Bedeutung einer authentischen Gesetzesinterpretation zukommt.

[2]) So z. B. Hillig § 149; Münter I S. 97.

[3]) Bes. S. 4784/85, 4740, 504f.

über dieselben Einreden zu erheben, wie gegen den Absender; er könnte unter allen Umständen nur gegen diesen auf Zahlung der Fracht klagbar werden; mit dem Tode des Absenders würde jede Berechtigung des Empfängers aufhören, da ein Mandat regelmäßig mit dem Tode des Mandanten erlischt — im Widerspruch mit §§ 435 und 436 HGB.; die Ansicht ist demnach unhaltbar[1]).

2. Eine vertragsmäßige Zession erblicken einige Schriftsteller[2]) in der bloßen Adresse auf dem Brief, Paket oder Frachtbrief: diese sei ein „selbstredendes documentum cessionis", indem sie die Person des Adressaten genau bezeichne, letzteren ermächtige, das zum Frachtbrief gehörige Gut anzunehmen und die Transportanstalt anweise, den Gegenstand an die in der Adresse bezeichnete Person auszuhändigen. Daß sich auf diesem Wege eine cessio voluntaria nicht konstruieren läßt, hat schon Karstens[3]) nachgewiesen. Die bloße Adresse kann, wie er mit Recht ausführt, unmöglich eine Zession bewerkstelligen, ehe sie in die Hände des Adressaten gelangt. Vorher läßt sich der Beweis für eine Zession nicht erbringen, auch fehlt es an dem wichtigen Akt der Denuntiation[4]). Eine Zession kann daher, wenn überhaupt, erst mit der ausdrücklichen oder stillschweigenden Ratihabition des Vertrags seitens des Empfängers zustande kommen, insbesondere durch Übergabe des Frachtbriefs und seine Annahme durch den Empfänger[5]). Bei Briefen kann sonach von einer Zession des Rechts auf Aushändigung überhaupt nicht die Rede sein; denn in dem Augenblick, wo die Zession perfekt werden würde, nämlich bei der Übergabe des Briefs an den Empfänger, erwirbt dieser schon das Eigentum an dem Brief. Aber auch die Annahme des Frachtbriefs seitens des Empfängers kann eine Zession nicht begründen. Einmal ist die Ausstellung eines Frachtbriefs nicht durchaus notwendig; er hat meist nur die Bedeutung einer Beweis- — nicht einer Vertragsurkunde[6]), und es läßt „sich daher nicht absehen, wie an dieselbe und an deren Übergabe die Entstehung eines Rechtsverhältnisses zwischen dem Frachtführer und dem Empfänger gebunden sein solle"[7]). So-

---

[1]) Vgl. Goldschmidt II S. 750a; Schott S. 402; Vogel S. 29f.

[2]) Höpfner S. 123f.; Koch S. 108ff.

[3]) S. 216.

[4]) Der nach dem neuen Recht allerdings nicht wesentlich ist.

[5]) So besonders Karstens S. 218, 216.

[6]) Oben S. 88.

[7]) Prot. S. 819.

dann tritt die Übertragung von Rechten auf den Empfänger nur durch Übergabe des Frachtbriefs am Bestimmungsort ein, während eine vorzeitige Aushändigung des Frachtbriefs an den Empfänger dem Verfügungsrecht des Absenders keinen Abbruch tut[1]). Endlich und vor allem ist der Empfänger nach § 435 unter bestimmten Voraussetzungen schon vor der Übergabe des Frachtbriefs berechtigt.

Annehmbarer erscheint schon die Ansicht von Kuhn[2]), nach welchem eine aufgeschobene und u. U. bedingte Zession vorliegt; aber auch diese Ansicht wird durch die vorstehenden Argumente widerlegt[3]).

Nach einer dritten, von einer Autorität wie Goldschmidt vertretenen Ansicht beruht das Klagerecht des Empfängers:

3. Auf einer fingierten Zession, d. h. auf einem Forderungsübergang von Rechts wegen, auf welchen die Grundsätze der eigentlichen Zession analoge Anwendung finden[4]). Daß eine solche zu unterstellen ist, hält Goldschmidt nach dem Inhalt des Gesetzes und dem Gang der Beratungen nicht für zweifelhaft. Zeitpunkt der Zession sei der beendigte[5]) Transport; die Wirkung der denuntiatio oder litiscontestatio habe die Übergabe des Frachtbriefs oder die Erhebung der Klage[6]). Indessen auch hiergegen läßt sich mancherlei einwenden.

Freilich die Einwendungen, welche Vogel[7]) daraus herleitet, daß die bei Zessionen zulässigen Kompensationen des Schuldners mit allen Forderungen gegen den Zedenten dem Frachtführer höchstens insoweit zustehen, als seine Forderungen auf dem Frachtvertrag beruhen, weiter

---

1) Oben S. 58.

2) S. 360ff.

3) Vgl. Gareis, Vertr. z. G. Dr. S. 88; Goldschmidt II S. 750 c u. f.; übereinstim. Dambach S. 78; Meili, Haftpflicht S. 147 f.; Müller S. 85 ff.; Vogel S. 80ff.

4) Dernburg, Pand. II § 49, 3 und A. 7. Vgl. Schloßmann, Über den Begriff des Eigentums, in Iherings Jahrb. 45 S. 365. Vgl. BGB. § 412.

5) Tatsächlich oder rechtlich, s. u. S. 86.

6) Goldschmidt II S. 749 f.; ähnlich Stobbe III S. 232, 233, 264, 266, wo auch reiche Lit. Eger, FrR. II S. 88 ff., Pr. ER. II 577 f. u. Lit. das. Egers Ausführungen machen vielfach den Eindruck, als ob er fingierte und vertragsmäßige Zession als gleichbedeutend erachtet, da er von Zessionsofferte, Annahme derselben usw. spricht.

Nach Förster=Eccius I 428 A. 16 liegt „nicht sowohl ein Vertrag zugunsten Dritter, als eine vermutete Rechtsabtretung vor; abhängig von dem fortdauernden gleichen Willen des Absenders“. Vgl. auch ROHG. 6 S. 429.

7) S. 33 f.

daraus, daß bei Fingierung einer Zession nicht das Interesse des Empfängers, sondern das des Absenders maßgebend sein müsse, während in Wirklichkeit auch der Empfänger das Interesse an richtiger und rechtzeitiger Ablieferung nach seiner Person bemessen, somit auch einen nur ihm entstandenen Schaden verfolgen darf[1]), sind wenig beweisend, da sie sich auf Schlußfolgerungen stützen, deren Richtigkeit durchaus nicht unanfechtbar erscheint.

Ausschlaggebend dagegen ist, daß nach Ankunft des Frachtführers am Bestimmungsort Rechte des Absenders und Empfängers konkurrieren; es kann daher nicht von einem Übergang dieser Rechte von ersterem auf letzteren gesprochen werden. Bei Unterstellung einer Zession, die spätestens durch Annahme des Frachtbriefs oder Anstellung der Klage seitens des Empfängers zustande käme, würde, falls der Empfänger auf sein Recht verzichtet, niemand mehr vorhanden sein, der ein Recht über das Frachtgut hat, während anerkanntermaßen der Absender auch nach diesem Verzicht bis zur definitiven Beendigung des Transports seine vollen Rechte aus dem Frachtvertrag geltend machen kann[2]).

Mit Recht weist ferner Vogel darauf hin[3]), daß beim Frachtgeschäft nicht, wie sonst in den Fällen der fingierten Zession, zwischen Zedent und Zessionar ein vorhergehendes Rechtsverhältnis besteht, an welches das Gesetz ohne Rücksicht auf den Willen beider Kontrahenten den Forderungsübergang anknüpft; und auch darin wird man Vogel[4]) beistimmen müssen, daß bei der in Rede stehenden Konstruktion schon im Abschluß des Transportvertrags die Denuntiation einer künftigen Zession seitens des Zedenten liegen würde, die nicht nur nach modernen Partikulargesetzgebungen[5]), sondern auch nach gemeinem Recht[6]) eine Befreiung des Zessus durch Leistung an den Zedenten ausschließen, mithin dem Frachtführer die spätere Aushändigung des Guts an den Absender verbieten würde.

---

[1]) RG. 4 S. 359.

[2]) S. o. S. 60 f.; vgl. Vogel S. 36 f.; Wehrmann S. 74; Schott S. 394; Puchelt zu Art. 402; ROHG. 6 S. 276 f. Abw. Eger, FrR. II S. 89.

[3]) S. 36.

[4]) S. 35.

[5]) Pr. Landrecht I 11 §§ 414 f.; Schweiz. Oblig. R. § 187.

[6]) Dernburg, Pand. II S. 135 f.; Stobbe III S. 251 f. Ebenso nach BGB. § 407. Anders allerdings Windscheid-Kipp, Pand. § 331 A. 9 und Text, sowie Praxis bei Stobbe III S. 252 A. 16.

Buchmann[1]) folgert für das neue HGB. aus dem veränderten Wortlaut des § 435 („Nach der Ankunft des Gutes" usw.) gegenüber Art. 405 („Nach der Ankunft des Frachtführers usw.)[2]), daß die Kontroverse jetzt im Sinne der Zessionstheorie (cessio ex lege) entschieden sei, weil der Empfänger, falls das Gut infolge Verlusts nicht ankommt, sich die Klage des Absenders zedieren lassen muß. Es wäre eine sonderbare Konsequenz, meint Buchmann, den Frachtführer im Falle der Ankunft des Guts dadurch schlechter zu stellen, daß man dem Empfänger ein materiell eigenes Recht gewährt. Diese Argumentation ist nicht richtig, einmal weil die Eingangsworte des Art. 405 im alten HGB. „Nach der Ankunft des Frachtführers" stets als gleichbedeutend mit „nach der Ankunft des Guts" ausgelegt worden sind[3]); dann aber, weil es zweifellos die Absicht des Gesetzgebers war, dem Empfänger im Falle der Ankunft des Guts größere Rechte zu verleihen als im entgegengesetzten Falle. Bei Nichtankunft des Guts hat der Empfänger in den meisten Fällen gegen den Absender Regreßansprüche oder er kann die Gegenleistung verweigern. Außerdem liegt in Buchmanns Ausführungen offenbar ein innerer Widerspruch, denn es ist nicht recht einzusehen, weshalb der Empfänger, dem Buchmann schon ein formal eigenes Recht zuspricht, noch eine fingierte Zession zu seinen Gunsten soll geltend machen können.

Aus allen diesen Gründen kann ich mich auch der Goldschmidtschen Theorie nicht anschließen.

Während die vorerwähnten Schriftsteller das Recht des Empfängers aus dem des Absenders herleiten, erklären andere es zutreffend für ein eigenes Recht. Indessen auch hier finden wir die verschiedensten Konstruktionsversuche.

Münter[4]) z. B. sagt „der Absender schließt den Vertrag mandatario nomine des Empfängers". Diese Ansicht, nach welcher

4. der Absender als präsumtiver Mandatar des Empfängers auftritt, ist schon gegenüber den positiven Bestimmungen des alten HGB.[5]) unhaltbar, weil der Absender während des Transports allein berechtigt ist und auch nach Ankunft des Guts am

---

[1]) S. 15 f.

[2]) S. u. S. 85 f.

[3]) S. u. S. 86.

[4]) I S. 223, 229; vgl. auch 96 ff., 186; weitere Literatur bei Goldschmidt. II S. 750 a; vgl. Vogel S. 38.

[5]) Art. 402 und 405.

Bestimmungsort zunächst neben dem Empfänger berechtigt bleibt, ferner weil möglicherweise ein anderes, auch dem Frachtführer bekanntes Rechtsverhältnis vorliegt und das Gesetz gleichwohl keine Ausnahme macht. Endlich kommt in Betracht, daß nach Art. 406 der Empfänger zur Zahlung erst verpflichtet wird durch Annahme des Guts und des Frachtbriefs, während beim Vorliegen eines präsumtiven Mandats schon jede Ratihabition genügen müßte.

Sell[1]) erblickt, gestützt auf l. 23 (24) D. de neg. gest. 3, 5 und besonders l. 5 § 4 (l. 6 § 2) eod.[2]) in dem Frachtführer bezw. der Post den negotiorum gestor des Empfängers und hält infolgedessen die Klage des letzteren aus Art. 405 bezw. § 435 für

5. eine actio negotiorum gestorum directa.

Auch Windscheid[3]) vertritt diese Ansicht. Allerdings ist es nicht ausgeschlossen, daß dem Empfänger eine actio neg. gest. dir. gegen den Frachtführer zusteht, aber nur dann, wenn ihre Voraussetzungen vorliegen, wenn also im gegebenen Falle der Frachtführer tatsächlich als negotiorum gestor des Empfängers auftritt und auftreten will. Einen solchen Fall hatte zweifellos auch Julian bei der oben zitierten Stelle im Auge. Diese Klage hat aber nichts mit dem Frachtvertrag und derjenigen aus Art. 405 HGB. gemein. An sich liegt in dem Frachtvertrag eine negotiorum gestio des Frachtführersf ür den Empfänger nicht, selbst dann nicht, wenn letzterer den Frachtführer dem Absender bezeichnet oder sogar mit dem Transport beauftragt hat. Der Frachtführer besorgt sein eigenes Geschäft, nicht das des Empfängers und will weder den Transport für den Empfänger ausführen noch für ihn Besitz erwerben. Läge eine negot. gestio vor, so hätte der Frachtführer für jede nützlich unternommene Geschäftsführung die actio neg. gest. contraria gegen den Empfänger auf Ersatz seiner Auslagen nebst Zinsen, und sogar ein negotium non utiliter coeptum würde durch nachträgliche Genehmigung des Geschäftsherrn, also des Empfängers, rechtsverbindlich, gleichviel ob der beabsichtigte Erfolg eingetreten, d. h. das Gut in die Hände des Empfängers gelangt ist oder nicht. Dem widerspricht aber Art. 406[4]) HGB., nach welchem

[1]) S. 142ff.

[2]) Si quis pecuniam vel aliam quandam rem ad me perferendam acceperit, quia meum negotium gessit, negotiorum gestorum mihi actio adversus eum competit.

[3]) § 816 A. 7a, § 401 A. 11, § 481 A. 7.

[4]) HGB. II § 436.

erst die Annahme des Guts und des Frachtbriefs den Empfänger zur Zahlung verpflichtet. Endlich steht Art. 402[1]) entgegen und macht die Annahme einer negot. gestio unmöglich, da sie mit dem darin anerkannten Dispositionsrecht des Absenders in unlösbarem Widerspruch stehen würde. Überhaupt widerspricht die Annahme einer negot. gestio dem ganzen Verhältnis zwischen Frachtführer und Empfänger; der Frachtführer handelt häufig nicht ratione domini — er will und darf es auch nicht tun —, vielmehr gerade der ratio domini entgegen[2]).

Weiter finden wir von zahlreichen Schriftstellern[3]) die Ansicht vertreten,

6. der Frachtvertrag sei ein Vertrag zugunsten Dritter[4]), aus welchem der Empfänger ein selbständiges Recht erlangt. Ohne hier auf die im gemeinen Recht vielumstrittene Theorie dieser Verträge näher einzugehen, beschränke ich mich darauf, festzustellen, daß trotz der Schwierigkeit, für die vielen untereinander so heterogenen Fälle eine Normalformel zu finden, bei der Annahme eines pactum in favorem tertii der Absender selbst gar nicht berechtigt wäre[5]), der Empfänger dagegen sein Recht entweder mit dem Vertragsschluß oder spätestens, sobald er den Vertrag ausdrücklich oder stillschweigend[6]) beitritt, nicht aber erst in dem Augenblick erlangen würde, wo die

---

[1]) HGB. II § 433.

[2]) Vgl. für die verschiedenen Konstruktionen Lehmann-Ring S. 341; ferner Gareis, Verträge S. 36, 180 f.; Goldschmidt II S. 633, 743, 751 g; Unger S. 46. A. 55; Gad S. 92; v. Linde S. 370 ff.; v. d. Osten S. 58; Vogel S. 41 ff.

[3]) Cosack S. 397; Dernburg, Pand. II S. 54 f.; Pr. PrivR. II S. 48; Höpfner S. 119 ff.; Müller S. 81 ff.; Koch S. 460 ff.; Gad S. 91 ff.; Regelsberger in Endemanns Handbuch II S. 477 f., im Arch. für Civ.-Pr. 67 S. 8; Bähr im Arch. für Civ.-Pr. 67 S. 160 ff.; Vogel S. 43 ff.; v. d. Osten S. 46; Kann S. 162 f.; Mittelstein, Postrecht S. 63 f.; Schmidt, Das Recht des Empfängers S. 55 ff.; Cohen S. 49; Hogrewe S. 14 ff.

Für das neuere Recht s. unten S. 74 ff.

[4]) „Der Dritte ist der bei der Schaffung einer rechtlichen Situation nicht Beteiligte, der aber unter ihren Konsequenzen leidet". Ofner, Das Recht des anderen, erläutert am Schutz des Dritten, in der Zeitschr. f. d. priv. und öffentl. R. 29 S. 595.

[5]) Goldschmidt II S. 750 b; a. A. Hellwig S. 478.

[6]) Was z. B. von dem Augenblick ab anzunehmen ist, von welchem an der Empfänger die Existenz des Vertrags erfuhr, ohne daß dieser widerrufen worden wäre, Müller S. 81.

Voraussetzungen des Art. 405 bezw. § 435 erfüllt sind, und das dieses selbständige Recht des Empfängers nicht einseitig vom Absender rückgängig gemacht werden könnte, da niemand das Recht eines Dritten ohne dessen Zustimmung verschlechtern kann. Diese Konsequenzen sind mit den Bestimmungen der §§ 433 und 435 unvereinbar. Um beides in Einklang zu bringen, hat man[1]) eine überaus gekünstelte Konstruktion versucht, dergestalt, daß der Dritte, d. h. der Empfänger, Rechte aus dem Frachtvertrag nur unter gewissen Umständen und Bedingungen geltend machen darf, also einen Vertrag zugunsten Dritter mit dem Vorbehalt der Wirksamkeit für den Versprechensempfänger (Promissar). Gehörte überhaupt noch gemeinem Recht ein solches Rechtsverhältnis noch in die Kategorie der Verträge zugunsten Dritter[2])? Das selbst zugegeben, befriedigt diese Lösung auch nicht, denn der Empfänger müßte, falls ein derartiger Vertrag vorliegt, immer ein, wenn auch modifiziertes, zum mindesten bedingtes Recht haben und darüber verfügen, es z. B. abtreten können. Das ist aber nach dem Gesetz ausgeschlossen.

Die hier vertretene Auffassung findet eine hervorragende Stütze darin, daß auch Gareis in seinem für das gemeine Recht grundlegenden Werk: „Die Verträge zugunsten Dritter" die Zugehörigkeit des Frachtvertrags zu dieser Kategorie ablehnt. Gareis unterscheidet zwischen reinen, abstrakten und zwischen materiellen, individuell charakterisierten Verträgen zugunsten Dritter. Beide definiert er als einen Vertrag, „aus welchem ein Dritter der Willensmeinung der Kontrahenten entsprechend unmittelbar ein eigenes selbständiges Recht erwirbt". Voraussetzung dieses Rechtserwerbs ist, daß er sich als „gewollte Reflexwirkung"[3]) auf Grund einer darauf gerichteten Bestimmung des Vertrags darstellt. Beim Frachtvertrag könnte der Empfänger aus dem mit Sachübergabe verbundenen Auftrag des Absenders an den Frachtführer, das Gut an den Empfänger abzuliefern, ein Forderungsrecht gegen den Frachtführer nur dann erwerben, wenn

---

[1]) Cosack S. 398; Vogel S. 47ff.

[2]) Gareis, Vertr. S. 206, scheint diese Frage zu bejahen.

[3]) Den Ausdruck und Begriff „Reflexwirkung" hat Ihering zwecks schärferer Unterscheidung der Rechte von rechtsähnlichen Zuständen eingeführt; vgl. Ihering, Geist des römischen Rechts III 1 S. 328 und „Die Reflexwirkungen oder die Rückwirkung rechtlicher Tatsachen auf dritte Personen" in den Jahrbüchern für die Dogmatik des Privatrechts 10. Bd. 1871 S. 248 und 284; ebenda über den Unterschied der Reflexwirkung von den Verträgen zugunsten Dritter S. 289, 353; vgl. Gareis, Vertr. S. 29, 215.

der Wille des Frachtführers bestimmt auf Entstehung dieses Forderungsrechts gerichtet ist. Dies sei an sich nicht zu präsumieren und überdies durch Art. 402 HGB. unzweideutig widerlegt[1]).

Der Vollständigkeit halber sei noch erwähnt, daß Gerber-Cosack[2]) das Klagerecht des Empfängers auf ein

7. Anweisungsakzept des Frachtführers zurückführt,

daß Koch[3])

8. eine anormale antezipierte Klage aus dem Frachtvertrag für vorliegend erachtet, und daß einzelne Schriftsteller[4]) sich mit der Annahme einer actio utilis aus dem Frachtvertrag begnügen, ohne dabei die cessio legis oder, wie Bähr[5]), die Verträge zugunsten Dritter im Auge zu haben, alles Konstruktionen mit welchen nicht viel gewonnen ist. Immerhin aber liegt darin das Zugeständnis, daß es nicht leicht ist, das Recht des Empfängers unter eine der bekannten Typen des Obligationenrechts zu subsumieren. Dies erkennen auch Autoritäten, wie W. Endemann, v. Hahn und Schott, an, wenn sie dieses Recht

9. ein rein formales Klagerecht[6]),

eine formelle Legitimation[7]),

ein „nicht inhaltlich selbständiges Recht, wohl aber eine persönlich selbständige, eine formal eigene Befugnis"[8]) nennen und damit die Begründung ihrer Ansicht aus den positiven Gesetzesvorschriften herleiten.

Auch die neue Gesetzgebung hat zur Klärung dieser Streitfrage nichts beigetragen. Weder das HGB. noch das BGB. enthalten Rechtssätze, welche in der vorliegenden Frage jeden Zweifel ausschließen.

Die Ansicht Buchmanns, das neue HGB. nehme durch die gegen-

---

[1]) Gareis, Vertr. S. 32, 40, 48, 210, 264 und 131;. vgl. auch das dort zitierte Erkenntnis ROHG. 6 S. 273ff.; Vogel S. 55; Bruns-Eck-Mitteis in v. Holtzendorffs Enzyklopädie 1 S. 368.

[2]) S. 367 A. 12; siehe dagegen Goldschmidt II S. 742 A. 28 und S. 750d.

[3]) Art. 405 A. 30ff.; vgl. Schott S. 402; Lehmann-Ring S. 341.

[4]) Gerber § 183; Brinkmann § 115 A. 9 zit. bei Goldschmidt II S. 750 d und Schott S. 402.

[5]) Jahrb. für Dogmat. VI S. 146ff.

[6]) Endemann, HR. S. 787 Nr. 7.

[7]) v. Hahn II S. 650f.

[8]) Schott S. 402; vgl. dagegen Lehmann-Ring S. 342.

über dem Art. 405 veränderte Fassung des § 435 Stellung zugunsten der Zessionstheorie, dürfte bereits oben widerlegt sein[1]).

Ganz entschieden spricht sich

10. Hellwig in seinem bedeutsamen Werk „Die Verträge auf Leistung an Dritte" für die Subsumierung des Frachtvertrags unter die von ihm behandelte Vertragskategorie aus. Bei dem Umfang des Werks ist es an dieser Stelle nicht möglich, die Gründe, auf welche Hellwig seine Ansicht stützt, auch nur annähernd wiederzugeben. Andererseits scheint es mir bei der allgemein anerkannten, nach verschiedenen Richtungen hin grundlegenden Bedeutung des Buchs erforderlich zu sein, auf den Gedankengang Hellwigs an dieser Stelle etwas näher einzugehen. Es seien deshalb darüber die nachfolgenden Bemerkungen gestattet, die keineswegs Anspruch darauf erheben, immer den Kern der Hellwigschen Ausführungen zu treffen.

Hellwig unterscheidet[2]) zwischen berechtigenden (sc. den Dritten) und „ermächtigenden" Verträgen[3]) auf Leistung an Dritte Ob die eine oder die andere Vertragsart vorliegt, so führt er weiter aus, hängt von dem Willen der Parteien ab, so zwar, daß das Gesetz Vermutungen darüber aufstellt, wann dem Vertrage die stärkere oder schwächere Wirkung zukommt. In beiden Fällen sind die materiellen Voraussetzungen für die Gültigkeit des Vertrags und seine Wirkung auf das Verhältnis zwischen dem Stipulanten und dem Versprechenden dieselben. Die erste dieser Voraussetzungen ist „ein Vertrag" und dementsprechend weiter ein rechtlich anerkanntes Kausalverhältnis zwischen dem Versprechensempfänger und dem Versprechenden. Außer dieser causa, welche den Versprechenden zu der Leistung verpflichtet, muß, da der Versprechensempfänger durch den Versprechenden an den Dritten leisten läßt, auch diese Leistung einen Zweck verfolgen, der sich aus dem Verhältnis des Dritten zu dem Versprechensempfänger bestimmt. Wesen und Zweck des Vertrags auf Leistung an Dritte besteht demnach darin, daß der Schuldner die aus dem Vertrag geschuldete Leistung nicht an den Gläubiger, sondern an einen Dritten

---

[1]) Oben S. 69.

[2]) S. 43 ff. Vgl. auch die Besprechung des Werks von v. Tuhr in der kritischen Vierteljahrsschr. 48 S. 542 ff.

[3]) Den vom BGB. gewählten Ausdruck „Versprechen" der Leistung an einen Dritten weist Hellwig als ungenau zurück. S. 42 A. 255 ff.; a. A. Holl; S. 20.

bewirkt, welchem der Gläubiger eine Zuwendung machen will[1]). Die Leistung an den Dritten muß eine vermögenswerte sein; ob sie ihm als Schenkung oder solvendi oder credendi causa zukommt, ist irrelevant. Die den Dritten betreffende Vereinbarung erscheint als ein dem Hauptvertrag sofort beim Abschluß hinzugefügter Nebenvertrag. Dieser Nebenvertrag wirkt zunächst unter den Kontrahenten, indem er der Verpflichtung des Schuldners einen besonderen Inhalt gibt. Er kann ferner als ein gemeinsamer Rechtsakt beider Kontrahenten die Wirkung haben, daß durch ihn dem Dritten ein Recht auf die Leistung verliehen wird. Daraus folgt, da für die Verträge auf Leistung an Dritte vom BGB. eine besondere Form nicht gefordert wird, daß die Gültigkeit des Nebenvertrags von der Beachtung der etwa für den Hauptvertrag erforderlichen Form abhängt.

Nach diesen allgemeinen Erörterungen geht Hellwig ausführlich auf die Rechtsverhältnisse bei den bloß ermächtigenden Verträgen auf Leistung an Dritte ein, welche uns jedoch hier nicht interessieren, weil bei den Frachtverträgen, wenn überhaupt ein Vertrag auf Leistung an Dritte, so in der Regel ein berechtigender vorliegt. Alsdann behandelt er die letztere Kategorie der fraglichen Verträge.

Diese, so führt er aus, verdanken wir dem BGB., weil es den Parteien ermöglicht, die Stellung des Dritten derart zu verstärken, daß auch der Dritte in der Lage ist, von dem Schuldner die Leistung zu fordern und nötigenfalls in eigenem Namen zu erzwingen. Ob in Ermangelung einer ausdrücklichen Bestimmung der Dritte ein Recht auf die Leistung erhält, darüber läßt sich nach dem BGB. im Zweifel weder eine allgemein bejahende, noch eine verneinende Antwort aufstellen. Vielmehr ist in jedem Einzelfall nach objektiven Verhältnissen zu ermitteln, was nach „Treu und Glauben mit Rücksicht auf die Verkehrssitte“ [2]) — nicht nach dem Willen der Parteien — als der Zweck eines Vertrags der vorliegenden Art erscheint, und zwar als der Zweck des Nebenvertrags, durch welchen die Leistung aus dem Hauptvertrag dem Dritten zugesichert wird. Im allgemeinen darf man im Zweifel annehmen, daß der Dritte unmittelbar berechtigt wird, wenn er in rem suam bestellt wurde. Anders beim Frachtvertrag. Das gesetz-

[1]) Zimmermann, stellvertr. neg. gestio S. 78—85 bezeichnet dies als „Zweischichtigkeit“ der Verträge zugunsten Dritter. Übereinstimmend mit Hellwig Stammler, Schuldverhältnisse S. 173; im wesentlichen auch Planck zu § 328 A. 1; vgl. auch Regelsberger in Endemanns Handb. II S. 478; Pand. § 160.

[2]) BGB. § 157.

geberische Motiv dafür, daß das HGB. dem Adressaten schlechthin ein Recht gegen den Frachtführer gewährt, kann „nur darin gefunden werden, daß es hier wegen der Verschiedenheit des Erfüllungsorts von dem Aufgabeort für den Absender von Interesse ist, wenn der Adressat gegenüber dem Frachtführer nicht nur als eine zum Empfang ermächtigte Person, sondern als Forderungsberechtigter auftreten kann und somit in der Lage ist, mit seinen Interessen die Interessen des Absenders zu wahren"[1]). Die unmittelbare Berechtigung des Dritten entspricht also auch hier dem Zweck des Vertrags.

Auch die Fragen, wann das Recht des Dritten entsteht und wann es unwiderruflich wird, sind aus den Umständen, insbesondere aus dem Zweck des Vertrags zu beantworten[2]).

Das nach Erfüllung der vom Gesetz oder von den Parteien geforderten Voraussetzungen dem Dritten erstehende Recht erwirbt dieser[3]) „unmittelbar, d. h. ohne sein Wissen und ohne seinen Willen, ohne jegliche Mitwirkung seinerseits". Aber er erwirbt nur den Anspruch auf die Leistung aus dem bestehenden Schuldverhältnis. Aus dem ihm fremden Rechtsakt erwächst ihm regelmäßig weder eine Verpflichtung[4]), noch erlangt er die vielfachen sonstigen Befugnisse einer Vertragspartei, z. B. das Rücktrittsrecht. In besonderen Fällen kann allerdings dem Dritten durch Parteiabrede das Recht auf alle aus dem Vertrag geschuldeten Leistungen verliehen oder andererseits seinem Recht eine engere Grenze gezogen werden.

Das ihm ohne sein Wissen und seinen Willen aufgedrängte Recht kann der Dritte zurückweisen. Er kann dieses Recht aber auch annehmen, um das ihm erworbene Forderungsrecht zu befestigen. Scharf zu unterscheiden hiervon ist die Annahme der Leistung zwecks Tilgung dieses Forderungsrechts und die Zurückweisung der Leistung nach erfolgter Annahme des Rechts auf sie. Die Zurückweisung des Rechts geschieht ebenso wie seine Annahme durch einseitige formlose Erklärung an den Versprechenden. Beide Erklärungen sind also nicht empfangsbedürftig. Beide sind ferner erst wirksam, nachdem das

---

1) S. 152.

2) „Eine solche Abwälzung auf den Richter beweist stets die Unsicherheit des Gesetzgebers über zweckmäßige allgemeine Regeln," so Ofner in der Zeitschr. f. d. priv. und öffentl. Recht Bd. 29 S. 619.

3) BGB. § 328 Abs. 1; Hellwig S. 253.

4) Hier sieht sich Hellwig allerdings genötigt, auf die Ausnahme des § 436 HGB. hinzuweisen. S. 258 A. 502.

Recht erworben ist. Daher kommt z. B. einer vor der Ankunft des Frachtguts ausgesprochenen Annahmeverweigerung des Adressaten[1]) keinerlei Rechtswirkung zu. Ist die Zurückweisung des Rechts auf die Leistung erfolgt, so ist keine Annahme mehr möglich, und umgekehrt. Die Annahme setzt nur voraus, daß der Dritte erwerbsfähig ist, die Zurückweisung dagegen erfordert als einseitiger Verzicht auf einen rechtlichen Vorteil unbeschränkte Geschäftsfähigkeit des Dritten.

Erklärt der Dritte, das Recht auf die Leistung anzunehmen, so wird das ihm bereits erworbene Forderungsrecht dergestalt befestigt, daß er es nunmehr durch einseitige Willenserklärung nicht mehr aufheben kann. Eine weitergehende Wirkung, etwa die, daß der Dritte das ausschließliche Recht auf die Leistung erwirbt, tritt nicht ein. Beim Frachtvertrag insbesondere kann eine an den Frachtführer gerichtete außergerichtliche Annahmeerklärung irgend welcher Form nie diese weitergehende Wirkung haben[2]).

Weist der Dritte sein Recht zurück, so gilt es als nicht erworben[3]). Die Rechtslage zwischen dem Versprechenden und dem Dritten ist dann so, als wenn der Vertrag nur mit der Ermächtigung des Dritten geschlossen wäre. Unabhängig davon ist natürlich die Frage zu entscheiden, welche Wirkung die Zurückweisung — z. B. die Verweigerung der Annahme eines Frachtguts oder einer Postsendung — auf das Verhältnis zwischen Versprechensempfänger und dem Dritten — hier Absender und Empfänger — ausübt.

Das Forderungsrecht auf Leistung an den Dritten hat sowohl der Versprechensempfänger als auch der Dritte. Beide sind nebeneinander berechtigt. Also übt weder der letztere das Recht des ersteren aus, noch weniger umgekehrt dieser das Recht des Dritten. Es liegt also eine Gesamtgläubigerschaft im Sinne des § 428 BGB. vor. Jedoch kann der Dritte Alleingläubiger werden, wenn ihm der Stipulant seinen Anspruch zediert. Alsdann wird das Recht des Dritten unwiderruflich. Es wird ferner unwiderruflich, wenn der Stipulant dem Versprechenden gegenüber auf sein Recht verzichtet, weil dann das mit dem Recht des Dritten konkurrierende und ihn gefährdende Recht weggefallen ist (Aktivdelegation). Hierher rechnet Hellwig,

---

1) HGB. § 435.
2) HGB. § 435.
3) BGB. § 333.

wie mir scheint mit Unrecht, auch den Fall des § 433 HGB.[1]). Endlich tritt die Unwiderruflichkeit ein, wenn der Dritte sich von dem Versprechenden ein den Versprechensempfänger ausschließendes Schuldversprechen geben läßt. Hierzu kommen dann, wie Hellwig zugeben muß[2]), bei speziell geregelten Fällen noch besondere Tatsachen, welche das Verfügungsrecht des Versprechensempfängers ausschließen, so beim Frachtvertrag die im § 435 und 455 II HGB. bezeichneten juristischen Tatsachen.

Ist das Recht des Dritten noch nicht ausschließlich geworden, so fällt es stets weg, wenn der Stipulant oder der Versprechende von einem kraft Vertrags oder Gesetzes bestehenden Rücktrittsrecht Gebrauch macht. Aber auch durch einseitige Erklärung an den Versprechenden muß der Stipulant unter gewissen Voraussetzungen das Recht des Dritten auf die Leistung vernichten können, gleichviel in welchem Rechtsverhältnis er zu dem Dritten steht. Juristisch zu konstruieren ist dieser einseitige Widerruf des Stipulanten als die Erfüllung einer auflösenden Bedingung, die, weil sich aus der Natur der Sache ergebend, als stillschweigend vereinbart anzunehmen ist. Bestätigt findet Hellwig diese seine Ansicht darin, daß die Reichsgesetzgebung überall da, wo sie einzelne Rechtsinstitute mit praktischem Blick regelt, die Befugnis zur Konterorder als selbstverständlich ansieht; so u. a. auch HGB. §§ 433, 435.

Den wirtschaftlichen Zweck des Vertrags auf Leistung an Dritte erblickt Hellwig — im Gegensatz zu dem der Zession, bei welcher es sich um den sofortigen Übergang der Forderung handelt — in der Herbeiführung eines künftigen Erfolgs, der erst dadurch erreicht wird, daß der Versprechende an den Dritten wirklich leistet. Darauf ist es zurückzuführen, daß die Rechtsakte, welche das Recht des Dritten unwiderruflich machen, weil zwecklos, von den Parteien sehr selten vorgenommen werden. So erklärt sich auch, daß die große Mehrzahl der Transportverträge, nämlich alle diejenigen, bei welchen nicht Konnossement oder Ladeschein eine Rolle spielen, einfach durch die Leistung an den Dritten erfüllt wird, ohne daß dieser vorher ein ausschließliches Recht erhält. Grundsätzlich ist daran festzuhalten, daß der Versprechensempfänger dem Dritten eine Vermögenszuwendung macht, deren Bedeutung sich aus dem Verhältnis der beiden zu ein-

[1]) S. 323 A. 642.

[2]) S. 327.

ander bestimmt. Bei bloß ermächtigenden Verträgen ist das Recht des Dritten aus dem Vermögen des Stipulanten abgeleitet und hängt ab von dem Recht des letzteren. Ob und welche Gegenleistungen der Versprechensempfänger dem Versprechenden dafür macht, daß dieser es übernimmt, an den Dritten zu leisten, ist belanglos.

Auch bei den berechtigenden Verträgen auf Leistung an Dritte leistet der Versprechende an den Dritten, um das zwischen ihm (dem Versprechenden) und dem Stipulanten bestehende Schuldverhältnis zu tilgen; nur erhält der Dritte die Leistung im eigenen Namen, nicht im Namen des Versprechensempfängers. Zur Tilgung dieses Schuldverhältnisses bedarf es aber bei Zuwendungen unter Lebenden stets noch einer Vereinbarung zwischen dem Stipulanten und dem Dritten über den Zweck der Leistung. Solange diese Vereinbarung nicht zustande gekommen ist, fehlt der Leistung dem Stipulanten gegenüber jeder Rechtsgrund. Hat nun in solchem Fall der Dritte bereits ein unwiderrufliches Recht auf die Leistung erlangt, z. B. der Adressat durch Übergabe des Frachtbriefs, so kann der Absender ihn nicht hindern, die Leistung in Empfang zu nehmen, wohl aber kann er sie mit der condictio sine causa zurückfordern.

Der Zweck der Leistung kann zwischen dem Stipulanten und dem Dritten vor oder nach der Leistung vereinbart werden. Bei Frachtverträgen hat häufig gerade der Versprechende, der Frachtführer, die Aufgabe, als Bote oder Stellvertreter des Absenders diese Vereinbarung zwischen Absender und Empfänger im Augenblick der Leistung zu vermitteln, z. B. durch die Bemerkungen auf dem Abschnitt der Postanweisung oder der Paketadresse. Die Vereinbarung kann aber nach § 151 BGB. auch eine stillschweigende sein, wenn der Zweck der Leistung sich aus den Umständen ergibt und der Dritte durch Annahme der Leistung auf die Absicht des Stipulanten eingeht.

Die Wirkung der Leistung kann, je nach dem Inhalt der übernommenen Verpflichtung, in der Übertragung des Besitzes oder auch des Eigentums bestehen. Letzteres erlangt der Dritte beim Frachtgeschäft nicht nur durch Übergabe des Ladescheins oder Konnossements, sondern auch durch den unentziehbaren und ausschließlichen Anspruch auf Herausgabe des Guts im Falle der §§ 433 und 435 HGB.[1]). Dieses Ergebnis ist bei den mannigfachen Rechten, welche sich an das Eigentum knüpfen, von großer Bedeutung; eine besondere Tragweite

[1]) S. o. S. 44.

gewinnt es für den Fall des Konkurses, und zwar des Absenders, weil alsdann wegen des sofortigen Eigentumsübergangs § 15 der KO. nicht Platz greift, und des Empfängers wegen des Verfolgungsrechts nach § 44 KO.[1]).

Nach diesen Ausführungen bespricht Hellwig die Anfechtung der Zuwendung seitens Dritter und gelangt dabei hinsichtlich des Konkursrechts und des Anfechtungsrechts der Gläubiger zu interessanten Ergebnissen, auf die wir hier aber nicht einzugehen brauchen.

Im zweiten speziellen Teil des Hellwigschen Werks finden wir u. a. eine eingehende Behandlung der Transportverträge unter dem Gesichtspunkt der Verträge auf Leistung an Dritte, und zwar sowohl der unter das HGB. fallenden, als der Posttransportverträge. „In keiner anderen Gesetzesnorm", sagt Hellwig, „sind die richtigen Grundsätze über die Verträge auf Leistung an Dritte auf ein einzelnes Verhältnis so ausführlich und richtig angewendet wie bei dem handelsrechtlichen Transportvertrag. Daß er unter die uns beschäftigende Vertragskategorie fällt, wird vom Standpunkte des heutigen Reichsrechts wohl schwerlich mehr bestritten werden."[2]) Indessen — kann man der Grundauffassung Hellwigs über die Verträge auf Leistung an Dritte im ganzen, wenn auch nicht ganz, zustimmen — bei seiner weitgehenden Anwendung der von ihm aufgestellten Grundsätze auf den Frachtvertrag wird man zahlreiche Einwendungen nicht unterdrücken können.

Schon oben[3]) wurde erwähnt, daß sich Hellwig genötigt sieht, von den von ihm gefundenen Prinzipien in mehreren und zwar wichtigen Punkten für das Frachtrecht Ausnahmen zu konstruieren. So S. 152[4]) bezüglich des gesetzgeberischen Motivs für das Recht des Empfängers gegen den Transporteur, so auch S. 258 A. 502, wo er ausdrücklich zugibt, daß dem Dritten aus dem ihm fremden Rechtsakt durch besondere gesetzliche Bestimmungen ein praestare, eine Verpflichtung auferlegt werden kann[5]), so endlich S. 327 bezüglich der Tatsachen, welche das Verfügungsrecht des Stipulanten ausschließen.

Geht schon daraus hervor, daß die Frachtverträge sich nicht

---

[1]) S. o. S. 46ff.
[2]) S. 477 f.
[3]) S. 76 A. 4ff.
[4]) Vgl. auch S. 479 A. 959.
[5]) Vgl. auch u. S. 82.

in die Denkform der Verträge auf Leistung an Dritte hineinzwängen lassen, so geben die dahin zielenden Ausführungen Hellwigs auch an anderen Stellen[1]) zu Bedenken Anlaß. Hier seien nur die wichtigsten hervorgehoben.

Hellwig unterscheidet[2]) zwei Seiten der vom Frachtführer zu bewirkenden Leistung: die Beförderung des Guts an den Bestimmungsort und die Ablieferung des Guts an den Empfänger. In der Regel sei der Empfänger nur auf die letztere Seite dieser Leistung berechtigt; dementsprechend setze auch das HGB. fest: während des Transports ist alleinberechtigt der Absender, nach der Ankunft des Guts am Ort der Ablieferung unter gewissen Voraussetzungen der Empfänger. Die Erklärung für diese Bestimmung, so argumentiert Hellwig[3]) weiter, ist in einer Handelssitte bezw. in der Dauer des Transports zu suchen. Beim Postbeförderungsvertrag liegen bei unseren Verkehrsverhältnissen derartige Gründe nicht vor, deshalb besteht „jetzt" kein Bedenken, eine Postsendung dem Adressaten schon an einem Unterwegsort zugänglich zu machen, was die Postordnung[4]) tatsächlich gestattet.

Diese Auffassung Hellwigs von der Zweiseitigkeit der Leistungen dürfte nicht minder gewaltsam sein, als ihre Begründung. Der Transport eines Frachtguts oder einer Postsendung an den Bestimmungsort ist doch nie eine selbständige Leistung, sondern nichts anderes als das Mittel zum Zweck, nämlich zur Erfüllung der Leistung, welche beim Frachtvertrag in der Aushändigung des Guts an den Empfänger besteht[5]). Und was den Unterschied zwischen Frachtvertrag und Postbeförderungsvertrag anlangt, so ist er doch wohl zu sehr ad hoc konstruiert, als daß ihm irgendwelche Beweiskraft beigemessen werden könnte. Warum sollen nicht auch beim Postbeförderungsvertrag in der Zeit zwischen Absendung und Ankunft leicht Veränderungen in den Verhältnissen eintreten können? Im übrigen stehen die Hellwigschen Deduktionen nicht im Einklang mit der historischen Entwickelung der hier in Frage kommenden handels- bezw. postrechtlichen Normen. Denn die letzteren sind nicht etwa eine Errungenschaft der neuesten Zeit, sie existierten vielmehr lange, bevor es ein einheitliches deutsches

---

[1]) So z. B. S. 322 A. 640, S. 328 A. 642.

[2]) S. 479.

[3]) S. 479 A. 958 u. S. 524.

[4]) Vgl. unten § 16.

[5]) So auch Staub A. 11 zu § 425; Walter S. 21.

HGB. gab[1]). Man darf daher ihre zufällige Abweichung von den gleichartigen Vorschriften des Handelsrechts nicht einem System zu Liebe als eine gewollte hinstellen und daraus Folgerungen ziehen, welche sich bei näherer Betrachtung als hinfällig erweisen[2]).

Auch gegen Hellwigs Auffassung von der Gesamtgläubigerschaft[3]) des Stipulanten und des Dritten lassen sich gewichtige Bedenken nicht unterdrücken[4]). Im einzelnen auf diesen Punkt einzugehen, ist hier nicht der Ort. Nur eine Frage: Soll beim Frachtvertrag der Frachtführer gemäß § 428 BGB. berechtigt sein, nach seinem Belieben an den Empfänger oder auch an den Absender zu leisten?

Schließlich sei noch auf die aus § 436 resultierende Verpflichtung des Empfängers hingewiesen, dem Frachtführer nach Maßgabe des Frachtbriefs Zahlung zu leisten, wenn er das Gut und den Frachtbrief angenommen hat. Auch die Art und Weise, wie Hellwig diese gesetzliche Verpflichtung mit dem von ihm anerkannten und als selbstverständlich hingestellten Grundsatz[5]), daß dem Dritten aus dem ihm fremden Rechtsakt Verpflichtungen nicht erwachsen können, in Einklang zu bringen sucht, fordert zum Widerspruch heraus. M.E. genügt schon die Vorschrift des § 436 HGB., um bei Frachtverträgen die Konstruktion als Verträge auf Leistung an Dritte abzulehnen, mögen diese immerhin durch das BGB. zu einer weitreichenden Rechtsinstitution erhoben sein.

Soviel über Hellwig. Seine anziehenden, tiefdurchdachten und bis ins kleinste Detail durchgeführten Ausführungen haben auch Autoritäten nicht durchweg zu überzeugen vermocht, z. B. Windscheid-Kipp. Allerdings wird auch von letzterem der Fall, daß „jemandem etwas mit der Auflage übergeben wird, es einem Dritten zu überbringen" unter den Verträgen zugunsten Dritter aufgeführt[6]). „Aber", so führt Windscheid-Kipp unter Verwertung des Gesichtspunkts der

---

[1]) Vgl. z. B. § 25 Preuß. Reglements zum Gesetz über das Postwesen vom 27. Mai 1856.

[2]) Vgl. zu S. 524 und zu § 34 der neuesten PO. unten § 16.

[3]) S. 310ff., 483.

[4]) Vgl. hierzu und auch zu anderen Punkten v. Blume, Besprechung des Hellwigschen Werks im Juristischen Literaturblatt Nr. 119 Bd. 12 Nr. 9, besonders S. 205, u. Örtmann, Dtsch. Literaturzeitung 1899 Nr. 46 S. 1764 u. im Arch. f. b. R. Bd. 17 S. 338.

[5]) S. 258, 482ff. Derselben Ansicht auch Staub A. 6 zu § 435.

[6]) S. 277 Text u. A. 7a (§ 316).

negotiorum gestio[1]) im Gegensatz zu Hellwig[2]) weiter aus, „die Verpflichtung zur Herausgabe an den Dritten wird nicht auf das dem Übergebenden geleistete Versprechen gegründet, sondern auf die Tatsache des Ansichnehmens in der Absicht der Herausgabe". Und an einer anderen Stelle, wo der Frachtvertrag als besonders wichtige Anwendung der Werkverdingung hingestellt wird, heißt es[3]): „Hat derjenige, an welchen eine zum Transport übergebene Sache abgeliefert werden soll, ein Forderungsrecht gegen den Frachtführer auf Ablieferung? Gewiß, wenn der Absender ihm sein Forderungsrecht zediert hat; aber auch ohne Zession? Entscheidend für die Bejahung ist die merkwürdigerweise in dieser Streitfrage ganz unbeachtet gebliebene l. 6 § 2 D 3, 5"[4]).

Außer Hellwig rechnen auch andere namhafte Juristen den Frachtvertrag unter die Verträge auf Leistung an Dritte, wenn auch zum Teil aus anderen Gründen[5]); wieder andere Autoritäten, welche sich schriftlich zu der Frage noch nicht geäußert haben, vertreten, wie dem Verfasser bekannt, eine abweichende Ansicht[6]).

11. **Ergebnis.**

Unter diesen Umständen bin ich, ohne deshalb mit Thöl[7]) eine Konstruktion dieses Rechtsverhältnisses mit Rücksicht auf die klaren Worte des Gesetzes von vornherein für entbehrlich zu erklären, der Ansicht, daß es bei dem Fehlen einer zutreffenden Formel für den

---

1) Oben S. 70.

2) Oben S. 78.

3) S. 704 A. 11 (§ 401).

4) Vgl. auch S. 865f. u. A. 7 (§ 481).

5) So Lehmann-Ring S. 342; Makower S. 1449; Cosack, HR. S. 397, bürg. R. Bd. 1 S. 340ff.; Endemann, BGB. I S. 548; Staub § 484 A. 1 u. § 435 Einltg.; Dernburg, b. R. Bd. II 2 S. 468; Schröder S. 43; vgl. auch Schmidt, Recht des Empfängers S. 65f.; Holl S. 48f.; Hellhoff S. 18; Rundnagel in E. E. u. A. Bd. 19 S. 278ff. u. Lit. das. Abw. Walter S. 21; RG. vom 15. 2. 1900 in E. E. u. A. Bd. 17 S. 219, JW. 29 S 314; vgl. auch RG. in Straff. 32 S. 28. v. Tuhr in der Kritisch. Vierteljahrsschr. 48 S. 573 nennt die Transportverträge des HGB. und die Postverträge „eine durch praktische Zwecke beeinflußte Ausgestaltung der allgemeinen Sätze über die Verträge auf Leistung an Dritte". Vgl. hierzu auch die Kommentare zum BGB. sowie die Dissertationen von Stahl, Georgi, Zersch und Abrahamsohn (Rostock 1908).

6) Z. B. führt Gareis S. 325 A. 3 den Frachtvertrag nicht unter den Verträgen zugunsten Dritter auf.

7) Handelsrechtliche Erörterungen, S. 24; vgl. Goldschmidt in Z. 26 S. 606.

noch dazu lediglich von äußeren Umständen abhängigen Übergang der ganzen Obligation von dem ursprünglichen Kontrahenten auf einen beim Abschluß des Vertrags nicht beteiligten Dritten zweckmäßiger ist, hier lieber auf jede juristische Konstruktion zu verzichten, als sich für eine der vorerwähnten Konstruktionen zu entscheiden, die, so bestechend sie zunächst erscheinen mögen, bei näherer Betrachtung doch nicht befriedigen und gerade da versagen, wo sie von Wert sein könnten, indem sie sich nicht in allen ihren Konsequenzen halten lassen. Durch derartige gewaltsame Konstruktionsversuche wird man der Individualität der Rechtsinstitute nicht gerecht und gerät außerdem in Gefahr, zu unrichtigen Schlußfolgerungen zu gelangen. Es handelt sich hier eben um ein durchaus eigenartiges[1]) Rechtsverhältnis, das sich aus der Besonderheit des Frachtvertrags ergibt, um einen Vertrag mit selbständigen gesetzlichen Befugnissen Dritter, hervorgegangen aus den Bedürfnissen des Verkehrs und der „Rechtssätze erzeugenden, nicht Rechtssätze entwickelnden Tätigkeit des Gesetzgebers". Und es ist, wie Pappenheim[2]) zutreffend ausführt, „eine selbstgeschmiedete Fessel, die der Gesetzgeber sich anlegt, wenn er sich bei der Regelung eines Tatbestandes an die Begriffe bindet, die er selbst bei der Regelung anderer Tatbestände zugrunde gelegt hat".

So ist es denn auch zweckmäßig, daß das neue HGB., obwohl es nahe lag, zu dieser vielumstrittenen Streitfrage Stellung zu nehmen, in den §§ 433 und 435 sich nicht auf eine juristische Konstruktion[3]) eingelassen, sondern sich auf das Schaffen von Rechtsnormen beschränkt hat.

B. Das materielle Recht.

Betrachten wir nach diesen theoretischen Erwägungen nunmehr das materielle Verfügungsrecht des Empfängers, so ergeben sich für dessen Begründung aus Art. 405 bezw. § 435 die nämlichen Voraussetzungen wie für das Erlöschen des Dispositionsrechts des Absenders: einmal die Beendigung des Transports, sodann entweder von seiten des Frachtführers die Übergabe des Frachtbriefs oder von seiten des Empfängers die Anstellung der Klage. In demselben Augenblick also, in welchem das Dispositionsrecht des Absenders endet, aber auch nicht früher, beginnt das des Empfängers; keineswegs lag es in der

1) Vgl. Walter S. 22.

2) S. 15.

3) Die allerdings nicht Aufgabe des Gesetzgebers ist.

Absicht des Gesetzgebers, den Empfänger zugleich mit dem Absender beim Abschluß des Vertrags zu berechtigen; andererseits sollte aber das Gut in keinem Stadium des Transports der Verfügung des Frachtführers preisgegeben sein.

Auch hier werden wir nicht umhin können, auf das alte HGB. zurückzugehen. Dort lautet der Art. 405:

„Nach der Ankunft des Frachtführers am Ort der Ablieferung ist der im Frachtbriefe bezeichnete Empfänger berechtigt, die durch den Frachtvertrag begründeten Rechte gegen Erfüllung der Verpflichtungen, wie sie der Frachtbrief ergibt, in eigenem Namen gegen den Frachtführer geltend zu machen, sei es daß er hierbei in eigenem oder in fremdem Interesse handle; er ist insbesondere berechtigt, den Frachtführer auf Übergabe des Frachtbriefs und Auslieferung des Guts zu belangen, sofern nicht der Absender demselben vor Anstellung der Klage eine nach Maßgabe des Art. 402 noch zulässige entgegenstehende Anweisung gegeben hat."

Demgegenüber bestimmt § 435 des neuen HGB.:

„Nach der Ankunft des Guts am Orte der Ablieferung ist der Empfänger berechtigt, die durch den Frachtvertrag begründeten Rechte gegen Erfüllung der sich daraus ergebenden Verpflichtungen in eigenem Namen gegen den Frachtführer geltend zu machen, ohne Unterschied, ob er hierbei in eigenem oder in fremdem Interesse handelt. Er ist insbesondere berechtigt, von dem Frachtführer die Übergabe des Frachtbriefs und die Auslieferung des Guts zu verlangen. Dieses Recht erlischt, wenn der Absender dem Frachtführer eine nach § 433 noch zulässige entgegenstehende Anweisung erteilt."

Es ist interessant und lehrreich zugleich, beide Fassungen miteinander zu vergleichen. Dieser Vergleich ergibt zunächst, daß die Vorschriften des Art. 405 mit wenigen Änderungen, welche übrigens, wie unten nachzuweisen sein wird, durchweg Verbesserungen bedeuten, in den § 435 übernommen sind. Unter diesen Umständen werden wir der geschichtlichen Entwickelung am besten gerecht, wenn wir unseren Betrachtungen den Art. 405 zugrunde legen und bei Abweichungen den § 435 heranziehen.

Die oben an erster Stelle erwähnte Voraussetzung für das Dispositionsrecht des Empfängers — die Beendigung des Transports — wurde in den Art. 405 erst in dritter Lesung nach eingehenden Debatten aufgenommen, und zwar wurde als maßgebend nicht, wie vorgeschlagen[1]), die Ankunft des Guts, sondern die Ankunft des Frachtführers am Ablieferungsort hingestellt, in der Absicht, auch die Fälle ausreichend zu regeln, in welchen das Gut nicht rechtzeitig oder überhaupt nicht ankommt. Es bedarf nicht der Begründung und ist — ein gewiß charakteristischer Fall — auch in der Kommission anerkannt worden[2]), daß die Fassung „nach Ankunft des Frachtführers" auf Korrektheit keinen Anspruch erheben und nicht wörtlich interpretiert werden darf. Die Absicht des Gesetzgebers ging, wie aus der Entstehungsgeschichte des Art. 405 in Verbindung mit Art. 402 und 404 erhellt, offenbar dahin, unbekümmert um die Ankunft des Frachtführers — von welcher bei Ausführung des Transports durch juristische Personen (Post, Eisenbahn) überhaupt nicht die Rede sein kann — dem Empfänger ein eigenes Recht von dem Zeitpunkt an zu gewähren, an welchem das Gut am Ablieferungsort angekommen ist oder hätte ankommen sollen. In dieser Auffassung stimmt die ganze Literatur überein[3]). Vor diesem Zeitpunkt ist der Empfänger nicht befugt, die durch den Frachtvertrag begründeten Rechte, mit Ausnahme der im Art. 404 bezeichneten[4]), geltend zu machen. Der Frachtführer, welcher die Ausübung derartiger Rechte dem Empfänger vorzeitig gestatten, z. B. seine Verfügungen befolgen oder ihm das Gut aushändigen würde, wäre dem Absender haftbar, es sei denn, daß dieser den Frachtführer dazu ermächtigt hat.

Hier setzt nun das neue HGB. gleich mit einer wichtigen Änderung ein, indem es im § 435 das selbständige Recht des Empfängers nicht mehr an die Ankunft des Frachtführers, sondern an die des Guts am Orte der Ablieferung knüpft. Da aber auch die einschlägige Vorschrift des Art. 405 allgemein in dem nunmehr

---

[1]) Monit. Hamburgs Nr. 461; Zusammenstellung der Erinnerungen S. 77; Prot. S. 4733—35, 4755—58, 5043—48, 5098—5100.

[2]) Prot. S. 5100.

[3]) Vgl. oben S. 59 u. Mittelstein, FrR. S. 73; Staub, 5. Aufl. Art. 405 A. 1; Goldschmidt II S. 746, 748; Thöl S. 64—67; Schott S. 401 A. 17; Hahn II S. 653; Eger, FrR. II S. 296ff., Pr. ER. S. 591; Endemann, Recht der Eisenb. S. 605; Buchelt II S. 497—99; Goldmann, BSchG. S. 67, 75f.; Vogel S. 50f.; vgl. auch den Entwurf eines Reichseisenbahngesetzes Art. 42.
Thöls Ansicht (S. 67), bei verfrühter Ankunft des Guts müsse der Empfänger warten, bis die bedungene oder übliche Ablieferungszeit eingetreten sei, wird mit Recht von Schott (S. 401) als irrig bezeichnet. Denkschrift S. 260 („eine wörtliche Anwendung der früheren Bestimmungen scheint ausgeschlossen").

[4]) Unten S. 101ff.

gesetzlich festgelegten Sinn interpretiert worden ist, handelt es sich hier weniger um eine materielle als um eine formelle Änderung, deren Wert hauptsächlich darin besteht, daß nunmehr Übereinstimmung mit dem JÜ. und der EVO[1]) hergestellt ist[2]).

Dies gilt jedoch lediglich vom Verfügungsrecht. Bezüglich des Anspruchs auf Schadensersatz bei Nichtankunft des Guts, der nach dem alten HGB. nicht nur dem Absender, sondern meist[3]) auch dem Empfänger zugebilligt wurde, führt die neue Fassung zu dem wichtigen Ergebnis, daß künftig in diesem Fall nur der Absender berechtigt ist. Ohne Ankunft des Guts kein Ersatzanspruch des Empfängers mehr. Daß der Frachtführer angekommen oder daß der Zeitpunkt da ist, zu welchem das Gut hätte am Ablieferungsort ankommen sollen, tut dem Recht des Absenders keinen Abbruch. Geht also das Gut während des Transports unter, oder gerät es in Verlust[4]), so darf Schadens-

---

[1]) JÜ. Art. 16, 2; EVO. § 66, 2.

[2]) Denkschrift S. 406 (260); ders. Ansicht Pappenheim S. 77 in Verbindung mit S. 75 und anscheinend auch Lehmann S. 836; Mittelstein, Fr. und EFrR. S. 78f. hält die Begründung in der Denkschrift für unzutreffend, da es streitig sei, wie „Ankunft des Guts am Bestimmungsorte" im JÜ. zu verstehen ist. Er gibt aber selbst zu, daß Art. 16, 2 des JÜ. nach der herrschenden Ansicht nichts anderes hat bestimmen wollen, als was Art. 405 nach Theorie und Praxis besagt, daß nämlich für den Eintritt der Befugnis des Empfängers, die Rechte aus dem Frachtvertrag selbständig geltend zu machen, der Zeitpunkt entscheidet, in welchem das Gut angekommen ist, oder — im Falle der Verzögerung oder des Verlusts — hätte ankommen sollen.

[3]) Eine Ausnahme scheint nur Hellwig zu machen S. 481 A. 965.

[4]) „Verlust" ist auch die Aushändigung an einen nicht legitimierten Empfänger, wenn die Bahn nicht in der Lage ist, das Gut wieder zu beschaffen; RG. 17. 5. 1902 in E. C. u. A. 19 S. 144 und in JW. 1902 S. 898 Nr. 34; vgl. Dernburg, bürgl. R. Bd. II 2 S. 458 A. 2; Makower S. 1421. Ebenso für das Postrecht OLG. Hamburg vom 28. 6. 1902: „. . . Die deutsche Postverwaltung hätte . . . für den Wert der Briefe aufzukommen, wenn sie im Sinne des Gesetzes in Wirklichkeit verloren gegangen wären. In dieser Hinsicht hat der beklagte Postfiskus eingewendet, daß die Briefe, selbst wenn sie nicht dem richtigen Adressaten ausgeliefert sein sollten, dennoch nicht als verloren betrachtet werden könnten, weil man genau wisse, wo sie geblieben seien. Diese Ansicht ist freilich irrig; denn nicht der Untergang des Guts, sondern sein Verlust für den Absender steht hier in Frage. Verloren ist ein Gut für den Absender aber, wenn der mit der Beförderung Betraute es nicht richtig abgeliefert hat und es nicht zurückgeben kann." Übereinstimmend damit neuerdings die Praxis der Postverwaltung. Vgl. Dambach-v. Grimm S. 255 und Nachtrag dazu S. 25f.

Über den Anspruch der Eisenbahn auf Entrichtung der Fracht bei unterwegs eintretendem Untergang des Guts vgl. Reindl in Z. d. V. D. E. 1903 S. 1233ff. und 1904 S. 1079ff.

ersatz nur an den Absender geleistet werden, es sei denn, daß dieser seinen Ersatzanspruch an den Empfänger abtritt[1]). Kommt das Gut dagegen überhaupt an, wenn auch beschädigt, so stehen die durch den Frachtvertrag begründeten Rechte und damit auch der Anspruch auf Schadensersatz dem Empfänger zu. Dasselbe ist der Fall, wenn das Gut vor der vereinbarten Ablieferungszeit am Bestimmungsort eintrifft[2]).

Daß nach §§ 434 und 435 der Empfänger schlechthin, nicht nur „der im Frachtbrief bezeichnete Empfänger", wie es im Art. 404 und 405 hieß, berechtigt ist, ändert an der früheren Praxis nichts[3]), verdient aber vor der älteren Fassung den Vorzug, weil jetzt jeder Zweifel darüber ausgeschlossen ist, daß auch ein irgendwie anders als durch den Frachtbrief legitimierter, insbesondere ein vom Absender auf Grund des § 433 nachträglich bezeichneter Empfänger die Rechte aus §§ 434 und 435 ausüben darf[4]).

Berechtigt aus Art. 405 bezw. § 435 ist nur der Empfänger, nicht derjenige, für dessen Rechnung dieser das Gut in Empfang genommen hat[5]). Selbstverständlich kann aber der Empfänger einen Dritten bevollmächtigen oder seine Rechte zedieren, nur muß der Bevollmächtigte oder Zessionar sich gehörig legitimieren können[6]).

Der Empfänger ist „berechtigt", d. h. er hat dem Frachtführer gegenüber zwar das Recht, nicht aber auch die Pflicht, die durch den Frachtvertrag begründeten Rechte in eigenem Namen auszuüben. Er kann sie deshalb, wenn dazu legitimiert, auf Grund einer Vollmacht oder Zession auch im Namen des Absenders geltend machen[7]). Wenn aber der Empfänger auch dem Frachtführer gegenüber nicht verpflichtet ist, die Rechte aus dem Frachtvertrag in eigenem Namen auszuüben, so kann er es sehr wohl dem Absender oder einem Dritten gegenüber sein, wenn diese Rechte an dem Gut besitzen, einmal um Einreden fernzuhalten, welche ihm (dem Empfänger) entgegengestellt werden könnten, falls er nur Bevollmächtigter oder Zessio-

---

1) Ebenso nach PG. § 6 beim Postfrachtgeschäft; nur hat dort auch im Falle der Ankunft des Guts lediglich der Absender einen Ersatzanspruch.

2) Hellwig S. 260, 481; Staub § 435 A. 1; Buchmann S. 14 f.

3) Vgl. Eger, FrR. II S. 299; Schott S. 403; Goldmann BSchG. S. 68.

4) Mittelstein, FrR. S. 78.

5) ROHG. 15 S. 141.

6) Vgl. dazu Staub § 435, A. 2; Eger, FrR. II S. 300; Goldschmidt II S. 754 Text und A. 62; Schott S. 403; ROHG. 15 S. 145.

7) ROHG. 6 S. 429.

nar des Absenders wäre, sodann damit das Interesse, welches bei nicht ordnungsmäßiger Erfüllung, z. B. bei Versäumung der Lieferungsfrist, der Ermittelung des Schadens zugrunde zu legen ist, nach der Person des Empfängers bewertet werden kann[1]).

Der Empfänger kann ferner auf die Geltendmachung seiner Rechte überhaupt verzichten, indem er die Annahme des Frachtbriefs und des Guts ablehnt[2]). Keinesfalls verpflichtet ihn die Annahme des Frachtbriefs oder die Klageerhebung ohne gleichzeitige Annahme des Guts zur Gegenleistung[3]). Die Verpflichtung aus § 436 ruht auf dem Gut und entsteht erst mit dessen Annahme[4]). Hat aber der Empfänger Gut und Frachtbrief angenommen, so tritt er auch in die Verpflichtung aus dem Frachtvertrag ein. Dies gibt auch Hellwig[5]) zu. Daß diese Verpflichtung nicht gleichzeitig mit dem Erwerb des Rechts entsteht, sondern erst mit seiner Aus-

---

1) Hahn II S. 654 A. 16; vgl. Thöl S. 64 f. und Schott S. 404 f.; ROHG. 4 S. 359 ff. — ein Urteil, das von beiden Schriftstellern diametral entgegengesetzt kritisiert wird. — „Schlagend" Thöl — „nichts weniger als schlagend" Schott —, 11 S. 260, 14 S. 400, 17 S. 79.

2) Goldschmidt II S. 751; Hahn S. 650 § 8, 1 und S. 654 § 14. Vgl. hierzu und zu BGB. § 433 Jacobi, die Abnahmepflicht des Käufers, in Iherings Jahrb. 45 S. 275 ff.

3) Wie Eger II S. 310 f. annimmt; vgl. Gareis S. 455; Staub § 435 A. 11. Zu weit geht aber Schott S. 409, wenn er auch die Annahme des Guts nicht als verbindlich für den Empfänger ansieht. HGB. § 436. Vgl. Lehmann-Ring S. 344 f.

4) Die nicht notwendig Übernahme des unmittelbaren Besitzes von Gut und Frachtbrief zu sein braucht. Es muß aber ein Willensakt des Empfängers oder seines legitimierten Vertreters vorliegen; das bloße Transportieren von Gut und Frachtbrief in die Wohnung oder das Geschäftslokal des Empfängers ohne dessen Wissen ist nicht Annahme. Lehmann-Ring S. 323, 345, 350; Makower S. 1421, 1453, 1462; LG. Chemnitz v. 5. 11. 02 in E. E. u. A. 1903 S. 337.

Nur in der vorbehaltlosen Annahme des Guts, bei unfrankierten Gütern verbunden mit der Zahlung der Fracht, kann die als Billigung des Transports aufzufassende Handlung des Empfängers gefunden werden. Nimmt der Empfänger das Gut unter Vorbehalt an, so hat er durch die Annahme und die Bezahlung der Fracht seine Rechte gegen den Frachtführer nicht verwirkt. Vgl. Reindl in E. E. u. A. 1903 S. 363 ff. D. J. Z. 1904 S. 512. Über die Rechte, welche derjenige erwirbt, dem eine unbestellte Ware zugestellt wird bezw. gegen seinen Willen zugestellt worden ist, und über die Pflichten, welche in diesem Falle an ihn herantreten, siehe ausführlich bei Friedheim, Die Zusendung unbestellter Ware nach neuem Handelsrecht, Rostock. Diss. 1903, ferner Josef in D. J. Z. 1901 S. 383 und Mantey im Recht 1901 S. 513.

5) S. 482.

übung, ist richtig, aber wohl nicht entscheidend. Ausschlaggebend ist vielmehr, daß dem Empfänger überhaupt eine Verpflichtung, mag sie immerhin akzessorischer Natur sein und den Absender nicht befreien, auferlegt wird, ohne deren Erfüllung das Recht aus § 435 für ihn nur in der Theorie besteht. Dies alles spricht gegen die von Hellwig und — ihm folgend — von Staub[1]) vertretene Ansicht, daß sämtliche Verpflichtungen aus dem Frachtvertrag — „an sich" setzt Hellwig einschränkend hinzu — den Absender treffen, und zwar in ganzem Umfang, auch insoweit als sie erst entstehen, nachdem das Recht des Empfängers ein unwiderrufliches geworden ist. „An sich" allerdings; aber hier greift das Gesetz mit der positiven Vorschrift des § 436 ein.

Im Eisenbahnfrachtverkehr hat der gehörig legitimierte Empfänger das Recht, eine schriftliche Anweisung dahin zu geben, daß

a) entweder das Gut und der Frachtbrief am ursprünglichen Bestimmungsort an einen Dritten unter Einziehung der Fracht von diesem Dritten ausgehändigt werde;
b) ihm selbst nach Zahlung der im Frachtbrief bezeichneten Beträge der Frachtbrief ausgehändigt werde, das Gut aber einem Dritten am ursprünglichen Bestimmungsort;
c) daß die Fracht von einem Dritten am ursprünglichen Bestimmungsort eingezogen und diesem das Gut ausgehändigt, ihm selbst aber der Frachtbrief übergeben werde;
d) nach Einlösung des Frachtbriefs durch ihn die Weitersendung des Guts nach einer anderen Bestimmungsstation an seine eigene Adresse oder an einen Dritten erfolge[2]).

Lehnt der Empfänger die Annahme des ihm ordnungsmäßig — bei Bringgut durch Transport vor sein Haus, bei Holgut durch Avisierung — [3]) angebotenen Guts ab, so liegt der Fall des Ablieferungs-

---

[1]) Hellwig S. 482 f.; Staub § 435 A. 11, § 436 A. 1; vgl. ROHG. 6 S. 276.

[2]) Allg. Abfert.-Vorschr. Teil II § 52, 14—16 und Nachtr. 1 S. 8.

[3]) EVO. § 68; Wehrmann S. 177f.; ROHG. 2 S. 417; 8 S. 24, 29; 14 S. 279.

Wenn ein als Einschreibbrief aufgegebener Avis- und Bezugsschein von der Post einem Unberechtigten ausgehändigt wird und wenn letzterer das Gut unter dem Namen des Adressaten bezieht, so kann die Bahn nicht verantwortlich gemacht werden. Dagegen ist sie unbedingt verantwortlich für den Schaden, der dadurch entsteht, daß die Post die als gewöhnliche Postkarten aufgegebenen Avise verspätet oder überhaupt nicht bestellt. Vgl. Hertzer in E. E. u. A. 1903 S. 274 ff. und ebenda S. 156.

hindernisses vor[1]). Die bloße Verzögerung der Annahme zieht dagegen die rechtlichen Folgen der mora accipiendi nach sich, z. B. greift, wie bei Ablieferungshindernissen, statt der strengeren Haftung aus dem Frachtvertrag die mildere aus dem Verwahrungsvertrag[2]) Platz, welcher nur die Sorgfalt eines ordentlichen Kaufmanns bezw. diligentia quam in suis fordert; ferner erlangt der Frachtführer Ansprüche gegen den Empfänger in Gestalt von Lager-, Warte-, Liegegeldern usw.

Früher wandelte der Annahmeverzug die Überbringungspflicht des Frachtführers in eine Abholungspflicht des Empfängers um[3]); dies ist nach dem neuen Recht nicht mehr der Fall, vielmehr muß der Frachtführer das Gut auch nachträglich abrollen, wenn der Empfänger es gegen Ersatz der Mehraufwendungen für das erfolglose Angebot sowie für die Aufbewahrung und Erhaltung des Guts verlangt. Gegen zu weitgehende Ansprüche des Empfängers nach dieser Richtung hin schützt den Frachtführer die Möglichkeit, das Gut zu hinterlegen oder es versteigern zu lassen und den Erlös zu hinterlegen[4]).

Die Berechtigung des Empfängers umfaßt „die durch den Frachtvertrag begründeten Rechte", d. s. die Rechte des Absenders. Offenbar sind hier aber nicht alle, sondern nur diejenigen Rechte des Absenders gemeint, welche auf die Erfüllung des Frachtvertrags in der Person des Empfängers gerichtet sind. Dazu gehören außer dem ausdrücklich aufgeführten Recht auf Übergabe des Frachtbriefs und auf Auslieferung des Guts alle Ansprüche aus Beschädigung und verzögerter Ablieferung des Guts[5]). Unberührt bleiben dagegen im § 435 diejenigen im Frachtvertrag verabredeten Leistungen, welche auf Erfüllung in der Person des Absenders hinzielen und in den einzelnen Fällen äußerst verschieden gestaltet sein können. Daß sich die Rechte

---

[1]) Oben S. 62 ff.

[2]) BGB. § 688 ff.; EVO. § 70. 2.

[3]) ROHG. 2 S. 416 ff.; Schott S. 408; Goldmann BSchG. S. 71; Wehrmann S. 183; vgl. auch Thöl S. 80; Lehmann-Ring S. 847; Makower S. 1457.

[4]) BGB. §§ 295, 304, 372, 383; Staub § 435 A. 5.

[5]) Staub § 435 A. 4 und 5; ROHG. 4 S. 332; 22 S. 331; Prot. S. 4757; Goldschmidt II S. 749; Schott S. 404; Eger, FrR. II S. 305 f.; Hahn II S. 650 § 8, 2, 651, 652 § 8, 4; Thöl S. 66 f.

Zu weit geht wohl Hellwig, wenn er S. 481 f. dem Adressaten auch Ersatz des Schadens zugesteht, „der gerade ihm zugefügt wurde und auch das Interesse des Absenders."

des Empfängers aus dem Frachtvertrag nicht auf die aus dem Frachtbrief ersichtlichen Rechte beschränken[1]), ergibt sich, abgesehen von dem Wortlaut des Gesetzes, auch aus den Vorarbeiten der Kommission für das alte HGB., in deren Absicht es keineswegs lag, dem Frachtbrief den Charakter eines Konnossements- oder Verpflichtungsscheins zu verleihen[2]), was der Effekt gewesen wäre, wenn nur die aus dem Frachtbrief ersichtlichen Rechte zugunsten des Empfängers geltend gemacht und infolge davon andere als aus dem Frachtbrief ersichtliche Einreden gegen ihn nicht erhoben werden könnten. Mit Recht betont von Hahn[3]), daß in vielen Fällen, z. B. bei nachträglichen Vereinbarungen oder Anweisungen des Absenders, der Frachtbrief für den Inhalt des aktuellen Frachtvertrags keinen Anhalt biete, so daß den Empfänger bei Geltendmachung der aus dem Frachtbrief ersichtlichen Rechte der begründete Einwand treffen könne, nach dem aktuellen Frachtvertrag habe die Verpflichtung des Frachtführers einen ganz anderen Inhalt. Andererseits stehe es dem Frachtführer frei, den dem Absender gegenüber zulässigen Beweis, daß der Inhalt des Frachtbriefs von vornherein nicht den tatsächlichen Verhältnissen entsprochen habe, auch gegenüber dem Empfänger zu führen. Der Frachtführer braucht mithin, falls im Frachtbrief mehr verzeichnet ist, als er in Wirklichkeit zum Transport erhalten hat, weder dieses Mehr zu leisten, noch darf er, falls das Gegenteil zutrifft, ein etwa vorhandenes Mehr für sich behalten, vielmehr hat er ohne Rücksicht auf den Inhalt des Frachtbriefs die erhaltene Menge auch wieder abzuliefern.

Anders als über die Rechte entschied das alte HGB. über die Verpflichtung des Empfängers. Für deren Inhalt war nach Art. 405 lediglich der Frachtbrief maßgebend; hier versagten Gegenbeweise oder Einreden gegen den Inhalt des Frachtbriefs, wie sie zur Klarstellung der Rechte des Empfängers am Platze sind. Diese in den Protokollen nicht begründete, sondern ohne jede Erörterung in das Gesetz aufgenommene Anomalie, welche auch in der Theorie nicht ausreichend hat motiviert werden können, mußte in der Praxis zu wenig befriedigenden Ergebnissen führen und ist daher mit Recht im neuen HGB.

---

[1]) Wie Thöl S. 64f. betont.

[2]) Prot. S. 1235 f., S. 5043 f.; vgl. auch Hahn S. 651 § 8, 3; Schott S. 404.

[3]) S. 651 § 8 zu Art. 405; vgl. Staub A. 4 zu § 435; Hellwig S. 482.

beseitigt[1]). Jetzt sind also, wie die Rechte, so auch die Pflichten des Empfängers aus dem Frachtvertrag und nicht aus dem Frachtbrief zu beurteilen. In der Tat ist auch nicht einzusehen, weshalb in dem einen Fall die Theorie des reinen Frachtbriefs gelten soll, in dem anderen nicht.

Einen Vorzug hatte allerdings der frühere Rechtszustand gegenüber dem geltenden: Der Empfänger konnte aus dem Frachtbrief den Umfang der ihm obliegenden Leistungen genau ersehen. Indes dieser Vorzug war schwerlich geeignet, die Eigentümlichkeit zu rechtfertigen, daß über die Rechte des Empfängers der Frachtvertrag entscheidet, über seine Pflichten dagegen der Frachtbrief. Auch wurde dieser Vorzug illusorisch, wenn die Angaben im Frachtbrief auf Irrtum beruhten; in diesem Falle war der Empfänger ebenso gehalten, zu wenig erhobene Fracht usw. nachzuzahlen, wie er umgekehrt die Erstattung eines zuviel erhobenen Betrags verlangen durfte[2]). Dasselbe galt selbstverständlich bei dolus. In allen anderen Fällen hatte der Empfänger nur das zu leisten, was der Frachtbrief vorschrieb. Dabei war die causa der im Frachtbrief ausgesprochenen Verpflichtung irrelevant und häufig von der Leistung des Frachtführers ganz unabhängig z. B. bei Einziehung des Kaufpreises als Nachnahme. Etwaige im Frachtbrief nicht aufgeführte aus besonderen Abreden resultierende Gegenforderungen konnte der Frachtführer früher im allgemeinen nur gegen den Absender geltend machen[3]). Geriet aber der Empfänger in Annahmeverzug, nachdem ihm der Frachtbrief ausgehändigt war, so haftete er für die dem Frachtführer verursachten Unkosten[4]) selbst dann, wenn der Frachtbrief eine Bestimmung darüber nicht enthielt[5]).

Es kann keinem Zweifel unterliegen, daß auch die Beseitigung der bisherigen Anomalie bezüglich der Rechte und Pflichten des Empfängers eine Verbesserung bedeutet[6]), zumal nunmehr auch hier die

---

[1]) § 435. Vgl. Mittelstein, Fr. und EFrR. S. 75 zu § 410; Eger, Pr.ER. S. 590.

[2]) EVO. § 61, 4; Eger, FrR. II S. 311 ff.

[3]) Jetzt kann u. U. dafür auch der Empfänger herangezogen werden.

[4]) Lager-, Warte-, Liegegelder, oben S. 91.

[5]) ROHG. 20 S. 403.

[6]) So auch Pappenheim S. 77 und 75, Hellwig S. 482 A. 967. Die Denkschrift S. 406 (260) gibt als Grund für die Änderung an, die bisherige Fassung sei mit § 440 bezw. Art. 409 nicht vereinbar, nach welchem der Frachtführer wegen aller durch den Frachtvertrag begründeten Forderungen ein Pfand-

wünschenswerte Übereinstimmung mit dem JÜ.[1]) und der EVO.[2]) erzielt ist. Dagegen bleibt im Falle der Annahme des Guts und des Frachtbriefs durch den Empfänger für dessen Verpflichtung nach wie vor der Inhalt des Frachtbriefs maßgebend[3]), weil es sich, wie die Denkschrift[4]) zutreffend ausführt, hier lediglich um eine durch Annahme des Frachtbriefs begründete selbständige Verpflichtung des Empfängers handelt[5]), deren Umfang leicht zu übersehen sein muß.

Der Empfänger darf seine Rechte „gegen Erfüllung der Verpflichtungen usw." geltend machen, d. h. beide Teile leisten wie bei allen zweiseitigen Verträgen Zug um Zug; keiner von beiden ist zur Vorleistung verpflichtet[6]). Kommt eine Einigung über das einzuschlagende Verfahren nicht zustande, so erübrigt nur, den Frachtführer in seinem Recht, das Gut nur gegen Zahlung der Fracht auszuhändigen, im Wege der Verwahrung zu schützen, dergestalt daß entweder der Frachtführer das Gut oder der Empfänger den schuldigen Geldbetrag hinterlegt, bevor der andere Teil geleistet hat. Bei Nichtzahlung der vollen Fracht[7]) steht es dem Frachtführer frei, die ganze Ladung zurückzubehalten, nicht bloß einen zu seiner Deckung ausreichenden Teil[8]), doch greift hier u. U. § 320 Abs. 2 BGB. Platz,

---

recht an dem Gut habe. Dieser Grund trifft indessen nicht ganz zu, weil die persönliche Belastung des Empfängers durch die aus dem Frachtbrief sich ergebenden Verpflichtungen von der dinglichen Belastung des Frachtguts durch das Pfandrecht scharf zu unterscheiden ist, so daß beide ganz gut mit verschiedenen Wirkungen nebeneinander bestehen können. Vgl. dazu Schott S. 406 f.; Mittelstein, Fr. und EFrR. S. 74.

1) Art. 16, 2.

2) § 66, 2.

3) HGB. § 436; JÜ. Art. 17; EVO. § 67. Wegen der Urkundenqualität des Frachtbriefs und seiner Teile s. o. S. 33.

4) S. 407 (261).

5) A. A. Mittelstein, Fr. und EFrR. S. 75.

6) Gareis S. 455; Makower S. 1452; ROHG. 20 S. 377. Jedoch erfolgt im Eisenbahn-Frachtverkehr, wie überhaupt seitens öffentlicher Transportanstalten die Aushändigung der Güter erst nach Zahlung der darauf haftenden Fracht- und sonstigen Beträge, da diese Anstalten dem Empfänger für die Erfüllung der ihnen obliegenden Leistungen Sicherheit bieten. EVO. § 68, 7; PO. § 50 III. Für den Binnenschiffahrtsverkehr vgl. Mittelstein in DJZ. 1904 S. 585 f.

7) Hat der Empfänger auf Grund eines Frachtbriefs das Gut angenommen, so muß er die Fracht bezahlen, selbst wenn der Absender ihn von der Zahlung durch besonderes Schreiben usw. befreit hat; LG. Frankfurt (Oder) 25. 11. 1901; Blätter f. Rechtspflege im Bezirk des Kammergerichts 18 S. 5.

8) ROHG. 14 S. 272.

wonach bei teilweiser Leistung von der einen Seite die Gegenleistung insoweit nicht verweigert werden kann, als die Verweigerung nach den Umständen, insbesondere wegen verhältnismäßiger Geringfügigkeit des rückständigen Teils, gegen Treu und Glauben verstoßen würde.

Eine wichtige Modifikation erleidet die Vorschrift des § 435 hinsichtlich der Verpflichtungen des Empfängers durch das im § 440 aufgestellte gesetzliche Pfandrecht des Frachtführers an dem Frachtgut „wegen aller durch den Frachtvertrag begründeten Forderungen, insbesondere der Fracht- und Liegegelder, der Zollgelder, und anderer Auslagen[1]), sowie wegen der auf das Gut geleisteten Vorschüsse". Dieses Frachtpfandrecht erstreckt sich auf das gesamte Frachtgut und auf alle Forderungen, welche mit dem Frachtvertrag im Zusammenhang stehen[2]). Es entsteht bereits mit der Übernahme des Frachtguts zum Zweck des Transports; ist der Frachtführer zu diesem Zeitpunkt in gutem Glauben, so schadet ihm nachfolgender böser Glaube nicht[3]). Das Pfandrecht endigt nicht, wie jedes andere gesetzliche oder vertragsmäßig bestellte Pfandrecht, mit der Aufgabe des Besitzes der gepfändeten Sache durch den Pfandgläubiger[4]), sondern es dauert noch 3 Tage nach der Ablieferung des Guts fort, vorausgesetzt, daß das Gut sich noch „im Besitz"[5]) des Empfängers befindet, und daß der Frachtführer das Pfandrecht innerhalb dieser 3 Tage[6]) gerichtlich geltend macht[7]). Handelt es sich hier auch nicht um ein Schuldverhältnis des Empfängers aus dem Frachtvertrag, sondern um ein dingliches Recht des Frachtführers am Frachtgut, so ist doch die Wirkung zunächst dieselbe: der Empfänger muß nicht nur die aus dem Frachtbrief ersichtlichen, sondern auch die übrigen, nach § 440 pfandberechtigten, d. h. durch den Frachtvertrag begründeten und

---

[1]) Z. B. Schadensersatzforderungen, Prozeßkosten.

[2]) Jahrbuch f. Entscheid. des Kammergerichts 14 S. 8.

[3]) OLG. Kiel 9. 12. 1901, Rechtsprechung der OLG. 6 S. 97; Warneyer 2. Jahrg. S. 247.

[4]) BGB. § 1253.

[5]) Wenn auch nur im mittelbaren Besitz oder im Mitbesitz (sowohl in dem schlichten Mitbesitz wie in dem zur gesamten Hand) vgl. Wolff in Jherings Jahrb. Bd. 44 S. 205f.; Lehmann-Ring S. 356 Nr. 8; Makower S. 1469, 1471.

[6]) BGB. §§ 187, 193.

[7]) Im allgemeinen braucht das Pfandrecht nach dem neuen Recht nicht gerichtlich geltend gemacht zu werden; vielmehr besteht für den Pfandgläubiger unter gewissen Voraussetzungen eine Verkaufsbefugnis, BGB. § 1228ff.; HGB. § 368.

konnexen Forderungen des Frachtführers erfüllen, wenn er den Anspruch auf Aushändigung des Frachtguts erlangen will[1]).

Außer dem Pfandrecht steht dem Frachtführer u. U. auch das Zurückbehaltungsrecht des BGB. oder das kaufmännische Zurückbehaltungsrecht zu Gebote, wenn die Voraussetzungen dafür vorliegen[2]). Um sich über seine Pflichten und seine Rechte, welche präsumtiv — bis zum Beweis abweichender Vertragsbedingungen —. aus dem Frachtbrief hervorgehen, orientieren zu können, ohne sich gleichzeitig durch eine den Eintritt in den Frachtvertrag aussprechende Handlung zur Annahme des Guts zu verpflichten, kann der Empfänger die Vorzeigung des Frachtbriefs verlangen[3]) und gegen den diese verweigernden Frachtführer eine actio ad exhibendum anstellen, welche ihm unter Umständen erst die Unterlagen für die nach § 435 zulässige Klage auf Übergabe des Frachtsbriefs und Aushändigung des Guts zu liefern hat, denn in letzterer muß stets die Gegenleistung angeboten werden. Aus demselben Grunde kann die actio ad exhibendum auch auf Vorzeigung (Besichtigung) des Frachtguts gerichtet sein, doch besteht in der Regel — im Eisenbahnfrachtverkehr stets — nur ein Anspruch auf Gewährung der äußeren, nicht auch der inneren Besichtigung[4]). Andererseits muß aber der Frachtführer, besonders

---

[1]) Vgl. auch Makower S. 1016.

[2]) BGB. § 273f.; HGB. § 369. S. auch o. S. 49. Über die Rangordnung zwischen mehreren Pfandrechten, zwischen mehreren kaufmännischen Zurückbehaltungsrechten, sowie zwischen Pfandrecht und kaufmännischem Zurückbehaltungsrecht vgl. Makower S. 1478f. Vgl. ferner Schlegelberger, das Zurückbehaltungsrecht in A. z. P. u. Z. 12 S. 223ff.; Sievers, das kaufmännische Zurückbehaltungsrecht im Sächs. Arch 14 S. 162ff.; Gangloff S. 20ff.; Coermann in Z. d. V. D. E. 1903 S. 909ff.

[3]) So auch RG. in Straff. 32 S. 23. Ebenda ist auch die Frage des Eigentums am Frachtbrief behandelt.

[4]) Eger, FrR. II 180, 210, 308, 316/17, 331, Pr. ER. II 595 f.; Schott S. 404; Hahn II S. 654, § 14; Wehrmann S. 186f.; Epstein S. 81 f. und Waruschon-Jarociewicz S. 29 f., geben dem Empfänger auch ein Recht auf innere Besichtigung; letzterer verkennt zwar nicht die bedeutende Hemmung, welche dieses Recht im Verkehr hervorrufen würde, glaubt aber, daß diesem Übelstand ähnlich wie bei Transitzollsendungen durch Plomben oder andere Verschlüsse, welche im Frachtbrief zu bezeichnen wären, abzuhelfen ist. Abgesehen von den praktischen Schwierigkeiten dieser Maßnahme geht der Anspruch auf innere Besichtigung des Frachtguts entschieden zu weit; hier wie überall bei handelsrechtlichen Fragen muß, wie Eger, FrR. II S. 210, treffend hervorhebt, die Geschäftsusance und der vernünftige Verkehrswille ausschlaggebend sein; vgl. EVO. § 90; Lehmann-Ring S. 852; Makower S. 1466, außerdem BGB. §§ 809, 810, 811; Planck,

auch die Eisenbahn, die äußere Besichtigung gestatten; ev. würde er auf das Präjudiz des § 438 verzichten müssen.

Die bloße Besichtigung des Frachtbriefs oder des Guts seitens des Empfängers zu seiner Information ist natürlich nicht geeignet, das Dispositionsrecht des Absenders zu beeinträchtigen.

Kraft positiver Bestimmung des § 435 ist der Empfänger befugt, die durch den Frachtvertrag begründeten Rechte in eigenem Namen geltend zu machen, ohne Unterschied, ob er hierbei in eigenem oder in fremdem Interesse handelt. Über die Bedeutung der Worte „in eigenem Namen" und die dem Recht des Empfängers dadurch verliehene juristische Natur ist bereits oben[1]) das Erforderliche ausgeführt worden. Der Zusatz „ohne Unterschied, ob er hierbei in eigenem oder in fremdem Interesse handelt", war erforderlich, um die obligatorischen Beziehungen zwischen Absender, Frachtführer und Empfänger aus dem Frachtvertrag gegen eine Vermischung mit den obligatorischen und dinglichen Beziehungen zwischen Absender, Frachtführer und Dritten aus den dem Frachtgeschäft zugrunde liegenden Rechtsverhältnissen zu schützen. Nicht als ob den letzteren dadurch eine untergeordnete Stellung den ersteren gegenüber hätte zugewiesen werden sollen, sondern allein deshalb, um die Rechtslage der Frachtvertragskontrahenten für den Fall scharf zu präzisieren, daß die von dem Frachtvertrag unabhängigen Momente außer Betracht bleiben können. Gleichviel ob der Empfänger ein eigenes Interesse an der Aushändigung des Guts hat oder ob diese nur im Interesse des Absenders oder eines Dritten liegt oder ob endlich beide Interessentenkreise konkurrieren, wie z. B. beim Kommissionär, beim Pfandgläubiger: der Frachtführer kann dem aus § 435 klagenden Empfänger keinerlei Einrede aus den dem Frachtvertrag zugrunde liegenden Rechtsgeschäften entgegenstellen. Dagegen stehen nach dem Grundsatz: „nemo plus iuris in alium transferre potest, quam ipso habet"[2]) dem

---

BGB. A. 2 zu § 809, A. 1 zu § 811. Ausführlich behandeln die Vorlegung von Gütern, die sich im Gewahrsam der Eisenbahn befinden, Hertzer in Z. d. V. D. E. 1908 S. 881f. und — m. E. zutreffender — Reindl a. a. O. S. 1423ff.

[1]) S. 64ff.

[2]) Den übrigens das BGB. im § 932 durchbricht. Es ist der Fall vorgekommen, daß ein Gerichtsvollzieher einen im Reichseigentum stehenden Fernsprechapparat beim Zwangsvollstreckungsschuldner gepfändet und versteigert hat, nachdem ihm bei der Pfändung von einem Verwandten des Schuldners irrtümlich gesagt worden war, der Apparat sei der Telegraphenverwaltung mit 80 M. bezahlt worden. Da der Erwerber des Apparats gutgläubig war, also gemäß § 932 BGB.

Frachtführer auch gegen den Empfänger die Einreden zu, welche er dem Absender hätte entgegensetzen können, mit der Maßgabe, daß, da das Recht des Empfängers ein eigenes, von der Person des Absenders losgelöstes ist, von diesen Einreden nur diejenigen vorgebracht werden können, welche sich auf den Frachtvertrag beziehen, nicht aber diejenigen, welche auf andere Rechtsbeziehungen zwischen Absender und Frachtführer zurückzuführen sind[1]). Bei alledem ist aber zu berücksichtigen, daß die Vorschriften der §§ 433 und 435 sich überhaupt nur auf die Obligation aus dem Frachtgeschäft erstrecken; treten diesem obligatorische Beziehungen aus dem Hauptgeschäft (Kauf, Lieferung usw.) entgegen, welchen das Frachtgeschäft nur als Hilfsgeschäft dient, oder dingliche Beziehungen der Kontrahenten des Frachtvertrags oder Dritter zum Frachtgut, so kann der Berechtigte vermöge seines stärkeren Rechts das Gut oder die Verfügungsgewalt darüber sich vindizieren, unbekümmert darum, wem letztere nach dem Frachtvertrag zusteht.

Alle[2]) ihm aus § 435 zustehenden Rechte kann aber der Empfänger nur geltend machen, sofern nicht der Absender vor Übergabe des Frachtbriefs oder vor Anstellung der Klage[3]) auf Übergabe des

---

Eigentum erworben hat, da ferner der Vollstreckungsschuldner zahlungsunfähig war und dem Gerichtsvollzieher ein vertretbares Verschulden nicht zur Last gelegt werden konnte, hat die Telegraphenverwaltung Schaden erlitten.

Zur Verhütung ähnlicher Vorkommnisse hat der Herr Justizminister folgendes bestimmt:

Wenn der Gerichtsvollzieher zur Pfändung von Telegraphen- und Fernsprechapparaten schreiten will, so hat er ohne Rücksicht auf die etwa vom Schuldner oder dessen Angehörigen gemachten Mitteilungen über die Eigentumsverhältnisse zuvor bei der nächsten Post- oder Telegraphenanstalt Erkundigung darüber einzuziehen, wem das Eigentum an den Apparaten zusteht. Die Auskunft der Post- oder Telegraphenanstalt ist für den Gerichtsvollzieher maßgebend. Sollte aus besonderen Gründen die Anfrage nicht sofort erfolgen können, so hat der Gerichtsvollzieher sich auf die Pfändung zu beschränken, vor der Entfernung der Apparate aus dem Gewahrsam des Schuldners aber die Erkundigung über das Eigentum an den Apparaten einzuholen. Vgl. auch Hertz in DJZ. 1903 Nr. 16/17.

[1]) Hellwig S. 482. Übrigens ist der Widerspruch in § 66 Abs. 1 und 2 der früheren EVO., auf welchen Hellwig in der A. 967 hinweist, in der neuen Fassung vom 26. Oktober 1899 beseitigt.

[2]) Schott S. 407 A. 40; Hahn II S. 655; Eger, FrR. II S. 336. S. auch o. S. 44 f.

[3]) D. i. vor Zustellung der Klageschrift an den Frachtführer, CPO. §§ 253, 267. Wegen der singulären Wirkung der Klageerhebung — einer Wirkung, welche das Reichsrecht sonst nicht mehr kennt — vgl. Hellwig S. 491.

Frachtbriefs und Aushändigung des Guts dem Frachtführer „eine nach § 433 noch zulässige entgegenstehende Anweisung erteilt". Dies ist wichtig für die Beantwortung der Frage, wem das Verfügungsrecht in der Zeit zwischen der Ankunft des Guts am Bestimmungsort und der Übergabe des Frachtbriefs bezw. der Klageanstellung zusteht.

In dieser Zeit konkurriert das Recht des Empfängers bereits mit dem des Absenders, aber das letztere ist noch das stärkere. Mag immerhin der Frachtführer sich dem Empfänger gegenüber bereits zur Aushändigung oder mag umgekehrt der Empfänger sich dem Frachtführer gegenüber zur Abnahme des Guts verpflichtet oder sogar — etwa durch einen eingeschriebenen Brief — seine Rechte daran geltend gemacht haben: sobald der Absender den Frachtführer anweist, das Gut zurückzugeben oder an einen anderen abzuliefern, hat der Frachtführer dieser Anweisung zu entsprechen, es sei denn daß der Empfänger bereits den Frachtbrief erhalten oder Klage erhoben hat[1]). Mit einer anderweiten Disposition des Absenders in diesem Stadium endet naturgemäß auch das Klagerecht des Empfängers auf Übergabe des Frachtbriefs oder Aushändigung des Guts. Übrigens hat dieses Klagerecht die ihm in den §§ 433 und 435 beigelegte Wirkung nur dann, wenn die Klage zu einer Verurteilung des Frachtführers führt. Ist dies aus irgend einem Grunde nicht der Fall, so befindet sich die Sache in dem status quo ante[2]).

Bis zu einem gewissen Grade gilt allerdings auch **nach** der Ankunft des Guts am Bestimmungsort der Satz: prior tempore, potior iure; so zwar, daß der Frachtführer in dieser Zeit der Pendenz des Verfügungsrechts den Anweisungen desjenigen Teils Folge zu leisten hat, der sein Recht zuerst geltend macht. Erwartet z. B. der Empfänger die Ankunft des Frachtführers bezw. des Eisenbahnzugs, so kann er die Aushändigung des Guts, falls nicht eisenbahntechnische Bedenken obwalten, sofort nach dem Ausladen beanspruchen. Die Herausgabe darf ihm nicht aus dem Grunde verweigert werden, weil der Frachtbrief bezw. das Gut ohne sein Dazwischentreten erst am nächsten Tage oder noch später zur Übergabe gelangen würde, und weil bis dahin dem Absender sein Recht aus §§ 433 und 435 gewahrt bleiben müßte. Der Empfänger hat es also in der Hand,

---

[1]) Cosack S. 395; Gareis S. 453f.; Staub A. 10 zu § 435; Eger, Pr. ER. S. 593 und Schott S. 407; vgl. auch Hellwig S. 483 und dazu oben S. 82ff.; Lehmann-Ring S. 340f.

[2]) So auch Hellwig S. 491.

den Übergang des Verfügungsrechts früher herbeizuführen, als der Absender annehmen konnte, und dadurch u. U. später — wenn auch nach dem gewöhnlichen Lauf der Dinge noch rechtzeitig — eingehende Verfügungen des Absenders illusorisch zu machen.

Auch wenn sich der im Frachtbrief bezeichnete Empfänger bei der Empfangsstation meldet, nachdem diese bereits eine Unbestellbarkeitsmeldung an den Absender abgelassen hat, ist das Frachtgut ohne Verzug dem Empfänger auszuhändigen und nicht etwa die Weisung des Absenders abzuwarten[1]).

Die Auslieferung des Frachtguts hat nicht zur notwendigen Voraussetzung, daß es in den faktischen Gewahrsam des Empfängers oder eines Dritten überliefert wird. Vielmehr genügt nach dem Transport die ausdrückliche oder stillschweigende Erklärung des Frachtführers, daß er dem Empfänger gegenüber seine Verpflichtung erfüllt und die Sendung zur Abnahme bereit gestellt hat. Auslieferung ist also derjenige Akt, durch den der Frachtführer nach Beendigung des Transports mit Einwilligung des Empfängers den Gewahrsam über das Frachtgut aufgibt[2]). Bei Bahntransporten ist die Ablieferung erfolgt mit der Anweisung der Güter an den Empfänger durch den Bodenmeister, auch wenn die Güter dann noch von der Bahn aufbewahrt werden[3]). Der Auslieferung an den Empfänger steht die Ablieferung an die Zollbehörden gleich[4]).

Güter, welche für einen im Konkurs befindlichen Empfänger ankommen, sind nicht diesem, sondern — gegen Erfüllung der sonst von dem Empfänger zu übernehmenden Verbindlichkeiten (Zahlung der

---

[1]) LG. Karlsruhe 16. 12. 1902, Badische Rechtspraxis 1903 S. 128; Warneyer 2. Jahrg. S. 247.

[2]) OLG. Hamburg 12. 10. 1900, Rechtssprech. der OLG. 2 S. 186. Über den Unterschied zwischen „Ablieferung" und „Ankunft" des Guts vgl. RG. vom 17. 11. 1903 in JW. 1904 S. 46 Nr. 16 und Lehmann, die Bedeutung der Ausdrücke „Abnahme" (Empfangnahme) nach dem BGB und dem HGB. in DJZ. 1902 S. 491ff.; vgl. ferner Schöffer, Die Abnahmepflicht beim Kauf- und Werkvertrag, Rostock. Diss. 1908 und Rauert, Anspruch auf Abnahme bei Kauf, Dienstvertrag und Werkvertrag, Rost. Diss. 1903.

[3]) OLG. Hamburg vom 15. 12. 1888 in Z. 38 S. 237 und vom 27. 10. 1890 in Z. 40 S. 542.

[4]) ROHG. 2 S. 255; Förtsch S. 105; Schröder S. 44; Lehmann-Ring S. 156f., 324; Makower S. 1165ff., 1422, 1451. Wegen der Binnenschiffahrt s. u. S. 118.

Fracht usw.) — dem Konkursverwalter auszuhändigen. Dem Absender ist hiervon Nachricht zu geben[1]).

Ein gewisses, allerdings sehr beschränktes, aber eigenes Recht, wenn auch nicht am Gut, so doch über das Gut hat der Empfänger sogar schon vor dessen Ankunft am Bestimmungsort.

Er darf nämlich alle zur Sicherstellung des Guts erforderlichen Maßregeln ergreifen und dem Frachtführer die zu diesem Zweck notwendigen Anweisungen erteilen[2]). Dabei handelt der Empfänger wie im Falle des § 435 weder als Bevollmächtigter noch als präsumtiver Mandatar des Absenders, sondern selbständig[3]), gestützt allein auf seine Bezeichnung als solcher im Frachtbrief oder, beim Fehlen eines Frachtbriefs, auf seine irgendwie zu erbringende Legitimation als Empfänger, sowie auf sein selbstverständliches Interesse an dem sicheren Transport des Guts.

Über die Art der Maßnahmen des Empfängers ist im Gesetz nichts Näheres bestimmt. Was „zur Sicherstellung des Guts erforderlich" ist, wird daher von Fall zu Fall zu beurteilen sein. Im allgemeinen sind darunter auch solche Maßregeln zu verstehen, welche die Fortsetzung oder Vollendung des Transports bezwecken[4]). Dem Empfänger steht es frei, selbst einzugreifen bezw. dies durch Beauftragte zu tun[5]), oder dem Frachtführer entsprechende Anweisungen zu erteilen. Letzterer hat aber in jedem Falle zu prüfen, einmal ob die Maßnahmen des Empfängers nicht dem Verfügungsrecht des Absenders vorgreifen oder gar dessen Anordnungen widersprechen, sodann ob sie auch tatsächlich den beabsichtigten Zweck erreichen und nicht etwa schaden. Im ersteren Falle verbietet ihm die Vertragstreue gegenüber seinem Mitkontrahenten, in letzterem die Sorgfalt eines ordentlichen Frachtführers das Eingehen auf die Intentionen des Empfängers. Letzteres ist natürlich auch dann nicht erforderlich, wenn die Maßnahmen des Empfängers die Rechte des Frachtführers beeinträchtigen oder dessen Pflichten erschweren. Weigert sich der Frachtführer ohne

---

[1]) Allg. Abfert.-Vorschr. § 52, 4; KO. § 118.

[2]) HGB. § 434.

[3]) So auch Hellwig S. 480; Staub A. 1 zu § 434; Schott S. 399f.; v. Hahn II S. 642; Eger, FrR. II S. 267ff.; vgl. auch Protokolle zum alten HGB. S. 818—822, 1234—36. Abw. Cosack S. 397; Goldschmidt II S. 747 A. 35.

[4]) Staub § 434 A. 2; Schott S. 400.

[5]) ROHG. 12 S. 107.

stichhaltigen Grund, zweckmäßigen Anordnungen des Empfängers nachzukommen, so kann dieser sein Recht im Wege der Klage oder einstweiligen Verfügung erzwingen. Aber auch in diesem Falle gehen — anders als bei der Klage aus § 435 — abweichende Anordnungen des Absenders noch vor[1]). Für einen etwaigen Schaden, den die Nichtbefolgung der Anweisungen des Empfängers verursacht, haftet der Frachtführer, zunächst zwar nur dem Absender, wenn aber die Voraussetzungen des § 435 zutreffen, auch dem Empfänger[2]).

Ausdrücklich ist im Gesetz das Recht des Empfängers dahin eingeschränkt, daß er die Aushändigung des Guts vor dessen Ankunft am Bestimmungsort vom Frachtführer nur fordern kann, wenn letzterer vom Absender hierzu ermächtigt ist. Erfolgt auf Grund einer solchen Ermächtigung die Auslieferung des Guts an einem Unterwegsort, so knüpfen sich an diese die Rechtsfolgen des § 435 nur dann, wenn der Transport damit tatsächlich beendigt, nicht aber, wenn er bloß zum Schutze des Guts unterbrochen ist[3]).

Das Gesetz spricht zwar nur von der Berechtigung des Empfängers zur Sicherstellung des Guts; es können aber Fälle eintreten, wo die bona fides oder sein Verhältnis zum Absender ihm derartige Maßnahmen zur Pflicht macht[4]). Andererseits verpflichtet das Eingreifen des Empfängers diesen weder, Frachtbrief und Gut später anzunehmen und dem Frachtführer nach Maßgabe des Frachtbriefs Zahlung zu leisten, noch schafft es eine dahingehende Präsumtion.

Die Klagen gegen den Frachtführer und ebenso die Einreden unterliegen einer kurzen, nämlich einjährigen Verjährung[5]). Außerdem erlischt regelmäßig jeder Anspruch gegen den Frachtführer aus dem Frachtvertrag durch Annahme des Guts und Bezahlung der Fracht seitens des Empfängers[6]). Hier wird mit einem Mal dessen Handeln entscheidend für die Rechtsansprüche des Absenders; die Person, die vorher außen stand und nur infolge einer Reflexwirkung hineinge-

---

[1]) Vgl. Lehmann-Ring S. 839; Makower S. 1447.

[2]) Staub A. 4 und 5 zu § 434; v. Hahn Art. 404 § 2; Schott S. 401. Unzutreffend Eger, FrR. II S. 232, der „einen selbständigen Schadensanspruch des Empfängers wegen Verletzung seines gesetzlichen Rechts aus Art. 404" annimmt.

[3]) Makower S. 1448.

[4]) Staub A. 6 zu § 434; Schott S. 400; v. Hahn § 3 zu Art. 404; Goldmann S. 74 f.

[5]) HGB. §§ 439, 414.

[6]) § 438, 1.

zogen war, wird nun maßgebend für die rechtlichen Schicksale des ursprünglichen Kontrahenten.

Für die Geltendmachung der Rechte aus dem Frachtvertrag ist die Ausstellung eines Frachtbriefs an sich nicht erforderlich. Natürlich können aber beim Fehlen eines Frachtbriefs diejenigen Rechtssätze keine Anwendung finden, welche sich an einen vom Frachtgut getrennten Frachtbrief knüpfen[1]).

§ 9.

Die Pfändung und Beschlagnahme von Eisenbahnfrachtgütern.

Was die Pfändung von Eisenbahnfrachtgütern[2]) anlangt, so liegt die Sache hier im Gegensatz zu derjenigen von Postsendungen[3]) verhältnismäßig einfach, weil weder der Herausgabeanspruch des Empfängers bestritten ist, noch das Briefgeheimnis mit seinem Veto in Frage kommt.

Geht der Eisenbahn ein gerichtlicher Beschluß zu, durch den der Anspruch auf Herausgabe eines in ihrem Gewahrsam befindlichen Frachtguts mit der Anordnung gepfändet wird, es an einen vom Gläubiger zu beauftragenden Gerichtsvollzieher herauszugeben[4]), so kann sie sich der Befolgung dieser Anordnung nicht entziehen, vorausgesetzt, daß das Gut sowie Absender und Empfänger bestimmt bezeichnet sind und daß ferner dem im Pfändungsbeschluß bezeichneten Schuldner (Absender oder Empfänger) im Augenblick der Zustellung des Beschlusses an den Drittschuldner (die Eisenbahn) nach dem HGB. und der EVO. der Anspruch auf Herausgabe des Guts zusteht. Die Aushändigung des Guts an den Gerichtsvollzieher erfolgt aber nur gegen Zahlung der auf dem Gut haftenden Beträge. Unter allen Umständen hat die Aushändigung des Guts an den Empfänger zu unterbleiben.

Es ist ferner zulässig, daß der dingliche Arrest auf einen von der Eisenbahn eingezogenen Nachnahmebetrag ausgebracht und der

---

[1]) Vgl. unten § 20; auch Hellwig S. 491 A. 989 und Schott S. 407.

[2]) Vgl. Allg. Abfert.-Vorschr. Teil II § 54.

[3]) S. u. § 23.

[4]) CPO. § 847.

Anspruch des Absenders auf Auszahlung des vom Empfänger eingezogenen Nachnahmebetrags gepfändet wird. Auch in diesem Falle hat die Eisenbahn dem Pfändungsbeschluß Folge zu geben.

Drittschuldner ist in diesen Fällen der Eisenbahnunternehmer. Die Zustellung des Pfändungsbeschlusses muß also, damit die Pfändung als bewirkt anzusehen ist[1]), dem gesetzlichen Vertreter des wohl regelmäßig eine juristische Person darstellenden Eisenbahnunternehmers zugestellt werden. Als derartige gesetzliche Vertreter können nachgeordnete Dienststellen, wie die Güterabfertigungsstellen, nicht in Betracht kommen, sondern für Staatsbahnen nur die den Betrieb leitende Behörde und für Privatbahnen der Vorstand. Zur Vertretung der preußischen Staatsbahnen sind z. B. die Eisenbahndirektionen[2]) befugt, während die Vertretung der bayerischen Staatsbahn in allen Rechtsangelegenheiten nur der Generaldirektion zusteht. Diesen Behörden — und nicht den Abfertigungsstellen — müssen daher Pfändungsbeschlüsse zugestellt werden, damit die Pfändung als rechtsgültig bewirkt angesehen werden kann[3]).

Will ein Gerichtsvollzieher Güter, die sich im Gewahrsam der Eisenbahn befinden, pfänden, so nimmt die Eisenbahn die doppelte Rechtsstellung eines Drittschuldners und eines Pfandgläubigers ein. Ihr Pfandrecht geht allen anderen Pfandrechten im Range vor; sie ist daher nicht verpflichtet, das Gut einem anderen Pfandgläubiger herauszugeben[4]). Demgemäß bestimmen die Allgemeinen Abfertigungsvorschriften[5]), daß der diensttuende Beamte namens der Eisenbahnverwaltung der beabsichtigten Pfändung zu widersprechen und die Herausgabe der Güter zu verweigern hat. In diesem Falle kann der Gläubiger gegen die Eisenbahn nur einen Anspruch auf Herausgabe geltend machen[6]). Nimmt der Gerichtsvollzieher die Pfändung gleichwohl vor, so ist sie zu Unrecht erfolgt[7]). Der Eisenbahnbeamte ist dann gehalten, die von ihm abgegebene Widerspruchserklärung in das

---

1) CPO. § 829 Abs. 3, § 846.

2) RG. 50 S. 396, vgl. auch RG. vom 24. 6. 1902 im Arch. f. Eisenbahnwesen 1903 S. 186.

3) Ebenso Reindl in Z. d. V. D. E. 1908 S. 1425; a. A. Hertzer a. a. O. S. 882.

4) BGB. § 1232.

5) § 54 Abs. 1.

6) CPO. §§ 846, 847, 886.

7) RG. 19 S. 70 und in Gruchots Beitr. 44 S. 182, 186.

Pfändungsprotokoll aufnehmen zu lassen. Der Eisenbahn steht in solchem Falle zunächst der possessorische Rechtsschutz nach zwei Richtungen hin zu: die Selbsthilfe gegen den Gerichtsvollzieher[1]), die ja vollständig ausreichen würde, und die Besitzstörungsklage gegen den Gläubiger[2]), außerdem aber die Widerspruchsklage gemäß § 771 und — bezw. oder, wenn sich nämlich das Gut nicht mehr im Besitz, sondern nur noch im Gewahrsam der Eisenbahn befindet, etwa nach Aushändigung des Frachtbriefs an den Empfänger am Bestimmungsort — das Recht der Erinnerung gemäß § 766 CPO[3]).

Bei strafgerichtlichen oder polizeilichen Beschlagnahmen[4]) ist die Eisenbahn gehalten, das Gut gegen Empfangsbescheinigung ohne Widerspruch herauszugeben. Dabei soll zwar der Anspruch auf Fracht und sonstige Gebühren dem beschlagnehmenden Beamten gegenüber erhoben, die Herausgabe des Guts aber von der Zahlung dieser Gebühren nicht abhängig gemacht werden.

Dasselbe gilt bei Beschlagnahmen von Eisenbahnfrachtgütern im Zoll- oder Steuerstrafverfahren.

Auf die Pfändung und Beschlagnahme des Gepäcks der Eisenbahnreisenden findet das oben Ausgeführte sinngemäß Anwendung[5]).

§ 10.

Modifikationen.

Wie bei jedem Vertrag, steht es auch beim Frachtvertrag den Kontrahenten frei, ihre Rechte und Pflichten beliebig abzugrenzen, soweit nicht öffentliche Interessen in Frage kommen oder privatrechtliche Bestimmungen zwingenden Rechts entgegenstehen. So kann der Absender in Übereinstimmung mit dem Frachtführer den Umfang der ihm zustehenden Rechte erweitern oder sie zugunsten des Frachtführers oder des Empfängers einschränken. In dem freien Belieben des Frachtführers steht es, ein ihm angebotenes Transportgeschäft anzunehmen oder abzulehnen oder sich Erleichterungen, z. B. hinsichtlich

---

1) BGB. § 859.
2) BGB. § 861.
3) Vgl. Sydow-Busch CPO. § 766 A. 8, § 771 A. 2, § 805 A. 3.
4) Allg. Abfert.-Vorschr. § 54, 4.
5) Allg. Abfert.-Vorschr. Teil I § 16, 11 Übereinstimmend auch Hertzer.

der Haftpflicht, auszubedingen. Eine Ausnahmestellung nehmen die beiden wichtigsten Frachtführer der Gegenwart ein: die Eisenbahn und die Post. Als Korrelat für die ihnen vom Staat verliehenen wichtigen Sonderrechte ist ihnen einmal die Erfüllung einer Reihe von öffentlich- und privatrechtlichen Pflichten auferlegt, deren es beim gewöhnlichen Frachtgeschäft nicht bedarf, so die Transportpflicht, die Tarifpflicht, die Pflicht zur Einführung einheitlicher Transportbedingungen und -Einrichtungen und die Pflicht zur gleichmäßigen Behandlung aller Transportinteressenten[1]). Sodann ein Zweites: Während die im HGB. aufgestellten Frachtrechtsnormen für die gewöhnlichen Frachtführer dispositiver Natur sind, um den Interessen und Wünschen der Kontrahenten den weitesten Spielraum zu lassen, hat es sich als notwendig erwiesen, den Eisenbahnen gegenüber das Prinzip der uneingeschränkten Vertragsfreiheit zu durchbrechen und zwingende Vorschriften vorzusehen als Kautelen gegen lästige oder erschwerende Transportbedingungen, gegen Normierung der Beweislast zu Ungunsten der Transportnehmer und gegen die willkürliche Beschränkung und Ausschließung der Haftpflicht in ihren Transportverträgen; alles Repressalien, welche die Eisenbahnen ohne das gesetzliche Verbot bei ihrem faktischen Transportmonopol jederzeit zu ergreifen in der Lage wären[2]). Die Vorschriften über das Verfügungsrecht gehören jedoch nicht zu denjenigen, deren Abänderung im Wege der Privatautonomie das Gesetz verbietet[3]); abweichenden Vereinbarungen der Parteien beim Abschluß des Vertrags steht daher nichts im Wege. Tatsächlich machte sich gerade im Eisenbahnfrachtverkehr[4]) das Bedürfnis geltend, dem Empfänger — z. B. wenn er den Kaufpreis für das Gut bereits bezahlt oder einen Vorschuß darauf geleistet hat, früher Rechte zu gewähren, als dies § 435 tut, oder ihn wenigstens gegen nachträgliche Verfügungen des Absenders zu sichern. Beides erreichte man am besten durch Urkunden, an deren Besitz die Ausübung des Verfügungsrechts über das Frachtgut oder das Recht selbst geknüpft

---

[1]) Vgl. Lehmann-Ring S. 872f.; Makower S. 1497. Über die öffentlich-rechtlichen Beschränkungen des Beförderungsvertrags auf Grund des RG. über das Auswanderungswesen vom 9. 6. 1897 siehe Gutjahr, Greifsw. Diss. 1903.

[2]) Man denke nur an die von der Preuß. Eisenbahnverwaltung vor einigen Jahren angeordneten Erschwernisse beim Transport von Fahrrädern.

[3]) HGB. § 471.

[4]) Vgl. auch Coermann, die deutsche und internationale Frachtgesetzgebung 1901. Derselbe in Z. d. V. D. E. 1901 S. 420. Weitere Lit. siehe in E. E. u. A., sowie in Z. d. V. D. E. 1900 S. 415, 462, 540, 603.

wurde. Solche Urkunden finden wir in Gestalt des Frachtbrief-Duplikats und des Ladescheins.

Das **Frachtbriefduplikat**, ein „juristisch höchst interessantes Gebilde“[1]), hat eine doppelte Aufgabe zu erfüllen. Für den Absender, der es vorzeigt, macht es vollen Beweis sowohl der Eisenbahn als auch dem Gericht gegenüber. Den Empfänger, in dessen Händen sich die Urkunde befindet, schützt sie gegen ihm nachteilige abändernde Dispositionen des Absenders; befolgt die Eisenbahn diese, ohne sich das Duplikat vorlegen zu lassen, so ist sie dem Empfänger schadensersatzpflichtig[2]).

Die rechtliche Wirkung des Frachtbriefduplikats besteht also darin, daß es den Absender in der Ausübung seines Verfügungsrechts beschränkt, dergestalt, daß diese Ausübung durch Vorlegung des Duplikats bedingt ist. An der Dispositionsbefugnis selbst ändert das Frachtbriefduplikat nichts. Solange es sich in den Händen des Absenders befindet, gelten auch hier §§ 433 und 435. Hat aber der Absender das Duplikat dem Empfänger übergeben, so kann weder dieser noch jener über das Gut verfügen, es ist gewissermaßen neutral[3]). Der Verlust des Verfügungsrechts von seiten des Absenders begründet oder erweitert hier noch nicht ein Verfügungsrecht des Empfängers; wohl aber, wie bereits erwähnt, ein Recht auf Schadensersatz seitens des Frachtführers, falls dieser eine Konterorder des Absenders befolgt und daraus Schaden entsteht. So erwirbt also der Empfänger bereits durch die Übergabe des Duplikats die durch einseitige Anordnung des Absenders nicht mehr entziehbare Anwartschaft auf den demnächstigen Erwerb der Rechte aus dem Frachtvertrag, und zwar nicht nur auf Aushändigung des Frachtbriefs und des Guts, wenn dieses — etwa mit veränderter Adresse oder sonstiger Konterorder, z. B. Befehl der Nichtauslieferung, Erhöhung der Nachnahme usw. — **ankommt**, sondern auch dann, wenn es an dem Ablieferungsort hätte **ankommen müssen**, falls die Konterorder nicht befolgt worden wäre. Dies ergibt sich direkt aus § 455 II und stellt sich als eine — gegenüber § 435 Satz 1 — singuläre Erweiterung der Rechte des Empfängers dar. Trifft dagegen das Gut

---

[1]) **Pappenheim** S. 70.

[2]) EVO. § 54, 5; § 64, 2.

[3]) **Cosack** 4. Aufl. S. 434, nicht wie **Staub** zitiert S. 454; **Hellwig** S. 498; **Staub** A. 2 zu § 455. Das Gut befindet sich im mittelbaren Mitbesitz des Absenders und des Empfängers; **Schröder** S. 44.

nicht am Ablieferungsort ein, ohne daß eine Konterorder des Absenders vorlag, so bleibt es bei der Regel des § 435 [1]).

Offenbar urteilt Pappenheim [2]) richtig, wenn er in dem Institut des Frachtbriefduplikats in seiner jetzigen Gestalt einen Anfang erblickt, das Duplikat für die Übertragung selbständiger Rechte auf den Empfänger zu verwenden, und wenn er darauf hindeutet, daß das Frachtbriefduplikat vielleicht im Wege des Gewohnheitsrechts zu einer ähnlichen Bedeutung als Traditionspapier gelangen wird, wie das Konnossement und der Ladeschein. Neigt doch der Handelsstand schon gegenwärtig zu der Annahme, daß ein Frachtbriefduplikat Repräsentant der Ware sei, wie ein Ladeschein [3]).

Die Vorschriften über die Ausstellung des Frachtbriefduplikats und ihre Rechtsfolgen fanden sich früher für den internen Verkehr nur in der EVO. Bei der Wichtigkeit dieses Instituts für die Handelswelt bedeutet die Aufnahme der wesentlichsten Bestimmungen darüber in das HGB. (§ 455) eine entschiedene Verbesserung. Zweckmäßiger wäre es allerdings wohl gewesen, auch die Wirkungen, welche das Fehlen des Duplikats hinsichtlich der Dispositionsbefugnis und der Aktivlegitimation des Absenders ausübt [4]), im Gesetz selbst festzulegen, indes ergibt sich aus der Begründung des § 455 [5]) in Verbindung mit § 454, daß diese Wirkungen fortbestehen sollen. Dagegen vermißt man im Gesetz ebenso wie im IÜ. ungern erleichternde Vorschriften über das Verfahren beim Verlust eines Frachtbriefduplikats, Vorschriften, welche bei der Umständlichkeit des Aufgebotsverfahrens zum Zweck der Kraftloserklärung [6]) wohl am Platze gewesen wären [7]). Sachlich folgt das neue HGB., indem es die Ausstellung eines Frachtbriefduplikats von dem Belieben des Absenders abhängig macht, der EVO.; im internationalen Güterverkehr ist dieser Akt obligatorisch [8]). Übrigens enthält § 455 zwingendes Recht; seine Vorschriften können weder durch die EVO. noch durch Verträge aus-

---

[1]) So zutreffend Hellwig S. 496 und im Anschluß an ihn Staub A. 3 zu § 455. Vgl. Lehmann-Ring S. 376; Makower S. 1502.

[2]) S. 70.

[3]) Mittelstein, FrR. S. 175. Vgl. Lehmann-Ring S. 376 Nr. 8.

[4]) EVO. § 65, 4; § 73, 2. IÜ. Art. 18, 4; 26,2.

[5]) Denkschrift S. 414 (270); vgl. Pappenheim S. 69f.

[6]) CPO. §§ 1003 ff.

[7]) Beachtenswerte Vorschläge machen Mittelstein FrR. S. 175 und Hellwig S. 494 f., welchen sich Staub A. 5 zu § 455 anschließt.

[8]) IÜ. Art. 8,5.

geschlossen oder beschränkt werden. Bei den ergänzenden Bestimmungen der EVO. (§§ 54, 5; 64, 2; 65, 4; 73, 2) sind Änderungen durch Vertrag überhaupt ausgeschlossen, selbst wenn sie für das Publikum günstiger wären[1]).

Dieselbe rechtliche Bedeutung wie das Frachtbriefduplikat hat bei Gütern, welche nicht in ganzen Wagenladungen aufgegeben werden, der Aufnahmeschein[2]). Er bildet außerdem wie der mit Stempel versehene Frachtbrief[3]) eine vollgültige Beweisurkunde für die Annahme des Guts zur Beförderung und damit für den Beginn der strengen Haftung der Bahn[4]).

Außer dem Frachtbrief, dem Frachtbriefduplikat und dem Aufnahmeschein finden sich, namentlich im Eisenbahnfrachtverkehr, noch andere Urkunden, wie der Empfangschein, Gepäckschein und Beförderungsschein. Sie bilden Empfangsbescheinigungen des Frachtführers, enthalten zugleich aber eine Quittung über die Fracht und haben endlich die Bedeutung eines Legitimationspapiers über den Anspruch auf Rückgabe des Frachtguts. Frachtbriefe sind diese Urkunden nicht[5]).

Scharf zu unterscheiden vom Frachtbrief, Frachtbriefduplikat und Aufnahmeschein ist der rein fakultative Ladeschein[6]), eine Urkunde, die — anders als Frachtbrief und Konnossement — nur auf Grund besonderer Vereinbarung zwischen Absender und Frachtführer, welche allerdings auch auf Handelsgebrauch beruhen kann[7]), von letzterem ausgestellt und ersterem übergeben wird. Im Binnenschiffahrtsverkehr ist der Frachtführer auf Verlangen des Absenders zur Ausstellung eines Ladescheins gesetzlich verpflichtet[8]); hier hat der Ladeschein als Binnenkonnossement schon gegenwärtig allgemein die Bedeutung des Konnossements im Seefrachtverkehr. Im Frachtverkehr der Eisenbahnen ist die Ausstellung des Ladescheins nicht gebräuchlich. Die Eisenbahnen

---

1) HGB. § 471.

2) EVO. § 54, 7.

3) EVO. § 54, 3.

4) HGB. § 456.

5) EVO. §§ 32 ff.; HGB. §§ 455, 463, 466. Lehmann-Ring S. 317, 376; Makower S. 1406.

6) HGB. §§ 444—450.

7) HGB. § 436. Vgl. Düringer-Hachenburg Bd. 2 S. 443 f.

8) BSchG. § 72; Landgraf § 72 A. 2 nimmt mit Unrecht an, daß der Binnenschiffer zur Ausstellung eines Ladescheins überhaupt nicht verpflichtet sei.

verhalten sich trotz zahlreicher und lebhafter Wünsche der Handelskreise[1]) nach obligatorischer Einführung des Ladescheins wegen der für sie daraus resultierenden strengeren Verbindlichkeiten ablehnend.

Der Ladeschein enthält ein Empfangsbekenntnis über die Güter und die Verpflichtung, sie an den legitimierten Inhaber des Scheins auszuliefern. Er ist also nicht nur eine Beweisurkunde, wie im allgemeinen der Frachtbrief, sondern ein Verpflichtungsschein. Aber damit ist seine Bedeutung nicht erschöpft. Nachgebildet ist der Ladeschein dem seerechtlichen Konnossement. Daher finden dessen Grundsätze, soweit nicht durch Gesetz oder innere Verschiedenheit ausgeschlossen, auf den Ladeschein analoge Anwendung[2]). Wie dieses hat der Ladeschein den Zweck, das Gut bezw. seinen Wert während der Dauer seines Transports umlauffähig zu machen. Dieser Zweck wird erreicht durch Ausschließung der Verfügungsgewalt des Absenders, durch Herstellung direkter obligatorischer Beziehungen zwischen dem Empfänger und dem Frachtführer und endlich durch Übertragung von dinglichen Rechten[3]) (mittelbarer Besitz, Eigentum, Pfandrecht usw., je nach der causa der Übergabe des Ladescheins bezw. dem zwischen dem übergebenden und dem übernehmenden Teil bestehenden Rechtsverhältnis) auf den Empfänger schon während des Transports. Der Ladeschein bedeutet also weiter ein Traditionspapier, dessen legitimierter Besitz das Verfügungsrecht über das Gut ipso iure nach sich zieht, und dessen Übergabe an den „legitimierten Empfänger"[4]) für den Erwerb von Rechten an dem Gut dieselben Wirkungen hat, wie

---

[1]) Vgl. Gierke in Z. 45 S. 533 A. 61; v. d. Leyen in Z. 49 S. 429 und Rießer S. 95 ff.

[2]) Hellwig S. 498; Staub A. 6 zu § 444; Förtsch S. 215 ff.; Goldschmidt II S. 758, 764, Z. 29 S. 32 f., System S. 228; Schott S. 422; Thöl S. 77 und 85 A. 10; Eger, FrR. III S. 8. A. A. v. Hahn S. 682 Art. 415 § 3. Weitere Lit. bei Eger III S. 8 ff.

RG. 5 S. 79 f., 9 S. 424 f., 13 S. 119 f. unterscheidet zwischen den obligatorischen und dinglichen Konnossementsgrundsätzen; nur erstere, nicht, wie Eger meint (III S. 9), letztere finden nach Ansicht des RG. unbeschränkte analoge Anwendung. ROHG. 8 S. 414 läßt die Frage unentschieden.

[3]) Vgl. Gareis S. 346 und 445 f.; Staub A. 1—3 zu § 450; Förtsch S. 116 ff. und 230 f.; Gierke in der Enzyklopädie I S. 977.

[4]) Die Bezeichnung als Empfänger, worunter sonst stets derjenige verstanden wird, der nach dem Frachtvertrag das Gut erhalten soll, ist hier ungenau. Hier handelt es sich um den nach dem Ladeschein zum Empfang Legitimierten. Vgl. Makower S. 1484.

die Übergabe des Guts[1]). Als legitimiert gilt, wenn ein Namenspapier vorliegt, der im Ladeschein bezeichnete Empfänger oder dessen Zessionar; wenn der Ladeschein an Order lautet — in diesem Fall ist er durch Indossament übertragbar[2]) — der letzte Indossatar[3]) oder dessen Zessionar[4]); falls aber eine Indossierung nicht stattgefunden hat, ebenfalls derjenige, an welchen das Gut nach dem Ladeschein abgeliefert werden soll; beim Blankogiro[5]) endlich jeder Inhaber. Demgemäß darf der Frachtführer, welcher einen Ladeschein ausgestellt hat, späteren, d. h. nach Ausstellung des Ladescheins erfolgten Anweisungen des Absenders wegen Anhaltens, Rückgabe oder Aushändigung des Guts an einen anderen als den durch den Ladeschein legitimierten Empfänger nur dann Folge leisten, wenn ihm der Ladeschein zurückgegeben wird; andernfalls ist er dem rechtmäßigen Besitzer des Ladescheins für das Gut verhaftet[6]). Zur Ablieferung des Guts am Bestimmungsort ist der Frachtführer ebenfalls nur gegen Rückgabe des Ladescheins verpflichtet, auf welchem der Empfang des Guts zu bescheinigen ist[7]). Der Absender verzichtet also, indem er dem Frachtführer die Ausstellung dieser einseitigen Verpflichtungsurkunde[8]) gestattet, zugunsten des Empfängers bezw. des legitimierten Ladeschein-

---

1) HGB. § 450. Im alten HGB. war die Traditionswirkung nicht ausdrücklich ausgesprochen, aber zweifellos ebenfalls gewollt; vgl. Prot. S. 1244 f., 2203 f., 4769 f.; Goldschmidt II S. 721 ff., 764 ff. u. System S. 227; Staub 3. und 4. Aufl., Art. 413 § 2 e; Schott S. 427; Förtsch S. 230; Landgraf S. 222; Schröder S. 42 f.; RG. 5 S. 80; 32 S. 30.

Der Entwurf von 1896 beschränkte sich im § 424 (Denkschrift S. 267) in Übereinstimmung mit Art. 649 HGB. darauf, die angegebene Rechtswirkung den an Order lautenden Ladescheinen beizulegen. Diese Beschränkung ist unter Berücksichtigung der dahinzielenden Kritik (Pappenheim S. 66, Mittelstein Fr. und ER. S. 171) fallen gelassen; Order- und Namens-Ladescheine sind jetzt in ihren dinglichen Wirkungen gleichgestellt (Mater. S. 411).

2) HGB. §§ 363, 364.

3) Der gutgläubige Indossatar erwirbt bei einer Besitzübertragung mittels Ladescheins den Besitz und damit das Eigentum an der Ware auch frei von den Rechten, die dem Besitzer (Frachtführer) selbst an der Ware zustehen. Nicht das Papier, sondern das Gut soll bei der Übergabe Gegenstand des Rechtsakts sein. Staub, Bd. 2 A. 10 zu § 365 S. 1165 f.; Düringer-Hachenburg Bd. 2 S. 469.

4) ROHG. 25 S. 340 f.

5) RG. 4 S. 145.

6) HGB. § 447, 3.

7) HGB. § 448.

8) A. A. Hellwig S. 498.

inhabers freiwillig auf das ihm durch die §§ 433 und 435 gewährleistete Verfügungsrecht. Konkurriert dieses mit dem Recht des Ladescheininhabers, so ist letzteres das stärkere; der Frachtführer ist von seinen Verpflichtungen aus dem Frachtvertrag insoweit entbunden, als die Auslieferungspflicht aus dem Ladeschein besteht[1]). Soweit ging auch das frühere Recht. Es fragte sich aber, ob der legitimierte Inhaber des Ladescheins schon während des Transports Herr über das Gut war. Diese Streitfrage wurde früher von der herrschenden Ansicht[2]) verneint; der zum Empfang Legitimierte sollte die Aushändigung des Guts erst am Bestimmungsort beanspruchen dürfen, unterwegs nur dann, wenn er gleichzeitig Absender war. Durch das geltende HGB. ist die Frage im Sinne der Vertreter der gegnerischen Ansicht[3]) entschieden, indem § 447 Abs. 2 bestimmt, daß der zum Empfang des Guts aus dem Ladeschein Legitimierte schon vor der Ankunft des Guts am Ablieferungsort diejenigen Verfügungsrechte über das Gut hat, welche dem Absender zustehen, wenn ein Ladeschein nicht ausgestellt ist. Während Mittelstein[4]) diese Regelung anerkennenswert findet, hält sie Pappenheim[5]), und, wie mir scheint, mit Recht, im Hinblick auf ihre Konsequenzen für nicht empfehlenswert. So erwünscht es auch war, im Anschluß an Art. 661 Abs. 2, 3 des alten HGB. eine Vorschrift darüber zu treffen, inwieweit der Absender die unterwegs bewirkte Ablieferung des Guts an den legitimierten Ladescheininhaber gegen sich gelten lassen muß, so ist es,

---

[1]) Ebenso, wie das Verfügungsrecht aus §§ 433 und 435 kann auch die Übergabe des Ladescheins an den nach der Übergabe in Konkurs geratenen Empfänger durch das Verfolgungsrecht des unbezahlten Verkäufers unwirksam gemacht werden; s. o. § 5.

[2]) Cosack 4. Aufl. S. 477; Dernburg Pr. Pr. R. II § 207 S. 619; Goldschmidt II S. 765 A. 94 Nr. 3; v. Hahn II S. 684 § 2 zu Art. 416; Pappenheim S. 62 f.; Schott S. 430; HGB. I Art. 402 verbunden mit Art. 416; vgl. Art. 661, 1.

[3]) Z. B. Staub 3. u. 4. Aufl. § 3 zu Art. 417; Endemann R. d. E. S. 662; Eger, FrR. III S. 84; Vogel S. 79 f.

[4]) Fr. u. ER. S. 171.

[5]) S. 61 ff. Die von Pappenheim angegriffene unzutreffende Begründung der Neuerung in der ersten Denkschrift (S. 268) „in Übereinstimmung mit der das Konnossement betreffenden Vorschrift des Art. 661 Abs. 2" ist in der dem Entwurf von 1897 beigegebenen Denkschrift (Mater. S. 411) beseitigt. Dies übersieht Buchmann S. 76. Wenn übrigens in der Denkschrift S. 266 (Mater. S. 471) die Bestimmung des § 447 Abs. 2 als nebensächlich angesehen wird, so dürfte dem nicht beizustimmen sein.

da das neue HGB. ein Recht auf Ausstellung des Ladescheins in mehreren Exemplaren ebensowenig wie das alte anerkannt hat[1]), durchaus unbillig, dem Frachtführer ohne Genehmigung des Absenders das Recht auf vorzeitige Aushändigung des Guts zu gewähren. Vollends ist nicht einzusehen, weshalb dem legitimierten Inhaber des Ladescheins nicht nur ein Recht auf jederzeitige Aushändigung des Guts, sondern darüber hinaus alle die Verfügungsrechte eingeräumt worden sind, welche bei Nichtausstellung eines Ladescheins dem Absender zustehen. Wie immer man darüber urteilen mag, das Gesetz hat entschieden und so bleibt nur übrig, festzustellen, daß das Verfügungsrecht des § 435 im Falle der Ausstellung eines Ladescheins durch § 447, 2 eine ganz erhebliche Modifikation erleidet[2]).

Übrigens kann auch die Übergabe des Ladescheins an den nach der Übergabe in Konkurs geratenen Empfänger durch das Verfolgungsrecht des unbezahlten Verkäufers unwirksam gemacht werden.

Neu ist ferner die Bestimmung des § 449, daß der Frachtführer, welchem das Gut von einem anderen Frachtführer zur Ausführung der von diesem übernommenen Beförderung auf Grund des Ladescheins übergeben ist, auch seinerseits nach Maßgabe dieses Scheins verpflichtet wird; eine Bestimmung, welche sich aus dem skripturmäßigen Charakter des Ladescheins ergibt und einen Zweifel des früheren Rechts in sachgemäßer und dem Verkehrsbedürfnis entsprechender Weise aus der Welt schafft[3]). Im Zusammenhang damit ist der frühere Art. 419, nach welchem die allgemeinen Bestimmungen über die Rechte und Pflichten des Frachtführers bei Ausstellung eines Ladescheins nur insoweit ausgeschlossen werden, als die besonderen Vorschriften über den Ladeschein dies erforderlich machen, weil überflüssig, im neuen HGB. gestrichen[4]).

Im § 445 endlich sind die Vorschriften über den Inhalt des Ladescheins entsprechend denjenigen über den Frachtbrief schärfer präzisiert, dabei ist ihnen aber durch die Fassung „der Ladeschein soll

---

[1]) Andererseits ist es aber dem Frachtführer auch nicht verboten, einem dahin zielenden Wunsch des Absenders nachzukommen. Über das Verfahren bei Auslieferung des Guts in einem solchen Falle siehe Förtsch S. 227 Z. 1, 228 Z. 8 und 229 zu § 448; Landgraf S. 221 Z. 11

[2]) Vgl. Staub A. 2 zu § 447; Lehmann-Ring S. 366; Makower S. 1487 f

[3]) Staub § 449 hält diese neue Vorschrift für selbstverständlich.

[4]) Mater. S. 411.

enthalten" ihr bisheriger instruktiver, nicht-obligatorischer Charakter gewahrt.

Zu weiteren Erörterungen an dieser Stelle bietet die Gestaltung des Ladescheinrechts im neuen HGB. keinen Anlaß.

Am Schluß dieses allgemeinen Teils erübrigt es noch, auf das **Binnenschiffahrtsgesetz**[1]) einen Blick zu werfen.

Was zunächst die Entstehung dieses Gesetzes anlangt, so entsprang es dem seit Jahrzehnten lebhaft empfundenen Bedürfnis, die privaten Rechtsverhältnisse der Binnenschiffahrt[2]) erschöpfend zu regeln. Zwar fanden die das Frachtgeschäft behandelnden Bestimmungen des HGB. auch auf die Binnenschiffahrt Anwendung, doch trugen sie, weil vorwiegend auf den Landtransport zugeschnitten, den besonderen Verhältnissen der Binnenschiffahrt nicht in ausreichendem Maße Rechnung. Dies gilt z. B. von den Bestimmungen des HGB. über die Befugnis des Absenders zum Rücktritt vom Vertrag, über die Haftung des Frachtführers für Verlust und Beschädigung des Frachtguts und über die Rechtsverhältnisse bei der Ausstellung von Ladescheinen. Über andere, außerhalb des Landfrachtgeschäfts liegende, aber für die Binnenschiffahrt erhebliche Rechtsverhältnisse (Stellung des Schiffseigners, des Schiffers, der Schiffsmannschaft, Lade- und Löschzeit usw.) fehlte es überhaupt an jeder Rechtsnorm, so wünschenswert eine solche auch war. So kam denn nach langer und vorsichtiger Vorbereitung das Gesetz, betr. die privatrechtlichen Verhältnisse der Binnenschiffahrt, vom 15. Juni 1895[3]), zustande.

Es entsprach der Natur der Sache, daß dieses Gesetz sich möglichst an das verwandte Seerecht anlehnte. Wo aber trotz dieser Verwandtschaft die Verhältnisse bei der Binnenschiffahrt anders lagen als beim Seerecht, ist auch diesem Umstand bei der gesetzlichen Regelung die gebührende Berücksichtigung zuteil geworden. Bei den durch das Inkrafttreten des BGB. erforderlichen Gesetzgebungsarbeiten wurde, in erster Linie wegen der damit verbundenen Änderungen des HGB., auch das BSchG. in Mitleidenschaft gezogen. Die daran vorgenommenen Änderungen finden sich im Art. 12 des EG. zum HGB. Der Art. 13 dieses Gesetzes[4]) ermächtigt den Reichskanzler, die Texte mehrerer Ge-

---

[1]) Vgl. dazu Werner, Vorträge über das Binnenschiffahrtsrecht.

[2]) D. h. der Schiffahrt auf allen Binnengewässern (Flüssen, Kanälen, Binnenseen), nicht auf dem Meer.

[3]) RGBl. S. 301 ff.

[4]) Das EG. zum HGB. ist bereits mit dem 14. Tage nach dem Ablauf des

setze, darunter auch des BSchG., in der neuen Fassung unter fortlaufender Nummernfolge der Paragraphen und Abschnitte durch das RGBl. bekannt zu machen. Von dieser Ermächtigung hat der Reichskanzler im RGBl. Nr. 25 von 1898 — S. 369f. u. S. 868ff. — unterm 20. Mai 1898 Gebrauch gemacht. In Kraft getreten ist dieser neue Gesetzestext nach Art. 1 des EG. zum HGB. gleichzeitig mit dem BGB. am 1. Januar 1900. Von einer Einfügung des BSchG. in das HGB. ist abgesehen worden, da ein Bedürfnis dazu nicht vorliegt[1]).

Von dem Inhalt des Gesetzes interessieren uns hier nur die Besonderheiten des Frachtgeschäfts der Binnenschiffahrt.

Der Abschluß dieses Frachtvertrags[2]) erfolgt entweder nach den Regeln des Landfrachtgeschäfts, insofern, als der Frachtführer vom Absender die Ausstellung eines Frachtbriefs verlangen kann, oder nach denen des Seerechts, da umgekehrt der Absender das Recht hat, vom Frachtführer einen Ladeschein zu fordern, es sei denn daß es sich um Fahrten innerhalb desselben Orts oder zwischen benachbarten Orten handelt[3]). Ist ein Ladeschein ausgestellt, so finden auf den Vertrag im wesentlichen die Rechtsverhältnisse des Konnossements Anwendung; nur braucht der Ladeschein nicht an Order gestellt und nicht in mehreren Exemplaren ausgefertigt zu werden. Andernfalls entscheidet — von einzelnen Abweichungen abgesehen — das Landfrachtrecht.

Das Verfügungsrecht hat für den hier zu erörternden Vertrag

---

21. Mai 1897, also mit dem 4. Juni 1897 in Kraft getreten. Die Veröffentlichung der neuen Fassung des BSchG. im Jahre 1898 ist daher rechtsgültig. Vgl. Pappenheim in Z. 46 S. 348f.

1) A.A. Mittelstein in Z. 45 S. 541.

2) Ein Frachtvertrag liegt stets dann, aber auch nur dann vor, wenn von dem Transporteur das Gut zum Zweck des Transports, die custodia während des Transports und die Ablieferung des Guts nach beendigtem Transport übernommen ist; vgl. OLG. Hamburg in Seufferts Arch. Bd. 56, S. 108.

Über den Begriff „Schiffer" im Sinne des BSchG. s. RG. v. 13. 3. 1901 in JW. 1901 S. 335 Nr. 23.

3) BSchG. §§ 26, 72, 131 mit HGB. §§ 426, 445; Gareis S. 471f. Die Ausstellung eines Ladescheins bezw. einer Abschrift macht in den meisten Fällen die eines Frachtbriefs überflüssig. Die Wahl von Frachtbrief oder Ladeschein richtet sich nach der Verkehrssitte; während auf dem Rhein der Frachtbrief seine Stellung behauptet, ist er auf der Elbe, Oder und Weichsel durch den Ladeschein verdrängt. (Förtsch S. 215 Z. 1, 218 Z. 8, 223 Z. 6, 224 Z. 1 und 2; Landgraf S. 218ff.)

eine vom HGB. abweichende Regelung nicht erfahren, vielmehr werden auf ihn durch § 26 BSchG. die einschlägigen Bestimmungen des neuen HGB. für anwendbar erklärt. Insoweit diese von den Vorschriften des alten HGB. abweichen, bewirken sie gleichzeitig eine Änderung des Binnenschiffahrtsrechts, die sich formell allerdings nur in der veränderten Fassung des § 26[1]) zeigt. Dabei verdient bemerkt zu werden, daß wichtige Grundsätze, welche zunächst nur für den Binnenschiffahrtsverkehr aufgestellt waren, in das neue HGB. Eingang gefunden haben und nunmehr dem gesamten Handelsverkehr zur Richtschnur dienen; so außer der uns hier nicht interessierenden verminderten Haftpflicht (§ 58 BSchG. I) u. a. namentlich die Anerkennung des Ladescheins als eines Traditionspapiers (früher § 72 BSchG. I, jetzt § 450 HGB.).

Ausgeschlossen von der Anwendung auf das Frachtgeschäft der Binnenschiffahrt sind von den früher besprochenen Vorschriften nur § 428,2 (zeitweilige Verhinderung des Antritts oder der Fortsetzung der Reise), § 437 (Ablieferungshindernis) und § 444 (fakultative Ausstellung des Ladescheins). An die Stelle der §§ 428,2, 437 und 444 HGB. treten die §§ 71, 52 und 72,1 BSchG. § 71 BSchG. enthält keine sachliche Änderung gegenüber § 428,2 HGB. Beide Gesetzesnormen knüpfen das Rücktrittsrecht des Absenders im Falle einer zeitweiligen Verhinderung des Antritts oder der Fortsetzung der Reise an die Voraussetzung, daß die Verhinderung nicht auf einem Verschulden des Absenders beruht[2]), und regeln auch die Entschädigungspflicht des Absenders nach gleichen Grundsätzen.

Auch § 52 BSchG. entspricht im wesentlichen dem gleichartigen § 437 HGB., nur kommt das dem Landfrachtgeschäft fehlende Moment der „Wartezeit“ hinzu.

Die Besonderheit des BSchG., daß § 72,1 auf Verlangen des Absenders die Ausstellung eines Ladescheins obligatorisch macht, ist bereits in einem anderen Zusammenhang erwähnt[3]). Das Verlangen

---

[1]) Diese neue Fassung hält Mittelstein in Z. 45 S. 542 nicht für richtig. Er hätte es lieber gesehen, wenn sämtliche Vorschriften des Abschnitts „Frachtgeschäft“ für anwendbar erklärt worden wären, soweit nicht das BSchG. etwas anderes bestimmt. Demgegenüber findet Landgraf, Ergänzungsband S. 15, und wohl mit Recht, die neue Fassung des § 26 jetzt ungleich klarer und bestimmter als vorher.

[2]) S. o. S. 50f.

[3]) Oben S. 109.

ist vor dem Beginn der Verladung zu stellen; die Ausstellung selbst erfolgt erst nach der Verladung der Güter. Für Schiffe, welche nur zu Fahrten innerhalb desselben Orts und u. U. zwischen benachbarten Orten dienen, bleibt jedoch nach § 131 BSchG. § 444 HGB. in Kraft, d. h. die Ausstellung eines Ladescheins erfolgt nur nach freier Übereinkunft des Absenders und Frachtführers. Es kann aber auch in allen übrigen Fällen die Verpflichtung des Frachtführers zur Ausstellung eines Ladescheins durch ausdrückliches oder stillschweigendes Übereinkommen zwischen beiden Kontrahenten ausgeschlossen werden[1]).

Während § 433 HGB. die Folgen einer nachträglichen Verfügung des Absenders über das Gut nur dahin regelt, daß dem Frachtführer die entstehenden Mehrkosten zu erstatten sind, trifft das BSchG. für den Fall, daß der Absender vor Antritt der Reise[2]) vom Vertrag zurücktritt oder nach ihrem Antritt die Wiederausladung des Guts verlangt, eingehende, den Bedürfnissen der Binnenschiffahrt angepaßte Bestimmungen, welche den Zweck verfolgen, den Frachtführer vor Schaden zu bewahren. Danach wird durch willkürlichen Rücktritt des Absenders der Frachtvertrag nicht ohne weiteres aufgehoben, vielmehr begründet er eine weitgehende Entschädigungspflicht des Absenders. Auch greift das nachträgliche Verfügungsrecht des Absenders nach Antritt der Reise hier lange nicht so weit wie das aus § 433 HGB. Hier erstreckt es sich nur auf Wiederausladung des ganzen Guts, und zwar gegen Zahlung der vollen Fracht und Ersatz der Mehrkosten sowie des dem Frachtführer durch den Aufenthalt entstandenen Schadens. Natürlich ist auch dieses Wiederausladerecht den allgemeinen Bestimmungen im § 433 bezw. 447, 3 unterworfen. Auf Wiederausladung eines Teils der Ladung, auf eine Änderung der Reiserichtung oder auf die Zurücklegung einer weiteren Strecke braucht sich der Frachtführer nicht einzulassen[3]).

Dem willkürlichen Rücktrittsrecht steht gegenüber der Rücktritt aus einem gesetzlich anerkannten Grunde, nämlich bei zeitweiliger Verhinderung des Antritts oder der Fortsetzung der Reise (§ 71). In diesem Fall gehört dem Frachtführer ebenfalls ein — wenn auch beschränkter — Entschädigungsanspruch. Nicht als „zeitweilige Verhinderung" anzusehen ist es aber, wenn der Frachtführer ohne schuldhafte Verzögerung des Transports überwintern muß. Eine alsdann

[1]) Förtsch S. 217 Z. 7.
[2]) Vgl. darüber Landgraf S. 151 Z. 2.
[3]) Förtsch S. 139; Landgraf S. 153.

erfolgende Zurücknahme der Güter macht den Absender in demselben Umfang entschädigungspflichtig wie bei willkürlichem Rücktritt.

Wird der Antritt oder die Fortsetzung der Reise durch Zufall dauernd verhindert, so tritt der Frachtvertrag von Rechts wegen außer Kraft, und zwar entweder ohne gegenseitige Entschädigung oder mit der Verpflichtung für den Absender, Distanzfracht zu zahlen (§§ 68, 69).

Durch den dem § 562 HGB. nachgebildeten § 43 ist ausdrücklich angeordnet, daß der Frachtführer statt der vertragsmäßigen andere Güter von demselben Absender nach demselben Ablieferungsort annehmen muß, wenn dadurch seine Lage nicht verschlechtert wird. Beim gewöhnlichen Frachtvertrag besteht eine derartige Verpflichtung des Frachtführers nicht.

Über den „Ort der Ablieferung" im Binnenschiffahrtsverkehr trifft § 46 die erforderlichen näheren Bestimmungen. Sobald der Frachtführer zum Löschen bereit ist, hat er dies dem Empfänger anzuzeigen. Ist der Empfänger nicht bekannt und auch bei einer etwaigen Meldeadresse (§ 72, 3) nicht zu ermitteln, so muß der Frachtführer an einem der ortsüblichen Löschplätze anlegen und die Anzeige der Löschbereitschaft durch öffentliche Bekanntmachung in ortsüblicher Weise bewirken (§ 47). Der Empfänger hat gepackte Güter auf dem Schiff, lose Güter im Schiff abzunehmen und für die Ausladung selbst zu sorgen. Wenn ein anderes Verfahren Platz greifen soll, namentlich wenn die Ablieferung der Güter an verschiedenen Löschplätzen des Ablieferungsorts gewünscht wird, so muß dies besonders vereinbart werden[1]).

Als ausgeliefert gilt das Gut, wenn es nach § 56 zur Entlöschung bereit steht, nachdem der Frachtführer den Empfänger zur Abnahme aufgefordert (§ 54) oder ihm erklärt hat, daß er löschbereit sei (§§ 47, 53). Dagegen ist die Löschung des Guts nach § 52 durch den Frachtführer selbst nicht Ablieferung an den Empfänger, wohl aber Erfüllung des Frachtvertrags gegenüber dem Absender[2]).

Von den vorerwähnten Einzelheiten abgesehen gilt das oben über das Verfügungsrecht und die damit im Zusammenhang stehenden Fragen beim Landfrachtgeschäft Ausgeführte auch beim Frachtgeschäft der Binnenschiffahrt.

---

[1]) § 56; vgl. jedoch zu den vorstehenden Ausführungen § 181 Abs. 1 und 2; Förtsch S. 175 f.; Landgraf, Ergänzungsband S. 55.

[2]) Förtsch S. 105; vgl. oben S. 100.

Das Reichsgesetz, betreffend die privatrechtlichen Verhältnisse der Flößerei, vom 15. Juni 1895 (RGBl. S. 341ff.) enthält keine Sondervorschriften über das Frachtrecht. Auf das Frachtgeschäft des Frachtflößers finden daher die §§ 425—451 HGB. Anwendung, wenn er gewerbsmäßig Güter befördert oder Kaufmann ist (§§ 425, 451), andernfalls die Bestimmungen des BGB. über den Werkvertrag (§§ 631ff.)[1].

---

[1]) Förtsch S. 92 Z. 2, S. 96 Z. 2, S. 397f., S. 400 Z. 5.

Teil II.

Vom Postfrachtgeschäft.

§ 11.

Die Rechtsquellen.

Die oben[1]) erwähnte wichtige Neuerung im § 452 HGB., nach welcher die Vorschriften über das Frachtgeschäft auf die Beförderung von Gütern durch die Postverwaltungen des Reichs und der Bundesstaaten überhaupt keine, also auch nicht subsidiäre Anwendung finden, wird in der Denkschrift[2]) damit begründet, daß, nachdem die Rechte und Pflichten der Post aus den von ihr übernommenen Beförderungen durch die Bestimmungen des Reichspostgesetzes und der auf Grund desselben erlassenen Postordnung eine eingehende Regelung erfahren haben, ein Bedürfnis für die Anwendung der handelsgesetzlichen Vorschriften über den Frachtverkehr nicht mehr bestehe[3]). Durch den zweiten Satz im § 452 „die bezeichneten Postverwaltungen gelten nicht als Kaufleute im Sinne dieses Gesetzbuchs" ist auch die weitere Frage, ob etwa sonstige Bestimmungen des HGB., besonders seine allgemeinen Vorschriften über Rechte und Pflichten der Kaufleute und über die Handelsgeschäfte auf die Postanstalten anzuwenden sind, in verneinendem Sinne beantwortet, da nur Geschäfte eines Kaufmanns Handelsgeschäfte sein können[4]). Es unterliegt hiernach keinem Zweifel,

---

[1]) S. 16.

[2]) Mater. S. 411 (Denkschr. S. 266.)

[3]) Diese Begründung wird angegriffen von Pappenheim S. 10ff. und Mittelstein, Fr. u. E. FrR. S. 171f.; Lehmann S. 338 findet die Neuerung des § 452 lobenswert; auch Gierke Z. 45 S. 534 billigt sie.

[4]) HGB. § 343.

daß das neue HGB. bei den Geschäften der Post als Rechtsnorm überhaupt nicht mehr in Frage kommt.

Nach früherem Recht lag die Sache nicht so einfach, vielmehr gab der bekannte Art. 421 Abs. 1 und 2 des HGB.[1]) von 1861 zu mancherlei Kontroversen Anlaß. Zunächst schien es zweifelhaft, wie die Worte: „Die Bestimmungen dieses Abschnitts" zu verstehen waren. Hatte man beabsichtigt, die Frachtgeschäfte von Eisenbahnen und anderen öffentlichen Transportanstalten nur diesem Abschnitt „Vom Frachtgeschäft überhaupt" zu unterwerfen, alle anderen Vorschriften des HGB. dagegen auszuschließen[2])? Oder sollte durch Abs. 1 des Art. 421 nur hervorgehoben werden, daß auch öffentliche, insbesondere staatliche Transportanstalten keinen Anspruch auf eine Ausnahmestellung haben, sondern den für das Frachtgeschäft vorgesehenen Rechtsnormen ebenso unterliegen wie jeder gewöhnliche Frachtführer[3])? Die Vertreter der letzteren Ansicht, nach welcher die Frachtgeschäfte der Eisenbahnen und Postanstalten als Handelsgeschäfte anzusehen und demgemäß nicht nur den Vorschriften des mehrerwähnten Abschnitts „Vom Frachtgeschäft überhaupt", sondern auch den übrigen Bestimmungen des HGB. zu unterwerfen waren, gingen wieder darin auseinander, ob der Betrieb dieser Anstalten als gewerbsmäßiger und der Staat infolgedessen als Kaufmann aufgefaßt werden müsse oder nicht, eine Frage, die teils für Post und Eisenbahn, teils nur für die Post verneint, teils — und zwar von der damals herrschenden Ansicht — für beide Transportanstalten bejaht worden ist[4]). Daß das neue HGB. diesen lang-

---

[1]) „Die Bestimmungen dieses Abschnitts (vom Frachtgeschäft überhaupt) finden auch Anwendung auf Frachtgeschäfte von Eisenbahnen und anderen öffentlichen Transportanstalten.

Sie gelten jedoch für die Postanstalten nur insoweit, als nicht durch besondere Gesetze oder Verordnungen für dieselben ein anderes bestimmt ist."

[2]) So u. a. Goldschmidt I S. 618 ff.; Dambach 5. Aufl. S. 5 f.

[3]) So u. a. Schott S. 292 A. 16; Eger, FrR. III S. 142 ff.; Pappenheim S. 11; vgl. auch Staub 5. Aufl. § 2 zu Art. 421.

[4]) Ausführlich darüber Schott S. 292; Eger III S. 140 ff., dessen Angabe (S. 141), es seien die aus der Kaufmannseigenschaft der Post sich ergebenden Konsequenzen: Unterwerfung des Reichsfiskus unter die Jurisdiktion der Handelsgerichte, Führung von Firmen, Handelsbüchern, Aufstellung kaufmännischer Inventuren und Bilanzen usw. in der Praxis gezogen worden, nicht zutrifft. Ferner Arndt, Staatsrecht S. 285, Reichsverfassung S. 226 ff.; Dambach 5. Aufl. S. 6 ff., 6. Aufl. S. 7 ff.; Mittelstein, Beitr. S. 15; Sydow S. 520 ff.; Laband III S. 50; vgl. auch Pappenheim S. 12—17.

wierigen Kontroversen durch eine positive Entscheidung ein Ende bereitet hat, ist mit Freuden zu begrüßen.

Unter „besonderen Gesetzen oder Verordnungen für die Postanstalten“ im Sinne des Art. 421 Abs. 2 waren nicht allein die beim Erlaß des HGB. bereits in Kraft befindlichen, sondern auch alle später rechtsgültig emanierten [1]) Gesetze und Verordnungen zu verstehen. Ihre Zahl, welche beim Inkrafttreten des HGB. infolge der damaligen postalischen Zersplitterung eine außerordentlich große war, ist seit der Verschmelzung der deutschen Posten zu den drei großen Staats-Verkehrsanstalten — Reichspost, Königlich Bayerische und Königlich Württembergische Post —, die sämtlich der Gesetzgebung des Reichs unterliegen [2]), wesentlich geringer und ihr Inhalt übersichtlicher geworden. Zurzeit kommen als Quellen des Deutschen Postrechts [3]) in Betracht:

1. Das Gesetz über das Postwesen des Deutschen Reichs, vom 28. Oktober 1871, mit der Novelle vom 20. Dezember 1875 (Eisenbahnpostgesetz [4]).

2. Das Gesetz über das Posttaxwesen im Gebiete des Deutschen Reichs vom 28. Oktober 1871 [5]), nebst den drei Novellen vom 17. Mai 1873, 3. November 1874 und 11. März 1901 [6]).

3. Das Bundes- bezw. Reichsgesetz, betreffend die Portofreiheiten im Gebiete des Norddeutschen Bundes, vom 5. Juni 1869 [7]).

4. Das Reichsgesetz, betreffend einige Änderungen von Bestimmungen über das Postwesen, vom 20. Dezember 1899 [8]).

5. Die Postordnung für das Deutsche Reich vom 30. März 1900

---

[1]) A. A. allein Thöl S. 10 trotz Protok. S. 50, 53.

[2]) Reichsverfassung Art. 4,10. 48 und 52.

[3]) Vgl. Fischer-König, Neuberg und Aron, die Gesetze des Deutschen Reichs, betr. das Post-, Telegr.- und Fernsprechwesen nebst Ausführungs- und Vollzugsbestimmungen sowie Erläuterungen, 1902.

[4]) RGBl. 1871 S. 347 ff., 1875 S. 318 ff.

[5]) RGBl. 1871 S. 358 ff. Bei Schott S. 532 f. sind beide Gesetze unrichtig als am 28. November 1871 erlassen zitiert.

[6]) RGBl. 1873 S. 107 f., 1874 S. 127, 1901 S. 15.

[7]) RGBl. 1869 S. 141 f. Zum Reichsgesetz erhoben durch Reichsgesetz vom 16. April 1871 (RGBl. 1871 S. 63 f.), betreffend die Verfassung des Deutschen Reichs, § 2.

[8]) RGBl. S. 715 ff.

nebst mehreren hier — bis auf eine einzige — nicht interessierenden Abänderungen durch Verordnungen des Reichskanzlers[1]).

Sie gilt[2]) nur für den Verkehr im Gebiet der Deutschen Reichspost, für den Verkehr der Deutschen Reichspost mit der Königlich Bayerischen und Königlich Württembergischen Post sowie für den Postverkehr zwischen Bayern und Württemberg untereinander. Dagegen haben letztere beide Staaten für ihren internen Verkehr eigene Postordnungen. Dies sind:

6. Die Postordnung für das Königreich Bayern vom 27. März 1900[3]).

7. Die Postordnung für das Königreich Württemberg vom 21. Mai 1900[4]).

Hinsichtlich der Gültigkeit sämtlicher bereits vor dem 1. Januar 1900 in Kraft gewesenen Reichsgesetze und damit auch der wichtigsten Postspezialgesetze stellt Art. 32 des EG. zum BGB. den wichtigen Grundsatz auf: „Die Vorschriften der Reichsgesetze bleiben in Kraft. Sie treten jedoch insoweit außer Kraft, als sich aus dem BGB. oder aus diesem Gesetze die Aufhebung ergibt."

Bestimmungen, aus denen sich die Aufhebung von Vorschriften der Postspezialgesetze ergibt, enthält weder das BGB. noch das EG. zum BGB. Die Postgesetze von 1871 gelten daher auch nach dem 1. Januar 1900 weiter.

Auf den Postverkehr nach und vom Ausland finden die vorstehend aufgeführten Gesetze usw. nur insoweit Anwendung, als nicht Staatsverträge oder Konventionen ein anderes bestimmen[5]). Die wichtigsten davon sind:

---

[1]) Zentralblatt für das Deutsche Reich 1900 S. 53 ff., 495 u. 599, 1901 S. 107 usw. Die Abänderungen sind abgedruckt im Nachtrag zu Dambach-v. Grimm S. 52 ff. Sie sind, ebenso wie die PO., sämtlich in Vertretung des Reichskanzlers gezeichnet von dem jeweiligen Staatssekretär des Reichs-Postamts, s. u. §§ 12, 15 u. 17.

Hogrewe S. 86 ist der irrigen Ansicht, daß die PO. von 1879 durch die 1883 und 1892 erlassenen PO.en ergänzt ist.

[2]) RV. Art. 52, PG. § 50 letzter Abs.

[3]) Gesetz- und Verordnungsblatt für das Königreich Bayern S. 227 ff. 1154, 1213.

[4]) Regierungsblatt für das Königreich Württemberg.

[5]) Indirekt anerkannt in §§ 6 II c und 51 PG. Unter „Konventionen" sind im Gegensatz zu Verträgen alle nicht in die feierliche Form eines völkerrechtlichen Vertrags gekleideten Vereinbarungen zu verstehen, also auch Vereinbarungen zwischen

a) Der Postvertrag zwischen Deutschland und der Österreich-Ungarischen Monarchie vom 7. Mai 1872[1]).
b) Der Postvertrag zwischen Deutschland und Luxemburg vom 19. Juni 1872[2]) und
c) Der Weltpostvertrag nebst je einem Übereinkommen, betreffend den Austausch von Briefen und Kästchen mit Wertangabe, den Postanweisungsdienst, den Austausch von Postpaketen, den Postauftragsdienst und den Postbezug von Zeitungen und Zeitschriften, sämtlich zuletzt erneuert in Washington am 15. Juni 1897[3]).

Außerdem bestehen mit zahlreichen anderen Ländern Sonderabkommen — meist über einzelne Arten von Versendungsgegenständen, namentlich über den Austausch von Postanweisungen und Postpaketen[4]).

Hinter diesen eigentlichen Postrechtsquellen galten bis zum 1. Januar 1900 subsidiär:

1. Die Bestimmungen des Tit. V Abschn. 1 (vom Frachtgeschäft überhaupt) des HGB.[5]),
2. die übrigen Bestimmungen des HGB.[6]),
3. die Handelsgebräuche[7]) und in deren Ermangelung
4. das allgemeine bürgerliche Recht, gemeines wie partikuläres, je nach der rechtlichen Stellung des Objekts.

Nach dem 1. Januar 1900 gilt subsidiär lediglich das BGB.[8]).

---

den obersten Postbehörden zweier Staaten im Wege des einfachen Schriftwechsels (ebenso Dambach S. 268. A. A. Tinsch S. 198), nur dürfen solche Vereinbarungen nicht positiven Gesetzes- oder Vertragsbestimmungen widersprechen und selbstverständlich nur solche Gegenstände betreffen, welche zur ausschließlichen Kompetenz dieser Behörden gehören.

1) RGBl. 1873 S. 1 ff.

2) RGBl 1872 S. 338 ff.

3) RGBl. 1898 S. 1079 ff. Die unter a—c aufgeführten Verträge und Übereinkommen haben die Zustimmung der beiden Faktoren der gesetzgebenden Gewalt im Deutschen Reich — des Bundesrats und des Reichstags — erhalten und sind im RGBl. verkündigt; sie sind daher als Reichsgesetze auch für das Publikum rechtsverbindlich. RG. in Strafsachen Bd. 30 S. 427 ff. (Arch. f. P. u. T. 1898 S. 553 ff.)

4) Einzeln aufgeführt im Arch. f. P. u. T. 1900 S. 669 ff.

5) Art. 449 hatte für die Post keine praktische Bedeutung, da sie nicht selbst Schiffe befrachtet.

6) So früher die herrschende Ansicht; anders z. B. Goldschmidt, System S. 232; Dambach 5. Aufl. S. 6; Tinsch S. 197.

7) HGB. I Art. 1.

8) Namentlich seine Vorschriften über den Werkvertrag.

Hier, wie überall bei Verträgen [1]), steht es den Kontrahenten, soweit nicht zwingendes Recht hindert, frei, abweichende Abmachungen zu treffen. Im allgemeinen darf nun zwar die Post nur unter den ihr gesetzlich oder reglementsmäßig vorgeschriebenen Bedingungen Verträge abschließen; demgemäß trägt das Postsonderrecht im ganzen den Charakter eines zwingenden Rechts; dies schließt aber nicht aus, daß in untergeordneten Punkten Abweichungen von den allgemeinen Bedingungen zulässig sind und täglich vorkommen.

Eine ganz eigenartige Ansicht wird von zwei Autoritäten auf dem Gebiet des Staatsrechts vertreten. Zorn [2]) führt aus: Die moderne Zivilisation hat auch den durch Post und Telegraphen vermittelten Verkehr der Untertanen den Staatszwecken eingefügt. Demgemäß besteht in dieser Hinsicht ein staatsrechtlicher Anspruch der Untertanen gegenüber dem Staat ganz ebenso, wie bezüglich der Rechtspflege und des Unterrichts und in ganz demselben Umfang. Daraus folgt die Notwendigkeit eines besonderen Postverwaltungsrechts, wie ein solches auch für das Deutsche Reich besteht. Die Frage, ob Lücken des Postverwaltungsrechts aus dem allgemeinen Zivilrecht ergänzt werden dürfen, ist wegen der prinzipiell verschiedenen Basis, auf welcher beide Geschäfte beruhen, zu verneinen; zudem reicht die Analogie auch für den Hauptzweig des Postgeschäfts, das Briefgeschäft, und ebenso für das Telegraphengeschäft nicht aus. Wohl aber können positive Gesetzesvorschriften auf das gewöhnliche Zivilrecht als subsidiär anzuwendendes Recht verweisen (HGB. I 421,2 und 449). Wo ein solcher Hinweis fehlt, wie jetzt für die Beförderung von Briefen und Telegrammen, nach dem neuen HGB. für sämtliche Zweige postalischer Tätigkeit, hat der Richter die Entscheidung eventl. nicht aus den allgemeinen zivilrechtlichen Grundsätzen, sondern aus den Gesichtspunkten der Staatsverwaltung und des öffentlichen Rechts zu entnehmen.

Diese Ansicht von Zorn hängt damit zusammen, daß er die Rechtsgeschäfte zwischen Post und Publikum nicht als privatrechtliche Verträge, sondern als Obligationen des öffentlichen Rechts auffaßt.

Auf demselben Standpunkt steht Arndt [3]). Er stützt sich besonders auf den mehrerwähnten § 452 HGB.; diesem gegenüber müßten die

---

[1]) Siehe unten § 13.

[2]) II S. 257 ff.

[3]) Staatsrecht S. 285 f.

Ansichten, welche einen privatrechtlichen Vertrag, z. B. einen Werkverdingungsvertrag annehmen, als veraltet gelten. Das gesamte Postrecht gehöre dem öffentlichen Recht an[1]).

Die Ansicht von Arndt und Zorn, auf welche unten[2]) näher eingegangen werden soll, hat meines Wissens in der Literatur nirgends Anklang gefunden.

§ 12.

Die Postordnung insbesondere.

Was das postalische Sonderrecht anlangt, so hat die Postordnung hinsichtlich ihrer rechtlichen Natur und ihrer Rechtsgültigkeit eine sehr abweichende Beurteilung erfahren.

Nach Art. 50,2 der RV. steht der Erlaß der reglementarischen Festsetzungen und allgemeinen administrativen Anordnungen für das Post- und Telegraphenwesen dem Kaiser zu. Im Gegensatz hierzu delegiert § 50 PG. den Erlaß eines Reglements, das mittels der für die Publikation amtlicher Bekanntmachungen bestimmten Blätter zu veröffentlichen ist und die weiteren, bei Benutzung der Postanstalt zu beobachtenden Vorschriften treffen soll, an den Reichskanzler. Im Abs. 3 des § 50 PG. werden 10 Punkte aufgezählt, welche das Reglement enthalten soll, und von diesen unterliegen nach Abs. 4 „die unter 2, 4 u. 6 bezeichneten Anordnungen" der Beschlußfassung des Bundesrats. Auf Grund dieses § 50 sind die bisherigen Postordnungen erlassen, vom jeweiligen Leiter des Postwesens in Vertretung des Reichskanzlers unterzeichnet und durch das Zentralblatt[3]) für das Deutsche Reich, nicht aber durch das RGBl., veröffentlicht.

In der Delegation des Verordnungsrechts an den Reichskanzler erblickt Hensel[4]) einen Widerspruch zwischen Art. 50 der RV. und § 50 PG. Dieser Widerspruch ist aber nur ein scheinbarer, da die angezogene Bestimmung des PG. als eine, wenn auch nicht ausdrücklich

[1]) Nicht so das Recht der öffentlichen Eisenbahnen, weil diese nach ihrer Entstehung und Entwickelung im Prinzip nicht Verkehrsanstalten, sondern Erwerbsanstalten seien. S. 311, 316 f.

[2]) § 13.

[3]) Bei Hönncher S. 11 steht unrichtig „Zentralanzeiger".

[4]) S. 27 f.

gekennzeichnete, so doch staatsrechtlich nicht zu beanstandende Abänderung der Verfassung aufgefaßt werden kann [1]).

Was die Art und Entstehung der Verordnungen anlangt, so unterscheidet Laband zwischen „Rechtsverordnungen" und „Verwaltungsverordnungen". Sinngemäß spricht Hänel (Staatsrecht I S. 285) im Gegensatz zu Rechtsverordnungen von „Vollzugsverordnungen".

Rechtsverordnungen sind nur der Form nach Verordnungen, der Sache nach Gesetze, „Gesetze im materiellen Sinne des Worts, ius scriptum, Rechtsnormen" [2]). Der einzelne ist ihnen unterworfen. An und für sich sind Rechtsnormen im Wege der Gesetzgebung zu erlassen; die Form der Verordnung genügt nur, wenn eine allgemeine oder ausdrückliche gesetzliche Delegation vorliegt. „Denn die Vertretung des Gesetzes durch eine Verordnung ist Abweichung von der verfassungsmäßigen Organisation und Funktion der gesetzgebenden Faktoren" [3]). Andererseits enthält aber die RV. keine Bestimmung, welche den Erlaß von Rechtsnormen im Verordnungsweg verbietet oder für unzulässig erklärt. Eine allgemeine Ermächtigung zum Erlaß von Rechtsverordnungen gestehen Hänel und Laband keinem Organ des Reichs zu, auch dem Bundesrat und dem Kaiser nicht.

Einen anderen Standpunkt vertritt und begründet eingehend Arndt [4]). Er unterscheidet vier Arten von Verordnungen:

a) die selbständigen, welche sich auf das eigene Recht des Anordnenden und nicht auf eine verfassungs- oder gesetzmäßige Ermächtigung stützen. Ein solches selbständiges Verordnungsrecht besteht in Preußen, Bayern, Baden usw., aber nicht im Deutschen Reichsrecht, weil es zu jeder Verordnung einer verfassungs- oder gesetzmäßigen Delegation bedarf [5]);

---

1) So u. a. Sydow S. 519; Dambach S. 264; Mittelstein, Beiträge S. 2 u. Lit. das.; Meyer S. 540 Anm. 18, welchem — und nicht Mittelstein — Sydow S. 520 zustimmt, nimmt an, daß unter „Kaiser" in Art. 50 der RV. auch dessen Organe zu verstehen seien. Ebenso Arndt, Verordnungsrecht S. 180 f.; Staatsrecht S. 203—205 u. 283; anscheinend auch Laband II S. 92.

2) Laband II S. 80.

3) Hänel, Studien II S. 64; Staatsrecht I S. 280 ff., 295; Hensel S. 26.

4) Staatsrecht S. 199—207 und Lit. das.

Vgl. dazu Anschütz, die gegenwärtigen Theorien über den Begriff der gesetzgeb. Gewalt und den Umfang des Kgl. Verordnungsrechts 1901; Jellinek, Gesetz und Verordnung; derselbe, das Recht des modernen Staates; Arndt, das selbständige Verordnungsrecht, und Hubrich.

5) Arndt a. a. O. S. 200; Zorn, Staatsrecht I S. 486 und in Hirths

b) die provisorischen Gesetze, d. s. Verordnungen, welche das Staatsoberhaupt auf Grund verfassungsmäßiger Ermächtigung bei Notständen erlassen darf. Auch dieses Verordnungsrecht, das in fast allen deutschen Partikularstaaten besteht, fehlt im Reich;

c) Verordnungen, welche auf Grund verfassungs- oder gesetzmäßiger Ermächtigung ergehen. Hierher rechnet Arndt besonders die Verordnungen des Bundesrats, welcher auf Grund des Art. 7, 2 der RV. über die zur Ausführung der Reichsgesetze erforderlichen allgemeinen „Verwaltungsvorschriften" beschließt. Darunter seien zu verstehen nicht Vorschriften, welche nur für die Verwaltungsbehörden gelten sollen, sondern Vorschriften, welche von der Verwaltung, im Gegensatz zur Verfassung und Gesetzgebung aufgestellt sind und ebenfalls Rechtsnormen darstellen. Durch Art. 7, 2 der Reichsverfassung sei daher der Bundesrat zum Erlaß von Rechtsverordnungen allgemein ermächtigt[1]);

d) sogenannte „Verwaltungsverordnungen", d. h. solche Verordnungen, die nicht für das Publikum, sondern nur für die unterstellten Behörden verbindlich sein sollen, also alles, was man als „Verfügung" oder „Erlaß" einer vorgesetzten Stelle bezeichnet. Hierher gehört die PO. nicht, da sie auch für das Publikum rechtsverbindlich ist[2]).

Im konkreten Fall kann das Verordnungsrecht delegiert sein[3]) an den Bundesrat, den Kaiser, den Reichskanzler oder eine oberste Reichsbehörde sowie an die Einzelstaaten.

Hier entsteht nun die weitere Frage, ob das Recht, Rechtsverordnungen zu erlassen, subdelegiert werden kann, ob also der Kaiser oder der Bundesrat den Reichskanzler und der Reichskanzler einen ihm unterstellten Beamten beauftragen können, an ihrer Stelle Verordnungen

---

Annalen 1885 S. 813 legt dem Bundesrat das Recht bei, ohne gesetzliche Ermächtigung Verordnungen zu erlassen.

[1]) A. a. RG. 40 S. 70; Hänel, Staatsr. I S. 271; v. Seydel, Staatsr. III S. 612, Kommentar S. 139 ff.; Laband, Staatsrecht II S. 83 ff., in DJZ. 1900 S. 509 ff., 1901 S. 61; Harburger a. a. O. 1901 S. 59 ff.; Kaufmann a. a. O. 1901 S. 185 f.

[2]) Vgl. auch Arndt, Was sind Verwaltungsvorschriften? im Recht 1901 Nr. 5 S. 108 ff., in seiner Monographie über das selbständige Verordnungsrecht und in der Birkmeyerschen Enzyklopädie S. 75 f.

[3]) Eine Formel für die Delegierung von Reichsbehörden zum Erlaß von Rechtsverordnungen ist in der RV. nicht bestimmt. RG. 40 S. 75.

zu erlassen. In der Theorie ist diese Frage generell verneint worden[1]). Demgegenüber weist Arndt nach, daß es auf den einzelnen Fall ankommt, und gelangt zu dem zutreffenden Ergebnis, daß auch für das Reichsrecht die Subdelegation des Verordnungsrechts als zulässig gelten muß, „wenn nicht aus dem Gesetz erhellt, daß der Gesetzgeber die Verordnungsbefugnis nur und gerade dem dazu Beauftragten zugestehen wollte“[2]). Was den Reichskanzler anlangt, so spricht dafür auch das RG. v. 17. März 1878[3]), betreffend die Stellvertretung des Reichskanzlers, welches im § 2 unter anderem bestimmt: „Auch können für diejenigen einzelnen Amtszweige, welche sich in der eigenen und unmittelbaren Verwaltung des Reichs befinden, die Vorstände der dem Reichskanzler untergeordneten obersten Reichsbehörden mit der Stellvertretung desselben im ganzen Umfang oder in einzelnen Teilen ihres Geschäftskreises beauftragt werden.“

Streitig ist endlich auch die Art, wie Rechtsverordnungen zu publizieren sind. Hänel, Laband u. a. verlangen eine Verkündigung, d. h. eine Veröffentlichung in authentischer Form unter amtlicher Verantwortlichkeit, welche jeden Staatsbürger von Rechts wegen zum Kennenmüssen verpflichtet. Als Verkündigung im staatsrechtlichen Sinne gilt ihnen nur die Veröffentlichung im RGBl., für dessen Inhalt der Reichskanzler verantwortlich ist. Jede andere Veröffentlichung, auch eine solche in den „für die Publikation amtlicher Bekanntmachungen bestimmten Blättern“, wie z. B. im Reichsanzeiger oder im Zentralblatt für das Deutsche Reich, genügt nicht[4]). Diese Ansicht wird namentlich von Arndt, Zorn und Seydel bekämpft. Zutreffend weist Arndt daraufhin, daß weder aus dem allgemeinen Begriff der Verkündigung noch aus dem Wortlaut der Verfassung noch endlich aus dem Verfahren in der Praxis zu folgern sei, daß Reichsverordnungen ebenso wie Reichsgesetze gültig nur im RGBl. verkündet werden können. Falls daher nicht das zum Erlaß der Verordnung ermächtigende Gesetz die Art der Verkündigung selbst bestimmt, ist sie

[1]) So von Laband II S. 96 A. 1 und Hensel S. 27. Abw. Zorn II S. 251. Laband hält namentlich auch die Ausfertigung einer Rechtsverordnung durch einen anderen Beamten in Vertretung des Reichskanzlers für unzulässig.

[2]) S. 204; vgl. auch S. 283.

[3]) RGBl. S. 7.

[4]) So u. a. Hänel, Studien II S. 277; Laband II S. 99 ff.; G. Meyer § 159; Hensel S. 27 ff., Mittelstein, Beitr. S. 2 ff., Schmidt, Haftpflicht S. 19; anscheinend auch Pappenheim, S. 23.

in das freie Ermessen des Ermächtigten gestellt[1]). Dieser Ansicht ist auch das RG. in einem Erkenntnis vom 25. 11. 1897 beigetreten.

Darin[2]) heißt es:

„Nach dem Art. 2 der Reichsverfassung erhalten die Reichsgesetze ihre verbindliche Kraft durch ihre Verkündigung von Reichswegen, welche mittels eines Reichsgesetzblatts geschieht. Der Art. 2 erfordert also die Verkündigung durch ein Reichsgesetzblatt lediglich für die Reichsgesetze. Unter diesen sind aber nach Art. 5 und 17 a. a. O. nur solche legislatorische Akte zu verstehen, die mit Zustimmung des Bundesrats und des Reichstags vom Kaiser ausgefertigt und verkündigt werden. In der Verordnung vom 26. Juli 1867, welche von dem Präsidium des Norddeutschen Bundes zur Ausführung der inhaltlich der Reichsverfassung entsprechenden Art. 2 und 17 der Bundesverfassung erlassen (BGBl. S. 24) und durch welche das Bundesgesetzblatt (seit der Nr. 19 des Jahrgangs 1871 Reichsgesetzblatt genannt) eingeführt ist, heißt es auch nur, daß in diesem Blatte sämtliche Bundesgesetze (Art. 2 der Bundesverfassung) und Anordnungen und Verfügungen des Bundespräsidiums (Art. 17) verkündet werden sollen. Eine Vorschrift, wonach Verordnungen des Bundesrats durch das RGBl. verkündigt werden müßten, ist in der Reichsverfassung — auch abgesehen von Art. 7 Z. 2 derselben — nicht enthalten. Nun haben allerdings mehrere Rechtslehrer die Ansicht vertreten, daß die im Art. 2 der Reichsverfassung vorgesehene Verkündigungsform für die Reichsgesetze auch auf Rechtsverordnungen von Reichsbehörden zu erstrecken sei, und zwar aus dem Gesichtspunkte, daß derartige Verordnungen den Reichsgesetzen gleichständen . . ."

Diese Ansicht, der das Berufungsgericht gefolgt zu sein scheint, wird aber von anderen Rechtslehrern . . . bekämpft und kann auch diesseits nicht gebilligt werden. Es mag zutreffen, daß Rechtsverordnungen in der Wirkung den Reichsgesetzen gleichstehen, aber deshalb können sie nicht überhaupt und namentlich mit bezug auf ihren formellen Bestand den Reichsgesetzen gleichgestellt werden. Beim Mangel einer verfassungsmäßigen Formvorschrift für die Verkündigung von Rechtsverordnungen des Bundesrats muß angenommen werden,

---

[1]) Arndt, Staatsr. S. 205 f, Verordnungsrecht S. 199 ff., im Recht 1901 S. 58; selbständ. Verordnungsrecht S. 192; Zorn I S. 494, II S. 251, in Hirths Annalen 1885 S. 310; v. Seydel, Staatsr. III S. 612; Kommentar S. 45; Kann S. 18.

[2]) RG. 40 S. 76 f.

daß der Bundesrat in der Bestimmung der Verkündigungsweise freie Hand hat. Im Falle der vorliegenden Grundsätze ist von ihm beschlossen worden, dieselben durch das Zentralblatt für das Deutsche Reich bekannt zu machen. Aus diesem Beschlusse zu folgern, daß mit den Grundsätzen nur der Erlaß einer Verwaltungsinstruktion bezweckt worden sei, dafür fehlt es an jedem erkennbaren Anhalt. Übrigens darf noch erwogen werden, daß auch das Zentralblatt für das Deutsche Reich unter Redaktion einer obersten Reichsbehörde[1]) steht und deshalb geeignet erscheint, dem Zweck der amtlichen Verkündigung, d. h. der Ermöglichung allgemeiner und zuverlässiger Kenntnisnahme zu genügen."

Ähnlich führt das RG. unterm 26. März 1901[2]) aus:

„Wenn endlich die Rechtsgültigkeit der „Grundsätze" (sc. für die Besetzung der Subaltern- und Unterbeamtenstellen bei den Reichs- und Staatsbehörden mit Militäranwärtern) als einer Rechtsnorm wiederholt aus dem Grunde angefeindet wird, weil sie nicht im Reichsgesetzblatt, sondern im Zentralblatt für das Deutsche Reich verkündet sind, so kann . . . darauf verwiesen werden . . ., daß die Verkündung im Reichsgesetzblatt nur für die Reichs**gesetze**, d. h. nach Art. 5 der Reichsverfassung die mit Zustimmung des Reichstags und des Bundesrats zustande gekommenen legislatorischen Akte, vorgeschrieben ist und daß daraus, daß die Wirkung der Reichsgesetze, landesgesetzlichen Bestimmungen vorzugehen, aus inneren Gründen auch den Reichsverordnungen beizulegen ist, nicht gefolgert werden kann, daß

---

[1]) Das seit 1878 erscheinende, im vormaligen Reichskanzleramt, jetzigen Reichsamt des Innern herausgegebene „Zentralblatt für das Deutsche Reich" ist eine Zeitschrift, welche zur Aufnahme solcher für das Publikum bestimmter Veröffentlichungen der Organe des Reichs dienen soll, die der Verkündigung durch das RGBl. nach Art. 2 der Reichsverfassung und nach der Verordnung vom 26. Juli 1867, Bundesgesetzblatt S. 24, nicht bedürfen. (Bekanntmachung des Reichskanzleramts vom 22. Dez. 1872, Reichsanzeiger 1872 Nr. 304). Wenn **Hänel** (Studien II S. 91 ff.) trotzdem behauptet, daß die Veröffentlichungen einer solchen Zeitschrift schlechterdings nicht die Kraft einer Verkündigung haben, daß ihren Abdrücken keinerlei verpflichtende Beglaubigung der Authentizität beiwohnt, daß zu ihrer Kenntnisnahme keinerlei Rechtspflicht besteht und daß die tatsächliche Kenntnisnahme ihrer Veröffentlichungen keinerlei Gehorsamspflichten erzeugt — dies alles, obwohl notorisch gesetzvertretende Verordnungen des Bundesrats im Zentralblatt ausschließlich veröffentlicht worden sind —, so setzt er sich mit dem deutlich ausgesprochenen und offiziell verkündeten Wesen und Zweck des Zentralblatts in Widerspruch (vgl. auch **Hänel**, Staatsr. I S. 292).

[2]) RG 48 S. 84 ff

letztere, die formell anders zustande kommen, auch in derselben Form wie jene publiziert werden müßten. Hinzugefügt mag nur noch werden, daß in einer Reihe von Reichsgesetzen, vgl. z. B. das Postgesetz vom 28. Oktober 1871 § 50 Abs. 1, die Publikation der in ihnen vorgesehenen Ausführungsvorschriften ausdrücklich auch in anderer Weise als im Reichsgesetzblatt zugelassen ist."

Wenden wir die oben gefundenen Grundsätze auf die PO. an, so ergibt sich: Der Erlaß der PO. ist durch § 50 PG. rechtsgültig an den Reichskanzler delegiert. Der Reichskanzler war berechtigt, das Verordnungsrecht an den Chef der Postverwaltung zu subdelegieren[1]); mithin ist die PO. rechtsgültig erlassen. Sie ist aber auch rechtsgültig verkündigt. Einmal bedarf es der Verkündigung von Rechtsverordnungen der Reichsbehörden im RGBl. überhaupt nicht. Sodann ist die Veröffentlichung „mittels der für die Publikation amtlicher Bekanntmachungen bestimmten Blätter" — und ein solches ist das Zentralblatt für das Deutsche Reich zweifellos — im § 50 PG. ausdrücklich angeordnet.

Unter diesen Umständen muß auch jeder, der an dem strengen Standpunkt hinsichtlich der Veröffentlichung von Rechtsverordnungen festhält, die gewählte Art der Veröffentlichung für ausreichend erklären, wenn nicht anders aus dem Gesichtspunkt, daß § 50 PG. für den vorliegenden Fall den Art. 2 der Reichsverfassung abändert[2]).

Daher ist die PO. — und zwar in allen ihren Teilen — eine **Rechtsnorm**[3]).

Dieses staatsrechtlichen Charakters wird sie auch durch § 50 Abs. 2 PG. nicht entkleidet, wonach ihre Vorschriften „als Bestandteil des Vertrags zwischen der Postanstalt und dem Absender bezw. Reisenden" gelten. Es ist nirgends gesagt, daß sie **nur** als Bestandteil dieses Vertrags zu gelten hat, nicht darüber hinaus wie ein

---

[1]) Auf die in mancher Hinsicht nicht unbedenklichen Folgen dieser weitgehenden Delegation des Verordnungsrechts an den Reichskanzler bezw. den Staatssekretär des Reichspostamts wird weiter unten einzugehen sein, § 15.

[2]) **Sydow** S. 520; vgl. auch **Dambach** S. 264 f.; **Hänel** Studien II S. 66; **Kann** S. 18; **Kohler** Arch. f. b. R. Bd. 6 S. 835 A. 34; **Merten** S. 17 f.; **Arndt** Staatsr. S. 283 f. und namentlich im selbständ. VerordnR. S. 192 verwirft diesen Gesichtspunkt.

[3]) So auch General-Direktion der Kgl. Bayer. Post- und Telegr. Abt. I v. 10. 6. 1899 Nr. 19129. Die gegenteilige Ansicht vertreten von Neueren namentlich **Laband** und **Anschütz**.

Gesetz[1]). Daß das Publikum dieser Vorschrift auch vertragsmäßig unterworfen sein soll, hebt ihren Rechtscharakter nicht auf. „Denn es kann etwas zugleich als objektiver Rechtssatz gelten, was auch Vertragscharakter hat[2]).“

Die Absicht des 2. Absatzes des § 50 PG. war sicherlich nur die, die PO. ganz zweifellos als verbindlich zu erklären — keine andere.

Für die Wahl des Verordnungswegs zur Schaffung objektiver Rechtsregeln haben gewiß gewichtige Gründe vorgelegen[3]). Die formelle Begründung für die Vorschrift des § 50 Abs. 1 PG. enthält Art. 48 Abs. 2 der Reichsverfassung, nach welchem die Gesetzgebung des Reichs in Post- und Telegraphenangelegenheiten sich nicht auf diejenigen Gegenstände erstreckt, deren Regelung nach den in der Norddeutschen Post- und Telegraphenverwaltung maßgebend gewesenen Grundsätzen der reglementarischen Festsetzung oder administrativen Anordnung überlassen ist. Die materielle Begründung für diese Abgrenzung der Sphäre von Gesetz und Verordnung wird man weniger in inneren, prinzipiellen Gesichtspunkten zu suchen haben, als vielmehr in äußeren Zweckmäßigkeitsgründen nach technischen und verkehrspolitischen Erwägungen[4]). Nachdem die wichtigsten Fragen des Postrechts im PG. eine gesetzliche Regelung gefunden hatten, erschien es zweckmäßig und ausreichend, alles, was in der Hauptsache technischer Natur war und was erfahrungsmäßig dem Verkehrsbedürfnis entsprechend eine häufige Änderung oder Vervollständigung erheischte, aus dem Gesetz auszuscheiden. Schwierigkeiten zwischen Regierung und

---

1) Mehr oder weniger abweichend: Arndt Staatsr. S. 283f., 286, Verordnungsr. S. 53f. und 116ff., Kommentar S. 119, selbständ. VerordnR. S. 178ff.; Cosack S. 460; Dambach S. 264; Gareis 5. Aufl. S. 570; Goldschmidt, System S. 232; Hänel; Hensel S. 27; Laband III S. 82, derselbe DIZ. 1900 S. 509; Löning S. 608; Mandry S. 487ff.; Meyer S. 540; Mittelstein, Beitr. S. 8f; Pappenheim S. 10 A. 1; Schott S. 583f.; v. Seydel I S. 528; Sydow S. 529; Zorn II S. 249ff.; Freund S. 339; Kann S. 12ff.; Schmidt, Haftpflicht S. 18ff., Arch. f. d. R. 6 S. 172, rechtl. Nat. d. Postanw. S. 11 A. 34; Wirsing S. 8f.; Petschek S. 90; Hönncher S. 10ff.; Kann S. 12, 14; Merten S. 17; Schmidt, Recht des Empf. S. 44ff.; Walter S. 24; Paschke S. 37f.; Faßbender S. 2f. Ferner: Hellwig S. 519f., 530 usw.; Stenglein S. 307; Stranz in der Enzyklopädie I S. 775; Anschütz ebenda II S. 605; Makower S. 1490 und Hubrich.

2) Arndt, selbständ VerordnR. S. 180.

3) Vgl. Schmidt, Haftpfl. S. 20f. und Arch. f. d. R. Bd. 6, 172.

4) Ähnlich Laband III S. 83; Zorn II S. 249; Dambach S. 263; vergl. v. Seydel Staatsrecht V S. 523f.

Reichstag haben sich hierbei bisher nicht ergeben. Der Postverwaltung mußte naturgemäß daran gelegen sein, sich auf diese Weise einen möglichst weiten Spielraum zu sichern; je mehr Gegenstände durch Zuweisung in die PO. der Mitwirkung der gesetzgebenden Faktoren entzogen waren, um so freiere Hand hatte sie bei Änderung bestehender und Einführung neuer Geschäftszweige, um so besser vermochte sie den Anforderungen des Verkehrs Rechnung zu tragen, ohne gezwungen zu sein, wegen verhältnismäßig geringfügiger Angelegenheiten die komplizierte Gesetzgebungsmaschine in Bewegung zu setzen. Und dies war offenbar auch der Grund, weshalb man von einer Publikation der PO. im RGBl. absah und ihre Veröffentlichung mittels der für die Publikation amtlicher Bekanntmachungen bestimmter Blätter reichsgesetzlich für ausreichend erklärte[1]), weshalb man ferner die legale authentische Interpretation hinzufügte (§ 50 Abs. 2 PG.), daß diese Vorschriften der PO. im Verkehr des Publikums mit der Post als lex contractus anzusehen seien.

Als solche enthält sie u. a. Normativbedingungen für die Verträge, welche die Postverwaltung mit den Absendern der Postsendungen abschließt; allerdings nicht alle Normativbedingungen, vielmehr sind diejenigen für die wichtigsten Versendungszweige in die Form des Gesetzes gekleidet, wodurch ihre Normierung dem freien Belieben der Verwaltung entzogen ist. Die Bestimmungen der PO. sind aber nicht, wie Dambach[2]) ausführt, als reine Vertragsnormen nach den freieren Prinzipien bei Auslegung von Verträgen zu interpretieren, sondern nach den strengen Grundsätzen bei Anwendung von Gesetzen. Auch darin kann ich Dambach nicht beistimmen, daß die rechtliche Bedeutung der PO. in ihren einzelnen Teilen eine verschiedene sei und daß nur die Anordnungen über Aufrechthaltung der Ordnung, der Sicherheit und des Anstands auf den Posten[3]) den Charakter von Rechtsnormen trügen[4]).

---

[1]) Die Postverwaltung hat daher von dem leicht ausführbaren Vorschlag Mittelsteins (Beitr. S. 5), die PO. noch nachträglich in RGBl. zu publizieren, keinen Gebrauch gemacht und wird es auch schwerlich tun.

[2]) S. 264. Richtig Mittelstein Beitr. S. 5.

[3]) PG. § 50 Nr. 10. PO. § 62.

[4]) Ebenso Freund S. 339; Schmidt, Dissert. S. 46. In Übereinstimmung hiermit wird durch das neue HGB. der gesamten EVO. der Charakter einer Rechtsverordnung beigelegt, mit der ausdrücklichen Betonung, daß die „rechtliche Bedeutung ihrer einzelnen Teile selbstverständlich nicht eine verschiedene sein kann“. (Mater. S. 414 [Denkschr. S. 269]). Hiergegen vgl. Pappenheim S. 20 A. 1 u. S. 28 f.;

Das Reichsgericht spricht in bezug auf den rechtlichen Charakter der PO. einmal von einer „Rechtsnorm", in zwei anderen Fällen von einer „allgemeinen Rechtsnorm"[1]), ein drittes Mal davon, daß die PO. „mit Gesetzeskraft versehen sei". Nach einer anderen Stelle desselben Erkenntnisses gelten die Vorschriften der PO. „als Bestandteil des Vertrags zwischen Postanstalt und Absender[2])". Schließlich werden in einer neueren Entscheidung die POen. als Verwaltungsvorschriften bezeichnet[3]).

Das RG. schließt sich somit in dieser Beziehung der Arndtschen Theorie an und verwirft die gegenteilige Ansicht.

Die Denkschrift zum Entwurf eines HGB. betrachtet die PO. ebenfalls als Rechtsquelle, wenn sie feststellt, daß die Rechte und Pflichten der Post durch die Bestimmungen des Postgesetzes und der auf Grund desselben erlassenen PO. eine eingehende Regelung erfahren haben[4]).

Die praktische Bedeutung der erörterten Frage liegt bekanntlich auf prozessualem Gebiet. Nach § 549 CPO. kann die Revision nur darauf gestützt werden, daß die Entscheidung auf der Verletzung eines Reichsgesetzes oder eines Gesetzes, dessen Geltungsbereich sich über den Bezirk des Berufungsgerichts hinaus erstreckt[5]), beruhe. Und zwar ist das Gesetz nach § 550 a. a. O. verletzt, wenn eine Rechtsnorm nicht oder

---

Kann S. 13 f.; vgl. auch Laband III S. 82 A. 2; Makower S. 1493; RG. in Straff. 12 S. 323.

[1]) RG. 19 S. 101, 43 S. 99, z. T. abgedruckt unten § 18; vgl. Schmidt, Haftpfl. S. 19.

[2]) RG. in Straff. 17 S. 145 f.

[3]) RG. in Straff. 34 S. 366.

[4]) S. o. S. 120.

[5]) Kohler in der Enzyklopädie 2 S. 160 hält diese Einschränkung des Begriffs der sogen. revisiblen Rechtsnormen für sehr bedenklich. Wenn das RG. auch nicht in der Lage sein werde, alles Partikularrecht mit der gleichen Gründlichkeit zu beherrschen, so sei doch der Satz, daß nur solches Recht in Betracht komme, welches im Bezirk des Oberlandesgerichts gilt, unbegründet, denn damit sei alles ausländische Recht von selber ausgeschlossen, und doch sei gerade, wenn ausländisches Recht in Frage steht, die Hilfe des RG. am allernötigsten. Vgl. über den Begriff der revisiblen Rechtsnorm RG. in Seufferts Archiv 59 S. 246 ff. Neuerdings trägt man sich mit der Absicht zur Entlastung des RG. die Bestimmungen über die Zulässigkeit der Revision zu ändern, nur ist man sich noch nicht klar darüber, wie dies am besten zu geschehen hat. Vgl. dazu den Entwurf eines Gesetzes, betr. Änderungen der CPO., in JW. 1904 S. 325 ff., ferner O. Fischer, die Entlastung des RG. und die Verbesserung der Revision in Zivilsachen, ebenda S. 307 ff.

nicht richtig angewendet worden ist. Die PO. ist eine Rechtsnorm, also läßt sich auch auf ihre Nichtanwendung oder nicht richtige Anwendung die Revision stützen[1]).

Daß das neue HGB. der EVO. den Charakter einer Rechtsnorm beigelegt hat, ist bereits erwähnt[2]). Hinsichtlich der PO. ist mit dem neuen HGB. eine Änderung nicht eingetreten. Die Postfrachtgeschäfte sind aus seinem Bereich ausgeschlossen, ohne daß gleichzeitig das Postrecht eine anderweite Regelung erfahren hat.

Daß es wegen der Ausnahmestellung, welche Bayern und Württemberg in bezug auf das Postwesen einnehmen, schwerwiegenden staatsrechtlichen Bedenken unterliegt, den drei Postordnungen die Bedeutung von Rechtsnormen zuzuweisen[3]), läßt sich nicht verkennen. Für den inneren Postverkehr der Königreiche Bayern und Württemberg werden ja die reglementären Anordnungen von den zuständigen Behörden dieser Staaten[4]) erlassen. Wer also der ReichsPO. die Bedeutung einer Rechtsnorm zugesteht, darf der Königlich Bayerischen und der Königlich Württembergischen PO. den gleichen Rechtscharakter nicht absprechen. Daraus ergibt sich das wenig befriedigende Resultat, daß auf einem der Beaufsichtigung seitens des Reichs und seiner Gesetzgebung unterstellten Gebiet die Befugnis zur Schaffung von Rechtsnormen in wichtigen, jedermann angehenden Verkehrsfragen an Landesbehörden ausgeantwortet und daß dem Reich sogar die Kontrolle darüber entzogen ist. Man mag diesen die Rechtseinheit gewiß nicht fördernden Zustand bedauern: nach den wiederholten, nach jahrelangen Prüfungen und in voller Würdigung aller Bedenken von verschiedenen Senaten des RG. getroffenen Entscheidungen wird man sich, wie Arndt zutreffend hervorhebt[5]), nunmehr nach diesen Entscheidungen zu verhalten haben.

Den Dienstbetrieb innerhalb der Postverwaltung regelt die in 12 Abschnitte eingeteilte „Allgemeine Dienstanweisung für Post und Telegraphie," welche außer den einschlägigen Gesetzen als Abschn. V

---

1) Vgl. Mittelstein Beitr. S. 5.

2) Oben S. 34 ff. Über die Rechtsgültigkeit der EVO. vgl. noch Mode in DJZ. 1904 S. 1084 ff.

3) Vgl. Pappenheim S. 10 A. 1, 11 A. 3 und 22.

4) § 50 PG. letzter Abs. In Bayern: K. Staatsministerium des Königl. Hauses und des Äußern bezw. vom 1. Januar 1904 ab das Staatsministerium für Verkehrsangelegenheiten. In Württemberg: Ministerium der Auswärtigen Angelegenheiten, Abteil. für die Verkehrsanstalten.

5) Das selbständige Verordnungsrecht S. 17.

Abt. 1 auch die PO. nebst Ausführungsbestimmungen enthält. Diese Dienstanweisung ermangelt zwar, weil nicht veröffentlicht und ihrem ganzen Wesen nach nur für die Postbeamten bestimmt, jeder rechtlichen Bedeutung, immerhin aber liefert sie ein nicht zu unterschätzendes Material bei der Auslegung des Postspezialrechts und besonders der PO.[1]). Darüber hinaus kann sie aber, wie Schmidt[2]) zutreffend ausführt, auch für das Publikum Bedeutung erlangen, wenn nur solche in ihr enthaltene Bestimmungen in Frage kommen, welche im Anschluß an die PO. dem Publikum weitere Vergünstigungen zugestehen oder welche Formulare betreffen, denen sich das Publikum dadurch, daß es sie ausfüllt und übergibt, oder — wie z. B. eine Quittung — entgegennimmt und vollzieht, als Vertragsbedingungen unterwirft[3]). Wenn Mittelstein[4]) dem nur unter der Voraussetzung beipflichtet, daß jedesmal festgestellt wird, ob diese Vertragsbedingungen auch dem PG. und der PO. entsprechen, so darf man wohl ohne weiteres annehmen, daß diese Voraussetzung stets erfüllt sein wird. Darin aber ist Mittelstein beizustimmen, daß das Publikum etwaige günstigere Vertragsbedingungen der allgemeinen Dienstanweisung nur im Verwaltungsweg, nicht aber vor Gericht für sich in Anspruch nehmen kann[5]).

§ 13.

Das Rechtsverhältnis der Post zum Publikum.

Art. 48 der Reichsverfassung bestimmt: „Das Postwesen und das Telegraphenwesen werden für das gesamte Gebiet des Deutschen Reichs als einheitliche Staatsverkehrs-Anstalten eingerichtet und verwaltet.“ Diese Bestimmung erleidet für Bayern und Württemberg insofern eine Einschränkung, als beide Königreiche ihre eigene Staatspost besitzen, für welche dem Reich nur das postalische Gesetzgebungsrecht und die Regelung der wichtigen Beziehungen zum Ausland zustehen[6]). Wir haben sonach in Deutschland ein dreifach gegliedertes

---

1) Schott S. 534; Freund S. 339; Mittelstein, Beiträge S. 7f.; v. d. Osten S. 5; Merten S. 18; Kann S. 15; ROHG. 23, S. 12; RG. 13 S. 260; RG. in Straff. 17 S. 147; a. A. Kompe S. 320f.

2) Über die rechtl. Natur der Postanw. S. 5f.

3) Vgl. auch Schmidt im Arch. f. b. R. Bd. 6 S. 172f. und 178f.

4) Beiträge S. 8.

5) Vgl. Z. III S. 230 und X S. 160.

6) RV. Art. 52. Die Reichspost- und Telegraphenverwaltung wird außerprozessual und prozessual vertreten durch das Reichs-Postamt. Dieses hat seinerseits

Staatspostwesen, d. h. drei staatliche Einrichtungen, welche unter festen, im voraus bekannt gegebenen Normen die Beförderung von Personen oder Sachen auf jedermanns Antrag bewirken, vorausgesetzt, daß diese Beförderung nicht ausschließlich von der Eisenbahn und deren Organen geschieht [1]). Dabei ist unter Beförderung auch die Fortbewegung von einem Punkt des Ortes nach einem andern zu verstehen; mithin gehört hierher auch das Abtragen der Sendungen am Bestimmungsort und die Geldübermittelung. Daß die Post statt des zu befördernden Gegenstands einen anderen gleicher Art aushändigt, wie z. B. beim Postanweisungsgeschäft, ändert hieran nichts, ebensowenig kommt es darauf an, ob mit der Beförderung eine im Zusammenhang damit stehende Tätigkeit verbunden ist, wie bei der Einziehung einer Geldsumme durch Postauftrag oder bei der Einholung eines Wechselakzepts.

die Ober-Postdirektionen mit der Vertretung der Verwaltung bei allen in ihrem Geschäftsbereich vorkommenden Angelegenheiten der streitigen oder freiwilligen Gerichtsbarkeit beauftragt (ADA. I § 6 Ziff. 21 S. 10), wozu es als leitende Zentralbehörde zweifellos befugt war. Klagen gegen die Reichspost- und Telegraphenverwaltung können daher — von besonderen Ausnahmefällen abgesehen — nur gegen die zuständige Oberpostdirektion gerichtet werden.

Der Reichskanzler ist zur Prozeßvertretung des Reichspostfiskus nicht kompetent. Näheres darüber bei Scholz in Gruchots Beitr. 47 S. 556 ff. und Lit. daselbst.

In Bayern ist seit dem 1. Januar 1904 die Leitung der Kgl. Staatsanstalten für den Verkehr, insbesondere die Verwaltung der Kgl. Staatseisenbahnen und der Kgl. Posten und Telegraphen, auf das zu diesem Zeitpunkt ins Leben getretene Kgl. Bayerische Staatsministerium für Verkehrsangelegenheiten übergegangen. Auch nach Errichtung dieses Ministeriums wird der Postärar rechtlich durch die General-Direktion der Kgl. Bayerischen Posten und Telegraphen in München vertreten, die für sämtliche Klagen aktiv und passiv legitimirt ist. Die Prozeßführung liegt dem für die Post- und Bahnverwaltung aufgestellten fiskalischen Amtsgericht ob.

In Württemberg ist zur Vertretung des kgl. württembergischen Postfiskus in prozessualer Beziehung nur die Generaldirektion der Posten und Telegraphen in Stuttgart berufen.

[1]) Ähnlich versteht von Linde, Arch. f. d. öffentl. Recht d. Deutschen Bundes, Bd. II, Heft 2 (das deutsche Postrecht) § 7 unter Post im eigentlichen Sinne eine Anstalt, die unter der Aufsicht des Staates „jedermann zur regelmäßigen, möglichst schnellen und sicheren Beförderung von brieflichen Nachrichten, Sachen und Personen, unter bestimmten, durch den Zweck und die Organisation der Anstalt gebotenen Beschränkungen und Begünstigungen gegen feste Preise zusteht." (Zit. in Zeitschr. f. deutsches Recht Bd. 18, S. 816, A. 27). Cnyrim p. 3: „Posta institutum existimatur, quod tempore praedefinito et pro mercede praedefinita res personasque transportat". Schellmann S. 6, A. 1.

Außer den Beförderungsgeschäften sind der Post in Deutschland noch übertragen: Der Vertrieb von Wechselstempelmarken und statistischen Marken sowie die Mitwirkung bei der Unfall- und Invalidenversicherung [1]), Geschäfte, welche begrifflich nicht zum Wesen der Post gehören; dasselbe gilt von dem s. Zt. für Deutschland in Aussicht genommenen Postscheckverkehr und von dem in anderen Ländern eingeführten Postsparkassenwesen [2]).

Aber auch die eigentlichen Geschäfte der Post sind ihrer Natur nach nicht als notwendige Attribute der Staatsgewalt anzusehen, wie z. B. die Rechtspflege, Polizei und Vertretung dem Ausland gegenüber; vielmehr könnte ein großer Teil der postalischen Tätigkeit, wie dies in anderen Ländern und zum Teil auch noch in Deutschland geschieht, durch Private ausgeübt werden [3]). Man denke nur an die privaten Personen-Beförderungsanstalten [4]), an die Geldvermittelung der Banken, an die Zeitungsspeditionen usw., man denke ferner daran, daß die Post bis 1867 in einem großen Teil Deutschlands durch einen Privatmann, den Fürsten zu Thurn und Taxis, betrieben wurde. Wenn bei uns und in den meisten übrigen Ländern die wichtigsten Zweige des Postbetriebs dem Staat vorbehalten sind, so liegen die Gründe dafür nicht in der rechtlichen Natur jener Betriebszweige, vielmehr beruht diese Art staatlicher Tätigkeit auf Zweckmäßigkeitsgründen. Der Staat überschreitet damit auch nicht den Kreis seiner Aufgaben; denn er soll seine Untertanen nicht nur beherrschen, wie bei Ausübung der Militär-, Polizei-, Justiz- und

---

[1]) Vgl. dazu Hänel, Staatsrecht I S. 418 A. 12.

[2]) In Deutschland ist diese Einrichtung an dem Widerspruch Bayerns gescheitert, das es ablehnte, die Vermittelung zwischen Postanstalt und Sparern, weil nicht zum Begriff der Geldübermittelung gehörig, in den Geschäftskreis seiner Landespost zu übernehmen, während Württemberg sich mit der Hineinziehung in den Geltungsbereich eines etwaigen Sparkassengesetzes einverstanden erklärte. Vgl. Hänel, Staatsrecht I S. 415; Arndt, Staatsrecht S. 286.

[3]) Vgl. Fischer, Post, S. 126f. Die Reichspost gehört, obwohl sie keineswegs ein freies gewerbliches Unternehmen des Fiskus darstellt, vielmehr eine öffentliche Verkehrsanstalt, andererseits doch zweifellos nicht zu den polizeilichen Verkehrsanstalten, welche, wie z. B. öffentliche Wege, Brücken, Häfen usw., der Verfügung und Obhut der Polizeibehörden unterstehen und dementsprechend auch den polizeilichen Schutz gegen schädigende Eingriffe im weitesten Umfang genießen. Die Polizei kann daher einer privaten Beförderungsanstalt nicht verbieten, sich Privat-Post zu nennen. Rechtsprechg. des OVG. 4 II S. 778ff.

[4]) Die sogenannten „Privatposten" sind durch RG. v. 20. 12. 1899 vom 1. April 1900 ab aufgehoben.

Finanzgewalt, sondern ihnen auch durch Förderung ihrer Interessen dienen; dies tut er z. B. durch die Post, die Eisenbahnen und die Reichsbank. Dabei übt der Staat, soweit sein Monopol reicht, allerdings einen Zwang auf seine Angehörigen aus, aber nicht durch Gebot, sondern nur durch Verbot; im übrigen drängt er sich nicht auf, sondern überläßt es dem Einzelnen, den Staat um seine Dienste zu bitten, wenn und so oft er deren bedarf. Geschieht dies, so stehen sich Staat und Untertan als gleichberechtigte Faktoren gegenüber: das Rechtsverhältnis zwischen beiden gehört dem Privatrecht an und wird begründet durch einen Vertrag.

Dieser Ansicht hat es nicht an Gegnern gefehlt. Schon von Linde[1]) gelangte, davon ausgehend, daß das Postrecht ein Reichsregal, ein Reichshoheitsrecht und kaiserliches Reservat wäre, zu dem Ergebnis, daß die aus dem Posttransportvertrag entspringende Obligation dem öffentlichen Recht angehöre.

„Denn da das Recht zur Anlage und Ausübung der Posten zu den Regalien gerechnet wird, deren Grund und Subjekt staatsrechtlicher Natur ist . . . ., so fällt der mit der Post abgeschlossene Transportvertrag dem Privatrecht nur insoweit anheim als die positive Gesetzgebung in dieser Richtung das Rechtsverhältnis geordnet hat. Wenn man das Postregal selbst auch von dem Posthoheitsrecht im Begriff unterscheidet . . . ., so folgt daraus nicht, daß der Posttransportvertrag einen rein privatrechtlichen Charakter habe, was auch bezüglich anderer Regalien nicht der Fall ist." Die Ausübung des Postregals selbst sei nichts anderes, als ein Teil der Ausübung des Posthoheitsrechts, und könne deshalb nicht unter ganz entgegengesetzte Rechtsgesichtspunkte fallen.

Schon vorher hatte jedoch Cnyrim[2]) unter Betonung des Unterschieds zwischen Posthoheit und Postregal zutreffend ausgeführt: „Nihilominus cum omnia regalia (minora), quia iura, quorum acquirendorum facultatem praebeant, privata sint, ipsa indolem habeant praecipue privati iuris[3]), tamen obligatio, de qua agitur, contractus iuris privati habetur."

Und nachdem er noch das Bergwerks- und Zollregal zum Beweis herangezogen hat, kommt er zu dem Resultat: „Qua propter quin,

1) Seite 192, 197, 198.

2) Seite 2, 3.

3) A. 4: quia regalia fiscus prout quisque privatus acquirere potest.

quia cum republica seu fisco obligatio contracta sit, alia (forte publici iuris) natura contractus non efficiatur, dubitari non potest."

Später wurde die Ansicht von Lindes von Schellmann[1]) und Kompe[2]) eingehend bekämpft und zurückgewiesen. Beide führen aus: Es ist scharf zu unterscheiden zwischen dem Postregal und der Posthoheit. Diese umfaßt den Inbegriff aller derjenigen Rechte, welche dem Staat als solchem zum Zweck der Oberaufsicht und Förderung des Staatswohls über das Postwesen selbst dann zuständen, wenn die Post nicht Regal wäre, sondern von einzelnen u. U. mit Konzession, als Privatgewerbe betrieben würde. Diese Rechte sind als unmittelbarer Ausfluß der Staatspolizeigewalt, mithin als wesentlicher Ausfluß des Staatsregierungsrechts, unveräußerlich; einem Dritten würden sie nicht einmal zur Ausübung übertragen werden können. Die Regalien haben zwar auch eine staatsrechtliche Bedeutung, insofern sie dem Staat oder dem Staatsoberhaupt zukommen, sie bilden aber zugleich einen Gegenstand des Privateigentums, indem sie, wie ein solches, an andere Personen zum Eigentum oder Lehn übertragen werden können; ihrem Ursprung nach sind sie nichts anderes als dem Publikum durch einen eigentümlichen Erwerb entzogene reine Privatrechte. In dieser Hinsicht steht das Postregal anderen (jetzt aufgehobenen oder in Verbrauchssteuern umgewandelten) Regalien vollständig gleich, wie dem Mühlenregal, dem Tabaks- und Salzmonopol. Auch der Umstand, daß der die Post selbst verwaltende Staat auch die Beamten anstellt, hat auf die Pflichten und Rechte des Publikums keinen Einfluß und vermag nicht, einen Privatvertrag in einen staatsrechtlichen zu verwandeln. Wie derjenige, der eine Mühlengerechtigkeit erworben, mit seinen Kunden in ein rein privatrechtliches Verhältnis tritt, wie dies auch geschieht, wenn in einem Staat das Tabaks- oder Salzmonopol besteht und demzufolge Kaufverträge mit dem Publikum abgeschlossen werden, so hindert auch das Postregal nicht, mit der Postverwaltung Privatverträge abzuschließen.

Die Tätigkeit des Staats bei Ausübung des Postregals ist auch nicht etwa deswegen ein publizistischer Akt, weil die Post mit jedermann zu kontrahieren verpflichtet ist. Der Kontrahierungszwang ist einmal das notwendige Korrelat zum Postmonopol. Er beschränkt sich allerdings nicht auf diejenigen Transportgeschäfte, welche unter

[1]) S. 8ff.

[2]) Z. 11 S. 34ff. u. Lit. das.; ders. in Zeitschrift f. dtschs. Recht Bd. 18 S. 315f.

das Postmonopol fallen, sondern umfaßt den gesamten Geschäftsbetrieb der Post. Dann aber folgt der Kontrahierungszwang der Post aus ihrem Charakter als öffentliche Verkehrsanstalt. Auch in zahlreichen anderen Fällen besteht eine durch Gesetz oder anderswie begründete Verpflichtung zum Abschluß von Verträgen, z. B. für Eisenbahnen, auch wenn sie sich im Privatbesitz befinden, für Unternehmer, welche ein öffentliches Fuhrwerk halten, für die Reichsbank hinsichtlich des Ankaufs von Barrengold, für Münzstätten, für Apotheker, Ärzte und — unter gewissen Voraussetzungen[1]) — auch für Rechtsanwälte, überhaupt für alle Personen, denen ein Privileg oder eine Konzession erteilt ist, ja für jeden beliebigen Privatmann, wenn er im Wege der Expropriation gezwungen wird, sein Grundstück zu verkaufen. Und schwerlich wird jemand in Abrede stellen, daß die Geschäfte dieser Personen als privatrechtliche Verträge aufzufassen seien. Dasselbe gilt von den Geschäften der Post. Mag sie immerhin gesetzlich[2]) verpflichtet sein, für jedermann Aufträge auszuführen, so ist doch, um sie für einen einzelnen in Tätigkeit zu setzen, immer ein Auftrag dieses einzelnen erforderlich[3]).

Den Ausführungen von Schellmann und Kompe schloß sich lange Zeit die gesamte Theorie und die Praxis aller Gerichte und Verwaltungsbehörden an. Neuerdings hat indessen die v. Lindesche Ansicht in Zorn und Arndt zwei gewichtige Vertreter gefunden. Bereits 1883 führte Zorn in der ersten Auflage seines Staatsrechts aus[4]): „Durch die Benutzung der staatlichen Post- und Telegraphenanstalten seitens des Publikums wird im einzelnen Falle zwischen der Staatsanstalt und dem dieselbe Benutzenden eine Obligation des öffentlichen Rechts begründet, welche nach beiden Seiten hin Rechte und Pflichten erzeugt, deren Subsumtion unter privatrechtliche Kategorien, sei es des Frachtgeschäfts, sei es der loc. cond. operis, jedoch als prinzipiell unstatthaft erscheinen muß“[5]).

Trotz des lebhaftesten Widerspruchs, welchen die Kritik gegen diese Ansicht erhoben hat[6]), hält Zorn sie auch in der 1897 erschie-

---

[1]) Rechtsanwaltsordnung v. 1. 7. 1878 §§ 30—36, RGBl. S. 183.

[2]) PG. § 3.

[3]) Karstens S. 210; vgl. dagegen Hertz S. 391.

[4]) II S. 27 ff.

[5]) Vgl. oben S. 125.

[6]) Vgl. u. a. Gareis, Rechtsanw. S. 230 f.; Laband 3. Aufl. II S. 77 ff.

nenen zweiten Auflage seines Staatsrechts aufrecht[1]). „Das Privatrecht", so führt er weiter aus, „vermag für Verhältnisse des öffentlichen Rechts Analogien zu bieten, nicht aber dürfen solche Verhältnisse einfach in die Schablone des Privatrechts eingezwängt werden. Ein Vertrag, der auf Verlangen des einen Teils vom anderen geschlossen werden muß; ein Vertrag, dessen Inhalt nicht frei vereinbart wird, sondern gesetzlich feststeht, ein Vertrag, bei dessen Abschluß die Dispositionsfähigkeit in keiner Weise in Betracht kommt — ist eben juristisch kein Vertrag im Sinne des Privatrechts; auch dann nicht, wenn das Gesetz[2]) diesen Ausdruck gebraucht."

Arndt argumentiert[3]) folgendermaßen: Die Geschäfte der Post können zwar auch von einem Privatmann wahrgenommen werden. Wenn aber der Staat diese Geschäfte ausübt, und zwar gegen Entgelt, so werden sie deshalb noch nicht Handelsgeschäfte oder gewerbliche Leistungen. Das Entscheidende ist der Zweck, und dieser besteht bei der Post nicht darin, Geld zu verdienen, sondern den öffentlichen Verkehr zu fördern. Die Post ist daher keine Erwerbsanstalt. Ihre Tätigkeit stellt sich weder als Privattätigkeit noch als Gewerbe dar, mithin auch nicht als Handelsgewerbe. Da außerdem die Geschäfte der Post jetzt nicht mehr unter das HGB. fallen, muß auch als erwiesen gelten, „daß sie keine Privatverträge, z. B. keine Werkverdingungsverträge sind, so wenig wie etwa die Aufnahme eines Testaments durch den Richter ein solcher Vertrag ist."

„Zum Begriffe des Vertrags gehört die Vertragsfreiheit, wenigstens teilweise Vertragsfreiheit. Diese fehlt aber auf beiden Seiten vollständig. Das Publikum muß sich bei Strafe der Post bedienen und diese muß befördern; die Bedingungen stehen gleichfalls kraft zwingender Rechtsnorm fest. Ob, wann, zu welchen Bedingungen und Gebühren die Post etwas befördern muß, in welchen Fällen und in welchem Umfange sie für verspätete oder mangelhafte Beförderung, für Beschädigung oder Verlust der Sendung haftet, ist kraft zwingender Rechtsnormen vorgeschrieben. Alle diesbezüglichen Vorschriften, die im Post- und Telegraphengesetze, wie die in den Post- und Telegraphenordnungen getroffenen, sind zwingende Rechtsnormen. Wenn sich die entgegenstehende Ansicht .... darauf beruft, daß nach der ausdrücklichen Vorschrift in § 50 PG. die PO. als Bestandteil des

1) II S. 274ff.
2) PG. § 50.
3) Staatsrecht S. 284ff

Vertrags zwischen der Postanstalt und dem Absender bezw. Reisenden gelten soll, so ist zu bemerken, daß der Gesetzgeber damit nur die Verbindlichkeit der PO. ausdrücken wollte, ein Vertrag aber, der als zwingende Norm vorgeschrieben ist, kein Vertrag sondern ein Gesetz ist, ebenso wie das Strafgesetzbuch oder das Gerichtsverfassungsgesetz keine Verträge zwischen dem Staate und den Bürgern darstellen. Das gesamte Postrecht gehört dem öffentlichen Recht an[1])."

Eine ähnliche Auffassung herrscht in Frankreich. Dort gilt das ganze Postrecht als jus publicum, nicht als jus privatum oder Vertragsrecht.

Nach französischer Auffassung[2]) besorgt die Post als staatliche öffentliche Anstalt die Versendung in Gestalt einer freien Nutzungsgewährung, ohne dadurch zum Absender in ein privat- oder öffentlichrechtliches Vertragsverhältnis zu treten. Demgemäß ist das Porto nicht etwa der Lohn für eine Dienstleistung, sondern eine den indirekten Steuern gleichgestellte Abgabe, die sich an die Tatsache der Benutzung der Post knüpft. Wenn v. Seydel[3]) die Ansicht vertritt, die französische Auffassung enthalte „nichts, was rechtswissenschaftlich nicht gestaltbar wäre", so kann man ihm in diesem Umfang nicht zustimmen. Muß doch Mayer[4]) selbst einräumen, daß bei Sendungen mit Wertangabe die Übernahme der Wertversicherung einen zivilrechtlichen Vertrag zwischen der Post und dem Absender bildet und daß die Zivilgerichte über die daraus geforderte Entschädigung zu erkennen haben, — ein Beweis, daß die französische Auffassung einer konsequenten Durchführung nicht fähig ist.

Eine dritte Theorie, welche einen privatrechtlichen Vertrag nicht anerkennt, ist die von Schott[5]). Er erklärt die Geschäfte der Post zwar für „Privatrechtsgeschäfte", spricht ihnen aber die Eigenschaft obligatorischer Verträge ab: sie seien einfach Erfüllung einer gesetzlichen Obligation. Für Schaffung und Gestaltung eines individuellen Schuldverhältnisses sei bei der Postbeförderung kein Raum. Bei der

---

1) Staatsrecht S. 286, vgl. auch S. 294; derselbe in Birkmeyers Enzyklopädie S. 163. Ebenso Hertz S. 391; doch hält er es für zulässig, auf das Rechtsverhältnis zwischen Post und Publikum die Normen des bürgerlichen Rechts im Wege der Analogie anzuwenden. Vgl. OVG. 4 S. 11, 15 S. 427, 20 S. 403.

2) Mayer S. 320ff.

3) Staatsrecht V S. 514.

4) S. 325.

5) S. 540.

Aufgabe einer Sendung verspreche die Post weder ausdrücklich noch stillschweigend, die Beförderung vorzunehmen, sondern käme, wenn sie letzteres tue, der Aufforderung des Absenders nach, ihrer gesetzlichen Beförderungspflicht zu genügen. Weder sei eine Pflicht der Post zu vereinbaren, denn sie bestehe kraft Gesetzes, noch gelte es, eine Pflicht des Absenders zu begründen, da diese teils zur gesetzlichen Voraussetzung, teils zur gesetzlichen Folge der Postbeförderung umgebildet sei. Auch die Rechte der Post seien stereotyp und sowohl von ihrem Willen als auch von dem des Absenders unabhängig. Außerdem habe die Postbeförderung alles Individuelle abgestreift, es fehlten ihr demnach alle charakteristischen Eigentümlichkeiten eines Vertrags. Gleich auf der nächsten Seite bezeichnet aber Schott die sämtlichen Geschäfte der Post als subjektive Grundhandelsgeschäfte[1]) und die Post selbst, weil sie diese Geschäfte gewerbemäßig betreibe, als Kaufmann. Da man aber nicht Kaufmann sein und Handelsgeschäfte betreiben kann, ohne Verträge abzuschließen, so setzt sich Schott mit seinen eigenen Ausführungen in Widerspruch[2]).

Auch sonst können die Ansichten von Zorn, Arndt und Schott, so bestechend sie auf den ersten Blick erscheinen, nicht überzeugen; es kommt dabei allerdings auf die Gesamtanschauung von den Aufgaben des Staates an. Soweit nicht frühere Ausführungen bereits eine Widerlegung enthalten, kommt gegen sie folgendes in Betracht:

Von dem Staatszweck der Post, den Arndt und Zorn, gewiß mit Recht, aus Art. 48 der Reichsverfassung herleiten, d. h. der Post als einer einheitlichen Staatsverkehrsanstalt zur Hebung der Volkswohlfahrt, darf man nicht auf das einzelne Geschäft schließen, welches eine Postanstalt eingeht. Die Aufgabe eines Briefs zur Beförderung durch die Staatspost ist keineswegs dasselbe wie die Einreichung einer Klage bei dem vom Staat eingesetzten Gericht. Der Pflichten, die Justiz- und Posthoheit ihm auferlegen, entledigt sich der Staat in ganz verschiedener Weise: bei der Gerichtsbarkeit in souveräner und ausschließlicher Ausübung eines der wichtigsten Herrschaftsrechte, welche das moderne Staatsrecht kennt, beim Postwesen gewerbemäßig und auf allen Gebieten, die außerhalb des Bereichs des Postzwangs liegen, neben oder besser in verhaßter Konkurrenz mit Privatunternehmern. Dieser gewerbemäßige Betrieb der Staatspost gleicht in

---

1) HGB. I Art. 272 Abs. 1 Ziff. 2—4.

2) Vgl. Gareis, Rechtsanwendung S. 214.

allen wesentlichen Punkten nicht nur dem der Staatseisenbahnen, sondern auch dem von staatlichen Fabriken (Porzellanfabriken)[1], von staatlichen Bankgeschäften (Seehandlung), sowie von staatlichen Forsten, Domänen, Bergwerken und dergleichen: er vollzieht sich in Gestalt von privatrechtlichen Verträgen. Die Bedingungen, unter denen die Post kontrahiert, müssen, da für sie Kontrahierungszwang besteht, ein für allemal feststehen und allen Kontrahenten gegenüber gleichmäßig zur Anwendung gelangen. Die volle Handlungsfreiheit, welche jeder genießt, der ein Transportgewerbe frei ausübt, ist der Post bei Ausübung ihrer Geschäfte als öffentliche Transportanstalt versagt. Indessen ist sie es in letzter Linie, welche die Bedingungen, unter denen sie zum Kontrahieren bereit ist, nach eignem Gutdünken festsetzt[2]; allerdings Bedingungen, von denen sie weder zum Vorteil noch zum Nachteil eines Kontrahenten abweichen darf. Dadurch erleidet zwar die Befugnis der einzelnen Postanstalten und Postbeamten als deren Vertreter beim Abschluß von Verträgen eine erhebliche Einschränkung, nicht aber die Vertragsfreiheit der Post als Ganzes in ihrer Eigenschaft als Verkehrsinstitut[3].

Arndt hebt hervor[4], der Zweck der Post bestehe nicht darin, Geld zu verdienen. Gewiß nicht[5]. Tatsächlich aber tut sie es und sie muß es tun, denn im Reichshaushalt bilden die mehr als 50 Millionen Mark Postüberschüsse[6] eine nicht nur willkommene, sondern unentbehrliche Einnahmequelle. Mit ihr wird gerechnet; sie dient dem laufenden Bedarf des Reichs; ihr Wegfall würde den Staatssekretär des Reichsschatzamts in arge Verlegenheit setzen. Die Postverwaltung sieht sich daher genötigt, bei allen Neuerungen zunächst die Frage aufzuwerfen: Wie würde sich das finanzielle Ergebnis gestalten? Und sicherlich sind schon zahlreiche, auch von der Verwaltung als wünschenswert anerkannte Reformen, mögen sie sachlicher oder persönlicher Natur gewesen sein, an dem leidigen „Einnahme-

---

[1]) Natürlich braucht niemand Porzellan gerade in der königl. Porzellan manufaktur zu kaufen, zumal zu den von der Verwaltung aufgestellten Bedingungen.

[2]) Wenn auch äußerlich in der Form, daß ihr der Gesetzgeber diese Bedingungen unmittelbar oder mittelbar auferlegt.

[3]) Vgl. u. a. Walter S. 10ff.

[4]) S. 285; vgl. oben S. 143.

[5]) Vgl. OVG. 4 S. 14; Rechtsprechung des OVG. Erg. Bd. II 1903 S. 177.

[6]) Im Rechnungsjahr 1903 lt. Etat Überschuß . . . . 63806990 M.
davon ab die einmaligen Ausgaben . . . . 11822338 M.
bleibt Reinüberschuß 51984652 M.

ausfall" oder „Mehraufwand" gescheitert. Angesichts dieser Tatsache wird man nicht umhin können, den Geschäften der Post im ganzen einen gewerbsmäßigen Charakter zuzusprechen, aber nur im volkswirtschaftlichen, nicht auch im handelsrechtlichen Sinne[1]).

Auch den weiteren Grund, den Arndt für seine Ansicht ins Feld führt, daß nämlich die Geschäfte der Post keine Privatverträge sind, weil sie nicht unter das HGB. fallen, vermag ich nicht als stichhaltig anzusehen. Warum sollen die Postgeschäfte nach Ausschluß des HGB. nicht wie unzählige andere Verträge dem BGB. unterworfen sein?

Endlich wird auch die einschränkende Erklärung, welche Arndt[2]) für § 50 Abs. 2 PG. gibt, daß nämlich „der Gesetzgeber damit nur die Verbindlichkeit der PO. ausdrücken wollte", schwerlich allseitige Zustimmung finden, da sich für die Richtigkeit dieser Erklärung nirgends ein Anhalt bietet. Daß die PO. die rechtliche Natur und Wirksamkeit einer Rechtsnorm hat, obwohl das PG. ausdrücklich sagt, ihre Bestimmungen gelten als Bestandteile des Vertrags zwischen Post und Absender, ist richtig; dadurch wird aber den Geschäften der Post die ihnen vom Gesetzgeber ausdrücklich zuerkannte Eigenschaft von Verträgen nicht genommen.

Wenn Schott den „Vertrag" nicht gelten lassen will, weil er ein individuelles Forderungs- und Schuldverhältnis vermißt, ohne welches für einen konstitutiven obligatorischen Vertrag kein Raum sei, und weil nichts vereinbart werden könne, da ja die beiderseitigen Rechte und Pflichten im voraus feststånden, so wird ihm mit Recht erwidert, daß durch jede Aufgabe einer Postsendung eine vorher noch nicht vorhandene individuelle Obligation und mit ihr auch konkrete und individuelle Rechte und Pflichten entstehen[3]) und daß ferner eine Haftung der Postanstalt, und zwar aus dem abgeschlossenen Beförderungsvertrag, erst durch Übernahme einer Sendung zum Transport eintritt, während die Zurückweisung einer Sendung durch einen Postbeamten keinerlei Haftung der Post wegen Nichterfüllung einer

---

[1]) Ähnlich Fischer, Post, S. 125, 141 f.

[2]) Vgl. auch selbständiges Verordnungsrecht S. 180, wo Arndt das Staatsrecht auf den contrat social, das Strafrecht auf einen Abbüßungsvertrag zurückführt.

[3]) Übrigens sind auch bei anderen Privatrechtsgeschäften, die offenbar den Charakter von Verträgen zeigen, die Rechte und Pflichten der Kontrahenten im voraus gesetzlich festgelegt, z. B. beim gesetzlichen Ehegüterrecht, BGB. §§ 1363 ff.

gesetzlichen Obligation begründet[1]). Die gesetzliche Obligation der Post richtet sich auf den Abschluß von Beförderungsverträgen; mit jedem Vertragsabschluß wird sie erfüllt. Der Transport selbst charakterisiert sich als Erfüllung des einzelnen Vertrags. Man muß also scharf unterscheiden zwischen der Verpflichtung der Post, Verträge abzuschließen, und ihren Verpflichtungen aus den abgeschlossenen Verträgen.

Auch darin ist Schott nicht beizustimmen, daß ein Vertrag bei den Transportgeschäften der Post nicht zustande kommt, weil sie sich um die Person des Absenders nicht kümmert und Sendungen auch von handlungs- und vertragsunfähigen Personen annimmt. Allerdings untersucht die Post, so lange es belanglos ist, aus Zweckmäßigkeitsgründen nicht, von wem eine Sendung herrührt, sondern nimmt im Zweifel zugunsten des Absenders dessen Handlungsfähigkeit an; erlangt sie aber davon Kenntnis, daß z. B. ein Kind oder ein Wahnsinniger durch Aufgabe von Postsendungen, seien diese frankiert oder unfrankiert, Unfug treibt, so ist sie berechtigt, die Beförderung dieser Sendungen abzulehnen[2]). In solchem Falle würde dem Kind oder dem Wahnsinnigen ebensowenig ein Rechtsanspruch gegen die Post auf Annahme der Sendung zustehen, als die Post gegen den einen oder den anderen zwecks Eintreibung des Portos vorgehen könnte, falls sie z. B. in Unkenntnis der Sachlage unfrankierte Pakete befördert hätte, welche nach verweigerter Annahme seitens des Empfängers an den Aufgabeort zurückgelangen. Es fehlt eben in solchen Fällen an einem gültigen Vertrag.

Übrigens führen Schott und Zorn ihre Ansicht nicht konsequent durch. Ersterer spricht von „Privatrechtsgeschäften" der Post und vom „Postfrachtgeschäft" und nähert sich damit bedenklich der von

[1]) Ebenso Laband III S. 78 u. S. 55 A. 6 sowie Tinsch, Postanweisg. S. 22. Schott dagegen glaubt aus der ungerechtfertigten Zurückweisung einer Sendung seitens der Post einen zivilen Anspruch gegen letztere auf das volle Interesse herleiten zu können, S. 539 u. 545; ebenso Cosack S. 462; Mittelstein, Beitr. S. 35 f.; Frieg S. 34; Freund S. 340 und Scholz S. 575 A. 39 unter Heranziehung des § 453 HGB. und allgemeiner Rechtsgrundsätze.

[2]) So auch Arndt S. 289; Laband III S. 79; Dambach S. 48 f. u. 75. — A. A. mit Unrecht v. d. Osten S. 16. Ein Vater, dessen Kind einen von ersterem geschriebenen unfrankiert auf dem Schreibtisch liegenden Brief ohne Wissen des Vaters in den Briefkasten wirft, ist, falls der Brief aus irgend einem Grund unbestellbar wird, nicht verpflichtet, das entstandene Porto zu zahlen. Vgl. Kann S. 119 A. 2; allerdings auch BGB. §§ 832, 829.

ihm bekämpften Ansicht. Zorn hält zwar die Subsumtion der von ihm aufgestellten „Obligation des öffentlichen Rechts" unter privatrechtliche Kategorien für unstatthaft, gebraucht aber, — wie Laband[1]) sagt „ganz unbefangen", — die Wendung: „Die Post kontrahiert mit dem Absender." Wenn Zorn in der 2. Auflage seines Werks[2]) — in der er von einem „öffentlich-rechtlichen Obligationsverhältnis" zwischen dem Absender und der Post spricht — die „ironische Kritik" Labands damit zurückzuweisen sucht, daß er keinerlei Notwendigkeit anerkennt, die Worte „Obligation" und „kontrahieren" als nur dem Privatrecht angehörig zu betrachten, den Gebrauch dieser Ausdrücke vielmehr auch für Rechtsverhältnisse des öffentlichen Rechts für statthaft erklärt, so proklamiert er damit für den juristischen Sprachgebrauch ein Novum, dem man bei aller Anerkennung der Autorität erst wird beipflichten können, wenn er in der Lage ist, Beweise für die Richtigkeit seiner Behauptung beizubringen[3]).

Ein Vertragsverhältnis zwischen der Post und demjenigen, der sich ihrer Dienste bedient, liegt nur dann nicht vor, wenn das Reich oder — in Bayern und Württemberg — der Staat die Dienste ihrer eigenen Post in Anspruch nehmen. Denn ebensowenig wie ein anderes Rechtssubjekt kann der Fiskus mit sich selbst Rechtsgeschäfte eingehen[4]). Führt also die Reichspost einen Transport für sich selbst oder für einen anderen Zweig der Reichsverwaltung aus, so kommt ein Vertrag oder ein sonstiges Rechtsverhältnis nicht zustande, sondern es handelt sich nur um einen rein tatsächlichen Vorgang. Sonst wird in der Regel[5]) zwischen Post und Absender ein konstitutiver, obligatorischer Vertrag begründet.

Von dieser Ansicht geht auch die Reichsgesetzgebung aus. Nach § 3 PG. darf „die Annahme und Beförderung von Postsendungen" von der Post nicht verweigert werden. Diese Annahme ist nicht Erfüllung des Rechtsgeschäfts, sondern dessen Beginn: die Akzeptation der vom Absender durch die Aufgabe der Sendung gemachten Offerte[6]);

---

[1]) 3. Aufl. II S. 78.

[2]) II S. 283 u. 287 A. 180.

[3]) Vgl. gegen Zorn auch Gareis Rechtsanwendung S. 214 A. 13; Mittelstein Beitr. S. 12 und Schott S. 589 A. 28. Ferner Laband 4. Aufl. III S. 79 A. 1.

[4]) Vgl. BGB. § 181.

[5]) Ausnahme S. 148.

[6]) Vgl. dazu Zschimmer, die Offerte an das Publikum, Rost. Diss. 1897, namentlich S. 90 ff.

erfüllt wird das Geschäft erst durch die Beförderung. Wir finden hier also die Merkmale eines jeden zweiseitigen Rechtsgeschäfts. Noch deutlicher ergibt sich die Stellung des Gesetzgebers aus § 50 Abs. 2 PG.: „Diese Vorschriften gelten als Bestandteil des Vertrags zwischen der Postanstalt und dem Absender.“ Auch die Fassung der Art. 421,2 und 449 im alten HGB. weist darauf hin, daß die Geschäfte der Post mit dem Publikum als Privatrechtsverträge gelten sollen. Endlich ergibt sich auch aus der Denkschrift zum neuen HGB.[1]), daß, wenngleich bei Postbeförderungen auf das Handelsrecht künftig nicht mehr zurückgegriffen wird, die privatrechtliche Stellung der Post gegenüber dem Publikum keine Änderung erfahren soll.

Nach alledem darf als erwiesen angesehen werden, daß das Rechtsverhältnis zwischen dem Publikum und der Post bei deren Benutzung auf ausdrücklich oder stillschweigend abgeschlossenen privatrechtlichen Verträgen beruht[2]).

§ 14.

Rechtliche Natur der einzelnen Postbeförderungsverträge.

Die Geschäfte der Post, soweit sie hier in Frage kommen, zerfallen in

1. die Güterbeförderung,
2. die Bankgeschäfte,
3. das Zustellungsgeschäft und
4. den Zeitungsdebit.

---

[1]) S. 266. Mater. S. 411.

[2]) Übereinstimmend: Cosack S. 462; Dernburg, bürg. R. Bd. II 2 S. 450; Dambach S. 4 f.; Endemann, HR. S. 653 f.; Fischer, Post, S. 148; Fischer-König S. 24; Gareis, HR. 5. Aufl. S. 569 ff.; Goldschmidt I S. 622; Laband III S. 78 ff.; Löning S. 600 ff., 607 f.: Mandry S. 490; Meili, Haftpfl. S. 30 ff.; Meyer S. 547 f.; Mittelstein, Beitr. S. 9 ff.; Sarwey S. 330; v. Seydel V S. 515 ff.; Sydow S. 520 f.; Stenglein S. 276, Lexikon 2 S. 1575; Schlegelberger S. 69; Scheda S. 101; v. d. Osten S. 4; Sell S. 142; Höpfner S. 128; Karstens S. 211; Tinsch bei Gruchot S. 202, Postanw. S. 3; Müller S. 69 ff.; Linde S. 315; Petschek S. 90; Kann S. 48 ff.; Frieg S. 8; Hogrewe S. 16 ff.; Hönncher S. 12 ff.; Jaffé S. 22 ff.; Merten S. 19; Schmidt, Paul, S. 21 ff.; Walter S. 9 ff. u. a. m., außerdem RG. in Straff. 17 S. 142 ff., 20 S. 439; RG. 35 S. 327, 41 S. 104 f., 48 S. 257.

Hellwig[1]) unterscheidet

a) die Postbeförderungsgeschäfte (Briefsendungen, Pakete, Zeitungen),

b) das Geldübermittelungsgeschäft der Post durch Postanweisung und

c) die Dienstverträge der Post (Postauftrags-, Postnachnahme- und Postzeitungsgeschäft).

Der Umfang des postalischen Beförderungsgeschäfts ist gesetzlich nicht abgegrenzt, indessen werden ohne weiteres als **obligatorisch** für die Post anzusehen sein die Geschäfte, auf welche sich der Postzwang erstreckt, ferner diejenigen, für welche die Gebühren usw. in den Postgesetzen oder in der PO. geregelt sind, welche also auf einer ausdrücklichen oder mittelbaren gesetzlichen Grundlage beruhen. Außerdem steht es der Postverwaltung natürlich frei, ihre Beförderungstätigkeit auf Verkehrszweige auszudehnen, welche jetzt noch außerhalb ihres Geschäftskreises liegen.

1. Die Güterbeförderung oder das eigentliche Postfrachtgeschäft.

Hierher gehört zunächst die Beförderung der gewöhnlichen Pakete[2]). Sie kommt dem gewöhnlichen Frachtvertrag am nächsten. Das Postfrachtgeschäft umfaßt aber auch die Beförderung von Briefen, Postkarten, Drucksachen, Warenproben, Geschäftspapieren und Zeitungen. Denn **Güter** im Rechtssinne sind alle transportablen Sachen im Gegensatz zu Personen; ein gemeiner Wert ist dabei ebensowenig erforderlich als ein bestimmtes Gewicht oder ein bestimmter Umfang[3]).

---

[1]) S. 517ff.

[2]) „Pakete" sind Sendungen, welche äußerlich zur Postbeförderung geeignet und dazu bestimmt sind, und deren Gewicht mehr als 250 g, aber nicht mehr als 50 kg beträgt. **Stenglein** S. 282.

[3]) Vgl. ROHG. 12 S. 315, 13 S. 133, 17 S. 127, 22 S. 217; RG. 20 S. 47ff. Übereinstimmend **Laband** III S. 83ff.; **Sydow** S. 520; **Dambach** 5. Aufl. S. 9; **Goldschmidt**, Syst. S. 233; **Hellwig** S. 517, 519; **Schott** S. 285, 291; **Meili**, Transportanst. S. 92; **Mittelstein**, Beitr. S. 13; **Thöl** S. 3; **Tinsch** S. 199; **Schellmann** S. 22; **Wirsing** S. 19; **Petschek** S. 87; **Jaffé** S. 35ff.; **Hogrewe** S. 522; **Kann** S. 38; a. A. früher **Goldschmidt** I S. 617, 626 u. **Meili**, Haftpfl. S. 31, 154; beide haben ihre Ansicht später berichtigt; jetzt **Zorn** II S. 260; v. **Hahn** II S. 689; **Kompe** in Z. Bd. 11 S. 12; **Meyer** S. 548 A. 5; vgl. **Seufferts** Archiv Bd. 34 N. F. Bd. 4 1879 Nr. 60 S. 103f.; v. d. **Osten** S. 5. — Schon bei den Römern gelten Briefe als körperliche Sachen, an denen Besitz und Eigentum möglich war, cf. l. 65 pr. D. de acquir. rer. dom. 41,1 u. l. 14 § 17 D. de furtis 47,2.

Der Begriff „Brief“ ist sehr bestritten[1]). Von einer gesetzlichen Definition hat man Abstand genommen, weil „der Ausschuß eine vollständig zutreffende Definition von „Brief“ für so überaus schwierig hielt, daß es richtiger schien, den Sprachgebrauch und bezw. das Reglement (die PO.) entscheiden zu lassen[2]).“

Stenglein[3]) gibt nach ausführlicher Besprechung der Literatur, namentlich der Entscheidungen des RG.s, folgende Definition, der man wohl beipflichten kann: „Brief ist ein Gegenstand, welcher zur Beförderung an einen bestimmten Adressaten aufgegeben ist, dessen Inhalt dem Einblick anderer entzogen ist und welcher nach dem Gewicht nicht unter den Begriff der Pakete fällt.“

Zu den Hauptverträgen über die Beförderung können noch zahlreiche Nebenverträge treten, z. B. über Einschreiben, Wertangabe[4]), Eilbestellung, Abholung usw.

Bestritten wie die Natur des Rechtsverhältnisses zwischen Post und Publikum ist auch die rechtliche Natur des im Einzelfall vorliegenden Vertrags.

Daß es sich beim Postfrachtgeschäft nicht um eine loc. cond. operarum (Dienstmiete, Dienstvertrag[5]) handeln kann[6]), erhellt daraus,

---

[1]) Vgl. z. B. Dambach S. 12ff., namentlich S. 17: Als „Brief“ im postalischen Sinne ist jede Sendung anzusehen, welche den von der Postverwaltung erlassenen Bestimmungen über die äußere Beschaffenheit und das Gewicht der als Briefe zu befördernden Sendungen entspricht. Vgl. ferner Nachtrag S. 8—12 u. 22f.; Arndt, Staatsr. S. 287; Laband III S. 62; Kohler, Arch. f. b. R. Bd. 7 S. 102; Mittelstein, Beitr. S. 21f.; Kann S. 23ff.; Petschek 88ff. u. Lit. das.; Jaffé S. 8ff.; v. Schwarze S. 107 u. RG. in DJZ. 1900 S. 282, 462; RG. in Straff. 1 S. 115; 22 S. 24; 25 S. 22; 27 S. 259; 31 S. 152; 33 S. 146, 277; 34 S. 338; 36 S. 268. Danach sind Postanweisungen Briefe im Sinne des § 354 StGB., s. u. S. 171; auch Drucksachen unter Kreuzband oder in offenen Umschlägen sind Briefe, wenn sie briefliche Mitteilungen enthalten. Eine Drucksache, die nur eine Zeitungsnummer enthält, ist kein Brief. Vgl. PO. § 1. Mit Recht hebt von Grimm, Nachtrag S. 22, hervor, daß für die Beurteilung der Frage, was als „Brief“ im Sinne des § 354 StGB. anzusehen ist, andere Gesichtspunkte entscheidend sein müssen, als für den „Brief“ im Sinne des Postzwangs.

[2]) Bericht des Bundesrats-Ausschusses für Eisenbahn, Post und Telegraphen vom 28. April 1871 S. 2.

[3]) S. 277f.

[4]) Trotz der sog. „Versicherungsgebühr“ des PTG. und der PO. kein Versicherungsvertrag im Sinne des HGB. Auch die Versicherungsgebühr ist nichts anderes als eine Gegenleistung für die Übernahme der Sachbeförderung, Sydow S. 284; vgl. S. 155 A. 3.

[5]) BGB. §§ 611ff.

[6]) Wie z. B. Höpfner S. 221 annimmt.

daß dabei nicht die Leistung von Arbeit[1]), sondern die Herstellung eines Erfolgs beabsichtigt ist. Ein Mandat[2]) wiederum kann nicht vorliegen, weil es an dem Kriterium der Unentgeltlichkeit[3]) fehlt, an dem auch der Auftrag des BGB. § 662 festhält. Ebensowenig erscheint es gerechtfertigt, den Posttransport als negotiorum gestio[4]) (Geschäftsführung ohne Auftrag, BGB. §§ 677 ff.) oder als ein analog ausgedehntes receptum[5]) anzusehen.

Mit der Aufgabe eines Briefs oder Pakets bezweckt der Absender deren Aushändigung an den von ihm angegebenen Empfänger, also ein opus, einen ökonomischen Erfolg, für welchen in Gestalt des Portos Zahlung geleistet wird. Wie dieser Erfolg zustande kommt, entzieht sich der Einwirkung des Absenders; die Bestimmung darüber liegt ausschließlich in den Händen der Postverwaltung[6]). Treffend hat dies schon Cnyrim ausgeführt[7]):

---

[1]) So für einzelne Geschäfte Hellwig S. 518.

[2]) So Höpfner S. 121; Karstens S. 209.

[3]) l. 1 § 4 D. mandati vel contra 17, 1: Mandatum nisi gratuitum nullum est: nam originem ex officio atque amicitia trahit; contrarium ergo est officio merces: interveniente enim pecunia res ad locationem et conductionem potius respicit. Das Porto ist nichts anderes als eine merces, Frachtlohn, eine vertragsmäßige Geldschuld (vgl. Laband III S. 80; Meili, Telegraphenrecht S. 28 ff.; Kompe, Posttransportvertrag S. 342 ff.; Kann S. 58 ff.; Merten S. 29 f.; Stegner S. 38) und gehört nicht zu den „öffentlichen Abgaben" im Sinne des § 61, 2 KO. Streitigkeiten über die Verpflichtung zu Portozahlungen gehören zur Zuständigkeit der ordentlichen Gerichte. Wohl aber sind die Postgefälle „öffentliche Gefälle" im Sinne des § 136 Abs. 2 GVG.; demnach ist das RG. unter den dort aufgestellten Voraussetzungen zur Entscheidung über die Revision zuständig. Ebenso Sydow in Stengels Wörterbuch des Deutschen Verwaltungsrechts 1894 Bd. 2 S. 284. Vgl. R.G. in Straff. 34 S. 337; DJZ. S. 1902 102; von Grimm, Nachtrag S. 46 und auch oben S. 17 A 4. — Die Post- und Telegraphenanstalten sind nicht in der Lage, ihre Ansprüche an Porto und Gebühren festzustellen (KO. § 146 Abs. 5), wohl aber in der Lage, diese Ansprüche mit einem vollstreckbaren Schuldtitel zu versehen (a. a. O. Abs. 6). Zeitschrift für deutschen Zivilprozeß 1903 Bd. 31 S. 121 ff. Arndt bezeichnet das Porto bei seiner Auffassung von der Tätigkeit der Post folgerichtig als eine öffentlich-rechtliche Gebühr von der Art, wie die für gerichtliche Aufnahme eines Testaments oder die Eichung von Maßen und Gewichten; Staatsr. S. 295; vgl. selbständ. Verordnungsr. S. 178 ff.

[4]) So z. B. Sell S. 143.

[5]) Vgl. Müller S. 12 ff., 65 ff.; oben S. 31.

[6]) PO. § 32: „Auf welchem Wege die Postsendungen zu leiten sind, wird von der Postbehörde bestimmt." Natürlich gibt diese Bestimmung der Postverwaltung nicht das Recht, Sendungen aus politischen oder anderen Gründen gegen Treu und Glauben absichtlich zu verzögern, sie z. B. einen Umweg machen zu lassen, wie v. d. Osten S. 27 annimmt. Vgl. Kann S. 124.

[7]) S. 18 f.

„Qui enim cum postis contrahit, solum de effectu, scilicet de re vel persona in alium locum movendis, neque de singulis, quibus hoc fiat, operis sentit, atque operis gubernationem postae prorsus concedit.“

Wir haben es hier also mit einem Werkvertrag[1]) zu tun; der Unternehmer wird durch ihn „zur Herstellung des versprochenen Werkes, der Besteller zur Entrichtung der vereinbarten Vergütung verpflichtet. Gegenstand des Werkvertrags kann sowohl die Herstellung oder Veränderung einer Sache als ein anderer, durch Arbeit oder Dienstleistung herbeizuführender Erfolg sein.“

Immerhin aber bestehen zwischen dem Werkvertrag und den einzelnen Beförderungsverträgen, welche die Post abschließt, erhebliche Unterschiede. Eine Eigentümlichkeit dieser Beförderungsverträge liegt z. B. darin, daß die Post sie nur in der Weise abschließt, daß zugleich das zu befördernde Gut eingeliefert wird[2]).

Es empfiehlt sich daher, die Natur des einzelnen Geschäfts trotz der im Werkvertrag gegebenen gemeinschaftlichen Grundlage von Fall zu Fall zu untersuchen. In dieser Erkenntnis haben schon Kompe[3]) und Schellmann den zutreffenden Ausdruck „Postbeförderungsvertrag“ gebraucht, der neuerdings als terminus technicus in die juristische Literatur übergegangen ist.

Einen unrichtigen Schluß ziehen Kann[4]) und Schmidt[5]), wenn sie die herrschende Ansicht deshalb als unhaltbar bezeichnen, weil erst die Hingabe der „Postsendung“ ein Merkmal der Vertragsperfektion sei, also überhaupt kein Konsensual-, sondern ein Realvertrag[6]) vorliege. Allerdings kann bei jedem Beförderungsvertrag von einer

---

[1]) BGB. § 631. Früher loc. cond. operis (Werkverdingung).

So die herrschende Ansicht: Dambach S. 4; Sydow S. 520; Hellwig S. 519; Mandry S. 490; Meyer S. 549; Mittelstein S. 12; Thöl S. 7; Windscheid, Pand. § 401 S. 703f.; Meili, Haftpfl. S. 30, Tel.-Recht S. 30; Kompe Z. 11 S. 50, Posttransp.-Vertr. S. 312; v. d. Osten S. 44; Wirsing S. 41; Schellmann S. 10ff.; Müller S. 71; Hogrewe S. 19; Jaffé S. 34 u. a. m. A. A. Karstens S. 208, Kann u. Schmidt. Über den Postanweisungsvertrag vgl. unten S. 159ff.

[2]) Über den Eisenbahnfrachtvertrag siehe oben S. 36.

[3]) Z. 11 S. 52.

[4]) S. 58ff. [5]) Recht des Empfängers S. 28ff.

[6]) Über den Begriff und die rechtliche Natur der sogen. Realkontrakte vgl. Schloßmann in Iherings Jahrb. 45 S. 40ff. S. auch u. S. 168 u. Stegner S. 29ff.

Pflicht zur Ausführung des Transports erst dann die Rede sein, wenn das Gut dem Frachtführer ausgeliefert ist. Insofern liegt in jedem derartigen Vertrag ein realkontraktliches Element[1]). Indes kommt auch der Postbeförderungsvertrag, wie jeder gewöhnliche Frachtvertrag, an sich nudo consensu über res und pretium zustande[2]). Eine der beiden Parteien, der Absender, braucht nicht gleich, u. U. überhaupt nicht zu leisten, kann vielmehr seine Leistungspflicht — bei unfrankierten Sendungen — dem Empfänger übertragen[3]), ohne daß dies die Perfektion des Vertrags hindert. Wenn übrigens Kann[4]) behauptet, während ein gewöhnliches Frachtgeschäft meist dadurch eingeleitet werde, daß der Absender den Frachtführer von dem Verlangen der Beförderung mündlich oder schriftlich benachrichtige, worauf der Frachtführer sich am Abholungsort einfinde und die Güter zur Beförderung in Empfang nehme, sei beim Postbeförderungsvertrag die Übergabe der Sendung die einzige vorkommende Art des Vertragsschlusses, so denkt er nicht daran, daß eine ähnliche Einrichtung, wie er sie für das gewöhnliche Frachtgeschäft als Regel annimmt, in vielen Orten auch für das Postfrachtgeschäft, soweit es sich um Pakete handelt, besteht und von dem Publikum häufig benutzt wird. § 29 III der PO. bestimmt nämlich: „In den Orten, in denen mit Pferden auszuführende Paketbestellfahrten bestehen, dürfen den Paketbestellern gewöhnliche Pakete zur Ablieferung an die Postanstalt übergeben werden. Es ist auch gestattet, bei der Postanstalt die Abholung von Paketen aus der Wohnung schriftlich zu bestellen.“ Soweit eine solche Einrichtung erwünscht ist und Unzuträglichkeiten daraus nicht entstehen, ist sie auch bei anderen als den vorbezeichneten Postämtern getroffen. Hierdurch dürfte die Ansicht Kanns widerlegt sein. Die Einwendungen, welche Schmidt erhebt, gelten in demselben Umfang beim gewöhnlichen Frachtgeschäft; er müßte daher folgerichtig auch dieses als Realkontrakt auffassen.

Perfekt wird der Beförderungsvertrag durch Annahme der Sendung seitens eines dazu legitimierten Organs der Postverwaltung. Zu diesen gehören innerhalb ihrer Zuständigkeit auch Postboten,

---

[1]) So Hellwig S. 519 A. 50.

[2]) Vgl. Cnyrim S. 24.

[3]) Der die Sendung natürlich nicht anzunehmen braucht. Auch Behörden sind berechtigt, die Annahme unfrankierter, von Privatpersonen ausgehender Schreiben zu verweigern; Rechtsprechung des OVG. 1 S. 349.

[4]) S. 60.

Postbegleiter, Postillione, Führer von postseitig benutzten Privat-Personenfuhrwerken, Paketbesteller und Landbriefträger[1]). Bei gewöhnlichen Briefsendungen, welche in der Regel mittels der Briefkasten zur Einlieferung zu bringen sind[2]), bedarf es ebenfalls einer Annahme seitens der Post. Der Vertrag wird demnach nicht durch Einwerfen des Briefs in den Briefkasten geschlossen[3]), auch nicht durch das Abstempeln[4]), sondern erst, nachdem der abfertigende Beamte die Aufschrift geprüft und für postordnungsmäßig befunden hat. Den Ausführungen v. d. Ostens hierüber kann ich nicht beistimmen. Wie soll ein Vertrag abgeschlossen werden, ohne daß der eine Kontrahent, die Post, überhaupt eine Ahnung, geschweige denn die ihr unbedingt zuzugestehende Möglichkeit hat, zu prüfen, ob der andere Kontrahent den ihm durch die PO. auferlegten Vertragsbedingungen nachgekommen ist? Wenn Jhering[5]) den Briefkasten als „stummen Boten" der Post bezeichnet, so kennzeichnet er dadurch dessen bloß unterstützende, nicht stellvertretende Rolle beim Geschäftsabschluß, die allein darauf hinzielt, dem Publikum die Aufgabe der Briefsendungen zu erleichtern. Käme der Vertrag mit dem Einwerfen der Sendung in den Briefkasten zustande, so müßte die Post ja unbedingt jede dem Briefkasten entnommene Sendung befördern. Dies geschieht aber keineswegs, z. B. dann nicht, wenn ein Brief usw. den postalischen Anforderungen nicht entspricht; es kann überhaupt nicht geschehen bei den vielen Sendungen, die sich ohne Aufschrift in den Briefkasten vorfinden. Ist in solchem Falle die Marke bereits entwertet, so erstattet die Post ihren Wert, ein Beweis, daß auch das Aufdrücken des Stempels den Vertrag nicht begründet[6]).

---

1) Vgl. Meili, Haftpfl. S. 39; Schott S. 554; nicht ganz zutreffend Kann S. 115.

2) PO. § 29 I.

3) So Meili, Haftpfl. S. 32; Meyer S. 549; v. d. Osten S. 16, 22, 24; Dernburg Pr. PrR. II S. 598.

4) So Cosack S. 462, Jaffé S. 28. Vgl. Faßbender S. 29.

5) Jahrb. für Dogmat. 18 S. 410ff.

Über die rechtliche Bedeutung der Privatbriefkasten von Behörden, Geschäftsleuten usw. vgl. RG. 6 S. 342ff.; OVG. 33 S. 455; 38 S. 48; Rechtsprechung des OVG. 4 II S. 1279f.; Ergänzungsband 1 S. 212, 542. S. auch u. § 19 Das Einwerfen eines Schriftstücks in einen Briefkasten ist nicht Zustellung im Sinne der CPO. Dagegen wird eine Frist durch Einwerfen des Schriftstücks in den Briefkasten der zuständigen Behörde gewahrt.

6) Wie Jaffé S. 28 annimmt.

Vgl. hierzu Kohler Arch. f. b. R. Bd. 6 S. 327f.

In dem Aufstellen von Briefkasten seitens der Post liegt nicht etwa eine Offerte, welche durch Hineinlegen des Briefs vom Absender angenommen wird, wie beim Automaten[1]) durch Hineinwerfen des Obolus, sondern der Absender offeriert dadurch der Post die Beförderung des Briefs und diese gibt durch den expedierenden Beamten die hier wie bei jedem anderen Vertrag erforderliche aber nicht empfangsbedürftige Annahmeerklärung ab[2]).

Als „Absender" kontrahiert nicht die Person, welche die Sendung am Schalter abliefert oder sie dem Briefkasten überantwortet, sondern der Auftraggeber, also derjenige, der gewillt ist, mit der Post einen Beförderungsvertrag abzuschließen[3]). Dies kann natürlich nur von handlungs- und vertragsfähigen Personen geschehen[4]). Handlungsunfähige können mit der Post ebensowenig wie mit einem Privatmann ein gültiges Rechtsgeschäft abschließen. Weshalb v. d. Osten[5]) hier eine Abweichung von den elementarsten Grundsätzen jeder Rechtsanschauung feststellen zu müssen glaubt, ist unerfindlich; seine Ansicht hat auch allgemein Widerspruch gefunden[6]). Der Umstand, daß die Post reglementsmäßige Sendungen ohne Ansehen der Person des Absenders befördert, also z. B. auch den Brief eines Kindes oder eines Wahnsinnigen, beweist für die Ansicht v. d. Ostens nichts. Laband[7]) beurteilt diesen Vorgang ebenso, „als wenn ein Kind sich in einem Laden für 10 Pfennig Näschereien geben läßt (sie „kauft") und sie sofort verzehrt." In beiden Fällen kann eben kein Vertrag zustande kommen; die Post ist daher berechtigt, Sendungen von handlungsunfähigen Personen nicht anzunehmen.

In dem Bestreben, ihre Geschäfte möglichst zu vereinfachen, legt die Post bei regelmäßigem Verlauf des Transports keinen Wert darauf, ihren Gegenkontrahenten kennen zu lernen, ja sie kommt bei allen durch den Briefkasten aufgelieferten Sendungen mit ihm über-

---

[1]) Vgl. Zschimmer, die Offerte an das Publikum, S. 12, 45 f., 87 ff. und Isay bei der Besprechung von Zschimmer in der Kritisch. Vierteljahrsschr. 43 S. 92 f.

[2]) Ebenso Endemann HR. S. 655 f.; Kann S. 68; Jaffé S. 28; teilweis abw. Cosack S. 462.

[3]) Vgl. Dambach S. 75; Meili, Haftpfl. S. 45; Seufferts Archiv Bd. 6 Nr. 60.

[4]) Vgl. o. S. 148.

[5]) S. 16 ff.

[6]) Z. B. Dambach S. 48 f., 75; Kann S. 119; Jaffé S. 29.

[7]) III S. 79.

haupt nicht in Berührung. Dies hat schon Cnyrim[1]) als Singularität des Postbeförderungsvertrags bezeichnet. Es handelt sich hier also um die heutzutage allgemein anerkannten[2]) und im täglichen Leben überaus häufigen Verträge mit an sich zwar bestimmten, dem Schuldner aber unbekannten und daher unbestimmten Gläubigern[3]). Dies gilt auch von denjenigen Sendungen, welche am Schalter oder bei einem Postboten zur Einlieferung gelangen. Ob z. B. der Absender eines Pakets sich auf dem Abschnitt der Paketadresse nennt oder nicht, ist der Postverwaltung gleichgültig[4]). Die Angabe des Absenders wird von der Post meist nur dann verlangt, wenn das betreffende Beförderungsgeschäft sonst überhaupt nicht ausführbar wäre, z. B. bei Nachnahmesendungen, Postaufträgen, Rückscheinen usw.[5]). Auch die Abschnitte der Postanweisungen und Postpaketadressen, deren Einrichtung als bekannt vorausgesetzt werden darf, sind nicht dazu bestimmt, der Post einen Nachweis über Namen und Wohnort des Absenders zu liefern, dienen vielmehr nur zur Orientierung des Empfängers über die Person des Absenders und zu etwaigen kurzen Mitteilungen[6]). Von besonderer Wichtigkeit ist dies beim

[1]) S. 20: Singulare est, postam eius, qui de re transportanda contrahit, nomen plerumque nec noscere nec noscere velle. Itaque nec documenta pro probatione pacti creditori a posta data (Einlieferungsscheine) locatoris nomen indicant, sed solum rem quandam commissam esse profitentur. Vgl. Kompe, Posttr. Vertr. S. 319.

[2]) Vgl. ROHG. 19 S. 207; Dernburg, Pand. II § 9, 1; Windscheid, Pand. I § 60, II § 291; Förster-Eccius I S. 367 ff., II S. 45 A. 16. Vgl. auch Dernburg, bürg. Recht Bd. II₁ § 81 S. 177 ff.

[3]) Vgl. Schmidt, rechtl. Natur d. Postanweis. S. 18 f.; gegen ihn Kann S. 116 f., dessen Gründe gegenüber den treffenden, durch Dernburg und Windscheid gedeckten Ausführungen Schmidts nicht zu überzeugen vermögen. Vgl. auch Bruns-Eck-Mitteis in der Enzyklopädie 1 S. 370.

[4]) Vgl. PO. §§ 8 I, 7 IV, 8 X 2, 10 III, 12 VIII u. 20 V; ADA. V, 1 S. 116: „Die Postanstalten haben die größte Sorgfalt anzuwenden, auch die Absender, die sich auf den Postanweisungen nicht namhaft gemacht haben, zu ermitteln.“ — Daß etwa die Unterlassung der Namensangabe seitens des Absenders den bestehenden Vorschriften zuwiderlaufe, ist nirgends zum Ausdruck gebracht.

[5]) PO. §§ 18 IV, 19 II, 23 III, 26 I.

[6]) So auch Schmidt, Postanweis. S. 9 ff., derselbe im Arch. f. b. R. Bd. 6 S. 174; Mittelstein, Beitr. S. 54 f. Unter diesen Umständen erscheint mir das im Archiv f. Post u. Tel. Jahrg. 1887 S. 218 f. mitgeteilte Urteil des LG. Leipzig vom 15. 11. 86 sehr bedenklich. Danach wurde ein Kaufmann wegen schwerer Urkundenfälschung zu 6 Monaten Gefängnis verurteilt, weil er auf Postpaketadressen einen falschen Absendernamen angegeben hatte. Vgl. dagegen RG. in Straff. 17

Postanweisungsgeschäft, dessen rechtlicher Charakter verschieden beurteilt wird, je nachdem man den Namen des Absenders und dessen Erklärung auf dem Abschnitt in den Vordergrund rückt oder beide Angaben als nebensächlich und nur für den Empfänger bestimmt behandelt. Offenbar läßt sich die Post, wenn sie es in das Belieben des Absenders stellt, sich auf dem Abschnitt einer Postanweisung oder Postpaketadresse zu nennen oder nicht, von zweierlei Gründen leiten. Einmal beabsichtigt sie nicht, mit dem Absender in schriftlichen Verkehr zu treten, vielmehr will sie dessen Person bei Eingehung und Erfüllung des Beförderungsvertrags ganz außer Betracht lassen und ihm nur Gelegenheit geben, sich bei der Absendung des Geldes oder des Pakets mit dem Empfänger in Verbindung zu setzen. In zweiter Linie muß die Post schon infolge der technischen Unmöglichkeit, die Angaben der Absender auf ihre Richtigkeit zu prüfen, von vornherein darauf verzichten, derartige Angaben zu verlangen. Demgemäß wird der Name des Absenders weder in den Bescheinigungen, welche das Publikum im Postverkehr erhält und ausstellt (Post-Einlieferungs- und Ablieferungsscheinen), noch in den postalischen Büchern usw. vermerkt, damit aus diesen Formularen deutlich hervorgeht, daß die Post nur im eigenen Namen tätig sein will, um ihrer vertragsmäßigen Beförderungspflicht zu genügen, nicht aber im Namen der Absender und unter Miteintritt in deren Vertragsverhältnisse[1]).

2. Die Bankgeschäfte.

Hierher gehört

a) die Übermittelung von Geldbeträgen durch Postanweisung;

b) die Einziehung von Geldbeträgen durch

1. Postnachnahme;
2. Postauftrag.

Auf diese Geschäfte soll hier nur insoweit eingegangen werden, als sie von dem gewöhnlichen Postfrachtgeschäft abweichen.

a) Das Postanweisungsgeschäft.

Die rechtliche Natur des Postanweisungsgeschäfts hat in der

S. 144 ff.; 20 S. 441 und I. Strafsenat v. 24. 9. 03 in JW. 1904 S. 18 Nr. 22, andererseits aber II. Strafsenat v. 27. 5. 02 in JW. 1902 S. 516 Nr. 55.

[1]) Schmidt, Postanweisung S. 34, 97, Arch. f. b. R. Bd. 6 S. 174; Merten S. 81 ff.; RG. 41 S. 106 f.

darüber vorhandenen außerordentlich reichen Literatur[1]) eine ganz verschiedene Beurteilung erfahren.

Zorn hält auch hier den staatsrechtlichen Standpunkt fest und erklärt das Geschäft für eine staatsrechtliche obligatio ex lege. „Die sehr bestrittene rechtliche Natur der Postanweisung ist sehr einfach: Sie ist ein Auftrag eines Untertanen bei der Staatsverwaltung, eine bestimmte eingezahlte Summe an eine bestimmte Adresse zu befördern und auszuhändigen[2])." Zu seiner Widerlegung dürfte es genügen, auf die früheren[3]) Ausführungen bezug zu nehmen.

Auch Schott wendet seine oben[4]) zurückgewiesene Ansicht von einer privatrechtlichen obligatio ex lege in voller Schärfe auf das Postanweisungsgeschäft an. Von einer vertragsmäßigen Zahlungsanweisung sei hier nicht die Rede; es handle sich lediglich um eine gesetzliche Auszahlungspflicht der Post, für welche die postordnungsmäßige Einzahlung die Voraussetzung schaffe[5]). Auch diese Ansicht darf aus den oben angeführten Gründen als unzutreffend bezeichnet werden. Hier wie bei dem eigentlichen Postfrachtgeschäft gelangt man zu dem Ergebnis, daß ein privatrechtlicher Vertrag vorliegt. In dieser Voraussetzung spricht Endemann[6]), ohne auf die rechtliche Natur dieses Vertrags einzugehen, von einem „Anweisungsvertrag", der perfekt wird durch die frankaturpflichtige Einzahlung verbunden mit Ausstellung des Anweisungsformulars, wozu als weitere Momente Beförderung des Formulars und Auszahlung des Betrags treten.

Von anderer Seite[7]) ist behauptet worden, beim Postanweisungs-

---

[1]) Vgl. besonders Gareis, d. Postanweis.; Tinsch, d. Postanweis., zivilrechtlich betrachtet; Pfizer, d. Postanweis.; Schmidt, üb. d. rechtl. Natur d. Postanweis.; derselbe, d. Grenzen d. Haftpflicht d. Reichspostverwalt.; weiter b. Laband, Schott, Zorn, Sydow, Dambach, Mittelstein, Meili, Wirsing an d. zitiert. Stellen. Außerdem d. Dissertationen v. Kann, Hogrewe, Kiesselbach, Hönncher, Jaffé, Merten, Löwi, Frieg, Wolff, Schmidt (Paul), Walter, Stegner und Faßbender.

[2]) II S. 275 A. 112.

[3]) S. 141 ff. [4]) S. 144 ff.

[5]) S. 570. [6]) S. 659 f.

[7]) So Dernburg, Pand. II § 113 A. 8, bürgerl. R. II 2 S. 430; Mandry S. 490; Scherer S. 151; Löwi S. 18 ff.; Landgericht Hamb. Zivilkammer II vom 22. 1. 87, abgedruckt im Archiv f. Post u. Telegr. 1887 S. 322. Faßbender S. 21 spricht von einem sogen. irregulären Werkvertrag, verwahrt sich aber gegen die loc. cond. irregularis.

geschäft handle es sich um eine loc. cond. irregularis, da tantundem eiusdem generis[1]) geleistet werde. Dabei wird aber übersehen, daß es, wie Schott[2]) richtig hervorhebt, auf Geldtransport gar nicht abgesehen ist. Der eingezahlte Betrag verbleibt der Postanstalt am Aufgabeort, wo er wie eine wirkliche Einnahme der Post Verwendung findet. Nach dem Bestimmungsort befördert wird nur das Postanweisungsformular[3]). Wesen und Zweck der Postanweisung beruht ja gerade darauf, den Transport des Geldes entbehrlich zu machen. Da hier also die Hauptsache, nämlich das Geld, überhaupt nicht transportiert wird, fehlt es an der Voraussetzung für eine loc. cond. irregularis. Die Auffassung Dernburgs u. a. ist demnach unhaltbar[4]).

Dasselbe gilt von der Ansicht Cohns[5]), welcher das Postanweisungsgeschäft für ein Zahlungsmandat auf irreguläre Depositenschuld erklärt. Darin stimmen allerdings beide Geschäfte überein, daß der eingezahlte bezw. deponierte Betrag in das Eigentum der Post bezw. des Depositars übergeht und daß nur tantundem pecuniae herausgegeben zu werden braucht. Selbst das mag noch zugestanden werden, daß auch beim Depositum der Rückgabe an einen Dritten statt an den Deponenten nichts im Wege steht. Dagegen fehlt beim Postanweisungsgeschäft häufig das ausschließliche Interesse des Deponenten (Absenders) und stets der Zweck eines Depositums, daß aliquot custodiendum alicui datum est[6]). Dieser Zweck ist dem

---

1) cf. l. 31 D. loc. cond. 19,2.

2) S. 570.

3) Dieser Umstand hat kürzlich zu einer recht anfechtbaren Entscheidung eines Schöffengerichts geführt. N. hatte mittels Postanweisung 50 M. zugeschickt erhalten, um damit für den Absender Einkäufe zu besorgen. Er verwandte jedoch das Geld für sich und war deshalb wegen Unterschlagung angeklagt. Das Gericht sprach ihn frei, weil er sich nicht diejenigen Geldstücke zugeeignet hatte, die vom Absender bei der Post eingezahlt waren. Bei dieser Entscheidung hat das Gericht außer acht gelassen, daß das dem Empfänger ausgehändigte Geld dem Absender gehört. Die Vermischung dieses Geldes mit dem eigenen, die Verausgabung zu eigenen Zwecken, ist dem Empfänger nur dann gestattet, wenn er zum sofortigen Ersatz bereit und imstande ist. Anderenfalls hat er sich eine fremde bewegliche Sache rechtswidrig zugeeignet. DJZ. 1903 S. 240.

4) Ebenso Gareis, Postanweis. S. 211; Tinsch, Postanweis. S. 7 f.; Mittelstein, Beitr. S. 88 f.; Schmidt, Postanweis. S. 38 f.; Kann S. 70; Frieg S. 15 ff.; Merten S. 44; Hönncher S. 37 f.; Wolff S. 5 f.; Schmidt, Dissert. S. 31.

5) In Endemanns Handbuch S. 1088 ff.

6) l. 1 pr. D. depos. vel contra 16, 3.

Postanweisungsgeschäft fremd; die Post soll das Geld nicht für den Absender aufbewahren, sondern es so schnell als möglich an den Empfänger abliefern[1]). Auch der „unregelmäßige Verwahrungsvertrag" des BGB.[2]), auf welchen künftig die Vorschriften über das Darlehn Anwendung finden[3]), läßt sich für das Postanweisungsgeschäft nicht verwerten.

Goldschmidt[4]) erblickt im Postanweisungsgeschäft ebenso wie im Ein- und Auszahlungsgeschäft der Reichsbank eine Zahlungsanweisung (iussus, mandatum, delegatio), d. i. den Auftrag oder die Ermächtigung zu zahlen. Nach Cosack[5]) sind die Postanweisungen formulargemäße Aufträge zur Auszahlung eines vom Auftraggeber vorher bar eingezahlten Geldbetrags, im wesentlichen also Zahlungsaufträge.

Meyer[6]) nimmt ein reines Mandatsverhältnis an, weil es sich lediglich um Auszahlung einer Geldsumme handele. Die Beförderung des Abschnitts der Postanweisung läßt er ganz außer acht.

Auch Kiesselbach[7]) und Wolff[8]) sprechen von einem Zahlungsmandat. Freund[9]) stellt den Vertrag als einen durch die vorher gewährte Deckung bedingten Zahlungsauftrag dar, als „ein Zahlungsmandat auf Barfonds, ähnlich dem in § 13, 5 des Bankgesetzes vom 14. März 1875 unter den Geschäften der Reichsbank normierten Auszahlungsgeschäft auf Deckung."

Allen diesen Ansichten kann ich nicht beipflichten, weil es auch beim Postanweisungsgeschäft an dem Essentiale des Mandats, der Unentgeltlichkeit, fehlt[10]). Die verschiedenen Versuche, die Gebühr nicht als merces, sondern als Honorar[11]) oder als Vorschuß[12]) für die der

[1]) Vgl. Schmidt, Postanweis. S. 39, 55 f.; Tinsch, Postanweis. S. 17; Löwi S. 10; Merten S. 27 f., 41 ff.; Frieg S. 18 f.; Wolff S. 10; Schmidt, Dissert. S. 31. [2]) § 700.

[3]) Hierdurch wird die von Niemeyer, depositum irregulare, 1889 aufgestellte Theorie, wonach das depositum irregulare für das heutige Recht keine positive Geltung mehr hat, in die Praxis übertragen.

[4]) System S. 212; vgl. Walter S. 32 und die dort Zitierten.

[5]) S. 219, 468. [6]) S. 549. [7]) S. 28 ff.

[8]) S. 14 ff. [9]) S. 344.

[10]) Oben S. 153; ebenso Hellwig S. 534. A. A. unter Berufung auf Art. 290 HGB. I Walter S. 32.

[11]) So Tinsch S. 11; dagegen Hönncher S. 21; Merten S. 29; Frieg S. 24.

[12]) Wolff S. 14; dagegen Frieg S. 25; vgl. auch Schmidt, rechtl. Natur d. Postanweis. S. 92; Tinsch S. 15 ff.

Post durch die Auszahlung entstehenden Kosten zu bezeichnen, führen nicht zu einem befriedigenden Ergebnis. Vor allem aber will die Post niemals im Auftrag eines anderen, des Absenders, zahlen, um dessen Pflicht gegen den Adressaten zu erfüllen, sondern im eignen Namen, um sich der von ihr übernommenen Beförderungspflicht zu entledigen [1]). Dies erhellte früher deutlich aus dem Vordruck für die Quittung des Empfängers auf der Postanweisung: „Den umstehenden Betrag aus der Postkasse empfangen zu haben, bescheinigt durch Unterschrift" [2]).

In engem Zusammenhang mit der Konstruktion der Postanweisung als Mandat steht die mehrfach vertretene Ansicht, es handele sich um eine Anweisung (Assignation) [3]). Darunter verstand man [4]) nach gemeinem Recht ein Doppelmandat, nämlich ein Inkassomandat an den Anweisungsempfänger und ein Zahlungsmandat an den Ange-

1) Hellwig S. 535 stellt darauf ab, daß die Post Vertreterin des Absenders sei; sie leiste dem Absender in der Person des Adressaten; vgl. RG. 44 Nr. 257. Scheda S. 102 bezeichnet den Vertrag als auftragsähnlich im Sinne des § 675 BGB. Hertz S. 892 weist die Konstruktion als „Abtretung" zurück.

2) Jetzt ist dieser Vordruck geändert in „Umstehenden Betrag erhalten", wobei vom rechtlichen Standpunkt aus der Wegfall der wichtigen Worte „aus der Postkasse" zu bedauern ist.

Neubecker in DJZ. 1901 S. 256 spricht von einem „Recht eines durch die Post zahlenden Schuldners auf Quittung" und wünscht 2 Quittungen, eine auf der Postanweisung für die Post, die zweite auf einer Rückkarte für den Absender, dem die Bestimmungspostanstalt — nicht, wie jetzt, der Empfänger — die Quittung zuzusenden hätte. Hiergegen wendet sich Brückmann in den Abhandlungen zum Privatrecht und Zivilprozeß Bd. 9 S. 159 A. 1. „Aber woher nimmt die Post das Recht, in der vorgeschlagenen Weise in Privatrechte einzugreifen und den Gläubiger zu bevormunden? Seit wann treten Briefträger als Exekutoren privatrechtlicher Verbindlichkeiten auf?" Der Gläubiger ist zwar nach BGB. § 368 Satz 1 zur Erteilung einer Quittung verbunden; aber bis zur Grenze der Angemessenheit steht die Form in seinem Belieben. Zu dem Recht des Schuldners nach § 368 Satz 2, die Quittung in besonderer Form zu erhalten, gehört der Nachweis eines rechtlichen Interesses, und der Schuldner muß erst die Quittung des Gläubigers abwarten. Die Verpflichtung des Schuldners aus § 369, die Kosten der Quittung zu tragen und vorzuschießen, ist ein Recht des Gläubigers, auf das er auch verzichten kann.

3) Zuerst Meili, Haftpfl. S. 102; ebenso OLG. München vom 26. 9. 88, bestätigt vom RG. 25. 2. 89; Gareis Postanweis. S. 217ff.; Tinsch, Postanweis. S. 18f., ders. in Beiträgen Bd. 35 S. 209ff.; dagegen u. a. Mittelstein Beitr. S. 91; Jaffé S. 82; Walter S. 27ff.; Schmidt, Dissert. S. 31f.; vgl. auch unten S. 186 und Lippmann, die Wirkungen der Annahme der Anweisung nach gemeinem Recht u. dem BGB., Jenaer Dissert. 1903.

4) Z. B. Gareis Postanweis. S. 218; Windscheid II § 412.

wiesenen. Indessen liegt ein mandatum accipiendi keineswegs immer in der Anweisung, vielmehr ist darunter zu verstehen „die seitens des Anweisenden (des Assignanten) dem Anweisungsempfänger (dem Assignatar) erteilte Ermächtigung, Geld oder andere Werte bei einem Dritten (dem Angewiesenen oder Assignaten) auf Rechnung des Anweisenden zu erheben“[1]). Allerdings wird dem Assignaten in der Regel ein mandatum solvendi erteilt. Hieran knüpfen sich verschiedene Rechtsfolgen. Niemand braucht eine auf ihn gezogene Anweisung anzunehmen und Zahlung zu leisten, wenn er den Betrag nicht schuldig ist. Hat er aber die Anweisung akzeptiert, so muß er an den Dritten, zu dessen Gunsten sie ausgestellt ist, unter allen Umständen zahlen, auch wenn er die Annahme hätte ablehnen können. Weiter erlangt der Assignatar mit der Annahme der Anweisung durch den Assignaten ein Klagerecht gegen letzteren; ein Widerruf des Assignanten hat dann keine Gültigkeit mehr. Schließlich kann der Assignatar die Anweisung, auch wenn sie noch nicht angenommen ist, auf einen Dritten übertragen. Diese Rechtssätze sind auch auf das Postanweisungsgeschäft angewandt worden: Assignant sei der Absender, Assignatar der Empfänger und Assignat die Post. Dies hätte schwerwiegende Verbindlichkeiten für die Post zur Folge. Sie müßte z. B. den Betrag einer Postanweisung auch dann auszahlen, wenn erwiesen würde, daß zu wenig oder gar nichts eingezahlt ist. Ferner würde der Empfänger, sobald er von der Ausstellung der Anweisung Kenntnis erlangt hat, gegen die Post ein Recht auf Auszahlung des Betrags haben. Dem steht aber das Rückforderungsrecht des Absenders aus § 33 I der PO. entgegen[2]). Auch das PG. räumt dem Empfänger bei Postanweisungen keine weitergehenden Rechte ein als bei allen übrigen Sendungen. Im Gegenteil leistet die Post nach § 6 PG. nur für die auf Postanweisungen wirklich eingezahlten Beträge Garantie. Gemeinsam ist den beiden Rechtsgeschäften nur der Name „Anweisung“. Indes wäre es verfehlt, aus der Übereinstimmung des Namens die Identität des Wesens zu folgern. Vielmehr werden wir kein Bedenken tragen, bei der Entscheidung der vorliegenden Frage der Vorschrift des Paulus[3]) zu gedenken: non oportere verba captari,

---

[1]) Dernburg, Pand. II S. 327 (§ 119).

[2]) S. u. S. 183.

[3]) l. 19 D. ad exhibendum 10, 4; cf. l. 219 D. de verborum signif. 50, 16.

sed qua mente quid diceretur animadvertere convenire. Schon der Zweck der Assignation, daß nämlich der Assignant seine Verpflichtungen gegen einen Gläubiger aus einem Guthaben bei einem Schuldner decken kann, fehlt bei der Postanweisung. Das Guthaben des Absenders wird erst mit der Einzahlung geschaffen und erlischt mit der Auszahlung. Zweck der Einzahlung ist lediglich die Übermittelung des Betrags an eine räumlich getrennte Person, die keineswegs Gläubiger des Absenders zu sein braucht. In der Regel erhält der Empfänger überhaupt erst bei der Auszahlung von der zu seinen Gunsten erfolgten Einzahlung Kenntnis; er ist also gar nicht in der Lage, die Anweisung auf einen Dritten zu übertragen, ganz abgesehen davon, daß ihm ein Recht hierauf nicht zusteht. Endlich muß auch die historische Entwickelung der Postanweisung zur Ablehnung der Assignationstheorie führen. Das Postanweisungsverfahren hat sich aus der Barversendung im Geldbrief entwickelt und stellt nur eine betriebstechnische Vereinfachung der letzteren dar[1]).

Die oben aufgeführten juristischen Merkmale der gemeinrechtlichen Assignation treffen im wesentlichen auch auf die Anweisung des BGB. zu[2]); diese läßt sich daher für das Postanweisungsgeschäft ebenfalls nicht verwerten, schon deshalb nicht, weil der Absender die Urkunde nicht dem „Dritten", sondern der Post aushändigt[3]).

Gareis[4]) führt außer der vorerwähnten noch eine andere Konstruktion an, nach welcher die Postanweisung zwar den Charakter einer modernen Anweisung behält, aber der Absender nicht Assignant ist. Vielmehr soll Assignant die Postanstalt am Aufgabeort sein, Assignat diejenige am Bestimmungsort, wodurch die Postanweisung, wenn beide Postanstalten derselben Verwaltung angehören, zum trassiert-

---

[1]) Ebenso Schmidt S. 42ff., 56ff., 92ff.; Mittelstein, Beitr. S. 89f.; Merten S. 25ff.; Wolff S. 7ff.; Frieg S. 19ff.; Hönncher S. 28ff. Ob die Theorie der Assignation auf die Postgebiete anwendbar ist, in welchen das englisch-amerikanische money-order-Verfahren gilt, ist eine andere Frage, welche hier unerörtert bleiben kann. Vgl. über das Postanweisungsverfahren in den einzelnen Ländern Sieblist S. 59, 89, 108 usw., namentlich S. 302, sowie Fischer, Post, im Handwörterbuch der Staatswissensch., 2. Aufl., Bd. 6 S. 182.

[2]) §§ 783ff.

[3]) Ebenso Dernburg, bürgerl. R. Bd. II 2 S. 215; Scheda S. 102; Hertz S. 391; Stegner S. 20ff.; Faßbender S. 9ff. und ausführlich Düringer-Hachenburg Bd. 2 S. 418ff., besonders 415. Vgl. auch Kahl, die bürgerl. Anweisung, Erl. Diss. 1899; Mang, die Anweisung, Erl. Diss. 1902.

[4]) Postanweisung S. 217ff., S. 225.

eigenen Papier wird, analog dem trassiert-eigenen Wechsel[1]). Diese Konstruktion ist für alle am Ort der Aufgabe auszuzahlenden Postanweisungen von vornherein ausgeschlossen, kann aber auch aus anderen Gründen höchstens auf die money-orders, nicht aber auf unsere deutsche Postanweisung Anwendung finden. Postämter sind ja auch keine juristischen Personen, sondern stationes fisci.

Wenn Gareis schließlich — allerdings im Jahre 1889 — zu dem Ergebnis gelangt[2]), daß „den Anforderungen einer rechtslogischen Konstruktion aus den privatrechtlichen Materialien nur die einer wirklichen kaufmännischen Anweisung im Sinne des Art. 300 des (alten) HGB. entspricht", so lassen sich hiergegen gewichtige Bedenken nicht unterdrücken. Nach Art. 300 des alten HGB. erlangt der Assignatar allein durch die ihm vom Assignaten erklärte Annahme einen Anspruch auf Erfüllung; bei der Postanweisung dagegen knüpft sich die Verpflichtung der Post zur Zahlung des Betrags lediglich an die Tatsache der Einzahlung. Ferner fehlt es bei der Postanweisung an dem Akzept, das doch wohl schriftlich erfolgen müßte. Ein solches in dem Postaufgabe-[3]) oder dem Postankunftsstempel[4]) zu sehen, ist man nicht berechtigt. Unterscheiden sich doch die Poststempel bei einer Postanweisung in nichts von denen bei anderen Sendungen, bei welchen ihnen niemand eine rechtliche Bedeutung beimißt[5]). Außerdem kann die kaufmännische Anweisung durch Indossament übertragen werden, die Postanweisung im Verkehr innerhalb Deutschlands dagegen nicht[6]). Die Bestimmung im Art. 2 Ziff. 4 des internationalen Pariser Übereinkommens betr. den Postanweisungsdienst, vom 4. Juni 1878, wonach jedem der vertragschließenden Länder das Recht vorbehalten bleibt, das Eigentum an den aus einem andern dieser Länder eingehenden Postanweisungen innerhalb seines eigenen Gebiets für übertragbar durch Indossament zu erklären[7]), dürfte für die deutsche Postanweisung nicht verwertbar sein, da Deutschland von diesem Vorbehalt keinen Gebrauch gemacht hat und bei seinem wohlbewährten

---

[1]) Wechselordnung Art. 6 Abs. 2. [2]) Postanweisung S. 228f.

[3]) So OLG. München a. a. O. [4]) So Gareis, Postanweisung, S. 235f.

[5]) Vgl. Hellwig S. 531, 536. Die Poststempel sind keine öffentlichen Urkunden. RG. in Straff. Bd. 19 S. 352f., Bd. 30 S. 382ff. Stenglein, Lexikon S. 1575.

[6]) Vgl. Tinsch in Gruchots Beiträgen Bd. 35 S. 210.

[7]) Ebenso Art. 2 Ziff. 4 des neuesten Washingtoner Übereinkommens vom 15. Juni 1897, RGBl. S. 1133ff., vgl. dazu Gareis a. a. O. S. 236.

Postanweisungsverfahren auch nicht davon Gebrauch machen kann. Sollte dies geschehen, so müßten die mit dem Postakzept versehenen Anweisungen, ähnlich wie in den Vereinigten Staaten und in England, dem Assignanten (Absender) zurückgegeben, von diesem dem Assignatar (Empfänger) übersandt und von letzterem an einen Dritten indossiert werden. Dies ist bei unserem Verfahren nicht möglich, da die Postanweisung vom Augenblick ihrer Annahme bis zu ihrer Auszahlung bezw. Aushändigung an den Empfänger und vom Moment der Auszahlung ab für immer im Besitz der Postverwaltung verbleibt. So wären höchstens die Adressaten, welche die Postanweisungen abholen lassen, in der Lage, sie zu indossieren. In der älteren bayerischen PO. von 1889 war dies ausdrücklich verboten [1]). Indes bedarf es dieses ausdrücklichen Verbots gar nicht, da es sich schon aus den Bestimmungen über die Auszahlung ergibt [2]).

Nach alledem läßt sich die Konstruktion als kaufmännische Anweisung auch nach früherem Recht nicht halten. Mit dem Inkrafttreten des neuen HGB. fällt sie von selbst, da die Post nicht als Kaufmann im Sinne dieses Gesetzes gilt. Allerdings sind die Vorschriften über die Anweisungsannahme nicht mehr im HGB. enthalten, sondern in das BGB. übernommen. Die Übertragbarkeit durch Indossament bleibt aber auch künftig eine Besonderheit der kaufmännischen Anweisungen [3]).

Aus vorstehenden Ausführungen erhellt, daß das Postanweisungsgeschäft in die Typen der Konsensualverträge [4]), zu welchen u. a. auch die Anweisung (Assignation) gehört, nicht hineinpaßt. Legt man, was nicht scharf genug betont werden kann, das Hauptgewicht darauf, daß die vorausgegangene Einzahlung die condicio sine qua non für die Verpflichtung der Post zur Auszahlung des Betrags bildet, daß das ganze Geschäft sich abwickelt, ohne daß der Grund der Zahlung des Absenders an den Empfänger in irgend einem Stadium der Sache eine Rolle spielt, daß also die Post mit der Auszahlung des Betrags

---

[1]) § 13 XII.

[2]) Vgl. PO. § 20 VII u. X, § 39 VII. Ausführlich darüber Schmidt, Postanweisung S. 47ff., 84ff.; Mittelstein, Beitr. S. 89ff., 94ff.; vgl. Schmidt, Dissert. S. 32; Walter S. 28ff.

[3]) HGB. II §§ 363—65. Denkschr. S. 202f., in den Materialien S. 359; Stegner S. 26. Ausführl. vgl. Düringer-Hachenburg Bd. 2 S. 435ff.

[4]) A. A. Hönncher S. 33ff. u. Walter S. 33ff. Beide halten das Postanweisungsgeschäft für eine Werkverdingung.

nicht eine Schuld des Absenders an den Empfänger, sondern eine eigene Verpflichtung erfüllen will[1]), so kennzeichnet sich das Rechtsgeschäft als eine Art Realvertrag, d. h. als ein Vertrag, der erst durch Empfangen perfekt wird[2]). Damit ist natürlich nur der Entstehungsgrund, nicht die Art des Vertrags gekennzeichnet. Freilich läßt sich der Postanweisungsvertrag nicht in das Schema eines der vier römischrechtlichen Realverträge bringen; das hindert aber nicht, ihn dieser Kategorie von Verträgen zu subsumieren, welche auf jeden sonst formlosen Vertrag Anwendung finden kann, wenn die vertragschließenden Parteien eine Form verabreden[3]). Eine derartige Verabredung liegt hier zweifellos vor. Sie geht dahin, daß nur die Ausstellung und Annahme des vorgeschriebenen Formulars und die gleichzeitige Hingabe des Geldes — nicht einer dieser Akte allein — einen reglementsmäßigen Postanweisungsvertrag begründen[4]). Ob

---

[1]) So auch Hertz S. 392. Es kann daher auch der Geldbriefträger, der etwa eine Forderung an den Empfänger einer Postanweisung ausstehen hat, den an seinen Schuldner auszuzahlenden Postanweisungsbetrag nicht zur Tilgung seiner Forderung durch Aufrechnung benutzen. Friedrich in DJZ. 1901 S. 529ff: Scherer 1902 S. 540.

[2]) So auch Schmidt, Postanweis. S. 21ff., 47, 60; derselbe im Arch. f. d. R. Bd. 6 S. 175f.; Tinsch S. 18ff.; Pfizer S. 331; vgl. aber S. 337f.; Dambach S. 95; Mittelstein, Beitr. S. 90f.; Sydow S. 525; Hellwig S. 532; Kann S. 72ff.; Merten S. 49ff.; Frieg S. 29ff.; Schmidt, Dissert. S. 32; Stegner S. 30ff.; vgl. RG. in Strafsachen 20 S. 440. A. A. Faßbender S. 22.

[3]) Windscheid, Pand. II § 312 A. 5; Dernburg, Pand. II S. 20f. (§ 8).

[4]) Seitens der Post gehört dazu Aushändigung des Einlieferungsscheins bezw. Erteilung der Quittung im Einlieferungsbuch. Hierüber und besonders über die rechtliche Bedeutung der Benutzung eines Post-Einlieferungsbuchs vgl. RG. 41 S. 102ff. (vgl. Dambach-v. Grimm Nachtr. S. 26ff.). Die Einlieferungsbescheinigungen der Postanstalten sind Urkunden im Sinne des § 267 StGB., RG. in Straff. 30 S. 369. Die vom Absender selbst bewirkte Eintragung des Tags der Einlieferung einer Postsendung in seinem Einlieferungsbuch bildet eine beweiserhebliche Urkunde, RG. in Straff. 35 S. 219.

Über die rechtliche Bedeutung des Posteinlieferungs-(Postempfangs-)Scheins hat das Bezirksgericht Zürich in einem Urteil vom 22. Oktober 1898 ausgeführt: „Die Vermutung, welche der Besitz des Empfangscheins begründe, legitimiert zu sein, komme jedem Produzenten zugute, sei er nun Adressat oder Absender. Der Postempfangschein gehöre zu jener Art unvollkommener Inhaberpapiere, wie Sparkassenbücher, Theaterbillets usw., welche als sogen. Legitimationspapiere bezeichnet werden; sie berechtigen denjenigen, dem sie vorgezeigt werden, ohne weitere Prüfung, an jeden Produzenten zu leisten. Es ist nicht nötig, sich erst zu vergewissern, ob dieser in mala fide sei." Meili, Die juristische Bedeutung der Postempfang-

der Eigenartigkeit dieses Vertrags die Formel do ut facias der Innominatrealkontrakte gerecht wird oder ob er eine Verschmelzung der beiden Kategorien do ut facias und do ut des darstellt, ist von anderer Seite[1]) eingehend untersucht worden. Auf diese subtilen Fragen einzugehen, ist hier nicht der Ort.

An dem Charakter der Postanweisung als Realkontrakt ändert auch der Umstand nichts, daß es seit einigen Jahren auch Postanweisungen gibt, bei welchen die Einzahlung des Betrags nicht bar, sondern durch Scheck erfolgt. Die Girokunden der Reichsbank sind nämlich berechtigt, falls sie gleichzeitig Postanweisungen über mindestens 300 M. einliefern, den Gesamtbetrag mittels roten Schecks auf das Girokonto der Post bei der Reichsbank gutschreiben zu lassen. Die Abweichung von dem gewöhnlichen Verfahren besteht nur darin, daß die Post an Stelle des baren Geldes einen Scheck erhält; einen rechtlichen Unterschied begründet dies nicht. In dem einen wie in dem anderen Falle ist die Einzahlung des Betrags — hier mittels Schecks, dort bar — unerläßliche Voraussetzung für den Willen und die Verpflichtung der Post zu zahlen. Es liegt deshalb kein Grund vor, bei der Einzahlung im Wege des Giros eine abweichende Konstruktion nach der Formel facio ut facias zu versuchen[2]).

Hand in Hand mit dem vorstehend als Realvertrag gekennzeichneten Hauptvertrag, der bedingt, daß eine gleiche wie die wirklich eingezahlte Summe von der Post an einen Dritten ausgezahlt wird, geht die Beförderung des Postanweisungsformulars oder, wenn man will, des Abschnitts, an den Adressaten, also wie bei allen Postsendungen ein Werk(verdingungs)vertrag[3]). Bei telegraphischen Postanweisungen wird an Stelle des Postanweisungsformulars das Telegramm befördert[4]). Wolff und andere sehen in der Beförderung des Formulars nicht die Erfüllung des Vertrags, sondern eine eigene Angelegenheit der Post. Offenbar mit Unrecht. Der Absender bezw. Empfänger hat nicht nur ein Recht auf Beförderung des Abschnitts, sondern auch

---

scheine, erläutert an einem Rechtsfall, in der Monatsschrift für Handelsrecht Bd. 9 1900 S. 182ff.

[1]) Vgl. Pfizer S. 346; Tinsch, Postanweis. S. 24; Merten S. 52f.; Frieg S. 30f.

[2]) Was Frieg S. 32 für erforderlich hält.

[3]) S. o. S. 154. So auch die gesamte Literatur außer Wolff S. 7, Hönncher S. 89ff. und Faßbender S. 21.

[4]) Vgl. Hellwig S. 529f.

der eigentlichen Postanweisung. Es gibt wohl wenige Empfänger, welche auf dieses Recht verzichten und die Quittung vollziehen, ohne sich davon überzeugt zu haben, daß der auf dem Abschnitt vermerkte und vom Briefträger ausgezahlte Betrag mit dem auf der eigentlichen Postanweisung angegebenen Betrag übereinstimmt. Übrigens wies die Württembergische PO.[1]) vom 3. März 1881 auf den Doppelcharakter des Postanweisungsgeschäfts ausdrücklich hin, indem sie die Gebühr zerlegte in die Briefbeförderungsgebühr von 10 Pf. und die Geldübermittelungsgebühr von 10, 20 oder 30 Pf.

Bei allen übrigen Sendungen genügt die Post ihrer Pflicht dadurch, daß sie den vom Absender erhaltenen Gegenstand unversehrt an den Empfänger abliefert, ohne Rücksicht darauf, wem das Eigentum daran zusteht und ob es durch die Beförderung übertragen wird. Beim Postanweisungsgeschäft dagegen wird die Post Eigentümerin des eingezahlten Betrags; ihre Verbindlichkeit gegen den Absender erlischt erst, wenn sie ihrerseits das Eigentum an dem Geld auf den Empfänger übertragen hat[2]). Dadurch unterscheidet sich der „Postanweisungsvertrag" wesentlich von dem „Postbeförderungsvertrag".

Es bleibt noch die Frage zu erörtern, welchen rechtlichen Charakter das Postanweisungsgeschäft im Rahmen des BGB. einnimmt. Hier herrscht auf dem Gebiet des Obligationenrechts völlige Vertragsfreiheit, so weit nicht im einzelnen zwingendes Recht entgegensteht. Überdies haben im BGB. nur die wichtigsten und häufigsten Typen der Schuldverhältnisse eine gesetzliche Regelung erfahren. Daher steht nichts im Wege, andere als die im Gesetz geregelten Schuldverhältnisse zu begründen oder letztere nach dieser oder jener Richtung hin zu modifizieren. Auch das Postanweisungsgeschäft läßt sich nicht in eins der im 2. Buch aufgestellten Schemata einzwängen. Faßt man es als einen Vertrag — oder, wie Pfizer[3]) will, als ein Rechtsgeschäft — mit Versprechen der Leistung an einen Dritten auf[4]), so würde der Empfänger das Recht, die Leistung zu fordern, nur erwerben, wenn dies besonders bedungen wäre. Da es aber an jeder besonderen Verabredung fehlt und auch der Zweck der Geldübermittelung

---

[1]) § 18 V.

[2]) So auch Schmidt, Postanweis. S. 25; vgl. Hellwig S. 531.

[3]) S. 347, 358.

[4]) Hellwig S. 533; Stegner S. 43. Für das ältere Recht a. A. Sydow S. 528; vgl. Mittelstein, Rechtsfragen d. Postanweisungsverkehrs S. 580.

nicht zu ersehen ist[1]), kann der Empfänger aus einem Vertrag auf Leistung an Dritte als unmittelbar berechtigt nicht anerkannt werden[2]).

Daß das Postanweisungsgeschäft nicht etwa eine „Schuldübernahme"[3]) oder eine „Anweisung" darstellt[4]), ist oben teils schon ausgeführt, teils ergibt es sich aus dem Gesagten von selbst.

Der „Postanweisungsvertrag"[5]) ist daher ein eigenartiger Vertrag, bei welchem die Post eine doppelte Leistung übernimmt:

1. Beförderung des Abschnitts, welcher einer Postkarte[6]) entspricht bezw. des ganzen Formulars (Postbeförderungsvertrag) oder eines Telegramms (Werkvertrag; beides also Konsensualverträge).
2. Auszahlung eines der wirklich empfangenen Summe entsprechenden Betrags an den Empfänger (Realvertrag).

Auf den ersten Blick bietet von diesem Standpunkt aus die Erklärung der telegraphischen Postanweisung eine gewisse Schwierigkeit. Der Vorgang dabei spielt sich folgendermaßen ab. Der Absender legt wie bei gewöhnlichen Postanweisungen dem Beamten ein ausgefülltes Postanweisungsformular, nur mit der Bezeichnung „telegraphisch", vor und zahlt das Geld ein. Der Beamte fertigt nunmehr ein Telegramm (sogen. Überweisungstelegramm) aus, dessen amtlich feststehender Teil folgenden Wortlaut hat: „Postanweisung (Nr.). Postanstalt N. X zahlt Y Mark für Z." Daran können sich beliebige weitere Mitteilungen des Absenders an den Empfänger schließen. Sie sind der Postanstalt schriftlich zu übergeben und werden in das Telegramm am Schluß aufgenommen. Am Bestimmungsort wird dem Empfänger das Telegramm vorgezeigt und der Betrag gegen Rückgabe des mit Quittung versehenen Telegramms gezahlt[7]). Dieser

---

[1]) BGB. § 328.

[2]) So auch Walter S. 39; ähnlich Scheda S. 102; Hertz S. 392; Tachau S. 495; vgl. aber unten §§ 20ff.

[3]) BGB. § 415; vgl. auch Hellwig S. 204 A. 377 u. S. 532 ff.

[4]) BGB. § 783 ff.; Scheda S. 101 zitiert unrichtig § 773. A. A. Tachau S. 496.

[5]) So auch RG. in dem Urteil vom 9. Mai 1898, Bd. 41 S. 102ff.

[6]) Hellwig S. 529. Die Mitteilung auf dem Abschnitt ist ein „Brief" im Sinne des § 354 StGB., s. o. S. 152; RG. in Straff. 33 S. 279, vgl. auch 35 S. 82. Die Postanweisung ist eine Urkunde im Sinne des § 267 StGB., RG. in Straff. 24 S. 130; der Abschnitt einer Postanweisung nicht unbedingt, sondern nur nach Maßgabe seines Inhalts, Rechtsprech. des RG. in Straff. 3 S. 649. Vgl. auch Davidsohn, Urkundendelikte an Postanweisungen in den strafrechtl. Abhandlg. von Beling 1900 Heft 31.

[7]) PO. § 21. ADA. V 1 S. 37ff.

Vorgang weicht von dem bei Einzahlung einer gewöhnlichen Postanweisung insofern ab, als nicht das vom Absender übergebene Formular, sondern ein von dem Beamten ausgefertigtes Telegramm befördert wird. Einen rechtlichen Unterschied begründet diese Abweichung jedoch nicht. Das Telegramm vertritt nur die Postanweisung. Es muß von dem Beamten ausgefertigt werden, weil dafür im Interesse der leichteren Prüfung und zur Fernhaltung von Betrügereien gegen den Postfiskus eine bestimmte Form geboten ist. In Wirklichkeit reproduziert es nur die Angaben des Absenders auf dem Postanweisungsformular, und zwar sowohl diejenigen auf dem Stamm, als auch die auf dem Abschnitt. Sonach weicht die rechtliche Natur des Vertrags bei telegraphischen Postanweisungen von der des gewöhnlichen Postanweisungsvertrags in ihrer Grundlage in nichts ab. Die Verwaltung übernimmt es bei ersterem zwar nicht, eine Sache in Natur zu befördern, wohl aber den Inhalt einer Mitteilung am Bestimmungsort wörtlich zu reproduzieren und zur Kenntnis des Empfängers zu bringen. Gegenstand des Nebenvertrags ist also auch hier das zu erzielende Ergebnis; deshalb liegt, genau wie bei der Beförderung der gewöhnlichen Postanweisung, eine loc. conductio operis (Werkvertrag) vor, die allerdings auch unter dem früheren Recht nicht unter die Handelsgeschäfte fiel und dem HGB. nicht unterworfen war.

Der als Realvertrag gekennzeichnete Hauptvertrag ist bei beiden Arten von Postanweisungen genau der nämliche.

Mit der hier vertretenen Ansicht steht es im Einklang, daß von der Postsondergesetzgebung beide Arten von Postanweisungen als den Grundsätzen des Frachtgeschäfts unterliegend gedacht und als reine Beförderungsverträge behandelt sind [1]). Ein Anspruch auf Aushändigung steht daher dem Empfänger einer Postanweisung nach denselben Grundsätzen und in demselben Umfang zu wie dem Empfänger jeder eigentlichen Postsendung.

b) Das Postnachnahme- und Postauftragsgeschäft.

Das Postnachnahmegeschäft hat seine jetzige Gestalt und seinen Namen erst 1878 erhalten. Das PG. spricht im § 50,6 noch

[1]) Vgl. z. B. PO. § 1, wo die Postanweisungen ausdrücklich zu den „Postsendungen" gerechnet werden. Ebenso Hellwig S. 582 f.; Mittelstein, Rechtsfragen des Postanweisungsverkehrs S. 579; Scheda S. 100, 102.

von Vorschußsendungen[1]). Diese Einrichtung, deren Wesen darin bestand, daß die Post bei der Einlieferung einer Sendung dem Absender sofort eine gewisse, von letzterem innerhalb bestimmter Grenzen festzusetzende Summe auszahlte, um sie demnächst vom Empfänger bei Aushändigung der Sendung wieder einzuziehen, findet sich bereits unter Friedrich Wilhelm I. Obwohl der Einrichtung viele Mängel anhafteten, wurde sie mit gewissen Modifikationen, — deren wichtigste darin bestand, daß der Vorschuß nicht sofort bar ausgezahlt, sondern solange für Rechnung des Absenders notiert wurde, bis die Nachricht von der Einlösung der Sendung durch den Empfänger eingegangen war, — beibehalten, bis die für das Publikum und die Postverwaltung gleich ungünstigen Erfahrungen[2]) dazu nötigten, das heutige Postnachnahmeverfahren einzuführen. Seit dem 1. Oktober 1878 ist die früher für gewisse Fälle nachgegebene Auszahlung eines auf einer Sendung haftenden Geldbetrags an den Aufgeber vor der Zahlung dieser Summe durch den Empfänger ohne jede Ausnahme aufgehoben. Der Absender einer Nachnahmesendung erhält jetzt nur eine Bescheinigung über den Betrag. Die Auszahlung der Nachnahme erfolgt erst, nachdem der bei der Aushändigung der Sendung an den Empfänger eingezogene Betrag mittels Postanweisung übersandt ist[3]).

Der Vertrag bei der Annahme einer Nachnahmesendung setzt sich somit aus drei[4]) Teilen zusammen, und zwar

1. aus der Beförderung der Sendung, für welche die allgemeinen Rechtsgrundsätze gelten, besonders hinsichtlich der Haftpflicht[5]);
2. aus der Einziehung des Betrags, wobei die Post den Absender vertritt, und
3. aus der Abführung des Betrags an den Absender der Sendung. Sie geschieht mittels Postanweisung, welche in allen Stücken wie eine gewöhnliche Postanweisung behandelt wird[6]).

---

1) Näheres im Archiv für Post und Telegr. 1879 S. 591 ff.

2) A. a. O. S. 593 ff.

3) PO. § 19. Beim Kauf ist der Käufer im Zweifel zur Vorauszahlung des Kaufpreises nicht verpflichtet. Der Verkäufer ist daher ohne eine dahinzielende Vereinbarung nicht berechtigt, den Kaufpreis mittels Nachnahme zu erheben, wie dies im Geschäftsverkehr häufig geschieht. Vgl. Gareis S. 369 u. Lit. das.

4) Dambach S. 97 unterscheidet nur zwei.

5) PG. § 6.

6) Vgl. Goldschmidt, System S. 285; Meili, Haftpfl. S. 33; Meyer S. 549; Mittelstein, Beitr. S. 121 ff.; Sydow S. 526 f.; Schmidt, Arch. f. b. R. S. 177 f.; Schott S. 569 f.; Wirsing S. 87 ff.; Kann S. 97 ff.; Freund S. 346.

Das Postauftragsverfahren (Postmandat) besteht erst seit 1871. Ursprünglich nur zur Einziehung von Geldbeträgen bestimmt wurde es später auch auf die Einholung von Wechselakzepten[1]) und auf Bücherpostsendungen ausgedehnt. Letztere Art von Postaufträgen ist jedoch seit einigen Jahren wieder beseitigt, weil das Publikum nur einen ganz geringfügigen Gebrauch davon machte.

Die Postaufträge zur Einziehung von Geldbeträgen[2]) gleichen den Nachnahmen; bei beiden findet Beförderung der Sendung sowie Einziehung und Übermittelung des Betrags statt. Ein wesentlicher Unterschied besteht jedoch darin, daß die Einziehung der Nachnahme in der Regel nur ein Appendix zu der Hauptaufgabe, der Beförderung der Sendung, ist, während bei dem Postauftrag die Einziehung des Betrags die Hauptsache bildet. Ein wirtschaftlicher Unterschied tritt ferner darin zu Tage, daß in den meisten Fällen Sendung und Nachnahmebetrag einen Wert und Gegenwert darstellen, während bei dem Postauftrag die Anlage nur als Beweis für die geleistete Zahlung dient; nur unter besonderen Umständen haben die Anlagen von Postaufträgen einen absoluten Wert, z. B. Zinsscheine. Indessen beide Unterschiede haben sich in den letzten Jahren merklich verwischt; die Nachnahme steht im Begriff, den Postauftrag zu verdrängen und seinen Charakter anzunehmen, seitdem weite Handelskreise dazu übergegangen sind, auch höhere Beträge in der Weise einzuziehen, daß der Betrag auf eine Postkarte nachgenommen wird, deren Rückseite die entsprechende Quittung enthält; ein ebenso einfaches als billiges Verfahren, Außenstände einzuziehen.

Ein rechtlicher Unterschied zwischen Postauftrag und Postnachnahme liegt darin, daß bei ersterem der Auftrag zur Einziehung des Betrags bezw. Einholung des Wechselakzepts nicht an die Aufgabe-, sondern direkt an die Bestimmungspostanstalt gerichtet wird. Das Rechtsgeschäft besteht auch hier aus drei[3]) Teilen und zwar

1. dem Beförderungsvertrag wegen Hinsendung des Auftrags nebst Anlagen an die Bestimmungspostanstalt;

---

[1]) Seine rechtliche Grundlage findet dieses Verfahren darin, daß der bloße Besitz des Wechsels zu seiner Vorzeigung behufs Einholung der Annahmeerklärung und zur Erhebung des Protests mangels Annahme ermächtigt. Einer Indossierung auf den Präsentanten oder eines Prokuraindossaments bedarf es zu diesem Zweck nicht. Wechselrechtlich kann daher auch jede Postanstalt als Präsentant Verwendung finden; vgl. Gareis S. 606.

[2]) PO. § 18.

[3]) Dambach S. 99 unterscheidet auch hier nur zwei.

2. dem Auftrag zur Einziehung des Geldbetrags oder zur Vorlegung des Wechsels, und
3. der Rücksendung des Betrags oder des akzeptierten Wechsels bezw. der Rück- oder Weitersendung des verweigerten Postauftrags[1]).

3. Das Postzustellungsgeschäft.

Der Absender eines gewöhnlichen[2]) Briefs hat das Recht, sich über die erfolgte Bestellung eine postamtliche Bescheinigung erteilen zu lassen. Macht er von diesem Recht Gebrauch, so muß dem Brief eine gehörig ausgefüllte Zustellungsurkunde nebst Abschrift äußerlich beigefügt und in der Aufschrift auf diese Formulare hingewiesen sein. Die von dem Postboten ordnungsmäßig vollzogene Zustellungsurkunde gelangt in die Hände des Absenders zurück, die Abschrift wird dem Empfänger des Briefs übergeben[3]). Es kann aber auch eine sogenannte vereinfachte Zustellung stattfinden. Bei dieser ist dem Brief nur ein Formular zur Postzustellungsurkunde auf blauem Papier beizufügen; dieses erhält der Absender vollzogen zurück; den Tag der Zustellung hat der Postbote auf dem Umschlag des zuzustellenden Briefs zu vermerken.

Erheblich häufiger als von Privatpersonen werden der Post von

---

[1]) Vgl. Cosack S. 468; Goldschmidt, System S. 286; Laband II S. 86; Meili, Haftpfl. S. 38; Meyer S. 549; Mittelstein, Beitr. S. 105 ff.; Sydow S. 527 ff.; Schmidt, Arch. f. b. R. Bd. 6 S. 176; Schott S. 572; Tinsch b. Gruchot S. 211 f.; Wirsing S. 42, 84 ff.; Kann S. 88 ff.; Freund S. 346.

[2]) Früher konnten auch bei eingeschriebenen Briefen Zustellungsurkunden verlangt werden. Diese Bestimmung ist neuerdings beseitigt. Vgl. hierzu und für das folgende die Anweisung über das Verfahren, betreffend die postamtliche Bestellung von Schreiben mit Zustellungsurkunde, vom 26. Oktober 1899, in Kraft getreten mit dem 1. Januar 1900 und abgedruckt im Zentralblatt für das Deutsche Reich 1900 S. 329, im preußischen Justizministerialblatt 1900 S. 722 und in der ADA. V, 1 Anl. 32. Vgl. ferner Amtsblatt des Reichs-Postamts Nr. 57 v. 1899 S. 347 und PO. § 25. — Im Geltungsbereich des früheren französischen und badischen Rechts kommt es vor, daß Briefe mit Zustellungsurkunde an eine Person in einem bei einer anderen Person „erwählten Wohnsitz“ gerichtet sind. (Z. B. „An Herrn X in seinem bei Herrn Y erwählten Wohnsitz“. Letztere Person ist meistens ein Notar, zuweilen auch ein Rechtsanwalt, Gerichtsvollzieher oder Gewerbetreibender.) Solche Briefe werden zugestellt, wie wenn sie an die Person, bei welcher der Wohnsitz erwählt ist (also in dem obigen Beispiel an Y), gerichtet wären. ADA. V, 1 Anl. 32, Berichtigung 102.

[3]) Die Angaben bei Schott S. 567, 1a treffen nicht mehr zu.

Gerichten Zustellungen übertragen[1]). Juristisch interessant ist, daß auf die Bestellung von Briefen mit Zustellungsurkunde die Bestimmungen in den §§ 180—186, 195, 208 u. 212 der CPO. in der Fassung vom 20. Mai 1898 Anwendung finden, mit der Maßgabe, daß an die Stelle des Gerichtsvollziehers der bestellende Bote der Postanstalt tritt[2]). Um dies zu erreichen, werden im § 40 PO. die angezogenen

[1]) CPO. §§ 193 f.

[2]) Eine Bestimmung des Inhalts, daß lediglich der Postbote Zustellungen vornehmen darf, besteht nicht. Es kann z. B. auch der Verwalter einer Postagentur selbst eine Zustellung bewirken, so OLG. Marienwerder v. 27. 10. 03, in Seufferts Archiv 59 S. 242 f. Ebenda wird auch festgestellt, daß es zur Empfangnahme von Postsendungen mit Zustellungsurkunde der im § 39 PO. vorgesehenen schriftlichen Vollmacht nicht bedarf, daß vielmehr auch die Erteilung einer mündlichen Vollmacht genügt. — Die dienstlichen Vermerke der Briefträger auf Briefsendungen — auch auf solchen ohne Zustellungsurkunde — z. B. „Adressat verstorben", „Annahme verweigert" usw. sind Urkunden. Stenglein, Lexikon 2 S. 1218. Die Postverwaltung und ihre Beamten handeln bei dem Akt der Zustellung, bei dem der Postbote an die Stelle des Gerichtsvollziehers tritt, wenn auch nicht im unmittelbaren, so doch im mittelbaren Auftrag der Partei. Die unrichtige Zustellung beruht deshalb nicht auf einem unabhängig von dem Vertragsverhältnis und außerhalb desselben erfolgten Versehen des Postboten, sondern auf einem Verschulden in der Vertragserfüllung, für welches die Post aber nicht haftet (§ 12 in Verbindung mit § 51 PG.); OLG. Cöln im Recht 1903 S. 531.

Früher war, wie Becker in DJZ. 1904 S. 982ff. ausführt, der Satz, daß die Zustellungsurkunde nur ein Beweismittel für die Zustellung bilde, daß die Gültigkeit des Zustellungsaktes aber von etwaigen Mängeln der darüber aufgenommenen Urkunde nicht unmittelbar berührt werde, in Theorie und Praxis anerkannt. Das RG. selbst hat, nachdem es einmal die gegenteilige Ansicht vertreten hat (RG. 19 S. 423), diesen Standpunkt bis in die neuste Zeit festgehalten (vgl. Struckmann-Koch und Petersen-Anger, Lit. zu § 190 CPO.). Danach kann der Beweis der Zustellung bei Mängeln der Urkunde auch durch andere Mittel geführt werden. Ergibt sich aber trotz etwaiger Mängel der Urkunde aus ihr ohne weiteres, daß eine im übrigen den gesetzlichen Vorschriften entsprechende Zustellung stattgefunden, also „die Tatsache und die Zeit einer vorschriftsmäßigen Übergabe" (RG. 11 S. 404), dann bedarf es natürlich auch eines weiteren Beweismittels neben der Zustellungsurkunde nicht mehr.

Diesen bewährten Standpunkt hat das RG. in einem auffälligen Beschluß vom 26. August 1904 (Feriensenat) verlassen und eine Zustellung wegen Nichtbeobachtung einzelner durch § 37 StPO. und §§ 208ff. CPO. vorgeschriebenen Formen als ungültig erklärt, obwohl ein Zweifel über die Identität des zuzustellenden und des zugestellten Schriftstücks nach der Aktenlage nicht wohl entstehen konnte. Mit Recht spricht Becker die Befürchtung aus, daß, wenn die neuere Ansicht des RG. allgemeine Geltung erlangen sollte, oft durch kleine Schreibfehler die Gültigkeit der Zustellungen und damit die Rechtsbeständigkeit mancher wichtigen Urteile in Frage gestellt werde. Es könne daher nur gehofft werden, daß das RG. zu der bis jetzt herrschend gewesenen Ansicht zurückkehrt.

Bestimmungen der CPO. als anzuwendende erklärt und damit die sonst anwendbaren Bestimmungen der PO. ausgeschlossen. Daraus ergibt sich u. a. die Besonderheit, daß den Empfängern solcher Schreiben das Recht der Annahmeverweigerung, das sonst beim Frachtgeschäft als selbstverständlich[1]) angesehen wird, im öffentlichen Interesse nicht zusteht.

Die Zustellung kann an jedem Ort erfolgen, an welchem die Person, der zugestellt werden soll, angetroffen wird. Hat sie an diesem Ort eine Wohnung, so ist die außerhalb dieser Wohnung an sie erfolgte Zustellung nur gültig, wenn die Annahme nicht verweigert ist[2]).

Verweigert jemand bei vorschriftsmäßiger Zustellung die Annahme eines amtlichen Schreibens, so hat der Postbote das zu übergebende Schriftstück am Ort der Zustellung zurückzulassen; letztere gilt dann als vollzogen[3]). Dagegen ist der Empfänger zur Entrichtung der auf dem Brief lastenden Porto- und sonstigen Beträge nicht verpflichtet; für diese bleibt der Absender haftbar, wenn der Empfänger bei der Zustellung die Zahlung verweigert[4]).

Auch insofern erfahren Schreiben mit Zustellungsurkunde eine abweichende Behandlung, als sie, falls der Empfänger verstorben ist, nicht den Erben ausgehändigt werden dürfen, sondern als unbestellbar zu behandeln sind[5]). Daneben finden sich über diese eigenartigen Sendungen noch zerstreut in der Postdienstanweisung mehrere minder wichtige Bestimmungen, welche alle darauf hinzielen, den Absender ohne Aufenthalt in den Besitz der Zustellungsurkunde gelangen zu lassen oder ihm im Fall der Unbestellbarkeit den Brief schleunigst wieder zuzuführen, damit er danach seine Maßnahmen treffen kann.

---

1) Einen interessanten Beitrag zu der früher in dieser Richtung herrschenden Verkehrsanschauung bietet die „Erneuerte und erweiterte allgemeine Postordnung für sämtliche königl. Provinzen, d. d. Berlin, 26. November 1782", indem sie bestimmt (Abschn. V § 10 S. 41): „Wenn aber Leute, welche im Lande wohnen und bekannt sind, die an sie mit der Post kommenden Briefe auszulösen sich säumig finden lassen oder gar sich dessen weigern, so müssen die Postämter dieserhalb nachdrücklich in dieselben dringen und das schuldige Postgeld allenfalls durch Hilfe der Obrigkeit beizutreiben sich angelegen sein lassen, weil durch dergl. Weigerung nicht nur unsere Post-Revenues beeinträchtigt, sondern auch die Postämter in die Verlegenheit gesetzt werden, sich mit den benachbarten auswärtigen Postämtern in Ansehung des zurückzurechnenden Vorschußporto in unnötigen Streit und Schreibereien einzulassen."

2) CPO. § 180. 3) CPO. § 186.

4) PO. § 25 VIII; vgl. Mittelstein, Beitr. S. 80 gegen Schott S. 564 f.

5) ADA. V, 1 S. 248. Dambach S. 260.

Durch die Aufnahme der öffentlichen Urkunde über die Aushändigung des Briefs wird die Leistung der Post nur erweitert. Das Frachtgeschäft erfährt insofern eine Modifikation, als zu dem Hauptgeschäft, bestehend im Transport, ein Nebenvertrag über die Beurkundung hinzutritt, den man wohl am besten als loc. cond. operarum oder Dienstvertrag des BGB.[1]) bezeichnet.

4. Der Postzeitungsdebit.

Wie allgemein bekannt, vermittelt die Post auch den Bezug von Zeitungen, und zwar in der Weise, daß sie Abonnements auf die ihr zum Vertrieb übergebenen Zeitungen annimmt, die den Abonnements entsprechende Zahl von Exemplaren beim Verleger bestellt und die von letzterem gelieferten Exemplare den Beziehern zuführt. Die Namen der Abonnenten erfährt der Verleger grundsätzlich nicht.

Der Erlaßpreis, d. h. der Preis, für welchen der Bezieher die Zeitung erhält, setzte sich bis zum 1. Januar 1901 zusammen aus dem Einkaufspreis, der dem Verleger zufloß, und der Zeitungsgebühr — einem bestimmten Prozentsatz des Einkaufspreises —, welche die Post in Anspruch nahm.

Durch RG. vom 20. Dezember 1899, betreffend einige Änderungen von Bestimmungen über das Postwesen[2]), ist die Zeitungsgebühr geändert. Sie beträgt jetzt: a) 2 Pfennig für jeden Monat der Bezugszeit; b) 15 Pf. jährlich für das wöchentlich einmalige oder seltenere Erscheinen sowie 15 Pf. jährlich mehr für jede weitere Ausgabe in der Woche; c) 10 Pf. jährlich für jedes Kilogramm des Jahresgewichts unter Gewährung eines Freigewichts von 1 Kilogramm jährlich für soviel Ausgaben wie der Gebühr zu b unterliegen. Diese Zeitungsgebühr fließt in die Postkasse. Von dem Bezieher erhebt die Post denjenigen Preis, welchen ihr der Verleger vorschreibt. Natürlich wird der Bezugspreis vom Verleger unter Berücksichtigung der an die Post zu zahlenden Gebühr festgesetzt.

Schon diese Art der Gebührenerhebung läßt erkennen, daß die Post den Verkauf nicht für ihre eigene Rechnung, sondern für Rechnung der Verleger bezw. Besteller betreibt und daß sie nur eine Vergütung für ihre Mühewaltung erhält. Es handelt sich also nicht um eine Spekulations-

---

[1]) §§ 611 ff. Schott S. 567 spricht von Geschäftsbesorgung, Meili (Verkehrsanstalten S. 95) von einem Mandat. Beides trifft nicht ganz zu. Vgl. Goldschmidt, System S. 236.

[2]) RGBl. S. 715.

Anschaffung bezw. -Veräußerung seitens der Post[1]). Ihr Zeitungsdebit[2]) erstreckt sich nur auf die in der postseitig aufgestellten Zeitungspreisliste enthaltenen Zeitschriften und Zeitungen. Zum Zweck der Aufnahme seiner Zeitung in die Preisliste muß der Verleger eine formularmäßige Erklärung des Inhalts unterschreiben, daß er die Zeitung der Postverwaltung zum Vertrieb übergibt, daß bei diesem Vertrieb die Post lediglich als Vermittlerin zwischen dem Verleger und den Beziehern handelt und daß der Verleger sich den näher bezeichneten Bedingungen der Post unterwirft[3]). Diese Erklärung bereitet die rechtlichen Beziehungen zwischen Post und Verleger lediglich vor. Rechtliche Bedeutung erlangt sie erst in einem viel späteren Zeitraum. Die ersten rechtsverbindlichen Verabredungen werden nicht zwischen Verleger und Post, sondern zwischen Bezieher und Post getroffen. Der Bezieher schließt mit der Post einen Vertrag ab, wonach ihm die Post die bestellte Zeitung regelmäßig liefern soll; er weiß dabei sehr wohl, daß die Post die Zeitung nicht selbst herausgibt, sondern nur eine vermittelnde Rolle spielt. Hierzu tritt dann weiter ein Abkommen der Post mit dem Verleger. Die Post bestellt bei ihm die Zeitung auf Grund seiner früheren Erklärung. Diese erlangt rechtliche Geltung erst in dem Augenblick der Annahme der Offerte seitens des Verlegers. Ursprünglich hatte dieser nur versprochen, der Post zu dem Zweck Zeitungsexemplare zu liefern, daß die Post sie gegen Zahlung des Erlaßpreises dem Besteller aushändigt und ihm, dem Verleger, den Erlaßpreis zahlt. Über einen wichtigen Punkt, nämlich über die Zahl der zu liefernden Zeitungsexemplare, enthält die ursprüngliche Erklärung des Verlegers nichts, gewiß ein Grund mehr gegen die Auffassung des Zeitungsdebits als Handelsgeschäft. Die beiden im Zeitungsvertrieb liegenden Abkommen bedingen sich also durch ihren Inhalt gegenseitig, sind aber rechtlich vollkommen selbständig. Der erste Vertrag mit dem Besteller kann nur erfüllt werden durch den zweiten Vertrag mit dem Verleger; umgekehrt schließt die Post den zweiten Vertrag wegen Lieferung der Zeitungen nur in der Absicht, diese an die Besteller auszuhändigen. Der Besteller hat also zunächst gegen die Post einen Anspruch auf

---

1) ROHG. 23 S. 12; Seuffert Archiv Bd. 34, NF. Bd. 4, 1879, Nr. 60 S. 100 ff.

2) Débiter = vendre en détail ou fréquemment; also Debit = Verkauf im einzelnen, Kleinhandel.

3) PO. § 28; ADA. V, 1 Anl. 23 S. 212.

Beschaffung der Zeitung. Lehnt der Verleger, was ihm zweifellos freisteht, die Lieferung ab, so wird der Vertrag mit dem Besteller gegenstandslos. Hat aber der Verleger die Bestellung angenommen, so entsteht für die Post die Verpflichtung zur rechtzeitigen Lieferung; die Post ihrerseits hat einen Anspruch darauf gegenüber dem Verleger. Dieser hat dafür ein Recht gegen die Post auf Zahlung des von ihm festgesetzten „Bezugspreises“ für die von ihm gelieferten Exemplare. Weiter reicht sein Anspruch nicht; insbesondere ist ihm das Recht versagt, Kenntnis von den Namen der Bezieher, ja selbst von den Bezugsorten zu erhalten[1]). Dies ist von größter Wichtigkeit für die Entscheidung der Streitfrage, ob durch die Vermittlung der Post Verleger und Besteller in unmittelbare rechtliche Beziehungen zu einander treten, ob der Besteller ein direktes Recht gegen den Verleger auf Lieferung und letzterer ein direktes Recht gegen den Besteller auf Bezahlung habe, ob also die Post nur Bevollmächtigte des Verlegers und Bestellers sei. Das ROHG. hat diese Frage in dem oben zitierten Erkenntnis bejaht und mit seiner Ansicht auf vielen Seiten Anklang gefunden. Gleichwohl ist der Ansicht des ROHG. nicht beizupflichten. Denn, wie Sydow[2]) mit Recht betont, kann man nicht ein Rechtsverhältnis zwischen zwei Personen annehmen, von denen die eine von der andern grundsätzlich nichts erfährt; der eine Kontrahent wäre ja nie in der Lage, sein Recht gegen den andern geltend zu machen. Wenn Dambach[3]) hiergegen ausführt, daß auch die Post beim Briefverkehr täglich zahllose Verträge mit den Absendern abschließt, ohne deren Namen zu kennen oder die Möglichkeit zu haben, sie zu erfahren, so trifft dies nur bei dem regelmäßigen Gang der Beförderung zu, bei dem die Post gar kein Interesse daran hat, sich mit der Person des Absenders zu beschäftigen. Wird dies aber aus irgend einem Grund erforderlich, so besitzt die Post die weitgehendsten Rechte zur Ermittelung des Absenders, als ultima ratio sogar das Recht, die Briefe zu eröffnen[4]).

---

[1]) Neuerdings werden den Verlegern auf Verlangen die Bezugsorte mitgeteilt. Auch gegen die Mitteilung der Zahl der Bezieher an den einzelnen Bezugsorten an die Verleger dürfte vom Standpunkt des Brief- bezw. Amtsgeheimnisses nichts einzuwenden sein, es sei denn, daß es sich um ganz unbedeutende Orte handelt, bei welchen die Mitteilung der Zahl der Bezieher gleichbedeutend wäre mit der Mitteilung ihrer Namen. Vgl. Dambach S. 68; Laband III S. 57 A. 3.

[2]) S. 530. [3]) S. 51.

[4]) PO. § 46 III, vgl. oben S. 148 158f. und Mittelstein Beitr. S. 55f.

Das ROHG. scheint die Tatsache, daß der Verleger grundsätzlich keine Kenntnis von der Person des Beziehers erhält, nicht gekannt zu haben, und nur davon auszugehen, daß der Name des Abonnenten dem Verleger nicht sofort genannt wird.

Vollständig paßt der Zeitungsvertrieb unter keine der sonst aufgestellten Vertragstheorien. Am meisten ähnelt er dem kaufmännischen Kommissionsgeschäft, wie es z. B. ein Bankier abschließt, wenn er eine Einkaufskommission erhält; doch tritt beim Zeitungsgeschäft noch die Beförderung durch die Post hinzu. Dagegen handelt es sich nicht um einen Kauf zu Spekulationszwecken, sondern nur um einen Kauf zur Befriedigung eines bereits vorher ermittelten Abnehmers, es fehlen also alle Merkmale der Ungewißheit, des Spekulierens. Auch eine Verkaufskommission liegt nicht vor, wie das ROHG. annimmt; die Post hat nicht den Auftrag, die Zeitung für den Verleger zu verkaufen. Denn rechtliche Beziehungen entstehen erst bei der Bestellung; nur der Besteller hat ein Recht auf die Beschaffung der Zeitungen, nicht aber der Verleger ein Recht auf den Absatz der Zeitungen an den Besteller. Nach alledem umfaßt der postalische Zeitungsvertrieb nur zwei Rechtsgeschäfte:

1. den Vertrag des Beziehers mit der Post, einen Lieferungsvertrag, und
2. den Vertrag der Post mit dem Verleger, einen Werkvertrag [1]).

§ 15.

Das Verfügungsrecht am Aufgabeort.

Da die eigentlichen Postrechtsquellen dem Handelsrecht auch unter der Herrschaft des alten HGB. vorgingen und da ferner das neue HGB. auf die Postbeförderungsgeschäfte überhaupt keine Anwendung

---

Übrigens ist die Rechtsgültigkeit dieser Bestimmung der PO. im Hinblick auf die gesetzlich gewährleistete Unverletzlichkeit des Briefgeheimnisses recht zweifelhaft.

[1]) Ebenso Sydow S. 529ff.; mehr oder weniger abweichend ROHG. 23 S. 10; Cosack S. 467; Dambach S. 49ff.; Goldschmidt, System S. 286; Löning S. 606 A. 1; Meili, Haftpfl. S. 34, 103f.; Meyer S. 549; Mittelstein, Beitr. S. 134ff.; Schmidt, Arch. f. b. R. S. 178f.; Schott S. 567; Stenglein S. 285; Tinsch b. Gruchot S. 200ff.; Kann S. 105ff.; Schmidt, Dissert. S. 85ff.; Freund S. 346; Faßbender S. 19 A. 1. Arndt, Staatsrecht S. 289, vertritt auch hier den öffentlich-rechtlichen Charakter der Post: Sie schließt „keinen Vertrag ab, sondern leistet im öffentlichen Interesse gewisse Dienste, deren Vorbedingung und

findet, werden wir die Vorschriften über das Verfügungsrecht bei Postsendungen im **Postsonderrecht** zu suchen haben. Eigentümlicherweise sieht die wichtigste Quelle des Postrechts, das PG., von einer Regelung dieser bedeutsamen Materie vollständig ab, verweist[1]) sie vielmehr in das vom Reichskanzler zu erlassende Reglement, die PO. Nicht einmal der Beschlußfassung des Bundesrats, die für einzelne in der PO. enthaltene, bei Benutzung der Postanstalt zu beobachtende Vorschriften gefordert wird[2]), sind die Bestimmungen der PO. über das Verfügungsrecht unterworfen. Daraus ergeben sich zwei wichtige und nicht ganz unbedenkliche Rechtsfolgen.

Während das Verfügungsrecht über das rollende Gut im Deutschen Reich für alle übrigen Frachtführer, die Staatseisenbahnen nicht ausgenommen, eine gesetzliche Regelung erfahren hat und damit der einseitigen Festsetzung oder willkürlichen Handhabung seitens der Transportleistenden entzogen ist, hat man — ob mit Absicht oder aus Versehen, läßt sich schwer feststellen, da die Materialien zum PG. keinen Anhalt bieten, — die Regelung des Verfügungsrechts bei Postbeförderungen in die Hände des Reichskanzlers oder vielmehr der Postverwaltung[3]) selbst gelegt. Sie ist somit jederzeit in der Lage, die fraglichen Bestimmungen beliebig abzuändern, z. B. anzuordnen, daß das Ver-

Folgen durch zwingende Rechtsnormen geregelt sind. Insbesondere besorgt sie kein Transportgeschäft im Sinne des HGB. und folglich haftet sie im Falle des Verlustes oder der Beschädigung der Zeitung nicht nach Handels- oder Zivilrecht; aber auch nicht nach dem öffentlichen Recht, da dieses eine Garantie für diesen Fall nicht vorschreibt." Vgl. auch **Brandenburg**, die rechtl. Natur des Zeitungsabonnements, Greifsw. Diss. 1902.

[1]) PG. § 50 Abs. 3 Ziff. 3.

[2]) PG. § 50 Abs. 4. Es sind dies, wie bei der Beratung des PG. geltend gemacht wurde, Anordnungen allgemeiner Natur, an deren Regelung mitzuwirken auch **Bayern** und **Württemberg** gelegen sein mußte. (Motive des PG. S. 20 Stenogr. Berichte des Reichstags S. 549). Sollte dies nicht auch bei dem Rückforderungsrecht der Fall sein? Vgl. **Laband** III S. 89 A. 5; **Dambach** S. 265. Bei dem jetzigen Rechtszustand könnte die Reichs-Postverwaltung die wichtigen §§ 33ff. der PO. jederzeit abändern und dadurch ohne Zustimmung, ja sogar gegen den Willen von **Bayern** und **Württemberg** Vorschriften schaffen, die auch für den Verkehr beider Königreiche untereinander und mit dem Reichspostgebiet rechtsverbindlich sind. Vgl. unten S. 203.

[3]) Dem Reichskanzler steht die Leitung und Verwaltung des Post- und Telegraphenwesens nach der Kaiserl. Verordnung vom 22. Dezember 1875 nicht mehr zu. Dies ist zum Ausdruck gekommen in der Zeichnung der neueren Postordnungen durch den Staatssekretär des Reichs-Postamts als Vertreter des Reichskanzlers; s. o. S. 123 A. 1; vgl. dazu **Scholz** S. 569ff.

fügungsrecht über eine Postsendung vom Augenblick ihrer Aufgabe künftig dem Empfänger zusteht. Es bedarf dazu nur einer Änderung der PO. Nun|gibt es aber im Deutschen Reich drei Postverwaltungen, deren jede eine PO. erlassen hat[1]), denn für den inneren Postverkehr der Königreiche Bayern und Württemberg gilt die Reichs-PO. nicht. Demgemäß hat jede der drei Postverwaltungen — und das ist das Bedenkliche an dem jetzigen Zustand — das wichtige Recht, die fraglichen Bestimmungen eigenmächtig abzuändern, ohne Rücksicht auf die beiden anderen Postgebiete. Es besteht sonach keine Gewähr dafür, daß das Verfügungsrecht über Postsendungen des inneren Verkehrs stets einheitlich geregelt sein wird, vielmehr hängt das Fortbestehen eines einheitlichen Deutschen Postsonderrechts in dieser Beziehung von der zufälligen Übereinstimmung der drei deutschen PO.en ab; ein Zustand, der als befriedigend sicherlich nicht bezeichnet werden kann. Es erscheint daher de lege ferenda wohl der Erwägung wert, der Rechtsunsicherheit auf diesem Gebiet dadurch vorzubeugen, daß man die fraglichen Vorschriften aus den PO.en in das PG. hinübernimmt oder sie wenigstens durch einen Zusatz zu § 50 PG. der Beschlußfassung des Bundesrats unterstellt.

Soviel über Ort und Art der mehrerwähnten Vorschriften.

Was ihren Inhalt anlangt, so bestimmt die PO.[2]) folgendes:

„I. Der Absender kann eine Postsendung zurücknehmen oder ihre Aufschrift ändern lassen, solange sie dem Empfänger noch nicht ausgehändigt ist.

II. Die Rücknahme kann erfolgen am Aufgabeort oder am Bestimmungsort, ausnahmsweise auch an einem Unterwegsorte, sofern dadurch keine Störung des Dienstes herbeigeführt wird.

III. Die Rückgabe geschieht an denjenigen, welcher ein von derselben Hand, von der die Aufschrift der Sendung geschrieben ist, ausgefertigtes Doppel des Briefumschlags, der Postanweisung oder der Postpaketadresse abgibt und die Einlieferungsbescheinigung, sofern eine solche erteilt ist, vorlegt[3]).

Aus diesen Bestimmungen ergibt sich unzweifelhaft, daß am Aufgabeort ausschließlich der Absender befugt ist, über eine Postsendung zu verfügen. Dem Empfänger steht in diesem Stadium der Be-

---

[1]) S. o. S. 122f. [2]) § 33.

[3]) Materiell übereinstimmend Bayerische PO. § 32; Württembergische PO. § 37. — Der Einfachheit halber wird im folgenden nur die ReichsPO. zitiert werden.

förderung keinerlei Dispositionsbefugnis über die Sendung zu. Aber auch das Recht des Absenders erstreckt sich nur nach den beiden in der PO. bezeichneten Richtungen: Rücknahme der Sendung die eine, Änderung der Aufschrift die andere. Verfügungen anderer Art seitens des Absenders sind ausgeschlossen; insbesondere steht ihm kein Recht zu, irgendwie in den von der Post beabsichtigten oder in der Ausführung begriffenen Transport einzugreifen[1]).

Das Recht des Absenders, die Sendung bis zu einem gewissen Zeitpunkt zurückzufordern, folgt aus der Natur des Geschäfts und stellt sich dar als vertragsmäßiges Rücktrittsrecht, s. g. pactum displicentiae, das als Nebenabrede zu dem Hauptvertrag tritt[2]). Nur der Absender darf vom Vertrag zurücktreten, nicht auch die Post. Ihr legt der im § 3 des PG. statuierte Kontrahierungszwang sogar die Pflicht auf, auch unfrankierte Sendungen zu befördern, und zwar selbst dann, wenn ihr aus früheren Fällen bekannt ist, daß das Porto weder von dem Adressaten, weil er die Annahme verweigert, noch von dem Absender — im Wege der Zwangsvollstreckung — beizutreiben ist[3]). Der Rücktritt des Absenders erfolgt durch einseitige Erklärung. Er begründet keine dingliche Wirkung, sondern lediglich eine persönliche Verpflichtung der beiden Kontrahenten, sich entweder gegenseitig das Empfangene zurückzugewähren oder dem anderen Teil für geleistete Dienste eine Gegenleistung in Geld zu entrichten[4]). Demgemäß erstattet die Post, falls eine zurückgeforderte Sendung noch nicht abgegangen ist, auf Verlangen das entrichtete Franko[5]). Hat die Post dagegen bereits geleistet, d. h. die Sendung ganz oder teilweise nach dem Bestimmungsort befördert, so erhebt sie die vorschriftsmäßige Gebühr für den Hin- und für den Rückweg nach Maßgabe der wirklich zurückgelegten Beförderungsstrecke[6]). In der Rückgabe einer Sendung seitens der Post an den Absender liegt nicht etwa das Zugeständnis, daß der Absender Eigentümer der Sendung sei oder daß die Post ihn dafür halte, vielmehr erfolgt die Rückgabe lediglich aus dem Gesichtspunkt, daß der Absender berechtigt ist, auf die Geltendmachung eines gegen die Post aus dem Beförde-

---

[1]) Anders beim gewöhnlichen Frachtgeschäft, s. o. S. 55; ebenso Kann S. 151f.; vgl. Mittelstein Beitr. S. 64f.

[2]) s. o. S. 50ff.

[3]) Ebenso Dambach S. 48.

[4]) BGB. §§ 346ff.

[5]) Hellwig S. 530 A. 69.

[6]) PO. § 33 VII, VIII und Ausführ.-Bestimm. zu VIII in d. ADA. V, 1 S. 63; vgl. v. d. Osten S. 25f.

rungsvertrag erlangten Anspruchs zu verzichten, ohne Rücksicht darauf, ob er Eigentümer der Sendung ist oder nicht[1]).

Das Recht des Absenders, Postsendungen zurückzufordern, ist in Deutschland durchaus nicht neu. Die preußische „Erneuerte und erweiterte allgemeine PO. für sämtliche Königliche Provinzen" vom 26. November 1782, welche die rechtlichen Verhältnisse zwischen Post und Publikum im allgemeinen eingehend regelt, erwähnt es zwar noch nicht[2]); dagegen findet es sich bereits im Anhang zur kurhessischen PO. vom 9. Mai 1788[3]), von wo es in die neueren PO.en übergegangen zu sein scheint[4]).

Sehen wir uns nun die bei uns geltenden Vorschriften genauer an, so finden wir zunächst hinsichtlich des Verfügungsrechts am Aufgabeort keine Abweichung von den Normen des Landfrachtgeschäfts[5]).

---

[1]) Vgl. Petschek S. 91. S. auch unten S. 192.

[2]) Sehr erklärlich, wenn man bedenkt, daß es außer den kostspieligen Extraposten oder Estafetten kein Mittel gab, einen Brief in der Beförderung aufzuhalten oder ihn wiederzuerlangen, sobald er abgesandt war. Ebensowenig das Westfälische Postdekret (Gesetz) vom 30. Septbr. 1810.

[3]) § 20 Nr. 7, in Kulenkamps neuer Sammlung kurhessisch. Landesordnungen Bd. 4 S. 120: „Aufgegebene Briefe werden nur gegen Vorzeigung der Adresse und des Siegelabdrucks und rekommandierte Briefe nur gegen Auslieferung der ausgestellten Bescheinigung zurückgegeben." Vgl. ferner das Regulativ über das Post-Tax-Wesen v. 18. Dezember 1824 in der Gesetzsamml. f. d. Kgl. Pr. Staaten 1824 S. 225ff., § 76: „Alle Gegenstände, welche vor dem Abgange der Post oder vor Aushändigung an den Empfänger zurückgefordert werden, können von den Postbeamten in dem Falle, wo ein Einlieferungsschein erteilt worden ist, gegen Rückgabe des letzteren, im anderen Falle aber gegen Vorzeigung des Petschaftes, womit der Brief usw. versiegelt ist, und Auslieferung eines Abdrucks dieses Siegels ohne Anstand zurückgegeben werden.

Ähnlich die PO. des Großherzogtums Sachsen-Weimar-Eisenach vom 26. November 1819 §§ 13, 38 u. 72; die Instruktionen über den Briefpostdienst für die Großherzogl. Badischen Posten v. 18. September 1820 § 12, im Archiv für das Transportwesen 1829 S. 129ff., und die Instruktion über das Schweizer Postwesen im Kanton Wadtland, Art. 17, a. a. O. S. 233. Viel eingehender und vorsichtiger behandelt die Instruktion für die französischen Posten v. 21. April 1808 den Gegenstand, vgl. Archiv der Postwissenschaft 1830 S. 200f.

[4]) Vgl. z. B. § 17 des Reglem. zum Preuß. PG. vom 5. Juni 1852; § 25 des Preuß. Reglem. vom 27. Mai 1856; §§ 21 u. 74 d. allgem. Bestimmungen über d. Benutzung der Kgl. Posten in Bayern vom Jahre 1858 (Beilage zum Verordnungs- u. Anzeigeblatt f. die K. B. Verkehrsanstalten Nr. 30 vom Jahre 1858); § 8 der Kgl. Sächs. PO. vom 7. Juni 1859 zur Ausführung des Kgl. Sächs. Postgesetzes von demselben Tage u. a. m.

[5]) PO. § 33 I; HGB. § 433.

Das Recht auf Rücknahme oder Abänderung der Aufschrift erstreckt sich auf alle Postsendungen, mithin auch auf Postanweisungen. Da es aber für letztere nicht als Sondervorschrift gilt, darf man ihm auch nicht eine besondere Bedeutung beimessen und daraus die Kriterien einer „Anweisung" im technischen Sinne herleiten[1]). Auch kann, wie Schmidt[2]) zutreffend ausführt, bei Prüfung der rechtlichen Natur des Postanweisungsgeschäfts das Rücktrittsrecht überhaupt nicht herangezogen werden, weil es einen rechtsgültig zustande gekommenen Postanweisungsvertrag zur Voraussetzung hat. Hinsichtlich der juristischen Konstruktion des Rücktrittsrechts, auch bei Postanweisungen, darf auf frühere Ausführungen[3]) verwiesen werden.

Wer als „Absender" anzusehen ist, haben wir ebenfalls bereits festgestellt[4]). Zum Schutz des Publikums und in ihrem eigenen Interesse muß natürlich die Post in Anspruch nehmen, daß derjenige, welcher eine Postsendung zurückfordert, sich als dazu berechtigt legitimiert. Bei der ungeheuren Menge der Postsendungen und um dem Publikum nicht lästige Verpflichtungen aufzuerlegen, ist die Post darauf bedacht, die Legitimation als Absender tunlichst zu erleichtern; sie erachtet deshalb als zur Rückforderung legitimiert denjenigen, welcher ein von derselben Hand, von welcher die Aufschrift der Sendung geschrieben ist, ausgefertigtes Doppel des Briefumschlags usw. und den Einlieferungsschein, sofern ein solcher über die Sendung erteilt ist, beibringt.

So zweckmäßig diese Bestimmungen in vielen Fällen sind, so können sie doch andererseits zu erheblichen Unzuträglichkeiten führen, wenn die Aufschrift nicht vom Absender selbst niedergeschrieben ist. Einmal erlangt dadurch jeder Handlungsgehilfe oder -lehrling, der die Briefe seines Prinzipals mit Adressen zu versehen hat, die Fähigkeit, jeden Geschäftsbrief seines Prinzipals gegen dessen Willen zurückzufordern. Andererseits kann ein Kaufmann keinen Geschäftsbrief, dessen Aufschrift sein Lehrling geschrieben hat, zurücknehmen oder auch nur Aufschub der Beförderung verlangen, wenn dieser das Geschäft bereits verlassen hat oder wenn er sich weigert, ein Doppel der Adresse auszustellen. Es bedarf keines Beweises, wie lästig und u. U. verlustbringend das strikte Festhalten an den bestehenden Vorschriften seitens der Postbeamten für Kaufleute u. a. sein kann, z. B.

---

1) Wie z. B. Tinsch, Postanweisg. S. 18f.; vgl. oben S. 163ff.

2) Postanweisung S. 94; ebenso Mittelstein, Beitr. S. 91f.

3) Oben S. 184; s. auch S. 50ff. 4) Oben S. 157ff.

wenn es sich um die Rücknahme von Offerten oder von Annahmeerklärungen auf solche handelt.

Allerdings wird die Post bezw. der zuständige Beamte nicht immer an den Vorschriften der PO. festzuhalten brauchen, ja manchmal nicht daran festhalten dürfen. Fordert z. B. in einem kleinen Ort ein den Postbeamten persönlich und als vertrauenswürdig bekannter Kaufmann einen von seinem Lehrling mit Aufschrift versehenen Brief zurück, auf dessen Außenseite sich — gleichviel, ob geschrieben oder gedruckt — der Name oder die Firma des Absenders befindet, so wird die Rückgabe unbeanstandet erfolgen müssen, in der Erwägung, daß es hier, wie überall, auf die ratio legis ankommt, nach welcher der Zurückfordernde nur gehalten ist, seine Identität mit dem Absender nachzuweisen, sei es in der von der PO. vorgeschriebenen Form, sei es auf irgend eine andere Weise[1]).

Auch für die Rückforderung eines Schreibens seitens einer Behörde reichen die Vorschriften der PO. nicht aus; in solchem Falle müßte der von derselben Hand wie das Original geschriebene Briefumschlag durch ein von dem Vorsteher der Behörde vollzogenes Verlangschreiben ersetzt werden können. Andererseits müßte verhütet werden, daß jeder Kanzlist gewöhnliche Briefe seiner Behörde, deren Adresse er geschrieben hat, unbefugterweise zurückfordern kann, wozu er jetzt in der Lage ist[2]).

Endlich können die Bestimmungen der PO. auf die im Geschäftsverkehr vielfach üblichen Briefe mit vollständig vorgedruckter Aufschrift überhaupt keine Anwendung finden; hier würde ein gleichartiger Briefumschlag an die Stelle des von derselben Hand geschriebenen Doppels zu treten haben[3]).

---

[1]) Vgl. Württemberg. Post-Dienstanweisung Abschn. III, Abt. 1, § 36 Ausführ.-Bestimm. zu I: „Kann der Zurückfordernde den Einlieferungsschein bezw. eine von derselben Hand, von welcher die ursprüngliche Adresse der Sendung geschrieben ist, gefertigte Abschrift der Adresse nicht beibringen, so darf seinem Verlangen erst nach erfolgter Ermächtigung der Postdirektion entsprochen werden, welcher zu diesem Zweck unter Vorlage der sonstigen vom Zurückfordernden zu seiner Berechtigung beigebrachten Beweismittel Bericht zu erstatten ist."

[2]) Vgl. Seufferts Arch. Bd. 6 Nr. 60; Mittelstein, Beitr. S. 62.

[3]) Neuerdings durch die für das Publikum allerdings nicht rechtsverbindlichen und ihm auch nicht bekannten Ausführ.-Bestimm. zu § 33 III bis V PO. (ADA. V, 1 S. 62) auch angeordnet. Dasselbe gilt von den obenerwähnten Verlangschreiben der Reichs- und Staatsbehörden, aber nur hinsichtlich der Rückforderung oder Aufschriftänderung von Sendungen gegen Einlieferungsbescheinigung.

Nach alledem erscheint es der Erwägung wert, ob nicht die in mancher Beziehung zu eng gefaßten Vorschriften der PO. über die Legitimation des eine Postsendung Zurückfordernden dergestalt zu erweitern sein möchten, daß Unzuträglichkeiten für das Publikum unter allen Umständen ferngehalten werden und dem freien Ermessen der Postbeamten ein weiterer Spielraum verbleibt[1]).

Freilich werden sich kaum alle Fälle erschöpfend regeln lassen. Zutreffend weist z. B. Kohler[2]) darauf hin, daß die elterliche Gewalt das Brieferöffnungsrecht in sich schließt; dieses Recht erstreckt sich sowohl auf die an das Kind gerichteten, als auch auf die vom Kinde geschriebenen Briefe. Daher ist ein Vater nicht nur berechtigt, die zur Absendung fertiggestellten Briefe seines Sohns zu eröffnen und sie zurückzuhalten, sondern er darf solche Briefe auch von der Post zurückfordern. Die Geltendmachung dieses letzteren Rechts wird in der Praxis aber stets auf Schwierigkeiten stoßen, da der Vater ohne die Mitwirkung seines Sohns nicht in der Lage ist, seine Legitimation zur Rückforderung des Briefs nachzuweisen. Ähnlich verhält es sich mit der Rückforderung und Öffnung von Briefen Minderjähriger durch den Vormund bezw. den Vorstand einer Pension, mit der Maßgabe jedoch, daß Briefe Minderjähriger an den Vater oder Vormund einer Kontrolle durch den Erzieher nicht unterliegen. Es kommen ferner hier in Betracht die Postsendungen der übrigen Geschäftsunfähigen oder beschränkt Geschäftsfähigen, d. h. derjenigen Personen, die wegen Geisteskrankheit, Geistesschwäche, Verschwendung oder Trunksucht entmündigt oder nach § 1906 BGB. unter vorläufige Vormundschaft gestellt sind.

Zur Rückforderung der Postsendungen aller dieser Personen ist zweifellos ihr gesetzlicher Vertreter, der Vormund oder der Inhaber der elterlichen Gewalt, befugt.

Weiter muß man dem Leiter einer Irrenanstalt bezüglich der ihm zugeteilten Kranken eine Briefkontrolle einräumen. Sie darf sich allerdings nicht auf diejenigen Briefe erstrecken, die an öffentliche Behörden gerichtet sind, da jedem Patienten das Recht gewahrt bleiben muß, sich u. U. beschwerdeführend an eine berufene Stelle zu wenden. Zurückgeforderte Briefe ihrer Patienten, welche die Anstalt zur Absendung für ungeeignet hält, hat sie als fremdes Eigentum aufzubewahren.

---

[1]) Einen beachtenswerten Vorschlag macht v. d. Osten S. 28.

[2]) Arch. f. b. R. Bd. 7, S. 142ff.

Endlich gehört hierher das Brieferöffnungsrecht des Ehemanns. Es besteht unbedingt, so lange die Ehegatten nicht in mindestens faktischer Trennung leben, denn der Mann als Eheoberhaupt und Wahrer der Würde des Hauses hat ein Recht auf vollen Einblick in alle Beziehungen seiner Frau[1]); er ist also zweifellos auch berechtigt, Briefe seiner Frau von der Post zurückzufordern. Hier setzen wieder die postalischen Vorschriften der eheherrlichen Gewalt lästige, aber kaum zu umgehende Schranken. Umgekehrt hat nicht etwa die Ehefrau das gleiche Recht an den Briefen ihres Mannes; diese darf sie nur mit seiner Zustimmung, nie gegen seinen Willen, öffnen bezw. zurückfordern.

Gegenüber der Vorschrift der PO., daß der Absender eine Postsendung zurücknehmen kann, ist demnach darauf hinzuweisen, daß unter der Herrschaft dieser Vorschrift

1. Postsendungen in vielen Fällen ohne Auftrag oder sogar gegen den Willen des Absenders von unbefugten Personen zurückgenommen werden können[2]),
2. andererseits die zur Rücknahme berechtigten Absender vielfach dazu nicht in der Lage sind und daß
3. in allen Fällen, in welchen aus persönlichen Beziehungen zum

---

[1]) Ebenso Pr.Ob.Trib. v. 21. 10. 58, siehe Goltdammer, Arch. f. Preuß. Strafrecht VII S. 118; Laband III S. 58 A. 3. A. A. Kgl. Sächs. Ober-Appellationsger. v. 30. 11. 74 bei Stenglein, Zeitschrift für Gerichtspraxis u. Rechtswissenschaft in Deutschland V S. 153 und Goldmann in DJZ. 1904 S. 64 ff. Vgl. hierzu u. zu dem Vorhergehenden Heim, das Briefgeheimnis, im Archiv f. Post und Telegraphie 1900 S. 992 ff.; auch Liter. das. S. 995 und BGB. §§ 1358 f. Anders liegt die Sache natürlich, wenn die Frau Handelsfrau ist, oder wenn sie ein Amt bekleidet oder einen Beruf ausübt, die zur Verschwiegenheit verpflichten, z. B. als Hebamme, Ärztin, Rechtsanwältin; in diesen Fällen begibt sich der Ehemann durch seine Zustimmung freiwillig des Rechts auf Einblick in die Geschäftsbriefe seiner Frau.

[2]) Die Post ist in solchem Falle von jeder Haftung gegenüber dem Absender oder Empfänger befreit, vorausgesetzt, daß sich der Unbefugte in der durch die PO. vorgeschriebenen Weise als Absender legitimiert hat; ebenso Hellwig S. 525 A. 62. Vgl. Meili in der Monatsschrift für Handelsrecht und Bankwesen Bd. 9, 1900, S. 132 ff. Dort wird ein im Dezember 1897 in Zürich vorgekommener Fall erörtert, in welchem ein Unbefugter gegen Rückgabe des dem Absender entwendeten Posteinlieferungsscheins einen Wertbrief bei dem Postamt zurückgefordert und über den Rückempfang mit der Unterschrift des Absenders quittiert hatte.

Die einschlägigen Bestimmungen der Deutschen Postordnung werden kritisiert von E. S. Hollander, Het brieven-vervoer uit een privaatrechtelijk oogpunt beschouwd (Proefschrift, Leiden 1893) S. 63 u. 65.

Absender dritte Personen ein Rückforderungsrecht haben, die Bestimmungen der PO. hindernd im Wege stehen.

Als Eigentümlichkeit verdient weiter hervorgehoben zu werden, daß die PO. die Übereinstimmung des auf dem Abschnitt der Postpaketadresse oder der Postanweisung angegebenen Absendernamens mit dem wirklichen Namen des Absenders nicht verlangt, ja, daß sie den auf dem Abschnitt vermerkten Namen bei den Erfordernissen für die Legitimation des zurückfordernden Absenders überhaupt nicht erwähnt, offenbar ebenfalls ein Beweis, daß die Post die Angaben auf den Abschnitten von Postanweisungen und Begleitadressen zu Paketen nicht als für sie bestimmte urkundliche Identitätsnachweise über die Personen der Absender auffaßt[1]).

Wie sich Personen, welche die Aufschrift von Postsendungen abändern wollen, auszuweisen haben, sagt die PO. nicht ausdrücklich; aus § 33 IV folgt aber, daß hier in dieser Hinsicht dieselben Anforderungen gestellt werden wie bei der Rücknahme von Postsendungen. Das oben hinsichtlich der Rückgabe Bemerkte gilt daher auch für die Abänderung von Adressen.

Auch über die Rechtsfolgen der Nichtbeachtung eines Antrags des verfügungsberechtigten Absenders auf Rückgabe oder anderweite Adressierung einer Postsendung schweigen PO. und PG. Solange die Vorschriften des HGB. für die Post subsidiär galten, war sie gleich dem gewöhnlichen Frachtführer dem Absender „für das Gut verhaftet", denn Art. 402 Abs. 2 des alten HGB.[2]) gilt für den verfügungsberechtigten Teil, gleichviel ob Absender oder Empfänger[3]). Nachdem aber die neueren Handelsrechtsnormen auf Fragen des Postrechts keine Anwendung mehr finden, ist bei der limitativen Regelung der Haftpflicht im PG. eine Inanspruchnahme der Postverwaltung wegen Nichtbeachtung des § 33 der PO. künftig ausgeschlossen: der geschädigte Absender kann sich nur an den schuldigen Beamten halten. Ob und in welcher Höhe dieser Schadensersatz zu leisten hat, richtet sich nach den Bestimmungen des BGB.[4])

In der **Schweiz** hat der Absender ebenfalls das Recht, Postsendungen zurückzuziehen oder wegen ihrer Auslieferung an einen anderen Empfänger oder an einem anderen Ort Anweisung zu erteilen.

---

[1]) S. o. S. 158.

[2]) Ebenso § 438 Abs. 2 des neuen HGB.

[3]) S. o. S. 61.

[4]) § 839 in Verbindung mit EG. Art. 77.

Sobald jedoch die Sendung nach Ankunft am Bestimmungsort dem zuerst bezeichneten Empfänger avisiert ist oder von ihm die Auslieferung verlangt wird, darf einer anderweiten Verfügung nur mit seiner Zustimmung entsprochen werden[1]). Zweifellos haben diese Vorschriften vor den gleichartigen unserer PO.en den Vorzug schärferer Präzision und besserer Anpassung an das Handelsrecht voraus.

Ganz andere Anschauungen herrschen auf diesem Gebiet in Frankreich. Dort steht dem Absender die Verfügung über eine Postsendung nur bis zum Augenblick des Abgangs von der Annahmepostanstalt zu; mit diesem Augenblick geht die Verfügungsgewalt über die Sendung auf den Empfänger über, und zwar nicht als obligatorisches Recht aus dem Frachtvertrag, — ein solcher kommt nicht zustande[2]), — sondern als Ausfluß des Eigentums an der Sendung[3]). Ähnliche Bestimmungen bestehen auch in mehreren anderen Ländern[4]). Sie beruhen darauf, daß jede Postsendung als Eigentum des Empfängers angesehen wird, sobald sie der Post übergeben ist[5]); dementsprechend lassen diese Länder auch eine Rücknahme von Postsendungen durch den Absender sogar am Aufgabeort nicht zu.

Es bedarf keines Beweises, daß ein derartiges Verfahren dem Absender in vielen Fällen schwere Nachteile verursachen kann, ohne für irgend jemand von Vorteil zu sein. Wie oft hat ein Absender ein begründetes und erhebliches Interesse daran zu verhindern, daß ein von ihm abgesandter Brief oder eine Geldsendung dem Empfänger zugeht! Zieht man in Betracht, daß eine Postsendung lediglich durch den Willen des Absenders der Post zur Beförderung übergeben wird, so erscheint es in der Natur der Sache begründet, dem Absender auch die Befugnis einzuräumen, seine Sendung zurückzufordern. Ist doch die Post im Grunde genommen nichts anderes als ein expresser Bote, wenn auch nicht eines einzigen Absenders; und wie man einen

---

[1]) Posthandbuch für d. Schweiz, Bern 1898 S. 52 § 76 Abs. 2. Vgl. über das Verfahren in anderen Ländern Sieblist S. 90, 93, 115 ff. Für die meisten Länder fehlen indes die bezüglichen Angaben.

[2]) Vgl. oben S. 144. [3]) Mayer S. 323.

[4]) Z. B.: England, Spanien, Türkei, Griechenland, Vereinigte Staaten, Egypten, Japan, für gewöhnliche Briefe auch in Italien.

[5]) So auch in Frankreich; die Zulässigkeit der Rücknahme eines Briefs am Aufgabeort kennzeichnet sich dort als ein besonderes, mit den herrschenden Rechtsanschauungen im Widerspruch stehendes Entgegenkommen der Postverwaltung gegenüber dem Publikum.

Boten beliebig zurückrufen kann, muß man es auch bei Postsendungen können.

Freilich darf man das Rückforderungsrecht des Absenders nicht auf das Eigentum an der Postsendung stützen[1]). Das PG. und die PO. enthalten ebensowenig eine Bestimmung darüber, wer in der Zeit von der Einlieferung einer Sendung zur Post bis zur Aushändigung an den Empfänger als ihr Eigentümer anzusehen ist, wie das HGB. oder das JÜ. bezüglich der Frachtgüter. Man muß eben bei allen Frachtverträgen scharf auseinanderhalten das obligatorische Verhältnis zwischen Absender und Frachtführer und das Verhältnis des Absenders zum Empfänger, das in den einzelnen Fällen eine sehr verschiedenartige Gestaltung zuläßt. Das Rechtsverhältnis zwischen Absender nnd Empfänger, insbesondere die Frage, wer von beiden Eigentümer der Sendung ist, unterliegt der Entscheidung nach dem bürgerlichen Recht. Für die Postverwaltung ist es ohne jede Bedeutung; sie kümmert sich bei der Ausführung des Transports um die Rechtsbeziehungen zwischen dem Absender und dem Empfänger nicht. Weil aber der Empfänger, gleichviel ob Eigentümer der Sendung oder nicht, bis zum letzten Stadium der Beförderung ganz außerhalb des Beförderungsvertrags steht, den Absender und Post mit einander schließen, liegt es in der Billigkeit, daß die Post ihrem Gegenkontrahenten, dem Absender, bis zu diesem letzten Stadium das Verfügungsrecht über die Sendung überläßt und daß sie auch lediglich diesem, und nur wenn er seine Rechte dem Empfänger ausdrücklich abtritt, letzterem für die Sendung aufkommt. Wie sollte sich die Post auch von der Beantwortung der Eigentumsfrage beeinflussen lassen, da sie weder befugt noch wegen der technischen Schwierigkeiten überhaupt in der Lage wäre, diese Frage in den Bereich ihrer rechtlichen Erwägungen zu ziehen. Der Absender kann daher auch niemals mit der rei vindicatio gegen die Post klagen; seine Ansprüche der Post gegenüber lassen sich nur durch die Klage aus dem Beförderungsvertrag geltend machen; dagegen steht ihm u. U. gegen einen Postbeamten, der eine Sendung unterschlagen hat, die Eigentumsklage zu. Daraus daß die Post die Eigentumsfrage nicht prüft, sondern das Rückforderungsrecht des Absenders lediglich aus dem Gesichtspunkt des mit ihm abgeschlossenen Beförderungsvertrags herleitet, erklärt es sich auch, daß sie dem Absender auch dann noch ein Rück-

[1]) Oben S. 185.

forderungsrecht gewährt, wenn das Eigentum an der Sendung bereits auf den Empfänger übergegangen ist und umgekehrt. Wann der Eigentumsübergang erfolgt, ob mit dem Augenblick der Einlieferung der Sendung zur Post oder im Augenblick der Aushändigung an den Empfänger oder zu einem dazwischen liegenden Zeitpunkt, war und ist sehr bestritten[1]).

Während in der EVO.[2]) ausdrücklich bestimmt ist, daß die Eisenbahn die Ausführung nachträglicher Dispositionen des Absenders verweigern oder verzögern oder solche Dispositionen in veränderter Weise erledigen darf, wenn durch ihre Befolgung der regelmäßige Transportverkehr gestört würde, findet sich in der PO. eine derartige Vorschrift nicht. Nur hinsichtlich der Rücknahme von Postsendungen an Unterwegsorten ist die Einschränkung getroffen, daß dadurch keine Störung des Dienstes herbeigeführt werden darf[3]). Es unterliegt aber keinem Zweifel, daß dies für alle nachträglichen Anweisungen des Absenders gilt. So z. B. kann niemand die Herausgabe eines Briefs verlangen, wenn dieser bereits in einen Briefbeutel oder auch nur in ein Briefbund verpackt ist, welche erst an einem anderen Ort oder in einer Bahnpost geöffnet werden sollen[4]). Ebensowenig hat der Absender einen Anspruch auf Rückgabe eines Pakets, welches sich auf einem größeren Postamt unter einem Berg anderer Pakete befindet, sodaß das Auffinden des gesuchten unverhältnismäßige Mühe verursachen und die pünktliche Absendung der übrigen Pakete in Frage stellen würde.

Das Recht des Absenders, eine Postsendung am Aufgabeort zurückzunehmen, besteht daher häufig nur in der Theorie; eine

---

[1]) Vgl. oben S. 46; außerdem l. 65 pr. D. de acquir. rer. dom. 41, 1; l. 14 § 17 D. de furtis 47, 2; l. 66 D. de rei vindicat. 6, 1; Sell S. 145; Höpfner S. 124; Karstens S. 212; Linde S. 359, 366ff.; Schellmann S. 21ff.; Gad S. 91; Meili Haftpfl. S. 45f., 149ff., Verkehrsanst. S. 89f.; Goldschmidt II S. 744 A. 80 u. 617ff.; Schloßmann S. 173f.; Bekker Recht d. Besitzes S. 208; v. d. Osten S. 55; Schott S. 558; Mittelstein Beitr. S. 61ff.; Schmidt Postanweis. S. 25, 34; Dambach S. 76 Z. 6; Kohler Arch. Bd. 6 S. 344f., Bd. 7 S. 95; Petschek S. 91ff., 108 Anm. 112, 116ff.; Jaffé S. 82; Seuffert Arch. Bd. 6 Nr. 60 und Schröder S. 42.

[2]) § 64, 5. Über die Rechtsgültigkeit der EVO. (oben S. 35) vgl. auch Mode in DJZ. 1904 S. 1083ff.

[3]) PO. § 35 II.

[4]) Vgl. Württ. Postdienst-Anweisung Abschn. III, Abt. 1 § 86, Ausführ.-Bestimm. zu II.

praktische Bedeutung kann es in vielen Fällen, besonders wenn es sich um größere Postanstalten handelt, wegen der sonst unvermeidlichen Störung des regelmäßigen Dienstbetriebs nicht erlangen. Dann bleibt aber dem Absender immer noch der Weg offen, seinen veränderten Dispositionen am Bestimmungsort Gehör zu verschaffen; allerdings ein Weg, der mit Zeitverlust und Kosten verbunden ist.

Obwohl die Einschränkung, welche das Rückforderungsrecht des Absenders nach obigem erleidet, in der Natur der Sache liegt, dürfte es sich doch zur Beseitigung von Zweifeln und unerfüllbaren Ansprüchen des Publikums empfehlen, die Bestimmungen der PO. im Sinne des § 64 Ziff. 5 der EVO. zu ergänzen[1]. Schließlich sei noch darauf hingewiesen, daß bei allen Erörterungen über anderweite Dispositionen seitens der Absender von Postsendungen, sei es am Aufgabeort, sei es unterwegs oder am Bestimmungsort, auf die Fälle, in denen Absender und Empfänger identisch sind oder in denen ersterer die Eigenschaft eines Mandatars des Empfängers hat oder in denen der Absender seine Rechte dem Empfänger ausdrücklich abtritt, wie überhaupt auf alle die Fälle, in denen eine Personen-Identität vorkommen kann, hier nicht eingegangen zu werden braucht, da deren Entscheidung keine rechtlichen Schwierigkeiten bietet.

§ 16.

Das Verfügungsrecht unterwegs.

Während die Verfügungsgewalt über eine Postsendung am Aufgabeort ausschließlich in den Händen des Absenders liegt, tritt mit der Beförderung der Sendung über den Aufgabeort hinaus eine Verschiebung der Rechtssphäre ein. Im allgemeinen wird natürlich der Empfänger die Aushändigung der für ihn aufgegebenen Postsendungen an dem Ort wünschen, an welchem er sich dauernd aufhält. Es sind aber sehr wohl Fälle denkbar und in der Praxis nicht selten, daß jemand Wert darauf legt, einen wichtigen Brief oder eine Geldsendung an einem anderen Ort in Empfang zu nehmen, den er vorübergehend berührt. Derartigen Wünschen trägt die PO. Rechnung,

---

[1]) Die frühere bayerische PO. enthielt die einschränkende Vorschrift (§ 24 II), daß die Rücknahme der Sendungen am Aufgabeort nur „bis zum Abschlusse der betreffenden Post" erfolgen könne, offenbar aber wurde auch damit dem Publikum noch zu viel versprochen. In der jetzt gültigen bayerischen PO. findet sich diese Einschränkung nicht mehr.

indem sie im § 34[1]) bestimmt: „Auch an einem Unterwegsorte[2]) kann die Aushändigung einer Sendung an einen sich gehörig ausweisenden Empfänger stattfinden, sofern keine dem Beamten bekannte Bedenken entgegenstehen und keine Störung des Dienstes herbeigeführt wird."

Diese Vorschrift erscheint mir außerordentlich bedenklich. Sie stellt einmal die Verfügungsgewalt über die Postsendungen während des Transports in das diskretionäre Ermessen der Postanstalten oder einzelner Beamten und weist diesen Faktoren gewissermaßen die Rolle eines Schiedsrichters zwischen den konkurrierenden Ansprüchen des Absenders und des Empfängers zu. Sie bedeutet aber weiter einen Widerspruch mit den Vorschriften des § 33 I PO. Der Absender hat vielleicht beabsichtigt, beim Eintreten gewisser Umstände seine Sendung, sobald sie am Bestimmungsort angelangt ist, zurückzufordern, bevor sie dem Empfänger ausgehändigt werden kann. Er hat vielleicht die Rücksendung schon telegraphisch beantragt, als die Sendung eben vom Aufgabeort abgegangen war; nach § 33 I PO. kann er deshalb auch verlangen, daß seinem Antrag seitens der Post entsprochen werde. Die Bestimmungsanstalt kommt aber gar nicht in die Lage, die telegraphische Weisung des Absenders auszuführen, denn inzwischen kann ohne Wissen und gegen den Willen des Absenders eine Unterwegspostanstalt, welche die anderweite Verfügung des Absenders nicht kannte, die Sendung bereits auf Grund eines späteren Antrags des Empfängers an diesen ausgehändigt haben. Es besteht sonach zwischen § 33 I bezw. IV und § 34 I PO. insofern ein Widerspruch, als die reglementsmäßige Anwendung des § 34 zugunsten des Empfängers unter gewissen Umständen ein reglementsmäßiges Recht des Absenders aus § 33 vernichten kann. Dieses Ergebnis befriedigt umsoweniger, als dem Absender in solchem Falle wegen eines ihm aus der Nichtbefolgung seiner anderweiten Verfügung etwa entstandenen Schadens keinerlei Regreßanspruch erwächst, weder gegen die Postverwaltung noch gegen einen

---

[1]) Ebenso bayer. PO. § 34, württemb. PO. § 38.

[2]) „Unterwegsort" ist hier im Gegensatz zu „Aufgabeort" u. „Bestimmungsort" gebraucht. Es kann also niemals der „Aufgabeort" auch „Unterwegsort" sein, selbst wenn die Sendung innerhalb des Aufgabeorts bereits von der Aufgabepostanstalt nach einer anderen Postanstalt befördert sein sollte. Anders Mittelstein, Beitr. S. 65, welcher unter dem „Unterwegsort" auch den Aufgabeort versteht. Ebenso Schmidt, Dissert. S. 63.

Beamten, da ja ein Versehen überhaupt nicht vorliegt. Unter diesen Umständen erscheint es geboten, die Bestimmungen des § 34 der PO. dahin zu ergänzen, daß die Aushändigung einer Sendung an einen sich gehörig ausweisenden Empfänger an einem Unterwegsort erst erfolgen darf, wenn durch telegraphische Rückfrage bei der Aufgabeanstalt festgestellt ist, daß eine anderweite Verfügung des Absenders über die Sendung nicht vorliegt.

Aber auch abgesehen von dem eben behandelten Fall, daß eine frühere Verfügung des Absenders nicht befolgt werden kann, weil die Sendung infolge eines späteren Antrags des Empfängers diesem an einem Unterwegsort ausgehändigt worden ist, scheint mir die Bestimmung des § 34 I PO. nicht zweckmäßig zu sein.

Im gewöhnlichen und im Eisenbahn-Frachtrecht kann der Empfänger die Auslieferung des Guts vor dessen Ankunft am Ort der Ablieferung nur fordern, wenn der Absender den Frachtführer dazu ermächtigt hat. Andernfalls untersteht das Gut der Verfügungsgewalt des Absenders bis zu dem Augenblick, wo nach der Ankunft des Guts am Ort der Ablieferung entweder der Frachtbrief dem Empfänger übergeben oder von diesem Klage auf Übergabe des Frachtbriefs erhoben ist; von diesem Augenblick ab derjenigen des Empfängers. Das sind reine und klare Rechtsgrundsätze, die jeden Zweifel ausschließen und es den Interessenten ermöglichen, rechtzeitig ihre Dispositionen zu treffen. Den bezüglichen Bestimmungen des Postsonderrechts kann man diese Anerkennung nicht zollen. Das im § 33 I an die Spitze gestellte Prinzip: eine Postsendung kann vom Absender so lange zurückgenommen werden, als sie dem Empfänger noch nicht ausgehändigt ist, wobei wohl jeder nur an die normale Aushändigung am Bestimmungsort denkt, erleidet eine erhebliche Einschränkung, wenn im § 34 auch die Aushändigung an den Empfänger unterwegs für zulässig erklärt wird. Von einem Rückforderungsrecht des Absenders einer Postsendung kann hiernach, obwohl es im § 33 PO. an jeder zeitlichen oder räumlichen Begrenzung fehlt, nur so lange die Rede sein, als die Sendung sich noch am Aufgabeort befindet. Kann unter gewissen Voraussetzungen eine Postsendung dem Empfänger schon an einem Unterwegsort ausgehändigt werden, so ist damit indirekt für die Fälle, in welchen diese Voraussetzungen zutreffen, ein Anspruch des Empfängers auf Aushändigung der Sendung anerkannt[1]).

[1]) Im Prinzip übereinstimmend Mittelstein, Beitr. S. 56; Schott S. 566;

Im Zusammenhang damit muß notwendigerweise der Anspruch des Absenders auf Rückgabe der Sendung schon in diesem Stadium der Beförderung den Charakter eines Rechts verlieren und sich zu einem zufälligen, von der Willkür des Empfängers und der Postbeamten abhängigen Faktor verflüchtigen. Hierin liegt zugleich ein Präjudiz für die Entscheidung der vielumstrittenen Frage, ob der Empfänger einer Postsendung nach deren Ankunft am Bestimmungsort ein selbständiges Klagerecht hat[1]).

Freilich wird der Empfänger niemals imstande sein, den Anspruch aus § 34 PO. im Wege der Klage geltend zu machen, weil er nie den Beweis wird führen können, daß der Aushändigung einer Sendung an einem Unterwegsort keine Bedenken entgegengestanden haben oder daß dadurch keine Störung des Dienstes herbeigeführt worden wäre.

Welcherlei Bedenken hier gemeint sind, ob persönliche oder sachliche, und welche Umstände ein solches Bedenken rechtfertigen, ergibt sich aus der PO. nicht; dem subjektiven Ermessen der Beamten ist der weiteste Spielraum gelassen. Auch darüber, was als eine „Störung des Dienstes" anzusehen ist, werden die Ansichten der einzelnen Postbeamten weit auseinandergehen. Es sind deshalb sehr wohl gleichartige Fälle denkbar, in welchen ein Beamter die Aushändigung einer Sendung an einem Unterwegsort ablehnt, während ein zweiter sie dem Empfänger anstandslos bewilligt.

Weiter, — ist der Begriff „Empfänger" hier streng zu interpretieren, so daß nur der Empfänger selbst berechtigt ist, eine Sendung an einem Unterwegsort in Empfang zu nehmen[2])? Dem Wortlaut der PO. entspricht diese Ansicht allerdings; da aber die ratio legis darauf hinzielt, den Empfänger möglichst schnell und bequem in den

---

Hellhoff S. 20; a. A. Sydow S. 523f.; Kann S. 150f.; Hogrewe S. 48; Freund S. 343; Faßbender S. 17f.; Stegner S. 46.

[1]) S. u. § 18. Hellhoff S. 20 sieht nicht mit Unrecht im § 36 PO. eine Bestimmung des Inhalts, daß im Zweifel in der Aufgabe des Guts zur Beförderung an den Empfänger die Erklärung des Absenders erblickt werden soll, daß er den Empfänger bezüglich des Herausgabeanspruchs zu Mitrecht aufnähme. Ein der Post gegenüber erklärter Verzicht des Absenders auf seinen Herausgabeanspruch würde also die Wirkung haben, daß dieser Anspruch dem Empfänger ausschließlich zufällt. Andererseits könnte der Absender die Mitberechtigung des Empfängers verhindern, indem er eine darauf hinzielende Willenserklärung abgibt, etwa durch einen Vermerk auf der Adresse: „Nur am Bestimmungsort auszuhändigen". Vgl. hiergegen u. S. 199.

[2]) Wie Kann S. 127 annimmt.

Besitz seiner Sendungen zu setzen, so liegt kein Grund vor, weshalb man nicht hier wie im Falle des § 33[1]) unter „Empfänger" alle diejenigen Personen verstehen soll, an welche eine Postsendung — je nach ihrer Art — für den Empfänger ausgehändigt werden kann. Daß vom Empfänger ein gehöriger Ausweis verlangt wird, ändert hieran nichts, denn es ist nicht abzusehen, warum nicht auch ein Dritter auf Grund von Legitimationspapieren oder in sonst geeigneter Weise einen solchen Ausweis zugunsten des Empfängers soll führen können. Es dürfte daher genügen, wenn sich statt des Empfängers in Person je nach der Art der Sendung ein Bevollmächtigter oder ein erwachsenes Familienmitglied oder auch nur ein Haus- oder Geschäftsbeamter oder ein Dienstbote des Empfängers[2]) zur Empfangnahme einer Sendung meldet, immer vorausgesetzt, daß diese Personen imstande sind, ihre und ihres Auftraggebers Legitimation nachzuweisen. Nur bei bestimmten Sendungen mit dem Vermerk „Eigenhändig" hätte der Empfänger seinen Anspruch auf Aushändigung persönlich geltend zu machen[3]).

Was die einzelnen Arten von Postsendungen anlangt, so verbietet sich die Aushändigung an einem Unterwegsort überall da von selbst, wo eine Sendung aus zwei Teilen besteht und beide Teile nicht gleichzeitig ausgehändigt werden können. Befindet sich z. B. ein Paket noch an einem Unterwegsort, die zugehörige Adresse dagegen bereits am Bestimmungsort, so wird einem Antrag des Empfängers auf Aushändigung des Pakets am Unterwegsort nicht zu entsprechen sein, weil dies unzweifelhaft am Bestimmungsort zu langwierigen Ermittelungen nach dem Verbleib des Pakets führen müßte. Dasselbe gilt von der Aushändigung einer Postanweisung, wenn die erforderlichen Mittel zur gleichzeitigen Auszahlung des Betrags fehlen.

Nach alledem ist die praktische Bedeutung des § 34 I PO. recht gering.

Die Frage, ob die Post überhaupt berechtigt ist, dem Empfänger eine Sendung auszuliefern, bevor diese den Bestimmungsort erreicht hat, ist schon von Schellmann[4]) eingehend erörtert worden. Die Post, führt er aus, schuldet dem Absender aus dem mit ihm abgeschlossenen Beförderungsvertrag die ordnungsmäßige Beförderung und Abgabe der Sendung an den Empfänger an dem in der Adresse

---

1) S. unten § 19. 2) Vgl. PO. § 39.
3) PO. § 89 VII. 4) S. 27ff.

bezeichneten Ort. Hiernach ist der Absender berechtigt, zu disponieren. In den weitaus meisten Fällen wird die zu frühe Auslieferung einer Sendung für den Absender unerheblich sein oder ihm sogar erwünscht kommen. Allein es lassen sich auch Fälle denken, wo das Interesse des Absenders es erheischt, daß die aufgegebene Sendung nur am Bestimmungsort und nicht früher ausgehändigt werde. Nehmen wir an, es handle sich um die Offerte oder die Akzeptation eines wichtigen Handelsgeschäfts; der Absender, der vorher genau berechnet hat, wann der Brief nach den bestehenden Verbindungen frühstens in die Hände des Empfängers gelangt sein könne, hat den Brief aufgegeben in der Absicht, falls ihn seine Offerte oder sein Akzept gereue, den Brief noch rechtzeitig telegraphisch zurückzurufen, überhaupt in der Annahme, die Post würde an der stillschweigenden Willenseinigung zwischen dem Absender und dem annehmenden Beamten festhalten, wonach der Brief in gewöhnlicher Weise zu befördern und am bezeichneten Ort auszuliefern ist. Weicht die Post eigenmächtig von diesem Vertragsinhalt ab, so handelt sie unerlaubt und kann sich auch nicht aus dem Gesichtspunkt der negotiorum gestio rechtfertigen, weil sie nicht weiß, ob ihre Geschäftsführung dem Absender Nutzen bringt. Die Frage, ob die Post dem Empfänger eine Sendung schon ausliefern darf, bevor diese den Bestimmungsort erreicht hat, ist sonach in abstracto zu verneinen. Erwächst dem Absender aus der vertragswidrig zu frühen Aushändigung ein Schaden, so wäre die Post ersatzpflichtig, wenn nicht im PG.[1]), das die Garantie der Post erschöpfend regelt, jede Ersatzpflicht in solchem Fall ausgeschlossen sein würde. Der Absender könnte sich sonach nur an den schuldigen Beamten halten[2]).

Indes diese theoretischen Erwägungen sind hinfällig geworden, seitdem die Postverwaltung sich entschlossen hat, dem Empfänger unter gewissen Voraussetzungen ein Recht auf Auslieferung der Sendung an einem Unterwegsort zuzubilligen und dies in der PO. niederzulegen. Diese bildet für alle Verträge, welche die Post abschließt, zwingendes Recht. Wollte ein Absender beim Abschluß eines Postbeförderungsvertrags darauf bestehen, daß § 34 PO. keine Anwendung findet, so würde der Postbeamte, der nur unter den allgemeinen, ein für allemal gültigen Bedingungen der PO. Verträge abschließen darf, die Sendung zurückweisen müssen. Es fragt sich aber, ob § 34 I PO.

---

1) §§ 6—12. 2) S. o. S. 190.

nicht ohne weiteres als rechtsungültig anzusehen ist, weil seine Bestimmungen mit denen des § 33 I im Widerspruch stehen[1]). Zur richterlichen Entscheidung ist diese Frage, soweit ich habe ermitteln können, noch nicht gelangt. Jedenfalls sind die jetzigen Vorschriften bedenklich, denn sie ermöglichen es dem Empfänger, sich solchen Maßregeln zu entziehen, welche die Sendung am Bestimmungsort in andere Hände, etwa in die des Strafrichters oder des Konkursverwalters, liefern würden.

Als Ergebnis der vorstehenden Erörterungen ist festzustellen, daß die Vorschrift des § 34 I PO. nicht nur ohne zwingenden Grund von dem wohlbegründeten Prinzip des HGB. abweicht, wonach dem Empfänger das Gut vor dessen Ankunft am Ort der Ablieferung nur ausgehändigt werden darf, wenn der Absender den Frachtführer dazu ermächtigt hat, sondern daß diese Vorschrift auch in das Postsonderrecht einen inneren Widerspruch trägt, der leicht zu unerquicklichen Erörterungen oder Rechtsstreitigkeiten der Post mit dem Publikum führen kann. Da andererseits die praktische Bedeutung des § 34 keineswegs derart ist, daß das Publikum den Wegfall dieser Bestimmung lästig empfinden würde, erscheint es im Interesse der Rechtseinheit und Rechtsklarheit zweckmäßig, den § 34 aus der PO. zu beseitigen und die Aushändigung von Postsendungen an Unterwegsorten analog dem § 434 HGB. zu regeln.

Wie wenig berechtigt die Schlußfolgerungen sind, welche Hellwig[2]) an § 34 I (früher § 36 I) PO. knüpft, ist bereits oben[3]) gezeigt worden. Auch darin kann ich Hellwig nicht beistimmen, daß der Absender oder Empfänger einer Postsendung — analog § 434 HGB. — berechtigt sein soll, während des Transports Sicherheitsmaßregeln anzuordnen. Hellwig stützt diese Behauptung auf §§ 665 und 675 BGB. Diese finden sich in der Lehre vom Auftrag. Nach Hellwigs Ansicht liegt aber beim Posttransportvertrag nicht ein Auftrag, sondern ein Vertrag auf Leistung an Dritte vor. Mit welchem Recht wendet Hellwig auf ein Schuldverhältnis Rechtssätze an, welche zur Regelung eines ganz anders gearteten Schuldverhältnisses bestimmt sind? Während übrigens § 434 HGB. das Recht, Sicherheitsmaßregeln anzuordnen, dem Empfänger einräumt, schreibt Hellwig bei Postbeförderungen dieses Recht dem Absender zu. Die hier ausschließlich maßgebende PO. kennt ein solches Recht nicht. Und das ist sehr

---

1) Vgl. o. S. 195. 2) S. 479 A. 958 und S. 524 f. 3) S. 81.

zweckmäßig, denn bei den heutigen Massentransporten der Post ist die individuelle Behandlung einer Sendung ein Ding der Unmöglichkeit. Die von Hellwig[1]) aufgeworfene Frage: „Sollte es beim Transport eines lebenden Tiers durch die Post unzulässig sein, daß der Absender das Tier unterwegs tränken und füttern läßt", ist daher unbedingt zu bejahen. Die Postbeamten werden zwar einen derartigen Wunsch des Absenders nach Möglichkeit erfüllen, eine rechtliche Verpflichtung hierzu besteht jedoch für sie nicht. Ebensowenig kann die Post oder ein Beamter zum Schadensersatz herangezogen werden, wenn das Tier infolge Nichtbeachtung des vom Absender ausgesprochenen Wunsches unterwegs verendet.

§. 17.

Das Verfügungsrecht am Bestimmungsort.

Das Verfügungsrecht über Postsendungen am Bestimmungsort regelt der uns schon bekannte § 33 I PO. in folgender Weise: „Der Absender kann eine Postsendung zurücknehmen oder ihre Aufschrift abändern lassen, solange sie dem Empfänger noch nicht ausgehändigt ist." So wohltuend diese kurze Bestimmung berührt und so klar sie auf den ersten Blick erscheint, so hat sie doch zu verschiedenen Streitfragen Anlaß gegeben, die, wie wir sehen werden, auch jetzt noch nicht aus der Welt geschafft sind.

Während das Verfügungsrecht über Postsendungen am Aufgabeort durch die PO. ebenso abgegrenzt ist wie das über Frachtgüter durch das HGB., weicht die Regelung dieses Rechts an Unterwegsorten und am Bestimmungsort seitens der PO. wesentlich von derjenigen des HGB. ab. An Unterwegsorten gewährt die PO. dem Empfänger unter gewissen Voraussetzungen ein Recht auf Aushändigung der Sendung, unbekümmert darum, ob der Absender damit einverstanden ist oder nicht; das HGB. läßt die Auslieferung des Guts nur zu, wenn der Absender den Frachtführer dazu ermächtigt hat. Dieser Unterschied besteht aber, wie wir festgestellt haben, vorwiegend in der Theorie. Ganz anders verhält es sich mit dem Verfügungsrecht am Bestimmungsort, das bei der Schnelligkeit der heutigen Verkehrsmittel eine hervorragende praktische Bedeutung erlangt hat. Hier-

---

[1]) S. 524 A. 61.

muß jede Abweichung des Postsonderrechts von den allgemeinen Normen des HGB. und damit auch von denen des BSchG. sowie des JÜ. erheblich ins Gewicht fallen, weil sie den Kaufmann zwingt, sich in gleichartigen Verhältnissen verschiedenen Rechtsnormen zu unterwerfen, je nachdem es sich um die Beförderung eines Guts mit der Post handelt oder auf andere Weise. Eine derartige wichtige Abweichung von den erwähnten beiden Reichsgesetzen und dem gleichfalls mit gesetzlicher Kraft ausgestatteten JÜ.[1]) statuiert der § 33 der PO. Er erwähnt ein Recht des Empfängers auf Aushändigung der am Bestimmungsort eingegangenen Güter überhaupt nicht, scheint vielmehr die Verfügungsgewalt über alle Postsendungen bis zur völligen Abwickelung des Transportgeschäfts dem Absender vorzubehalten. Ob dies tatsächlich der Fall ist, und wie weit dieses Prinzip sich technisch durchführen läßt, werden wir später zu untersuchen haben. Soviel steht fest, formell sowohl wie materiell hat das Verfügungsrecht des Empfängers — soweit es sich auf § 33 I PO. stützt — im Postrecht eine andere Regelung erfahren als in den drei übrigen Frachtrechtsnormen. Worauf dies beruht, ist schwer zu entscheiden. Die Vorschriften des Postsonderrechts finden sich in ihrer jetzigen Gestalt bereits im Reglement zum preußischen Postgesetz von 1852, sind also älter als das HGB. Bei der Emanation dieses Gesetzes hat man von einer einheitlichen Regelung dieser Frage auch hinsichtlich des Postrechts wohl mit Rücksicht auf die starke Zersplitterung des Postwesens in Deutschland und auf die dominierende Stellung der Fürsten von Thurn und Taxis abgesehen. Weshalb die bestehende Ungleichheit aber auch später nicht beseitigt ist, obwohl die Gesetze über das Postwesen des Norddeutschen Bundes und des Deutschen Reichs von 1867 und 1871, sowie neuerdings die Novelle vom 20. Dezember 1899 günstige Gelegenheiten boten, ist schwer einzusehen. Die Materialien dieser Gesetze geben keinerlei Anhalt. In den Motiven[2]) zum Gesetz über das Postwesen des Deutschen Reichs ist nur gesagt, daß der Abschnitt VI des Entwurfs die notwendigen allgemeinen Bestimmungen enthält, u. a. über die Befugnis der Post zum Erlaß reglementarischer Vorschriften. „Diese Bestimmungen entsprachen den Vorschriften des Gesetzes vom 2. November 1867. Zu

[1]) HGB. § 435; BSchG. § 26; JÜ. Art. 15.

[2]) Stenographische Berichte des Reichstags, I. Legisl.-Periode, I. Session 1871, Bd. III.

bemerken ist nur, daß im § 50 einige Ergänzungen, welche sich im Laufe der Zeit als notwendig herausgestellt hatten, aufgenommen worden sind. Außerdem ist bestimmt worden, daß der Erlaß derjenigen reglementarischen Vorschriften, welche nicht technischer oder lokaler Natur sind, von der Zustimmung des Bundesrats abhängig sein soll. Es beruht dies darauf, daß Bayern und Württemberg, welche ihr eigenes Postwesen behalten, wegen des Wechselverkehrs ein wesentliches Interesse daran haben, daß diese reglementarischen Vorschriften nicht ohne ihre Mitwirkung erlassen werden." Gleichwohl unterliegen die wichtigen Vorschriften über das Verfügungsrecht, welche sicherlich „nicht technischer oder lokaler Natur sind", auch jetzt noch nicht der Mitwirkung des Bundesrats, sind vielmehr lediglich dem Belieben der drei deutschen Postverwaltungen überlassen[1]). Der Reichstag hat hiergegen keinen Widerspruch erhoben. Dies erklärt sich wohl daraus, daß die Frage, ob und welche bis dahin im Reglement geregelte Materien etwa in das Gesetz zu übernehmen oder mit Kautelen gegen selbständige Änderungen seitens der Postverwaltungen auszustatten sein möchten, einer Prüfung anscheinend überhaupt nicht unterzogen worden ist, weil die Bestimmungen des Reglements dem Gesichtskreis der Abgeordneten zu fern lagen und nicht wichtig genug erschienen. Immerhin hätte die Ziffer 3 des § 50 PG. die Juristen unter den Abgeordneten auf die Abweichung des Postrechts von dem übrigen Frachtrecht hinweisen und sie veranlassen können, die Frage aufzuwerfen, ob diese Abweichung begründet ist. Diese Frage wäre m. E. verneint worden. Für den Kaufmann bedeutet es sicherlich mindestens eine Unbequemlichkeit, daß bei Postsendungen die ihm aus dem übrigen Frachtverkehr geläufigen gesetzlichen Vorschriften über das Verfügungsrecht keine Anwendung finden. Vom postalischen Standpunkt aus verdienen allerdings die abweichenden Vorschriften der PO. insofern den Vorzug, als sie der Post vollständig freien Spielraum lassen und — wenigstens bei der jetzt üblichen Auslegung — nie zu einem Regreßanspruch gegen die Verwaltung oder einen Beamten führen können. Weder der Absender hat eine Gewähr dafür, daß seine Rückforderung einer am Bestimmungsort angelangten Sendung seitens der Post Beachtung findet, noch ergibt sich aus dem Wortlaut des § 33 I PO. für den Empfänger am Bestimmungsort ein Recht an der Sendung. Ist die Sendung

[1]) Vgl. o. S. 183.

beim Eintreffen der Gegenorder des Absenders dem Empfänger bereits ausgehändigt, so geht der Absender seines Anspruchs verlustig; hat die Aushändigung noch nicht stattgefunden, so besteht das Rückforderungsrecht des Absenders fort. Ob aber der vorschriftsmäßige Zeitpunkt der Aushändigung innegehalten ist, kümmert die Post nicht. Die einfache Tatsache der Aushändigung genügt; an sie knüpfen sich die Rechtsfolgen, entweder vorzeitige Beendigung oder unverhältnismäßig lange Ausdehnung der Herrschaft des Absenders über die Sendung. Beim übrigen Frachtrecht kann sowohl der Absender als der Empfänger im voraus genau berechnen, wann das Verfügungsrecht über ein Gut von dem einen auf den anderen übergeht. Beim Postfrachtrecht entscheidet nach dem Wortlaut der PO. allein der Zufall: Ein Rechtszustand, der als befriedigend gewiß nicht bezeichnet werden kann. Es wäre daher aus einem doppelten Grunde zu wünschen, daß das Postsonderrecht auf diesem Gebiet beseitigt würde. Einmal weil die Vorschriften des allgemeinen Frachtrechts den Vorzug vor denen des Postsonderrechts verdienen; dann aber auch weil überhaupt kein Bedürfnis vorliegt, das Verfügungsrecht beim postalischen Transport anders zu regeln als z. B. beim Eisenbahntransport.

Der Nachweis dafür, daß das Verfügungsrecht beim Posttransport auch unter der Herrschaft der jetzigen PO. sehr wohl in den Rahmen der einschlägigen Handelsrechtsnormen paßt und in praxi häufig den letzteren gemäß gehandhabt wird, soll weiter unten[1]) versucht werden. Vorher aber müssen wir zunächst auf die Vorschriften der PO. etwas näher eingehen.

Was zunächst die „Abänderung der Aufschrift[2])" anlangt, so kann es sich auch hier, wie beim gewöhnlichen Frachtgeschäft, um einen neuen Empfänger in demselben Bestimmungsort oder um denselben oder einen anderen Empfänger in einem neuen Bestimmungsort handeln[3]). Während aber der gewöhnliche Frachtführer und selbst die Eisenbahn anderweiten Dispositionen des Absenders nicht in allen Fällen zu entsprechen brauchen, z. B. dann nicht, wenn der neue Bestimmungsort in entgegengesetzter Richtung von dem ursprünglichen liegt[4]), ist der Absender einer Postsendung keinerlei Beschränkung seiner Verfügungsgewalt unterworfen. Ihre weitverzweigte, jede

---

[1]) § 19.

[2]) Gleichbedeutend mit der Anweisung des § 433 I HGB., „das Gut an einen anderen, als den im Frachtbrief bezeichneten Empfänger auszuliefern."

[3]) Oben S. 56. [4]) EVO. § 64, 1.

einzelne Ortschaft umfassende und einheitliche Organisation gewährt der Post die Möglichkeit, auch den weitgehendsten Wünschen nach dieser Richtung Rechnung zu tragen, ohne daß daraus Unzuträglichkeiten für den Transport anderer Postsendungen erwachsen. Dasselbe gilt von der „Rücknahme" der Postsendungen. Darunter ist nicht allein ihre Herausgabe an den Absender oder seinen Vertreter zu verstehen wie beim Landfrachtgeschäft[1]), sondern auch der Rücktransport nach dem Aufgabeort. In beiden Fällen, bei der Rücksendung wie bei der Aushändigung an einen Empfänger in einem anderen Ort, verlangt die Post nur bei Paketen und bei Wertbriefen eine Gegenleistung in Höhe des tarifmäßigen Portos[2]); bei allen übrigen Sendungen wird die anderweite Verfügung des Absenders unentgeltlich ausgeführt.

Selbstverständlich muß die Post bei ihren Massentransporten im Interesse der Absender darauf halten, daß sich der Verfügungsberechtigte gehörig ausweist. Die Prüfung dieses Ausweises kann naturgemäß am besten durch die Aufgabepostanstalt erfolgen. Deshalb ist für anderweite Verfügungen des Absenders über eine bereits abgegangene Sendung vorgeschrieben[3]), daß derjenige, welcher sie zurückfordert oder eine Abänderung ihrer Aufschrift wünscht, sich durch Vorlegung eines von derselben Hand ausgefertigten Doppels des Briefumschlags oder der Begleitadresse sowie u. U. des Einlieferungsscheins als Absender auszuweisen und die Sendung der Postanstalt des Abgangsorts schriftlich so genau zu bezeichnen hat, daß sie unzweifelhaft als die verlangte zu erkennen ist. Alsdann wird das Verlangen des Absenders von der Aufgabe-Postanstalt der Postanstalt am Bestimmungsort je nach Wunsch des Absenders brieflich oder telegraphisch übermittelt. Die Postanstalt, welche Anträge auf Zurückziehung von Sendungen oder Berichtigung von Aufschriften entgegennimmt, bleibt dafür verantwortlich, daß der Absender sich als solcher genügend ausgewiesen hat; der Ausweis kann aber auch in einer anderen als der in der PO. verlangten Form erbracht werden.[4]) Die Postanstalt am Bestimmungsort wiederum darf einem derartigen Verlangen nur entsprechen, wenn der Antrag ihr in der vorgeschriebenen Form zugeht — insbesondere durch Vermittelung der Aufgabeanstalt

[1]) S. o. S. 65. HGB. § 433 I spricht von der Befugnis, das Gut „anzuhalten, zurückzugeben" usw.

[2]) PO. §§ 33 VII, 44 III u. 45 VIII.

[3]) PO. § 33 IV u. V. [4]) S. o. S. 186 ff.

und nicht etwa vom Absender direkt — und wenn der Antrag bestimmt genug lautet, um den bezeichneten Gegenstand mit Sicherheit zu erkennen. Auch hier wäre in gewissen Fällen eine mildere Praxis am Platze. So wird die Bestimmungsanstalt unbedenklich bestimmt gefaßten Anträgen, welche ihr vom Absender direkt zugehen, durch Nichtaushändigung der Sendung an die Empfänger wenigstens vorläufige Folge geben dürfen, wenn etwa die Unterschrift des Absenders amtlich beglaubigt oder allgemein bekannt ist oder wenn die Person des Absenders Gewähr dafür bietet, daß ein unrechtmäßiger Eingriff in fremde Rechte nicht beabsichtigt sein kann[1]). Den hier vertretenen Standpunkt nimmt auch die EVO. ein, indem sie bestimmt[2]): „Derartige Verfügungen des Absenders ist die Eisenbahn zu beachten nur verpflichtet, wenn sie ihr durch Vermittelung der Versandstation zugekommen sind." Darin liegt, daß der Eisenbahn das Recht nicht versagt ist, auch die ihr vom Absender direkt zugegangenen Verfügungen auszuführen.

Daß die schuldhafte Nichtbefolgung selbst einer formgerechten anderweiten Verfügung des Absenders keinerlei Regreßanspruch gegen die Post erzeugt, ist bereits oben[3]) ausgeführt.

Kann die Bestimmungspostanstalt der Verfügung des Absenders nicht Folge geben, weil die Sendung bereits dem Empfänger ausgehändigt oder überhaupt nicht aufgefunden ist oder weil der Antrag die Sendung nicht bestimmt genug bezeichnet, so ist die Aufgabepostanstalt unverzüglich schriftlich zu benachrichtigen; ihr liegt es dann ob, den Antragsteller zu verständigen[4]).

§ 18.

Das selbständige Recht des Empfängers auf Aushändigung der Sendung.

Die wichtigste Frage, welche das postalische Verfügungsrecht, ja vielleicht überhaupt das Deutsche Postrecht aufwirft, ist die: Hat der

---

[1]) Dem entspricht auch ADA. V, 1 S. 62 zu III bis V 3. Abs., wonach in derartigen Fällen, falls kein Zweifel obwaltet, daß der Antrag wirklich vom Absender gestellt ist, die Aushändigung der Sendung zu beanstanden und eine ordnungsmäßige Verfügung des Absenders durch Unbestellbarkeitsmeldung (PO. § 45 II) herbeizuführen ist.

[2]) § 64, 8. [3]) S. 190. [4]) ADA. V, 1 S. 63.

Empfänger ein selbständiges Recht auf Aushändigung der Sendung oder nicht? Diese Frage, schon 1838 von Sell in bejahendem Sinn beantwortet, ist seitdem sehr häufig untersucht und nach allen Seiten hin beleuchtet worden; gleichwohl ist sie noch heute unentschieden. Eine herrschende Ansicht hat sich, wie auch das Reichsgericht zugibt[1]), nicht gebildet. Gegenstand reichsgerichtlicher Entscheidung ist die Frage zum ersten Male im Jahre 1899 gewesen; das Reichsgericht hat sie verneint, mit der Begründung, daß Art. 405 des alten HGB. auf die Postbeförderung keine Anwendung finde. Trotz der Autorität des höchsten Gerichtshofs ist aber die Frage damit nicht aus der Welt geschafft, denn die Gegner der Ansicht des Reichsgerichts werden aus seiner Begründung schwerlich die Überzeugung gewinnen, daß ihre Auffassung eine irrtümliche gewesen ist. Es dürfte deshalb gerechtfertigt sein, dieser Streitfrage nochmals näher zu treten, zumal sie seit dem Inkrafttreten des jetzt geltenden HGB. in ein neues Stadium gerückt ist. Zu diesem Zweck empfiehlt es sich, zunächst einen kurzen Überblick über die bisher von der Wissenschaft gewonnenen Ergebnisse zu halten. Alsdann soll in eingehenderer Betrachtung versucht werden, die Frage allein aus dem Postsonderrecht heraus zu beantworten.

Sell hat, gestützt auf eine bekannte Digestenstelle[2]), seine Ansicht dahin ausgesprochen[3]), die Post erscheine gegenüber dem Adressaten als negotiorum gestor, deshalb stehe diesem gegen die Post die actio negotiorum gestorum directa auf Auslieferung der Sendung und bei unmöglicher oder unrichtiger Auslieferung auf Schadensersatz zu. Die Praxis der Postverwaltungen widersprach freilich damals schon, wie jetzt, der Sellschen Theorie; der Absender konnte jede Sendung zurückfordern, solange sie noch nicht an den Empfänger ausgehändigt war, und dem Absender allein wurde das Recht zugestanden, wegen nicht angekommener Postsendungen zu reklamieren oder Schadensersatz zu fordern[4]). Nur konnten sich die meisten Postverwaltungen dabei nicht, wie heute, auf gesetzliche oder im Verwaltungsweg ergangene Vorschriften stützen, vielmehr war es vielfach postalisches Gewohnheitsrecht, womit sie ihren Standpunkt begründeten[5]). Noch der revidierte

---

[1]) RG. 43 S. 99.

[2]) l. 5 § 4 D. de negotiis gestis 3,5: Si quis pecuniam vel aliam quandam rem ad me perferendam acceperit: quia meum negotium gessit, negotiorum gestorum mihi actio adversus eum competit.

[3]) S. 140 ff. [4]) Karstens S. 203 f. [5]) Vgl. aber v. Linde S. 379 f.

Deutsch-Österreichische Postvereinsvertrag vom 5. Dezember 1851[1]), der bescheidene Vorläufer des in 25 Jahren zu ungeahnter Bedeutung ausgereiften Weltpostvertrags mit seinem die ganze zivilisierte Welt umfassenden internationalen Postverwaltungsrecht, spricht im Art. 25 bz. 62 davon, daß der Aufgabepostanstalt eine Ersatzpflicht gegenüber dem Reklamanten bz. den Parteien obliegt, woraus keineswegs folgt, daß darunter nur die Absender und nicht auch die Empfänger zu verstehen sind[2]). Für Preußen schaffte erst das Postgesetz vom 5. Juni 1852[3]) wenigstens hinsichtlich der Ersatzpflicht Klarheit, indem es im § 10, übereinstimmend mit § 6 des geltenden PG., bestimmt: „Die Postverwaltung leistet dem Absender Ersatz", d. h. nur dem Absender. Auch hinsichtlich des Verfügungsrechts weichen die Vorschriften des auf Grund des § 50 des Preuß. PG. von 1852 erlassenen Reglements von denen der geltenden PO. nicht ab; der Absender war berechtigt, jede Postsendung zurückzufordern, solange sie dem Empfänger noch nicht ausgehändigt war. Obwohl hiernach schon damals ein in der übereinstimmenden Praxis sämtlicher deutschen Postverwaltungen zutage tretendes Postsonderrecht, teils als Gewohnheitsrecht, teils als kodifizierte Rechtsnorm, bestand, wurde unsere Frage von den Gerichten stets nach den Grundsätzen des gemeinen Rechts beurteilt[4]), und auch in der Literatur spielt das Postsonderrecht eine sehr untergeordnete Rolle. Zum Gegenstand einer eingehenden Abhandlung machte zunächst Höpfner[5]) die Frage: „Hat derjenige, unter dessen Adresse einem Boten oder der Postanstalt ein Brief oder ein Paket zur Bestellung gegeben worden ist, ein eigenes Recht, von dem Boten oder der Postanstalt die Ausantwortung des Briefs oder Pakets an ihn zu fordern?" Diese Frage wird von Höpfner, und zwar auf Grund des römischen Rechts, unbedingt bejaht. Der Vertrag zwischen dem Absender und der Post bz. dem Boten sei ein Mandat bz. eine locatio conductio operarum, gleichzeitig aber ein Vertrag zugunsten eines Dritten, des Adressaten, für welchen daher mindestens mit dem Augenblick des Beitritts ein selbständiger Anspruch auf Aushändigung begründet werde. Außer-

---

[1]) Gesetzsamml. f. d. Kgl. Preuß. Staaten 1852 S. 401 ff. Diesem Vertrag waren beigetreten Preußen, Bayern, Sachsen, Hannover, Württemberg, Baden, Holstein, Luxemburg, Braunschweig, beide Mecklenburg, Oldenburg, Lübeck, Bremen, Hamburg, das Thurn u. Taxissche Postgebiet u. Österreich.

[2]) A. A. Karstens S. 205. [3]) Gesetzsammlung 1852 S. 345 ff.

[4]) Höpfner S. 119. [5]) S. 119 ff.

dem liege in der Adresse ein documentum cessionis zwischen Absender und Adressat oder noch mehr, ein signum dominii des Adressaten[1]).

Zu dem entgegengesetzten Ergebnis gelangt Karstens[2]). Es handle sich nicht darum, ob die Post irgend jemand die Aushändigung einer Sendung verweigern dürfe; dies würde dem Zweck und Wesen der Post als Staatsverkehrsanstalt widersprechen; vielmehr sei die von Höpfner aufgeworfene Frage nur dahin aufzufassen, ob der Adressat im Falle des Verlustes einer Sendung ein Recht habe, von der Post Schadensersatz zu fordern. Hiergegen ist zunächst einzuwenden, daß Karstens den Kern der Frage, ob nämlich und von welchem Augenblick ab die Aushändigungspflicht der Post auch dem Adressaten gegenüber besteht, oder ob immer nur der Absender die Erfüllung dieser Pflicht zu verlangen berechtigt ist, gar nicht erkannt oder wenigstens nicht erörtert hat. Bezüglich der Ersatzpflicht stellt Karstens zutreffend fest, daß postalische Rechtsfragen in erster Linie nach dem tatsächlich vorhandenen Privatpostrecht zu beantworten seien und daß nach dem übereinstimmenden postalischen Gewohnheits- und Gesetzesrecht nur dem Absender ein Recht auf Schadensersatz zustehe. Aber auch nach römischem Recht sei die Frage unbedingt zu verneinen. Es liege ein Doppelmandat vor, eins zwischen Absender und Post, ein zweites zwischen Absender und Adressat, dieses des Inhalts, die Post durch Annahme der Sendung bezw. durch Quittung von ihrer Verpflichtung gegen den Absender zu befreien. Zwischen der Post und dem Adressaten käme dagegen ein Kontraktsverhältnis nicht zustande; es könne daher auch nur der Absender, und zwar im Wege der actio mandati directa, einen Anspruch gegen die Post geltend machen, niemals der Adressat. Letzterem stehe zwar unzweifelhaft ein Klagerecht gegen die Post auf Herausgabe des Pakets zu, wenn ihm die Paketadresse ausgehändigt sei[3]), dies sei aber kein eigenes Recht des Adressaten, sondern die ihm zedierte actio mandati directa des Absenders[4]).

Einen richtigen Standpunkt scheint v. Linde[5]) einzunehmen, obwohl sich gegen seine übrigen Ausführungen mancherlei einwenden läßt[6]), indem er zwischen dem Anspruch auf Auslieferung der wirklich

---

[1]) Ähnlich Müller S. 71 ff. [2]) S. 199 ff. [3]) S. 213, 216.

[4]) Ähnlich Kompe, vom Posttransportvertrage, S. 399 ff.

[5]) S. 355 ff., besonders S. 371.

[6]) Tinsch, der selbständige Anspruch usw., S. 195, erblickt in v. Lindes Ausführungen „unlösbare logische Widersprüche" und einen „Ideenirrgang".

vorhandenen Sendung und dem Anspruch auf Entschädigung für eine nicht oder nicht richtig erfolgte Aushändigung unterscheidet. Ersteren gewährt er dem Empfänger sowohl nach den Grundsätzen des Deutschen Postrechts, als auch nach denen des Zivilrechts, und zwar hält er in Übereinstimmung mit Sell eine negotiorum gestio der Post für vorliegend; letzteren dagegen gesteht er dem Empfänger nicht zu.

Von einem neuen Gesichtspunkt aus konnte 1863 Gad unsere Frage behandeln, nachdem der „Entwurf eines Allgemeinen Deutschen Handelsgesetzbuchs" in den Jahren 1861—1865 auf dem Wege der Partikulargesetzgebung in den einzelnen Deutschen Bundesstaaten Geltung erlangt hatte. Gad[1]) weist zunächst die Theorien der Zession und der negotiorum gestio als unrichtig zurück und bezieht sich dann auf eine feste, durch das HGB. bestätigte Praxis, die, sobald der Frachtbrief oder die Ladung angenommen ist, ein selbständiges Recht des Empfängers anerkennt. Hierin liege die ausdrückliche Bestätigung des in Deutschland mühsam durchgedrungenen Rechtssatzes, daß Verträge auch unter solchen Personen wirksam werden können, welche bei dem Abschluß nicht unmittelbar beteiligt waren. Streitig sei nur, ob es zur Entstehung des Rechtsverhältnisses zwischen Frachtführer und Empfänger einer Annahme überhaupt bedarf. Bekanntlich ist diese Frage durch Art. 405 des alten HGB. verneint. Diesen Artikel hält Gad analog auch auf den inneren Postverkehr für anwendbar, soweit nicht durch Gesetze oder Verordnungen etwas anderes bestimmt ist. „Ein auf Gewohnheit oder Praxis beruhendes, dem HGB. widersprechendes Postrecht ist ausgeschlossen"[2]). Würde ein solches nach Gads Ansicht damals bestanden haben, so hätte er dies offenbar zum Ausdruck gebracht[3]); da er dies nicht tut, nimmt er an, daß Art. 405 HGB. auf das damalige Postrecht Anwendung findet. Die fraglichen Bestimmungen des Postsonderrechts haben inzwischen eine Änderung nicht erfahren[4]). Daraus ergibt sich, daß nach Gad die Vorschriften des Artikels 405 auch auf das Postrecht anzuwenden waren, daß also auf Grund des Art. 405 dem Empfänger ein selbständiger Anspruch auf Auslieferung einer Sendung zustand. Diese

[1]) S. 91 ff. [2]) S. 94.

[3]) Anders Tinsch, der selbständige Anspruch usw., S. 192.

[4]) Vgl. oben S. 185. Hogrewe (S. 82) scheint unrichtig anzunehmen, daß die jetzt geltenden Postgesetze und Postordnungen von denen der damaligen abweichende Vorschriften enthalten.

Ansicht hat zwar vielen Anklang gefunden, aber auch viel Widerspruch erfahren.

Was die verschiedenen Konstruktionsversuche anlangt, so haben wir bereits gesehen[1]), daß der Eintritt des Empfängers in den zwischen Absender und Frachtführer geschlossenen Vertrag sich durch keine der versuchten Konstruktionen, insbesondere auch nicht durch Annahme einer Zession, einer negotiorum gestio oder eines Vertrags zugunsten Dritter, befriedigend erklären läßt, daß es sich hier vielmehr um ein durchaus modernes und eigenartiges Rechtsverhältnis handelt. Hervorgehoben sei hier nur noch ein Doppeltes: Gegen die Heranziehung der negotiorum gestio, daß die Post eine Sendung niemals in der Absicht befördert, für den Empfänger tätig zu sein und dessen Geschäft zu besorgen, daß sie vielmehr stets nur ihre eigenen Geschäfte betreibt und in eigenem Namen tätig ist; gegen die Auffassung des Rechtsverhältnisses als Vertrag auf Leistung an einen Dritten[2]), daß die Post beim Abschluß des Beförderungsvertrags nicht im entferntesten beabsichtigt, dem Empfänger im Augenblick des Vertragsabschlusses oder später einen selbständigen Anspruch zu gewähren. Auch liegt der Post die Absicht, sich dem Empfänger zu verpflichten, fern; sie handelt stets nur im Auftrag des Absenders und nicht im Namen und als Stellvertreterin des Empfängers[3]). Dies gilt auch unter

---

[1]) Oben S. 65 ff.

[2]) So von Neueren Hellwig S. 519; Schmidt Dissert. S. 62; Schlegelberger S. 69; a. A. Walter S. 21, 87 ff.

[3]) Vgl. bezüglich der Zession: Dambach S. 73; Höpfner S. 123; Karstens S. 213; Müller S. 86; v. Linde S. 375 f.; Gad S. 91; Meili Haftpfl. S. 147 f.; v. d. Osten S. 54 f.; Mittelstein, Beitr. S. 68 f.; Jaffé S. 33; Hogrewe S. 13; Frieg S. 89; Schmidt Dissert. S. 58;

bezüglich der negotior. gestio: Sell S. 148 ff.; Karstens S. 211; v. Linde S. 370 f.; Schellmann S. 34 ff.; Meili, Haftpfl. S. 148, Verk. Anst. S. 97; Tinsch S. 193, 206 ff.; v. d. Osten S. 51 ff.; Mittelstein, Beitr. S. 63 f.; Jaffé S. 38; Hogrewe S. 10 ff.; Merten S. 67; Frieg S. 87 f.; Schmidt Dissert. S. 58 f.;

bezüglich der Verträge z. G. Dritter: Höpfner S. 122; Karstens S. 214; Müller S. 86 ff.; v. Linde S. 375; Schellmann S. 25 ff.; Gad S. 91 ff.; Bähr, Vertr. z. G. Dritter S. 140, 142, 164, 170; derselbe bei Kritik von Mandry in Krit. Vierteljahrsschrift Bd. 25 S. 553; Gareis, Vertr. z. G. Dritter S. 4, 27 A. 2, 121, 131; Meili, Haftpfl. S. 146 f., Verk. Anstalt S. 97; Tinsch S. 205; Stobbe III S. 282; derselbe bei Kritik von Gareis, Verträge in Z. 19, S. 300 ff.; v. d. Osten S. 46 ff.; Mittelstein, Beitr. S. 64; Sydow S. 523; Mandry S. 491, A. 6; Jaffé S. 33; Hogrewe S. 10, 12 ff.; Merten S. 64; Frieg S. 85 ff. und besonders Hellwig S. 519; Schmidt, Dissert. S. 55 ff.;

der Herrschaft des BGB.; seine Grundsätze über das Versprechen der Leistung an einen Dritten[1]), über die Abtretung von Forderungen[2]) und über die Geschäftsführung ohne Auftrag[3]) lassen sich für die Begründung eines eigenen Rechts des Empfängers ebensowenig verwerten wie die gleichartigen Theorien des gemeinen Rechts.

Zorn, der die Geschäfte der Post als Obligationen des öffentlichen Rechts auffaßt[4]), kann folgerichtig auch einen privatrechtlichen Anspruch des Empfängers nicht anerkennen; aber einen öffentlich-rechtlichen scheint er ihm ebenfalls zu versagen, indem er ausführt[5]), „diejenige Person, welche mit der Post in ein öffentlich-rechtliches Obligationsverhältnis tritt, ist der Absender, nicht der Empfänger."

Es bleibt noch zu erörtern, wie Wissenschaft und Praxis sich zu der Frage gestellt haben, ob es möglich ist, den Art. 405 des früheren HGB. auf die Transportgeschäfte der Post anzuwenden, eine Frage, in deren Bejahung die Anerkennung des selbständigen Anspruchs des Empfängers auch beim Postfrachtgeschäft liegt. Jede der beiden möglichen Antworten auf diese Frage hat in der Literatur hervorragende Vertreter gefunden. Eine herrschende Ansicht hat sich auch hier nicht gebildet. Dagegen ist darüber eine Entscheidung des Reichsgerichts[6]) ergangen, allerdings erst in letzter Stunde, kurz vor ihrer endgültigen Erledigung durch das Inkrafttreten des neuen HGB. Nach dieser Entscheidung steht dem Empfänger ein selbständiger Anspruch gegen die Post auf Aushändigung einer für ihn bestimmten Postsendung aus Art. 405 HGB. nicht zu. Die Entscheidungsgründe, soweit sie hier in Betracht kommen, lauten:

„Das Berufungsgericht nimmt an, daß das Sonderrecht der Post den Auslieferungsanspruch des Empfängers aus Art. 405 des Handelsgesetzbuchs nicht beseitigt hat. Der erkennende Senat ist entgegengesetzter Ansicht.

Daß weder das Postgesetz vom 28. Oktober 1871 noch die neueste Postordnung vom 11. Juni 1892, der das Berufungsgericht in Übereinstimmung mit der Rechtsprechung des Reichsgerichts die rechtliche Natur und Wirksamkeit einer allgemeinen Rechtsnorm bei-

---

Walter S. 21, 38 ff.; Stegner S. 39 ff.; vgl. ferner Dambach S. 4; Erkenntnis des OAG. Ddn. in Seufferts Archiv VI Nr. 59; Goldschmidt II S. 743 A. 30; S. 744 A. 31.

[1]) §§ 328 ff. [2]) §§ 398 ff. [3]) §§ 677 ff. [4]) Oben S. 142 ff.
[5]) II S. 275, 283. [6]) RG. 43 S. 99 ff., vgl. auch RG. 48 S. 257.

legt, den Anspruch des Empfängers aus Art. 405 ausdrücklich beseitigt hat, ist unbestritten.

In Frage ist daher nur, ob nicht das Sonderrecht Bestimmungen getroffen hat, die erkennen lassen, daß das Sonderrecht einen Auslieferungsanspruch des Empfängers nicht anerkennt. Der erkennende Senat nimmt an, daß solche Bestimmungen vorhanden sind.

Nachdem bereits durch § 6 des Postgesetzes vom 28. Oktober 1871 der Art. 405 des Handelsgesetzbuchs für die Postanstalten dahin abgeändert war, daß der Entschädigungsanspruch für Verlust und Beschädigung ausschließlich dem Absender zusteht, ist in § 35 der Postordnung weiter bestimmt, daß der Absender einer Postsendung dieselbe zurücknehmen kann, so lange die Sendung dem Empfänger noch nicht ausgehändigt ist. Ist nicht zu bezweifeln, daß den gesetzgebenden Faktoren bei Erlaß der Postordnung Art. 405 des Handelsgesetzbuchs in vollem Umfang gegenwärtig gewesen ist, so kann jene ihrem Wortlaut nach völlig klare Bestimmung nur dahin aufgefaßt werden, daß für die Postanstalten eine Klageerhebung des Empfängers nicht die ihr in Art. 405 beigelegte Bedeutung haben, der Absender vielmehr bis zur Aushändigung des Guts an den Empfänger rückforderungsberechtigt sein soll. Der Empfänger kann daher nicht mehr durch Klageerhebung den Rückforderungsanspruch des Absenders beseitigen, und die Post bleibt auch nach einer etwaigen Klageerhebung verpflichtet und berechtigt, dem Absender auf dessen Begehren die Sendung zurückzugeben, wie sie auch diesem allein für Verlust und Beschädigung haftet. Aus dieser Gestaltung des Rechtsverhältnisses der Post zum Absender muß gefolgert werden, daß das postalische Sonderrecht einen selbständigen Auslieferungsanspruch des Empfängers überhaupt nicht hat anerkennen und den Art. 405 des Handelsgesetzbuchs von der Anwendung auf die Postanstalten hat ausschließen wollen."

Zunächst ist dem Reichsgericht darin beizustimmen, daß weder das PG. noch die PO. den Anspruch des Empfängers aus Art. 405 ausdrücklich beseitigt hat. Wenn das Reichsgericht dann aber weiter zu dem Ergebnis gelangt, das Postsonderrecht habe Bestimmungen getroffen, die erkennen lassen, daß es einen Auslieferungsanspruch des Empfängers nicht anerkennt, so kann ich mich dieser Beweisführung nicht anschließen.

Das PG. bestimmt im § 6: „Die Postverwaltung leistet dem Absender im Falle reglementsmäßig erfolgter Einlieferung Ersatz usw.". Obwohl hier das beschränkende Wörtchen „nur" vor „dem Absender" fehlt und obwohl die Worte „dem Absender" im Text des Gesetzes auch nicht durch fetteren Druck hervorgehoben sind, kann kein Zweifel darüber obwalten, daß es der Wille des Gesetzgebers gewesen ist, den Ersatzanspruch, abweichend von Art. 405 HGB., ausschließlich dem Absender zuzugestehen. § 6 PG. ist einschränkend zu interpretieren, dergestalt, daß alle im § 6 nicht erwähnten oder darüber hinausgehenden Ersatzansprüche ausgeschlossen sind. Der Empfänger kann derartige Ansprüche daher nur gestützt auf eine Vollmacht oder Zession des Absenders geltend machen.

Soweit herrscht in der neueren Literatur volles Einverständnis[1]).

Nun fragt es sich aber: Ist durch § 6 PG. mit dem Anspruch auf Schadensersatz zugleich der Anspruch auf Erfüllung des Vertrags, d. h. auf Auslieferung der Sendung ausgeschlossen? Tinsch[2]) bejaht diese Frage sehr energisch „vermöge der Identität und Einheit des Erfüllungs- und Entschädigungsanspruchs" und hält es für undenkbar, „daß der Adressat auf Herausgabe des vorhandenen Frachtgegenstands zu klagen berechtigt sein soll, nicht aber auf Entschädigung wegen Unmöglichkeit der Herausgabe, daß dem Adressaten der primäre, nicht aber der eventuelle Anspruch aus der Obligation zustehe". Ist es nun tatsächlich so ungeheuerlich, an der Identität und Einheit des Erfüllungs- und des Entschädigungsanspruchs zu zweifeln und zwischen beiden scharf zu unterscheiden?

Ich glaube, nach Lage des Postsonderrechts wird man nicht umhin können, den Anspruch auf Aushändigung und den auf Schadensersatz bei nicht oder nicht richtig erfolgter Ablieferung auseinanderzuhalten[3]). Letzteren weist das positive Recht dem Absender zu; ersterer wird im Postsonderrecht überhaupt nicht berührt; ob absichtlich oder unabsichtlich, geht aus den Gesetzgebungsmaterialien der beiden Postgesetze von 1867 und 1871 nicht hervor. Daß aber ein Anspruch auf Erfüllung des Vertrags gegen die Post tatsächlich besteht, folgt zweifellos aus den allgemeinen Rechtsgrundsätzen über die Verträge. Ein Vertrag ohne Anspruch auf Erfüllung ist undenkbar. Da aber das PG. selbst im § 50 das Rechtsverhältnis zwischen Absender und Post als „Vertrag" kennzeichnet, muß ein solcher Vertrag auch

---

[1]) So u. a. Dambach S. 73; Laband III S. 84; Mittelstein Beitr. S. 58 f.; Schott S. 558; Tinsch, der selbständige Anspruch, S. 204.

[2]) A. a. O. S. 205, ebenso Dambach S. 73 f., Sydow S. 524; Karstens S. 199 ff., Merten S. 65 ff.

[3]) Ebenso u. a. Schott S. 558, 566; Schmidt, Dissert. S. 48 ff.

den Erfüllungsanspruch begründen. Er muß es umsomehr, als ein Anspruch auf Schadensersatz dem Absender ja in den weitaus meisten Fällen — bei allen Beförderungsverträgen über gewöhnliche Briefsendungen — vom Gesetz versagt ist. In allen diesen Fällen ist der Anspruch auf Erfüllung das einzige dem einen Kontrahenten zustehende Recht, und Vermittler irgend eines Rechts muß doch jeder Vertrag sein.

Die Post kontrahiert nur mit dem Absender; sie ist daher zunächst auch nur diesem zur Erfüllung des Vertrags verpflichtet[1]). Ebenso verhält es sich aber beim gewöhnlichen Frachtgeschäft; auch hier steht der Empfänger zunächst ganz außerhalb des Vertrags. Von einem bestimmten Zeitpunkt ab tritt er jedoch kraft positiver Vorschrift des Art. 405 (jetzt § 435) in sämtliche Rechte des Absenders ein oder — richtiger ausgedrückt — er erlangt einen eigenen gesetzlichen Anspruch auf Auslieferung. Das Bundes- bezw. Reichs-Postgesetz ist jünger als das bereits 1861—1865 überall in Deutschland eingeführte HGB. Nach Art. 421 galt Art. 405 für die Postanstalten insoweit, als für sie nicht durch besondere Gesetze oder Verordnungen ein anderes bestimmt war. Im PG. sind nur hinsichtlich der Ersatzpflicht abweichende Bestimmungen getroffen, hinsichtlich des Anspruchs auf Erfüllung aber nicht; es bleibt daher nur die Annahme übrig, daß der Gesetzgeber nicht beabsichtigt hat, die handelsrechtlichen Normen nach dieser letzteren Richtung hin durch das PG. abzuändern. Andernfalls hätte man sicherlich eine positive Bestimmung darüber in das PG. aufgenommen. Hiernach ist daran festzuhalten, daß nach Art. 405 dem Empfänger einer Postsendung zwar unter gewissen Voraussetzungen der Anspruch auf Herausgabe zustand, aber niemals ein dingliches Recht an der Sendung oder ein Ersatzanspruch bei Beschädigung oder Verlust der Sendung.

Von den Gegnern der hier vertretenen Ansicht[2]) und auch vom Reichsgericht in den oben wiedergegebenen Urteilsgründen wird geltend gemacht, daß der vom Art. 405 noch übrig gebliebene Anspruch auf Erfüllung dem Empfänger durch den mehrerwähnten § 33 I (früher § 35 I) der PO. entzogen werde. Dieser Einwand hat auf den ersten Blick etwas Bestechendes; bei näherer Prüfung läßt er sich aber nicht aufrecht erhalten. Dambach folgert aus § 33 PO., „daß der

---

[1]) Nicht ganz zutreffend Meyer § 177 S. 550; vgl. Laband III S. 84.

[2]) Z. B. Dambach S. 74; Faßbender S. 5.

Empfänger seinerseits kein Recht hat, die Aushändigung der Sendung zu verlangen, sondern daß lediglich der Absender auch dann über den Gegenstand verfügen kann, wenn dieser bereits am Bestimmungsort eingetroffen ist. Es wäre ein unlösbarer Widerspruch, wenn der Empfänger die Postverwaltung auf Auslieferung des Guts verklagen könnte, während der Absender berechtigt ist, die Rückgabe der Sendung bis zu ihrer Auslieferung an den Empfänger zu verlangen." Indessen so „unlösbar" ist dieser „Widerspruch" doch wohl nicht; analoge Vorschriften enthält hinsichtlich des Verfügungsrechts beim gewöhnlichen Frachtgut das HGB.; es gewährt dem Empfänger nach der Ankunft des Guts am Bestimmungsort ein Klagerecht auf Übergabe des Frachtbriefs und Auslieferung des Guts, berechtigt aber gleichwohl den Absender, das Gut bis zu dessen Ablieferung bezw. bis zur Übergabe des Frachtbriefs zurückzunehmen[1]). Mit Recht weist deshalb Pappenheim[2]) darauf hin, daß der selbständige Anspruch des Empfängers aus Art. 405 auch der Post gegenüber anzuerkennen ist, „obwohl er im PG. und in der PO. nicht erwähnt ist". Die Vorschrift in § 33 I Satz 1 PO. entspricht dem Art. 402 des alten HGB.[3]). Hätte Art. 405 durch § 33 PO. auf das Postfrachtgeschäft für nicht anwendbar erklärt, also ein ausschließliches[4]) Verfügungsrecht des Absenders begründet werden sollen, so mußte dies expressis verbis geschehen; aus der mehrerwähnten Bestimmung der PO. allein läßt sich die Nichtanwendbarkeit des Art. 405 schwerlich herleiten[5]). Vielleicht ist der im allgemeinen mit Art. 402 (§ 433) HGB. übereinstimmende § 33 I Satz 1 s. Zt. nur deswegen in die PO. aufgenommen, damit an ihn die im Interesse des Postdienstes erforderlichen abweichenden Vorschriften geknüpft werden könnten, so unter I die jetzt wieder beseitigte Bestimmung, daß bei Sendungen mit Wertangabe über 400 Mark das Verlangen einer Abänderung

---

1) Vgl. oben, insbes. S. 98f. 2) S. 11.

3) So auch Mittelstein, Beitr. S. 61.

4) Vergl. Pappenheim S. 11 A. 1.

5) Übereinstimmend ferner Windscheid, Pand. II S. 704; Mandry S. 491; Mittelstein, Beitr. S. 66; derselbe in Gruchots Beitr. Bd. 36 S. 580f.; Schott S. 566f.; v. d. Osten S. 29f.; Kann, allerdings mit anderer Begründung, S. 161; Hogrewe S. 35ff.; Jaffé S. 39 und ausführlich Schmidt, Dissert. S. 46ff; im Gegensatz zu seiner früheren Ansicht II S. 751 A. 41g auch Goldschmidt, System S. 284; früher auch Laband, 2. Aufl. II S. 90. A. A. jetzt Dernburg, Pand. II § 18 S. 54; Laband III S. 84; Sydow S. 524; Merten S. 66.

der Aufschrift nicht zulässig ist, und unter II bis VII die im HGB. nicht enthaltenen Vorschriften über die Zulässigkeit der Zurücknahme von Postsendungen und das dabei einzuschlagende Verfahren [1]).

Wenn übrigens das Reichsgericht in der Begründung seines Erkenntnisses über diese Frage ausführt: „Ist nicht zu bezweifeln, daß den gesetzgebenden Faktoren bei Erlaß der Postordnung Art. 405 HGB. in vollem Umfang gegenwärtig gewesen ist usw.", so fordert diese Begründung eine abweisende Kritik geradezu heraus. Die PO. ist nach § 50 PG. vom Reichskanzler zu erlassen. Von den 10 aufgezählten Punkten, über welche die PO. Bestimmung treffen soll, unterliegen nur 3, zu denen aber die Vorschriften über die Rückforderung von Postsendungen nicht gehören, der Beschlußfassung des Bundesrats. Von einem Erlaß der PO. durch die gesetzgebenden Faktoren kann unter diesen Umständen wohl nicht die Rede sein; ebensowenig läßt sich behaupten, daß „den gesetzgebenden Faktoren beim Erlaß der PO. Art. 405 HGB. in vollem Umfang gegenwärtig gewesen ist." Dagegen steht zweifellos fest und ist leicht nachzuweisen, daß der Inhalt der PO. den gesetzgebenden Faktoren nicht bekannt gewesen ist und ex officio auch nicht hat bekannt sein können. Unsere Frage ist weder im Bundesrat noch im Reichstag zur Sprache gekommen, geschweige denn zum Gegenstand der Beratung gemacht worden. Nur das Gesetz, nicht das Reglement, hat man erörtert; im Gesetz aber ist der primäre Anspruch aus dem Postbeförderungsvertrag, der auf Erfüllung, nicht erwähnt. Über das Reglement zu beraten, sind die gesetzgebenden Faktoren gar nicht in der Lage gewesen; sie haben lediglich den Reichskanzler beauftragt, es zu entwerfen und seinen Inhalt mit § 50 PG. im voraus genehmigt [2]). Auch aus den Materialien zum PG. ist für unsere Frage nichts zu entnehmen. Würde die Postverwaltung den gesetzgebenden Faktoren gegenüber ihren vom HGB. abweichenden Standpunkt [3]) hinsichtlich des Anspruchs auf Erfüllung bei Beratung des § 6 PG. geltend gemacht haben, so hätte sich wohl aus der Volksvertretung Widerspruch

---

[1]) Vgl. Hogrewe S. 43.

[2]) Allerdings bestand bereits ein Postreglement. Daß aber das Gesetz mit diesem als der gemeinten Ergänzungsnorm gerechnet hat und daß dieses frühere Reglement als die vom PG. gewollte Ergänzungsnorm zu gelten hatte, ist nirgends zum Ausdruck gebracht. Offenbar sollte dem Reichskanzler völlig freie Hand gelassen werden. Vgl. RG. in Straff. 34 S. 345.

[3]) Vgl. Dambach S. 74.

erhoben. Denn der Reichstag würde schwerlich ohne weiteres zugegeben haben, daß ein erprobtes Prinzip des in jeder Hinsicht bewährten HGB., das zum erstenmal eine erfreuliche Rechtseinheit in Deutschland geschaffen hatte, ohne zwingenden Grund vom Postsonderrecht durchbrochen wurde. Ja man kann zweifelhaft sein, ob die Postverwaltung überhaupt berechtigt war, in unserer Frage einen vom Art. 405 HGB. abweichenden Standpunkt einzunehmen, ohne sich der Zustimmung der gesetzgebenden Faktoren zu vergewissern [1]). Jedenfalls liegt in der Delegation des Verordnungsrechts an den Reichskanzler und damit indirekt an den Staatssekretär des Reichspostamts nicht ohne weiteres die Ermächtigung, in diesem Reglement grundsätzliche Bestimmungen des HGB., welche nach Art. 421 auf die Geschäfte der Post anzuwenden waren, selbständig abzuändern. Indessen die PO. hat Gesetzeskraft [2]), außerdem handelte es sich im Art. 405 nur um dispositives Recht. Man könnte daher einer abweichenden Vertragsabrede — und als solche würde § 33 I PO. aufzufassen sein — die Anerkennung nicht versagen [3]), wenn nicht, was ich nachzuweisen versucht habe, sich beide Vorschriften ohnehin miteinander vereinbaren ließen. Mit der unzutreffenden Voraussetzung, „daß den gesetzgebenden Faktoren bei Erlaß der PO. Art. 405 HGB. in vollem Umfang gegenwärtig gewesen ist," fällt auch die seitens des Reichsgerichts daran geknüpfte Schlußfolgerung [4]). Unter diesen Umständen wird man der Beweisführung des höchsten Gerichtshofs nicht beipflichten können.

Von mehreren Seiten [5]) ist der Versuch gemacht worden, den Art. 405 auf das Postsonderrecht deshalb für nicht anwendbar zu erklären, weil es bei Postsendungen an einem Frachtbrief fehle, während Art. 405 einen solchen voraussetze. Hiergegen läßt sich zunächst einwenden, daß mindestens bei sämtlichen Paketsendungen ein vollständiger

---

[1]) Vgl. auch Mittelstein in Gruchots Beiträgen Bd. 36 S. 581 und Schmidt, Dissert., S. 46 ff.

[2]) S. o. S. 182.

[3]) A. A. Schmidt, Dissert. S. 47 ff.; Mittelstein bei Gruchot S. 581 hält es mindestens für zweifelhaft, ob dem Empfänger dieses Recht durch die PO., welche nur das Verhältnis zwischen Absender und Post regelt, genommen werden kann.

[4]) S. o. S. 218.

[5]) Z. B. Meyer § 177 A. 14; Kann S. 153 ff.; früher auch Dambach, 4. Aufl. S. 31 ff.; in der 5. Aufl. S. 49 f. hat Dambach diesen Einwand fallen gelassen.

Frachtbrief in Gestalt der Begleitadresse vorhanden ist[1]). Viele Schriftsteller gehen noch weiter und sehen in jeder Adresse einer Postsendung einen mit dem Gut verbundenen Frachtbrief[2]). Mag man dem zustimmen oder nicht, — auf das Vorhandensein eines Frachtbriefs kann es, wie v. d. Osten ausführlich nachgewiesen hat[3]), nur da ankommen, wo Rechtssätze anzuwenden sind, die sich an einen vom Frachtgut getrennten Frachtbrief knüpfen; diejenigen Rechtssätze dagegen, deren Anwendung von keiner getrennten Funktion des Frachtbriefs abhängt, gelten allgemein auf Grund des Frachtvertrags, gleichviel ob ein Frachtbrief existiert oder nicht[4]). Daher ist auch dieser Einwand gegen die Anwendbarkeit des Art. 405, von dem übrigens das Reichsgericht in seinem mehrerwähnten Urteil keine Notiz genommen hat, nicht stichhaltig. Darin kann ich v. d. Osten[5]) allerdings nicht beistimmen, daß der Empfänger sein Recht auf Aushändigung schon von dem Augenblick ab geltend machen konnte, wo die Post fahrplanmäßig am Bestimmungsort angekommen ist oder hätte ankommen sollen. Vielmehr läßt sich der Ausdruck im Art. 405 „nach Ankunft des Frachtführers" auf den Postverkehr nur im Sinne von „nach Ankunft des Guts" übertragen. Denn da von den „durch den Frachtvertrag begründeten Rechten", welche der Empfänger nach Art. 405 sollte geltend machen können, der Anspruch auf Schadensersatz durch § 6 PG. dem Empfänger entzogen war, blieb ihm nur das Recht auf Auslieferung der tatsächlich an den Bestimmungsort gelangten Sendung. Da außerdem die Postbehörde allein bestimmt, auf welchem Wege die Postsendungen zu leiten sind[6]), kann das Publikum nicht verlangen, daß eine bestimmte Sendung mit einer bestimmten Post eintrifft, und demgemäß an die Ankunft dieser Post auch nicht rechtlich verfolgbare Ansprüche knüpfen. Tritt daher während der Beförderung durch ein Versehen der Post eine Verzögerung des Briefs usw. ein, gelangt z. B. eine nach Frankfurt

---

[1]) So u. a. Goldschmidt II S. 737, System S. 233; Staub, Anm. 8 zu § 426.

[2]) So Mittelstein S. 14f.; anscheinend auch Sydow S. 524; besonders aber v. d. Osten S. 6ff., 13f., 19f., 29f.; vgl. Laband III S. 84; Staub Anm. 4 zu § 426; Hogrewe S. 45f. und Jaffé S. 38.

[3]) S. 7—12; vgl. Kann S. 159.

[4]) Vgl. o. S. 33 u. 103; Hellwig S. 520 A. 54; Staub A. 10 zu § 426; Schmidt Dissert. S. 41ff.

[5]) S. 30; v. d. Osten stützt sich auf die Kommissionsberichte und auf Thöl III S. 66. [6]) PO. § 32.

(Oder) bestimmte Sendung zunächst nach Frankfurt (Main) und von dort erst an den richtigen Bestimmungsort, so wird dadurch auch das Verfügungsrecht des Absenders entsprechend verlängert. Die hier vertretene Auffassung bietet die einzige Möglichkeit einer in allen Fällen zuverlässigen Abgrenzung der Rechte des Absenders und des Empfängers[1]).

§ 19. Fortsetzung.

(Die Bedeutung des Postsonderrechts für den Herausgabeanspruch des Empfängers.)

Das Ergebnis unserer bisherigen Untersuchung über einen selbstständigen Anspruch des Empfängers einer Postsendung auf Auslieferung ist folgendes: Ein solcher Anspruch steht weder mit der Eigentumsfrage in irgend welchem Zusammenhang, noch läßt er sich überhaupt auf das bürgerliche Recht stützen, insbesondere nicht auf die Zession, die negotiorum gestio oder die Verträge zugunsten Dritter oder auf die gleichartigen Rechtsinstitute des BGB. Wohl aber konnte ein eignes Recht des Empfängers auf Auslieferung unter der Herrschaft des alten HGB. aus Art. 405 hergeleitet werden[2]), und zwar auch bei Postanweisungen, denn sie werden vollständig nach den Grundsätzen des Frachtrechts behandelt, wenn sie auch in erster Linie kein Frachtgeschäft darstellen[3]).

Mit dieser Feststellung ist aber für das jetzige Recht wenig gewonnen. Das neue HGB. findet auf die Geschäfte der Post nicht mehr Anwendung und wir sind nicht berechtigt, in der Vorschrift des § 435 HGB. den Ausdruck einer Verkehrsanschauung zu erblicken, welche analog auch für die Interpretation des Postrechts zu verwerten ist. Die hier vertretene Ansicht müßte daher mit dem alten HGB. fallen, wenn nicht die Möglichkeit vorläge, unsere Frage lediglich unter Zurückgehen auf das Postsonderrecht zu beantworten, ein Verfahren, das auch Sydow[4]) als durchaus wünschenswert bezeichnet hat.

---

[1]) S. o. S. 86f.; ferner Laband 2. Aufl. II S. 90; Mandry S. 491f.; Mittelstein Beitr. S. 66; Staub 5. Aufl. § 1 zu Art. 405; Hogrewe S. 41f.; Schmidt Dissert. S. 51; ebenso § 435 HGB. II.

[2]) So u. a. auch Schmidt Dissert. S. 43.

[3]) Unzutreffend Schmidt Dissert. S. 51. [4]) S. 523.

Zunächst müssen wir auch hier wieder den § 33 I PO.[1]) ins Auge fassen. Wenn darin von dem Aushändigen der Postsendungen an den Empfänger die Rede ist, so vermißt man eine nähere Angabe darüber, wo diese Aushändigung stattzufinden hat. Die Regel bildet naturgemäß die Aushändigung am Bestimmungsort; ausnahmsweise kann sie auch an einem Unterwegsort erfolgen[2]). Dagegen ist nirgends gesagt, daß Postsendungen dem Empfänger auch am Ort der Aufgabe ausgehändigt werden dürfen; dies ist demnach als unzulässig anzusehen.

In welcher Weise vollzieht sich nun die Aushändigung der Postsendungen? An Unterwegsorten wohl nur in der Form, daß der Empfänger zum Postamt geht, dort Nachfrage hält, ob eine Sendung für ihn vorliegt, und diese zutreffendenfalls, nachdem er sich legitimiert hat, in Empfang nimmt. Freilich kommt es auch vor, daß Bewohner kleinerer Orte, z. B. Halensee, Wilmersdorf bei Berlin, den Wunsch äußern, die für sie eingehenden Postsendungen möchten in einem größeren Unterwegsort, z. B. in Berlin, zur Abholung bereit gestellt werden. Grundsätzliche Bedenken stehen dem nicht entgegen. Nur hat die Post in jedem Fall zu prüfen, ob ein derartiger Wunsch ohne Störung des Dienstes Berücksichtigung finden kann. Es ist bereits oben[3]) darauf hingewiesen, in wie hohem Grade die Möglichkeit der Aushändigung von Postsendungen an Unterwegsorten das Verfügungsrecht des Absenders beeinträchtigt.

Der am Bestimmungsort eingetroffenen Sendungen sucht sich die Post in Erfüllung ihrer Aufgabe als Verkehrsanstalt und Vertragspartei sobald als möglich zu entledigen. Dies geschieht auf doppelte Weise. Entweder werden die Sendungen oder wenigstens die Paketadressen bezw. Ablieferungsscheine dem Empfänger auf dem nächsten Bestellgang ins Haus gebracht oder sie werden auf Verlangen des Empfängers zur Abholung bereit gehalten[4]). Von letzterem Verfahren machen Geschäftsleute, Behörden[5]), Korporationen usw. in umfassendem Maße Gebrauch. Wer seine Postsendungen abholen oder

---

[1]) S. o. S. 183. [2]) § 34 I. [3]) S. 195 ff. [4]) PG. § 48.

[5]) Ein Brief an eine abholende Behörde ist als für sie eingegangen anzusehen von dem Zeitpunkt ab, zu welchem der Brief der Behörde auf der Postanstalt zur Verfügung stand. Dies ist wichtig für die Entscheidung darüber, ob eine Klage- oder Rechtsmittelfrist gewahrt ist. Preuß. Verwaltungsblatt 16 S. 389. OVG. 33 S. 457. Rechtsprechung des OVG. Bd. 4 II S. 1281 f. Sächs. OVG. v. 12. 6. 02, in DJZ. 1904 S. 656. S. auch o. S. 156 A. 5 und u. S. 224 A. 3.

abholen lassen will, muß dies in einer schriftlichen, vorschriftsmäßig beglaubigten Erklärung aussprechen und diese Erklärung bei der Postanstalt niederlegen[1]). „Wenn Personen, die eine Abholungserklärung nicht abgegeben haben, ausnahmsweise Sendungen auf der Post in Empfang nehmen wollen, haben die Postanstalten diesem Verlangen zu entsprechen, soweit es der Geschäftsverkehr gestattet. Der Abholer muß sich aber, auch wenn es sich um gewöhnliche Briefe handelt, nötigen Falles als Empfänger genügend ausweisen[2]).“ Liegt in dieser Vorschrift nicht eine zweifellose Anerkennung des eignen Rechts des Empfängers auf Aushändigung der am Bestimmungsort eingegangenen Sendungen, wenigstens unter denselben Voraussetzungen, unter welchen §§ 433 und 435 HGB. dieses Recht gewähren[3])?

Offenbar ist der Absender einer Postsendung hinsichtlich des Verfügungsrechts schlechter gestellt als der eines Frachtguts. Letzterer kann mit Sicherheit darauf rechnen, daß ihm das Dispositionsrecht bis zum Eintreffen des Guts am Bestimmungsort und auch dann noch bis zur Übergabe des Frachtbriefs an den Empfänger oder bis zur Klageerhebung seitens des letzteren gewahrt bleibt. Der Absender einer Postsendung dagegen hat keinerlei Gewähr, daß eine anderweite Verfügung über seine Sendung zur Ausführung gelangt.

Wenn ihm § 33 I PO. in Aussicht stellt, er könne die Sendung zurücknehmen oder ihre Aufschrift abändern, „solange sie dem Empfänger noch nicht ausgehändigt ist,“ so kann die Post dieses Versprechen schwer halten. Man vergegenwärtige sich nur die tatsächlichen Vorgänge des Postbetriebs. Die einzelnen Gänge der Briefträger dauern schon bei normalem Verkehr häufig 2 bis 3 Stunden, die Fahrten der Paketbesteller 3 bis 4 Stunden; die Landbriefträger sind meist noch länger unterwegs. Geht nun ein Rückforderungsantrag des Absenders ein, wenn der Postbote, welcher die Sendung abtragen soll, sich bereits unterwegs befindet, so ist die Post gar nicht in der Lage, diesem Antrag zu entsprechen, obwohl „die Sendung dem Empfänger noch nicht ausgehändigt ist.“ Die Post kann dem Briefträger, in dessen Gewahrsam sich die zurückgeforderte Sendung befindet, unmöglich einen besonderen Boten nachsenden, um das Verlangen des Absenders zu erfüllen. Dies wäre in vielen Fällen zwecklos, — wenn nämlich der erste Bote schon einen zu großen Vorsprung er-

---

1) PO. § 42. 2) ADA. V, 1 S. 88. 3) Vgl. auch u. § 21.

langt hat[1]), — immer aber mit Störungen im Dienstbetrieb verknüpft. Tatsächlich ist der Abmarsch des Postboten vom Postamt in den meisten Fällen rechtlich gleichbedeutend mit der Aushändigung der Sendung an den Empfänger[2]). Die fragliche Bestimmung der PO. würde daher zweckmäßig für die durch Postboten abzutragenden Sendungen den tatsächlichen Verhältnissen entsprechend zu modifizieren sein. In ihrer jetzigen Fassung ist diese Bestimmung nach mehr als einer Richtung hin geeignet, den Absender irrezuführen.

Ein auf dem Bestellgang begriffener Postbote, welchen ein Empfänger um sofortige Aushändigung der für ihn eingegangenen Sendungen ersucht, hat diesem Ersuchen Folge zu geben, falls nicht besondere Bedenken, z. B. hinsichtlich der Sicherheit, vorliegen. Keineswegs dürfte der Postbote geltend machen, daß er nur in der Wohnung des Empfängers zur Abgabe der Postsendungen befugt sei.

Wickelt sich das Bestellgeschäft regelmäßig ab, d. h. gelingt dem Briefträger die Ablieferung beim ersten Versuch, so bleibt natürlich jedes Verfügungsrecht des Absenders dauernd ausgeschlossen. Wie aber, wenn der erste Bestellversuch infolge eines Zufalls fehlschlägt, etwa weil der Empfänger selbst oder — bei Sendungen, über welche die Post Quittung verlangt, — eine empfangs- und quittungsberechtigte Person nicht angetroffen wird? Sollte dieser zufällige Umstand das Verfügungsrecht des Absenders solange wieder aufleben lassen, bis ein zweiter Bestellversuch gelingt? Und zwar auch dann, wenn etwa der Empfänger durch einen Beauftragten bereits bei oder kurz nach dem ersten Bestellversuch den Willen geäußert hat, die Sendung anzunehmen? Dies würde nicht nur der Billigkeit, sondern auch allgemeinen Rechtsgrundsätzen widersprechen. Vielmehr muß man annehmen, daß die Post in solchem Fall für den Empfänger detiniert. Hierher gehört z. B. auch der häufig eintretende Fall, daß jemand einige Tage verreist und die Post beauftragt, die inzwischen eingehenden Sendungen bis zu seiner Rückkehr lagern zu lassen. Auch

---

[1]) Man denke nur an die radfahrenden und die mit Fuhrwerk ausgerüsteten Landbriefträger.

[2]) Ähnlich liegt die Sache im Falle des § 99 StPO., nach welchem die Beschlagnahme der an den Beschuldigten gerichteten Briefe und Sendungen „auf der Post" zulässig ist. „Auf der Post," d. h. solange sich der Brief im Gewahrsam der Postanstalt oder ihrer Beauftragten, z. B. eines Briefträgers befindet. Dies gilt aber nur in der Theorie. In der Praxis wird die Beschlagnahme eines Briefs, der sich bereits in den Händen eines auf dem Bestellgang begriffenen Briefträgers befindet, meist nicht ausführbar sein. Vgl. von Schwarze S. 108.

eine kulpose oder dolose Verzögerung der Aushändigung seitens der Organe der Post würde bei strikter Auslegung des § 33 I PO. das Verfügungsrecht des Absenders rechtswidrig verlängern, während dem Empfänger kein Mittel zu Gebote stände, sein Recht im Wege der Klage zu erzwingen [1]).

Soviel über den Begriff „Aushändigen". Nach § 33 I PO. ist nur die Aushändigung der Sendung an den **Empfänger** mit der Rechtswirkung ausgestattet, das Verfügungsrecht des Absenders zunichte zu machen. Es entsteht nun die weitere Frage: Ist der Ausdruck „Empfänger" hier extensiv oder restriktiv auszulegen? Bekanntlich ist die Post nicht gehalten, alle Sendungen dem Empfänger selbst zuzustellen; dies wäre bei dem heutigen Massenverkehr gar nicht durchzuführen. Es sind deshalb hinsichtlich der Bestellung der Postsendungen in der PO. [2]) erleichternde Bestimmungen getroffen, nach welchen die Abgabe außer an den Empfänger u. U. auch erfolgen darf an den Bevollmächtigten, ein erwachsenes Familienmitglied, einen Haus- oder Geschäftsbeamten, einen sonstigen Angehörigen oder an einen Dienstboten des Empfängers, ja sogar durch Einlegen in den Hausbriefkasten [3]). Kann nun ein Brief oder ein Paket auf Verlangen

---

[1]) Vgl. für das gewöhnliche Frachtrecht o. S. 61. [2]) § 39.

[3]) Vgl. ferner die Vorschriften über Bestellung der Postsendungen an Handelsfirmen, Handelsgesellschaften, Vereine, Reisende in Gasthöfen, Behörden, Gefangene, Geisteskranke, Militärpersonen, Zöglinge von Erziehungsanstalten, Bewohner von Schlössern regierender Fürsten usw. (PO. § 39 nebst Ausführungsbestimmungen und **Dambach-von Grimm** Nachtrag S. 23 u. 28) sowie über die Zollsendungen (unten S. 228). Das Einwerfen einer Sendung in einen Briefkasten ist der Übergabe an den Adressaten nicht gleichzuachten; RG. 6 S. 343.

Macht jemand ein Vertragsangebot mittels Briefs, so ist dieses Angebot dem Empfänger schon **zugegangen** im Sinne des § 130 BGB., sobald der Brief in verkehrsüblicher Art in die tatsächliche Verfügungsgewalt des Empfängers oder eines anderen, der ihn in der Empfangnahme vertreten konnte, gelangt und ihm in dieser Weise die Möglichkeit der Kenntnisnahme verschafft ist. **Scherer** 1903 S. 127 und Literat. daselbst. Vgl. ferner über die empfangsbedürftigen und nichtempfangsbedürftigen Willenserklärungen sowie über die Willenserklärungen unter Abwesenden und unter Anwesenden **Düringer-Hachenburg** Bd. 2 S. 23ff.; **Gottschalck**, die empfangsbedürftige Willenserklärung nach dem BGB., Erl. Diss. 1903, und **Leoni**, die Tatbestandsmerkmale der empfangsbedürftigen Willenserklärung, Freib. Diss. 1902. Das Zugehen genügt nur für Willenserklärungen unter Abwesenden; für Willenserklärungen unter Anwesenden wird auch noch verlangt, daß der Adressat davon Kenntnis erhalten hat. Jeder Kaufmann ist verpflichtet, dafür zu sorgen, daß an ihn gelangende Briefe von irgend jemand in Empfang genommen werden. Dagegen ist er — von Ausnahmen, die denkbar sind, abgesehen — nicht

des Absenders durch die Post zurückgefordert werden, wenn die Aushändigung nicht an den Empfänger selbst, sondern an eine der anderen vorbezeichneten Personen erfolgt ist? Wörtlich ausgelegt, würde die Vorschrift des § 33 I diese Frage bejahen. Indes kann kein Zweifel darüber obwalten, daß die ratio legis dieser Auffassung widerspricht; unter Empfänger ist hier offenbar der große Kreis aller zur Empfangnahme berechtigten Personen zu verstehen. Ja, auch das Einbringen der Sendung in die custodia des Empfängers durch Einlegen in den Hausbriefkasten genügt, um das Verfügungsrecht des Absenders zu beseitigen, selbst wenn der Empfänger davon keine Kenntnis hat; denn in der Anbringung des Briefkastens liegt die stillschweigende Willenserklärung seines Eigentümers, die in den Briefkasten gelegten Sendungen als ihm gehörend zu besitzen[1]).

Das hier über den Begriff „Empfänger" Gesagte gilt auch von denjenigen Sendungen, welche von der Post abgeholt werden. Diese gelangen nur in seltenen Fällen sogleich in die Hände der Empfänger, werden vielmehr meist an Mittelspersonen ausgehändigt, für welche eine ausdrückliche Vollmacht nicht bestellt ist. Gleichwohl schließt auch die Auslieferung an solche Personen jede weitere Einwirkung des Absenders aus. Ebenso liegt die Sache, wenn jemand unbefugt fremde Sendungen von der Post abholt; die Post muß in solchem Falle, weil sie den Besitz der Sendung verloren hat, notgedrungen darauf verzichten, einer etwaigen anderweiten Verfügung des Absenders nachzukommen, obwohl „die Sendung dem Empfänger noch nicht ausgehändigt ist."

In das Verfügungsrecht des Absenders greifen weiter einige gesetzliche Bestimmungen ein, deren die PO. keine Erwähnung tut: die Vorschriften über Beschlagnahme von Postsendungen auf Grund der §§ 99 und 100 der StPO.[2]) und § 233 der MStGO.

---

verpflichtet, dafür zu sorgen, daß Offerten, die ihm mittels Fernsprechers gemacht werden sollen, von jemand entgegengenommen werden. RG. v. 15. 4. 91 in JW. 1891 S. 355; Frankenburger in DJZ. 1904 S. 846. Über Willenserklärungen mittels des Ferndruckers vgl. Sames in DJZ. 1904 S. 1179 ff. und Koppers in DJZ. 1905 S. 159. Vgl. auch RG. v. 24. 11. 03 in JW. 1904 S. 54 Nr. 4.

1) Vgl. Petschek S. 98; Kohler Arch. Bd. 7 S. 119; Seuffert Arch. 25 S. 179, 32 S. 213, 40 S. 191.

2) Vgl. dazu die Kommentare zur StPO. sowie Zachariae, Handbuch II § 97 und von Schwarze S. 100 ff. Das Verfügungsrecht über die Sendung geht von dem Absender auf die Justizbehörden über. Sache dieser Behörden ist es,

vom 1. Dezember 1898 [1]), sowie diejenigen über die Aushändigung von Postsendungen für einen Gemeinschuldner an den Verwalter der Konkursmasse laut § 121 KO. Ist eine Postsendung auf Grund dieser gesetzlichen Vorschriften dem Strafgericht bezw. der Staatsanwaltschaft oder dem Gerichtsherrn bezw. Untersuchungsführer oder dem Masseverwalter ausgehändigt, so hat, entgegen der Vorschrift im § 33 I PO., der Absender keinerlei Rückforderungsrecht mehr an der Sendung, vielmehr steht zweifellos die Aushändigung an die vorbezeichneten Organe der Rechtspflege der Aushändigung an den Empfänger gleich [2]). Wie aber, wenn ein Antrag der Gerichtsbehörde oder des Masseverwalters auf Aushändigung einer Postsendung mit einem Rückforderungsanspruch des Absenders kollidiert? Für diesen Fall bieten weder die Gesetze noch die PO. einen Anhalt. Man darf hier auch nicht ohne weiteres das Prioritätsprinzip anwenden; richtig ist wohl folgendes.

Ist in einer strafgerichtlichen Untersuchung, gleichviel ob sie von einem bürgerlichen oder militärischen Gericht ausgeht — vom Richter oder von der Staatsanwaltschaft bezw. vom Gerichtsherrn oder vom Untersuchungsführer — die Beschlagnahme der an jemand eingehenden Postsendungen angeordnet, so hat der Absender vom Augenblick des Eingangs der Sendungen am Bestimmungsort über sie keinerlei Gewalt mehr. Die Sendungen sind vielmehr auch dann dem Gericht auszuhändigen, wenn der Absender vor der Aushändigung oder selbst vor der Benachrichtiguug des Gerichts von ihrem Eingang die Rückgabe beantragt hat; die einem öffentlichen Interesse entspringende Beschlagnahme seitens des Gerichts geht dem Privatinteresse des Absenders vor und absorbiert es.

Anders liegt die Sache im Konkursverfahren. Hier steht ein Privatanspruch dem anderen gegenüber. Es wäre unbillig, das Recht des Absenders an seiner Sendung zugunsten der Gläubiger des Empfängers zu verkürzen. Nehmen wir an, A. hat

---

von dem Inhalt nach Beseitigung des Verschlusses Kenntnis zu nehmen. Die Postbeamten würden sich nach § 354 StGB. strafbar machen, wenn sie mit Beschlag belegte Briefe selbst öffneten. Beachtenswert ist auch die Form dieser „Beschlagnahme". Die Justizbehörde darf nicht selbst eingreifen und die Postsendung dem Gewahrsam der Post entziehen, muß sich vielmehr mit dem Ersuchen um Festhaltung der Sendung und um ihre Aushändigung an die requirierende Behörde begnügen.

[1]) RGBl. S. 1189. [2]) Vgl. Petschek S. 96.

an B. 3000 Mk. in einem Geldbrief als Darlehn gesandt, in der Annahme, daß B. in geordneten Vermögensverhältnissen lebt. Gleich darauf erfährt aber A., daß über das Vermögen des B. das Konkursverfahren eröffnet ist. Wenn A. dann den Geldbrief unverzüglich telegraphisch zurückfordert, so hat die Postanstalt am Bestimmungsort diesem Verlangen zu entsprechen, falls es ihr bekannt wird, bevor der Geldbrief oder der dazugehörige Ablieferungsschein[1]) dem Masseverwalter ausgehändigt ist. Denn die, wenn auch gesetzlich, so doch nur im Interesse der Gläubiger begründete Verpflichtung der Post aus § 121 KO., „auf Anordnung des Konkursgerichts alle für den Gemeinschuldner eingehenden[2]) Sendungen dem Verwalter auszuhändigen", steht hier im Widerspruch mit dem vertragsmäßigen Anspruch des Absenders und vermag diesem nicht Abbruch zu tun.

In Disziplinar- und ehrengerichtlichen Untersuchungen sind Eingriffe in das postordnungsmäßig festgestellte Verfügungsrecht über Postsendungen nicht zulässig. Dagegen begründen außer den drei genannten Reichsgesetzen — StPO., MStGO. und KO. — noch einige andere Reichsgesetze Ausnahmen öffentlichrechtlicher Natur von den Vorschriften des § 33 PO., und zwar:

1. Art. 68 der Reichsverfassung in Verbindung mit § 4 des Pr. Gesetzes über den Belagerungszustand vom 4. Juni 1851[3]). Danach haben während des Belagerungszustands die Zivilverwaltungen den Anordnungen der Militärbefehlshaber Folge zu leisten, mithin auf Erfordern auch Postsendungen auszuhändigen.
2. Das RG. über die Presse[4]) vom 7. Mai 1874, nach dessen § 23 unter gewissen Voraussetzungen eine vorläufige Beschlagnahme von Druckschriften ohne richterliche Anordnung durch die Polizeibehörde oder Staatsanwaltschaft zulässig ist.
3. Das Vereins-Zollgesetz[5]) vom 1. Juli 1869. Nach § 91 dieses Gesetzes müssen Postsendungen u. U. der Zollbehörde vorgelegt werden. Namentlich haben die Postanstalten in den Grenz-

---

[1]) S. u. S. 238.

[2]) Also nicht diejenigen Sendungen, welche bereits vor der Eröffnung des Konkurses eingegangen sind und im Augenblick der Konkurseröffnung noch bei der Postanstalt lagern. Solche Sendungen sind dem Empfänger auszuhändigen. Ebenso Dambach S. 64.

[3]) Pr. Ges.-Sammlung 1851 S. 451.

[4]) RGBl. 1874 S. 65. [5]) BGBl. 1869 S. 317.

bezirken einem etwaigen Verlangen der Organe der Grenzzollverwaltung nach Aushändigung bestimmt bezeichneter Poststücke zum Zweck der zollamtlichen Behandlung stattzugeben und insbesondere Beschlagnahmeverfügungen der Grenzzollbehörde als für sie verbindlich zu erachten[1]).

4. Durch das RG., betr. die Schlachtvieh- und Fleischbeschau, vom 3. Juni 1900, nebst den dazu vom Bundesrat erlassenen Ausführungsvorschriften vom 30. Mai 1902 sowie die Fleischbeschau-Zollordnung vom 5. Februar 1903[2]), sind für die Einfuhr von Fleisch in das Zollinland Beschränkungen getroffen worden. Postsendungen mit beschaupflichtigem Inhalt sind zum Zwecke der beschauamtlichen Untersuchung einem Zoll- oder Steueramt zuzuführen, an dessen Sitz sich eine für die Untersuchung zuständige Beschaustelle befindet.

5. Ferner interessieren hier die Art. 53 und 56 des auf der Haager Friedenskonferenz am 29. Juli 1899 unterzeichneten, in den Jahren 1900 und 1901 ratifizierten „Abkommen betr. die Gesetze und Gebräuche des Landkriegs“[3]). Art. 53 lautet: „Das Besatzungsheer kann nur mit Beschlag belegen: das Bargeld und die Wertbestände des Staates sowie die dem Staate zustehenden eintreibbaren Forderungen, die Waffenniederlagen, Beförderungsmittel, Vorratshäuser und Lebensmittelvorräte sowie überhaupt alles dem Staate gehörende bewegliche Eigentum, das geeignet erscheint, den Kriegsunternehmungen zu dienen.

Das Eisenbahnmaterial, die Landtelegraphen, die Fernsprechanlagen, die Dampfschiffe und andere Fahrzeuge — soweit hier nicht die Vorschriften des Seerechts platzgreifen — die Waffenniederlagen und überhaupt jede Art Kriegsmunition,

---

[1]) ADA. II 1 S. 51. Durch die Übergabe einer Postsendung an die Zollbehörde zur zollamtlichen Behandlung tritt die Zollbehörde nicht in den zwischen Absender und Postverwaltung geschlossenen Posttransportvertrag ein, haftet aber gleichwohl beim Verlust einer ihr zur Verzollung übergebenen Postsendung nur nach Maßgabe der für die Post begründet gewesenen Verbindlichkeit. RG. 48 S. 256ff. Vgl. PO. § 39 XV und Stephany, Die Haftung des Eisenbahn-, Post- und Zollfiskus für die Beschädigung und den Verlust der zur Zollabfertigung gelangenden Güter, in der Zeitschrift für Zollwesen u. Reichssteuern, Bd. 4 Nr. 718.

[2]) RGBl. 1900 S. 547; Beilage zu Nr. 22 des Zentralblatts f. d. Dtsche. Reich 1902; Zentralblatt 1903 S. 32. Vgl. Amtsblatt des Reichs-Postamts 1903 S. 49ff.

[3]) RGBl. 1901 S. 423ff., namentlich 452f. u. 482.

auch dann, wenn all dies Geſellſchaften oder Privatperſonen gehört, ſind ebenfalls ihrer Natur nach Mittel, die den Kriegsunternehmungen dienen; ſie müſſen aber wieder zurückerſtattet werden. Die Entſchädigungsfrage wird bei Abſchluß des Friedens geregelt."

Art. 56: „Das Eigentum der Gemeinden und der dem Gottesdienſte, der Wohltätigkeit, dem Unterrichte, der Kunſt und Wiſſenſchaft gewidmeten Anſtalten, auch wenn dieſe dem Staate gehören, iſt als Privateigentum zu behandeln. Jede abſichtliche Entfernung, Zerſtörung oder Beſchädigung von derartigen Gebäuden, von geſchichtlichen Denkmälern oder von Werken der Kunſt und Wiſſenſchaft iſt verboten und muß geahndet werden."

Poſtſendungen ſind hier zwar nicht ausdrücklich erwähnt. Immerhin werden ſie meiſt als „dem Staate gehörendes bewegliches Eigentum" angeſehen werden, „das geeignet erſcheint, den Kriegsunternehmungen zu dienen". Jedenfalls wird jeder militäriſche Befehlshaber in fremdem Gebiet das Recht für ſich in Anſpruch nehmen, alle Briefe und Telegramme zu beſchlagnahmen, um Kenntnis davon zu nehmen, ein Recht, das übrigens den Militärbehörden im Kriegsfall auch im eigenen Lande zuſteht.

6. § 34 PG. — Beſchlagnahme von Poſtſendungen bei Portohinterziehungen.

Die vorerwähnten, auf Reichsgeſetzen beruhenden Ausnahmen von den Beſtimmungen der PO. über das Verfügungsrecht bilden zugleich Ausnahmen von der Regel des § 5 PG., daß das Briefgeheimnis unverletzlich iſt.

Landesgeſetzliche Ausnahmen beſtehen nicht und können wegen des reichsgeſetzlichen Verbots im § 5 PG. auch nicht geſchaffen werden[1]).

Über die Einſchränkungen, die das Verfügungsrecht des Abſenders bezw. Empfängers in zivilprozeſſualiſchen Fällen erleidet, vgl. unten § 23.

Endlich verſteht es ſich von ſelbſt, daß von einem Verfügungsrecht des Abſenders trotz § 33 PO. nicht mehr die Rede ſein kann, wenn eine Poſtſendung infolge eines Verſehens oder einer Täuſchung des Poſtbeamten an einen Unberechtigten ausgehändigt iſt[2]). Inwie-

---

[1]) Ebenſo Arndt Staatsr. S. 290; Laband III S. 59. [2]) Vgl. oben S. 225.

weit in einem solchen Falle dem Absender ein Anspruch auf Schadensersatz zusteht, hängt von der konkreten Sachlage ab.

§ 20. Fortsetzung.

(Postpaketadresse, Postanweisungsformular, Postablieferungsschein.)

Es erübrigt noch festzustellen, was unter dem Begriff „Postsendung" des § 33 PO. zu verstehen ist.

Bei gewöhnlichen Briefen, Postkarten, Drucksachen und Warenproben kann ein Zweifel nicht obwalten; der Brief, die Postkarte bildet die Sendung. Was aber fällt unter den Begriff der „Postsendung" am Bestimmungsort bei gewöhnlichen Paketen, bei Wert- und Einschreibsendungen sowie bei Postanweisungen?

Bekanntlich muß allen Paketen eine Begleitadresse beigegeben sein. Diese sowie das Postanweisungsformular geht mit der Einlieferung in das Eigentum der Postverwaltung über und muß unter allen Umständen an die Postanstalt zurückgegeben werden: der Empfänger erhält nur den Abschnitt[1]). Einschreib- und Wertsendungen sowie Postanweisungsbeträge werden nur gegen Empfangsbescheinigung ausgehändigt; diese ist bei Postanweisungen und Paketen auf der Rückseite der Postanweisungen oder der Paketadresse, bei Wert- und Einschreibbriefen auf einem „Ablieferungsschein" niederzuschreiben[2]). Zu einer „Sendung" gehören also am Bestimmungsort bei einem Einschreib- oder Wertbrief der Brief und der Ablieferungsschein, bei einem Paket das Paket und die Begleitadresse, bei einer Postanweisung der Betrag und das Formular[3]).

Ablieferungsschein, Begleitadresse und Postanweisungsformular sind nicht etwa nur posttechnisch von Bedeutung, vielmehr knüpfen sich an sie auch sehr erhebliche Rechtsfolgen. Denn „die Postver-

[1]) PO. §§ 12 I und IX, 20 VIII. Nach diesen Bestimmungen gehen die Postpaketadresse und die Postanweisung sowie die zur Frankierung verwendeten Postwertzeichen mit der Einlieferung in das Eigentum der Postverwaltung über, letztere, weil sie wesentliche Bestandteile der Formulare sind und als solche nicht Gegenstand eines besonderen Rechts des Empfängers oder Absenders sein können (BGB. §§ 93 u. 947). Vgl. Gräffner in DJZ. 1904 S. 809f.

Auch die Zollstellen dürfen die von ihnen unmittelbar auszuhändigenden Pakete nur gegen Rückgabe der Postpaketadressen verabfolgen und müssen letztere in bestimmten Fristen an die Postanstalten abliefern; ADA. V, 1 S. 155.

[2]) PO. § 39 X.

[3]) Unrichtig Tachau S. 496, der unter „Sendung" bei einer Postanweisung nur das Anweisungsformular, nicht auch den Geldbetrag versteht.

waltung ist, nachdem sie das Formular zum Ablieferungsschein[1]) dem Adressaten reglementsmäßig hat ausliefern lassen, nicht verpflichtet, die Echtheit der Unterschrift und des etwa hinzugefügten Siegels unter dem mit dem Namen des Empfangsberechtigten unterschriebenen und bezw. untersiegelten Ablieferungsschein zu untersuchen. Ebensowenig braucht sie die Legitimation desjenigen zu prüfen, welcher unter Vorlegung des vollzogenen Ablieferungsscheins oder bei Paketen ohne Wertangabe unter Vorlegung des reglementsmäßig ausgelieferten Begleitbriefes[2]) die Aushändigung der Sendung verlangt[3])." Im Anschluß hieran bestimmt die PO.[4]), daß die Aushändigung der gewöhnlichen Pakete, der eingeschriebenen Sendungen und der Sendungen mit Wertangabe, ferner bei Postanweisungen der Geldbeträge, soweit alle diese Gegenstände nicht dem Empfänger in die Wohnung bestellt werden, an denjenigen erfolgt, welcher die (u. U. quittierte) Begleitadresse, den vollzogenen Ablieferungsschein oder die unterschriebene Postanweisung überbringt und aushändigt.

Daraus folgt, daß diese Papiere am Bestimmungsort integrierende Bestandteile[5]) der Postsendungen sind, gewissermaßen Traditionspapiere, mindestens aber Legitimationspapiere[6]), deren Aushändigung an den Empfänger eine „symbolische Übergabe"[7]) der Sendungen selbst darstellt. Ist dies der Fall, so geht mit dem Augenblick der Tradition eines derartigen Papiers an den Empfänger jedes Recht des Absenders an der Sendung unter; die Übergabe des Ablieferungsscheins an denjenigen, welcher durch den Schein zur Empfangnahme des Guts legitimiert wird, hat dann für den Erwerb von Rechten an dem Paket usw. dieselben Wirkungen wie die Übergabe des Gegenstands selbst. Will man aber nicht soweit gehen, so scheint es mir doch zweifellos, daß durch die oben erwähnten Bestimmungen des PG. und der PO. dem gutgläubigen Besitzer des Ablieferungsscheins usw. wenigstens das Recht auf Aushändigung der Sendung verliehen ist und daß diese Bestimmungen für die Post nicht nur ein Recht, die Sendung auszuhändigen, begründen, sondern eine Auslieferungspflicht, der auch eine nach der Übergabe des Ab-

---

[1]) Zu den „Ablieferungsscheinen" im Sinne dieser Vorschrift gehören auch Postpaketadressen und Postanweisungen.

[2]) Früher an Stelle der jetzigen Postpaketadresse im Gebrauch.

[3]) PG. § 49; vgl. RG. 29 S. 212ff., 35 S. 320ff. [4]) § 43 I.

[5]) Wenn auch nicht „wesentliche Bestandteile" im Sinne des BGB. § 93.

[6]) Dernburg, Pr. Privatrecht II § 88; Stobbe, Dtschs. Privatrecht III § 178. [7]) So Dambach S. 254, trotz S. 74 letzt. Abs.

lieferungsscheins usw. eingehende gegenteilige Verfügung des Absenders keinen Abbruch tun kann[1]).

Hieran kann auch die der Post zustehende Befugnis, die Legitimation des Besitzers des Scheins usw. zu prüfen, nichts ändern. Auch die Eisenbahn hat, obwohl dies weder im HGB. noch in der EVO. ausdrücklich anerkannt ist, sicherlich das Recht, die Legitimation desjenigen zu prüfen, der unter Vorlegung des Frachtbriefs die Auslieferung des Guts verlangt, und ein Eisenbahnbeamter würde fahrlässig handeln und sich u. U. ersatzverbindlich machen, wollte er ein Gut auf Grund des Frachtbriefs an eine Person aushändigen, die augenscheinlich nur mala fide in den Besitz des Frachtbriefs gelangt sein konnte. Gleichwohl ist das Recht des Empfängers auf Aushändigung des Frachtguts gesetzlich anerkannt. Weshalb sollte der im PG. und in der PO. übrigens nur indirekt zugelassenen Prüfung der Legitimation des Empfängers einer Postsendung eine ganz andere und viel weitergehende Bedeutung zukommen? Hiernach kann ich mich nur dahin aussprechen, daß der redliche Besitz des Ablieferungsscheins, der Paketadresse oder der Postanweisung ein Recht auf Aushändigung der Postsendung begründet.

Zu diesem Ergebnis führt m. E. auch die heutige Posttechnik. Die vorerwähnten Traditions- bezw. Legitimationspapiere verdanken ihr Dasein nur den Bedürfnissen des technischen Postdienstes, in welchem sie den verschiedensten Zwecken dienen. Das Vorhandensein einer Paketadresse z. B. ist — absolut genommen — durchaus nicht eine conditio sine qua non für die Beförderung eines Pakets[2]). Man kann sich sehr wohl vorstellen — und hat den Gedanken bereits wiederholt erwogen —, daß die Postverwaltung eines Tages die Postpaketadressen für entbehrlich ansieht und sie abschafft. Ebenso könnte z. B. das Postanweisungsverfahren derart umgestaltet werden, daß die Auszahlung am Bestimmungsort nicht auf Grund des jetzigen Formulars, sondern etwa auf Grund von Verzeichnissen der Einzahlungspostanstalten oder einer telegraphischen oder telephonischen Anweisung erfolgt. Auch der Ablieferungsschein ließe sich durch ein von dem Ausgabebeamten zu führendes Buch ersetzen, in welchem der Empfänger Quittung zu leisten hätte. Zerlegt aber die Postverwaltung aus rein technischen Rücksichten eine Postsendung in zwei

[1]) A. A. Sydow S. 524.

[2]) In der Schweiz z. B. brauchen den Paketen Begleitadressen nicht beigefügt zu werden.

Bestandteile, und bringt es der Postbetrieb mit sich, daß diese beiden Bestandteile eine tatsächliche Trennung erfahren, so muß wenigstens dafür gesorgt werden, daß die beiden zusammengehörigen Teile nicht verschiedene rechtliche Schicksale erleiden. Das gegenteilige Verfahren würde zu ganz unhaltbaren Konsequenzen führen.

Läßt jemand seine Postsachen abholen, so erhält er, wie bereits erwähnt, zunächst nur die Paketadressen, die Postanweisungen und die Ablieferungsscheine, während die dazu gehörigen Wert- und Einschreibbriefe und Pakete sowie die Postanweisungsbeträge später an denjenigen verabfolgt werden, welcher die mit dem Namen des Empfangsberechtigten unterschriebene Empfangsbescheinigung (Ablieferungsschein, Postpaketadresse, Postanweisung) abgibt. Zwischen diesen beiden Akten, der Abholung der Paketadressen usw. und ihrer Rücklieferung mit der Quittung, liegt naturgemäß häufig ein Zeitraum von mehreren Stunden, u. U. auch von Tagen. Kommt der abholende Empfänger selbst zur Post, so ist er in der Lage, die von der Post verlangte Empfangsbescheinigung sofort auszustellen und den Geldbrief oder den Postanweisungsbetrag in Empfang zu nehmen. Sendet er aber einen zur Quittungsleistung nicht berechtigten Angestellten, so muß dieser den Schein erst nach Hause bringen, um dort die Quittung vollziehen zu lassen, und dann erst kann der Empfänger beim nächsten Gang nach der Post den Brief selbst erhalten. Weisen diese beiden Vorgänge einen rechtlichen Unterschied auf, der eine verschiedene Behandlung der Rechtsobjekte seitens der Post rechtfertigt? Sicherlich nicht! Ob der Kaufmann seine Postsachen selbst abholt oder zu diesem Zweck einen Angestellten entsendet, — in beiden Fällen erklärt er der Post seinen Willen dahin, diejenigen Sendungen, welche in dem Augenblick für ihn vorliegen, empfangen zu wollen. Zu diesem animus tritt bei Sendungen, über welche die Post Quittung verlangt, als corpus zunächst der Ablieferungsschein usw. Seinen Empfangswillen ist der Empfänger bei unfrankierten Sendungen dadurch zu betätigen verbunden, daß er die aus dem Postbeförderungsvertrag entspringenden Pflichten — Zahlung des Portos — erfüllt. Denn nach § 6 des PTG. vom 28. Oktober 1871 dürfen die Postanstalten Briefe, Scheine, Sachen usw. an die Empfänger erst dann aushändigen, wenn die Zahlung der Postgefälle erfolgt ist. Demgemäß erhebt die Post vom Empfänger einer unfrankierten Sendung das Porto bereits bei der Aushändigung des Ablieferungsscheins usw. Sollte der Empfänger nun zwar gehalten sein, die Pflichten aus dem Postbeförderungsvertrag zu erfüllen, dadurch aber gleichwohl kein Recht an der Sendung selbst erlangen?

Noch ein anderes Beispiel. Die Post sendet dem Empfänger mit Rücksicht auf die Sicherheit ihres Personals und der ihr anvertrauten Werte nur Sendungen bis zu einer bestimmten Wertangabe ins Haus; die Maximalgrenze wird von der Postverwaltung festgesetzt und beträgt z. B. für Sendungen im Ortsbestellbezirk jetzt 6000 Mk.; vor einigen Jahren betrug sie noch 3000 Mk. Bei Sendungen mit höherer Wertangabe erhält der Empfänger zunächst nur den Ablieferungsschein; den Gegenstand selbst muß er von der Post abholen. Bei einem Wertbrief über 6000 Mk. verliert der Absender, wie wir oben gesehen haben, das Verfügungsrecht in dem Augenblick, wo der Briefträger mit dem Brief das Postamt verläßt. Weshalb der Absender bei einem Geldbrief über 6100 Mk., den die Post aus rein äußeren technischen Gründen vom Empfänger abgeholt wissen will, erheblich besser und der Empfänger entsprechend schlechter gestellt sein soll, ist unerfindlich. Rein technische Maßnahmen der Post können unmöglich das Verfügungsrecht derart beeinflussen, daß es in zwei ganz gleichen Fällen das eine Mal unverzögert auf den Empfänger übergeht, das andere Mal dagegen dem Absender vorbehalten bleibt, bis der vielleicht kranke oder sonst verhinderte Empfänger in der Lage ist, den Geldbrief abzuholen. Daher bin ich der Ansicht: Sobald der Empfänger — e. F. durch Zahlungsleistung an die Post — seinen Willen, die Sendung anzunehmen, unzweideutig zu erkennen gegeben und ein Papier ausgehändigt erhalten hat, das ohne weitere Prüfung zur Empfangnahme der Sendung selbst legitimiert, kann unter keinen Umständen die Post noch berechtigt sein, auf Verlangen des Absenders zu dessen Gunsten über die Sendung zu verfügen[1]). Dies würde nicht nur jedem Rechtsgefühl widersprechen, sondern auch in der postalischen Praxis zu ganz unhaltbaren Zuständen führen.

Gesetzt den Fall, die Post fordert auf Grund einer nachträglichen Anweisung des Absenders eine dem Empfänger bereits ausgehändigte

[1]) Ebenso Mittelstein Beitr. S. 61 und Rechtsfragen S. 582f.; Meili Haftpflicht S. 44; v. d. Osten S. 29; Schott S. 566 A. 184 und Tinsch Postanweis. S. 50; Schröder S. 45 und OLG. Hamburg v. 14. 3. 02 bei Mugdan u. Falkmann, Rechtsprechung der OLG. VI S. 91f.; vgl. auch v. Grimm, Nachtrag S. 47.

A. A. Sydow S. 524; Dambach S. 74, obwohl er selbst S. 254 in der Aushändigung des Ablieferungsscheins eine symbolische Übergabe der Sendung erblickt; Merten S. 66.

Poſtanweiſung oder eine Paketadreſſe über ein Wertpaket zurück und der Empfänger weigert ſich im Vollgefühl ſeines Rechts als beatus possidens und geſtützt auf eine Forderung an den Abſender, dieſem Verlangen zu entſprechen, verlangt vielmehr ſeinerſeits Auszahlung des Betrags[1]) bezw. Aushändigung des Pakets. Der Poſt ſteht dann kein anderes Mittel zu Gebote, die Herausgabe des Legitimationspapiers zu erzwingen, als die Klage auf restituere. Ob dieſe von Erfolg ſein würde, ſoll dahingeſtellt bleiben; ich halte es für ausgeſchloſſen[2]). Jedenfalls wäre die Poſt bis zur Entſcheidung durch das Gericht gar nicht in der Lage, einer anderweiten Verfügung des Abſenders gegen den Willen des Empfängers zu entſprechen.

Ohne die Paketadreſſe oder die Poſtanweiſung könnte die Poſt zunächſt das im § 33 III PO. vorgeſchriebene Verfahren nicht innehalten. Denn wie ſollte ſie prüfen, ob das behufs Rückforderung der Sendung vorgelegte Doppel der Paketadreſſe oder der Poſtanweiſung von derſelben Hand wie das Original geſchrieben iſt, wenn ſich letzteres bereits im Gewahrſam des Empfängers befindet[3])?

Die Poſt könnte aber ferner ohne Paketadreſſe oder Poſtanweiſung das Paket bezw. den Geldbetrag nicht an den Abſender zurück- oder an einen Dritten weiterleiten. Ein derartiger Fall iſt weder in der PO. noch ſonſt in der ADA. vorgeſehen, obwohl gerade in letzterer eine weitgehende Kaſuiſtik Raum gefunden hat. Ich kann mir auch nicht vorſtellen, wie bei dem heutigen poſtaliſchen Verfahren, falls der Empfänger die Paketadreſſe bezw. die Poſtanweiſung nicht herausgibt, die Rückgabe eines Pakets oder gar eines Poſtanweiſungsbetrags an den Abſender erfolgen ſoll, ohne daß ernſte Unzuträglichkeiten für den Dienſtbetrieb entſtehen. Wenn Hellwig[4]) die Berechtigung des Abſenders zur Konterorder auch nach Zuſtellung des Formulars aus

---

[1]) Dieſer Fall ſoll kürzlich in München akut geworden ſein und zu einer Klage des Empfängers auf Auszahlnng des Betrags geführt haben. Auf ihren Ausgang darf man geſpannt ſein.

[2]) § 12 IX bezw. 20 VIII PO., wonach Paketadreſſen u. Poſtanweiſungen in das Eigentum der Poſtverwaltung übergehen, kann hier nicht geltend gemacht werden, denn der Empfänger verweigert nicht die Herausgabe der Paketadreſſe oder der Poſtanweiſung an ſich, ſondern die Herausgabe ohne Aushändigung des Pakets bezw. des Poſtanweiſungsbetrags.

[3]) Vgl. Mittelſtein Rechtsfr. S. 582. Unzutreffend Faßbender S. 29.

[4]) S. 533 A. 76.

§ 43 IIIb[1]) (früher § 19 VIII) und § 45 I5[2]) PO. herleitet, so verkennt er den Zweck dieser beiden Bestimmungen. Im Falle des § 43 IIIb und § 45 I5 handelt es sich nicht darum, daß dem Empfänger die Zahlung eines Betrags, auf welchen er Anspruch erhebt, versagt werden soll, weil der Absender diesen Betrag zurückfordert, sondern darum, daß der Empfänger einen Betrag, den ihm die Post zahlen will, aus freien Stücken nicht abhebt; und in solchem Falle wird er die Rückgabe der Postanweisung nicht ablehnen. Darauf aber kommt es gerade an[3]).

Hellwig, der sich mit der Frage, ob das Recht des Empfängers auf Konterorder bereits dadurch ausgeschlossen wird, daß die Post dem Empfänger den Ablieferungsschein[4]) ausgeliefert hat, ebenfalls eingehend beschäftigt[5]), gelangt im Gegensatz zu der hier vertretenen Ansicht zur Verneinung dieser Frage. M. E. mit Unrecht. Gewiß ist die Bedeutung der „Ablieferungsscheine" und des Frachtbriefs eine total verschiedene[6]). Aber Hellwig unterschätzt die juristische Natur der Ablieferungsscheine stark, wenn er in ihnen nur ein Mittel zur Benachrichtigung der Empfänger von der Ankunft des Guts erblickt. Vielmehr muß man, gestützt auf §§ 48 und 49 PG. und § 43 PO., in ihnen eine „Verpflichtungserklärung" der Post sehen, des Inhalts, daß die Sendung selbst an denjenigen verabfolgt wird, der den vollzogenen „Ablieferungsschein" abgibt. Bei Postanweisungen und Postpaket-

---

[1]) § 43 III. Wenn der Empfänger unterläßt, auf Grund der abgeholten Postpaketadressen, Ablieferungsscheine und Postanweisungen die Sendungen oder Geldbeträge bei der Postanstalt abzufordern, so werden

a) . . . . . .

b) gewöhnliche Pakete, welche sich nicht zur Bestellung eignen, Einschreibsendungen, Sendungen mit Wertangabe und Postanweisungsbeträge am achten Tage nach dem Eingang als unbestellbar behandelt.

[2]) § 45 I. Postsendungen sind für unbestellbar zu erachten:

5. wenn Einschreibsendungen, Sendungen mit Wertangabe und zur Bestellung nicht geeignete Pakete auf Grund der ausgehändigten Ablieferungsscheine usw. oder bei Postanweisungen die Geldbeträge nicht innerhalb 7 Tage vom Tage nach dem Eingang in Empfang genommen werden (§ 43 IIIb).

[3]) Vgl. ADA. V, 1 S. 99.

[4]) Unter „Ablieferungsscheinen" sind hier auch Postpaketadressen und Postanweisungen zu verstehen (s. oben S. 230 A. 4). Hellwigs Ausführungen zu dem Begriff „Ablieferungsschein" S. 527 Anm. 65 sind teils unzutreffend, teils infolge Neuausgabe der PO. veraltet. Die neue PO. gibt in dieser Hinsicht zu Zweifeln keinen Anlaß.

[5]) S. 526ff. [6]) So Hellwig S. 527.

adressen tritt in der Vorzeigung dieser Papiere und in der Aushändigung des Abschnitts noch „eine Erklärung des Absenders, welche die Post dem Adressaten zustellt"[1]), hinzu. Wenn Hellwig ferner ausführt[2]), „es ist ein nur der Bequemlichkeit und der raschen Abwickelung dienendes, durch keine gesetzliche Vorschrift gebotenes Verfahren, wenn die Post zu der Benachrichtigung die Begleitadresse oder das Anweisungsformular benutzt", so braucht auch hiergegen nur auf § 49 PG. hingewiesen zu werden.

Dem, was Hellwig über Zweck und Inhalt der Begleitadressen usw. im Gegensatz zum Frachtbrief ausführt[3]), kann man im allgemeinen zustimmen. Wenn er dann aber den Schluß zieht, „daß die Gesamtgläubigerschaft des Absenders und des Adressaten durch die Aushändigung der Ablieferungsscheine nicht affiziert wird und daß die aus seiner Mitberechtigung fließende Befugnis des Absenders, das Recht des Adressaten durch Konterorder zu vernichten, in der Tat ohne Ausnahme andauert, bis die Sendung dem Empfänger ausgehändigt ist", — so kann ich ihm darin nicht folgen. Hellwigs Beweisführung bewegt sich, wie mir scheint, in einer falschen Richtung. Er stützt sich allein auf Art. 405 bezw. § 433 HGB. und untersucht, „ob nicht in den Bestimmungen des HGB. eine Verkehrsanschauung zum Ausdruck gelangt, welche man auf Grund des § 328 II BGB. für die Interpretation verwerten müßte". Diese Unterfrage verneint er, weil die Bedeutung der Ablieferungsscheine und des Frachtbriefs eine total verschiedene sei, und damit hält er auch die Hauptfrage in verneinendem Sinne für erledigt. Und doch kommt es auf die juristische Bedeutung des Ablieferungsscheins im Vergleich zu derjenigen des Frachtbriefs hier gar nicht oder jedenfalls nicht in erster Linie an. Ausschlaggebend ist bei der Nichtanwendbarkeit des HGB. das Postsonderrecht. Daß dieses im Verein mit der Posttechnik die Ausübung des Verfügungsrechts über die Sendung an den Ablieferungsschein knüpft, dürfte durch die obigen Ausführungen[4]) bewiesen sein.

Dafür sprechen aber auch noch andere Gründe. Wenn es im § 49 PG. heißt: „Ebensowenig braucht sie (die Postverwaltung) die Legitimation desjenigen zu prüfen, welcher unter Vorlegung des

---

[1]) Hellwig S. 527; zu S. 529 A. 67 ist noch zu bemerken, daß, falls ein Paket auf Grund einer „Notadresse" ausgehändigt ist, dem Empfänger die Ursprungsadresse sogleich nach ihrem Eingang am Bestimmungsort vorgezeigt und der Abschnitt ausgehändigt wird.

[2]) S. 528. Vgl. übrigens Anm. 66. [3]) S. 528 und 529. [4]) S. 280ff.

vollzogenen Ablieferungsscheines, oder bei Paketen ohne Wertangabe unter Vorlegung des reglementsmäßig ausgelieferten Begleitbriefes, die Aushändigung der Sendung verlangt", so liegt offenbar in dem Worte „verlangt" ein gesetzliches Anerkenntnis des Rechts auf Aushändigung zugunsten der Person, welche die Adresse usw. vorlegt, also des Empfängers.

Endlich sei noch auf eine positive Bestimmung der PO. hingewiesen, in welcher die obigen Ausführungen eine zuverlässige Stütze und authentische Interpretation finden. Im § 42 V PO. wird nämlich erläuternd bestimmt: „Insoweit die Postverwaltung die Bestellung von gewöhnlichen Paketen, von eingeschriebenen Paketen, von Sendungen mit Wertangabe oder von Geldbeträgen zu Postanweisungen übernommen hat, sind bezüglich der Bestellung oder Abholung:

a) die gewöhnlichen und eingeschriebenen Pakete sowie die Pakete mit Wertangabe nebst den Postpaketadressen sowie etwaigen Ablieferungsscheinen,

b) die Briefe mit Wertangabe nebst den Ablieferungsscheinen,

c) die Postanweisungen nebst den Geldbeträgen, gleichviel ob diese dem Empfänger bar ausgezahlt oder auf sein Girokonto der Reichsbank überwiesen werden,

je als eine zusammengehörige Sendung anzusehen". Mit anderen Worten: Ist am Bestimmungsort der Ablieferungsschein, die Paketadresse oder die Postanweisung abgeholt, so gilt auch der Geldbrief, das Paket oder der Betrag als an den Empfänger ausgehändigt[1]).

Nach alledem dürfte der Beweis dafür erbracht sein, daß der Empfänger mit der Aushändigung der Paketadresse usw. — wie im Handelsrecht mit der Übergabe des Frachtbriefs, unbeschadet der juristischen Unterschiede zwischen diesem und den postalischen Legitimationspapieren — ein Recht auf Aushändigung des zugehörigen Gegenstands bezw. Geldbetrags erlangt[2]).

---

[1]) So auch Schröder S. 42: „Die Aushändigung der Begleitadresse oder des Ablieferungsscheins steht der Ablieferung der dazugehörigen Sendung gleich."

[2]) So auch Schröder S. 45 und hinsichtlich der Postanweisungen Tachau S. 496. A. A. Scheda S. 102.

§ 21. Fortsetzung.

(Postordnung und Postgesetz.)

Doch damit nicht genug. PG. und PO. enthalten eine Reihe von Bestimmungen, aus denen sich ein Recht des Adressaten auf Aushändigung des Ablieferungspapiers oder, wo ein solches fehlt, der Sendung selbst herleiten läßt.

Z. B. ist im § 22 XII PO. bestimmt: „Anträgen des Empfängers auf Eilbestellung von Postsendungen kann ausnahmsweise entsprochen werden, wenn dies ohne Beeinträchtigung des Dienstbetriebs möglich ist". Von diesem Zugeständnis wird seitens des Publikums der umfassendste Gebrauch gemacht. Naturgemäß treten häufig Fälle ein, in denen der Empfänger Wert darauf legt, eine Sendung, die auf dem gewöhnlichen Wege erst nach Stunden oder erst am nächsten Tag in seine Hände gelangen würde, sofort nach ihrem Eintreffen am Bestimmungsort zu erhalten. Dieser Wunsch des Empfängers kann aber sehr wohl mit demjenigen des Absenders im Widerspruch stehen. Letzterer hat vielleicht den Geldbrief usw. mit Vorbedacht so abgeschickt, daß er Sonntags am Bestimmungsort eingeht und beim regelmäßigen Verlauf der Postbeförderung dem Empfänger erst am Montag ausgehändigt wird, in der Absicht, im Laufe des Sonntags, falls etwa eine über den Empfänger eingezogene Erkundigung ungünstig lautet, den Brief telegraphisch zurückzufordern. Diese Absicht kann der Empfänger durch das Verlangen der Eilbestellung auf Grund des § 22 XII PO. vereiteln, eine Bestimmung, die unverständlich wäre, wenn das Postsonderrecht dem Empfänger das Recht auf Aushändigung der am Bestimmungsort eingegangenen Sendungen versagte.

Dasselbe gilt von der bereits besprochenen[1]) Befugnis des Empfängers, die Aushändigung einer Sendung an einem Unterwegsort zu verlangen.

Wenn die PO. weiter im § 42 I von der „Befugnis" des Empfängers spricht, „seine" Postsendungen abzuholen oder abholen zu lassen, so erkennt sie damit offenbar zunächst an, daß der Empfänger befugt ist, auf irgend eine Weise die Aushändigung der an ihn eingehenden Postsendungen zu verlangen[2]). Überhaupt ist das

---

[1]) Oben S. 194ff.

[2]) So auch Kann S. 160; Schmidt Dissertat. S. 61.

ganze Abholungsverfahren rechtlich ein Eingriff in das Verfügungsrecht des Absenders, denn es entzieht die Sendungen, häufig gegen seinen Willen, immer aber ohne seine Zustimmung, vorzeitig seiner Verfügungsgewalt. In der Einführung des Abholungsverfahrens liegt m. E. ein offensichtliches Zugeständnis der Postverwaltung, daß das Verfügungsrecht über eine Sendung mit deren Eintreffen am Bestimmungsort auf den Empfänger übergeht[1]).

Ähnlich verhält es sich mit einer anderen Bestimmung der PO.[2]), welche von der Nachsendung handelt.

„Hat der Empfänger seinen Aufenthalts- oder Wohnort verändert und ist sein neuer Aufenthalts- oder Wohnort bekannt, so werden gewöhnliche und eingeschriebene Briefsendungen und Postanweisungen nachgesendet, wenn nicht er oder der Absender eine andere Bestimmung getroffen hat.

Bei Paketen und bei Briefen mit Wertangabe erfolgt die Nachsendung nur auf Verlangen, entweder des Absenders oder des Empfängers[3])." Ergänzend bestimmt hierzu die ADA.[4]), daß bei „postlagernd" adressierten Sendungen der Empfänger die Bestimmung treffen kann, daß der Gegenstand in einer bestimmten Wohnung, u. U. sogar an einem anderen Ort, abgegeben werde. Hiernach hat also jedermann das Recht, nicht nur über bestimmt bezeichnete, sondern über alle möglicherweise für ihn eintreffenden Postsendungen im voraus zu verfügen. Und zwar hat der Empfänger dieses Verfügungsrecht nach dem Wortlaut der PO. („er oder der Absender") vor dem Absender; selbst Sendungen, welche nach dem Willen des Absenders auf der Post lagern sollen, kann der Empfänger ganz nach Belieben anderswohin dirigieren: also auch hier wieder der Grundsatz, daß mit dem Eintreffen einer Postsendung am Bestimmungsort in erster Linie der Empfänger das Verfügungsrecht über sie erlangt, und

[1]) Vgl. auch oben S. 221. [2]) § 44 I und II.

[3]) In der PO. von 1892 lautet die gleichartige Bestimmung (§ 44 II): „Bei Paketen und bei Briefen mit Wertangabe erfolgt die Nachsendung auf Verlangen des Absenders oder, bei vorhandener Sicherheit für das Porto, auch des Empfängers." Die zutreffende Betrachtung, welche Hellwig S. 521, besonders Anm. 55, an diese Bestimmung knüpft, ist durch die neue PO. gegenstandslos geworden. Früher war auch vorgeschrieben (ADA. V, 1, Ausgabe von 1892 S. 105), daß bei Paketen und bei Briefen mit Wertangabe der Empfänger von dem Vorliegen einer Sendung in Kenntnis zu setzen und daß seine Bestimmung einzuholen ist, falls nicht schon der Absender die Nachsendung verlangt hat.

[4]) V, 1 S. 100.

zwar ein Recht, das im Wege der Klage geltend gemacht werden kann, falls die Post einem dahin zielenden Verlangen des Empfängers nicht Folge gibt[1]). Demgemäß muß bei den am Bestimmungsort eingetroffenen Postsendungen in allen Fällen, in welchen die Verfügung des Empfängers einer nachträglichen Verfügung des Absenders widerspricht, der Wille des Empfängers zur Geltung kommen. Hat z. B. ein zeitweilig abwesender Empfänger die Nachsendung eines bestimmten Briefs usw. beantragt und ist dieser Brief bereits nach dem neuen Bestimmungsort unterwegs, wenn auch dem Empfänger noch nicht ausgehändigt, so darf die Post einem etwaigen Verlangen des Absenders auf Rücksendung des Briefs trotz § 33 I PO. nicht mehr entsprechen, weil der Empfänger bereits durch den Nachsendungsantrag seinen Willen dahin erklärt hat, den Brief anzunehmen, eine Erklärung, die hinsichtlich der Rechte an dem Brief dieselbe Wirkung erzeugt wie die Übergabe selbst. Etwas anderes ist es natürlich, wenn der Absender durch einen Vermerk in der Aufschrift von vornherein die Nachsendung ausgeschlossen hat. Dann gilt sein Wille; eine Nachsendung dürfte in diesem Fall auch auf Antrag des Empfängers nicht eintreten[2]).

Als Argument für meine Ansicht läßt sich weiter § 47 PO. verwerten, welcher von dem Erlaß von Nachfrage-(Lauf-)schreiben wegen Postsendungen handelt. Danach steht das Recht, eine amtliche Nachforschung nach dem Verbleib einer Sendung zu verlangen, nicht nur dem Absender, sondern auch dem Empfänger zu. Gibt man aber dem Empfänger dieses Recht, obwohl ihm alle Ersatzansprüche durch das PG. versagt sind, so muß man ihm auch das Recht auf Aushändigung der Sendung am Bestimmungsort zusprechen. Die Postverwaltung räumt, wie aus dem amtlichen Laufzettelformular hervorgeht, dem Empfänger sogar das Recht ein, darüber Bestimmung zu treffen, ob eine ursprünglich vermißte Sendung im Fall ihrer späteren Auffindung ihm oder dem Absender zugestellt werden soll.

Eine unanfechtbare Stütze für das Recht des Empfängers liefert schließlich § 50 III PO. Dort heißt es: „Reicht das am Abgangsort entrichtete Franko nicht aus, so wird das Nachschußporto vom

---

[1]) Vgl. Mittelstein Beitr. S. 64; v. d. Osten S. 33; Kann S. 161 f.; Hogrewe S. 44; Schmidt Dissert. S. 61. A. A. Faßbender S. 18.

[2]) So durch einen Zusatz zur PO. vom 12. 12. 1901 (Zentralblatt 1901 S. 429) als § 44 III ausdrücklich angeordnet.

Vgl. hierzu für das gewöhnliche Frachtrecht o. S. 99.

Empfänger erhoben. Bei gewöhnlichen Briefsendungen sowie bei allen Sendungen vom Auslande gilt die Verweigerung der Nachzahlung des Portos als Verweigerung der Annahme der Sendung. Bei unzureichend frankierten Einschreibsendungen und Sendungen mit Wertangabe sowie bei unzureichend frankierten Paketen aus dem Inlande kann der Empfänger die Auslieferung ohne Portozahlung verlangen, wenn er den Absender namhaft macht und bei Briefsendungen den Briefumschlag zurückgibt"[1]). Mit anderen Worten:

Der Empfänger kann die Auslieferung bei gewissen unzureichend frankierten Sendungen gegen Portozahlung, bei anderen derartigen Sendungen unter bestimmten Voraussetzungen sogar ohne Portozahlung verlangen. Daraus folgt mit zwingender Notwendigkeit, daß er auch die Auslieferung der ausreichend frankierten Sendungen, und zwar ohne weiteres verlangen kann, daß er also ein Recht auf die Sendung hat[2]).

Aus den angeführten Stellen geht hervor, daß die PO. vieles und gewichtiges enthält, was für das Recht des Adressaten spricht. Andererseits wird man kaum eine Bestimmung der PO. anführen können, welche geeignet wäre, ein Argument gegen die Empfangsberechtigung des Empfängers abzugeben[3]).

Vom PG. interessieren uns in diesem Zusammenhang außer § 6 die §§ 7, 26 und 48.

Daß sich § 6 nicht gegen das Recht des Empfängers verwerten läßt, daß man vielmehr den Anspruch auf Erfüllung von dem auf Schadensersatz scharf trennen muß, ist bereits ausgeführt[4]).

Durch § 7 PG. wird das Recht des Absenders auf Schadensersatz ausgeschlossen, „wenn der Verschluß und die Verpackung der zur Post gegebenen Gegenstände bei der Aushändigung an den Empfänger äußerlich unverletzt und zugleich das Gewicht mit dem bei der Einlieferung ermittelten übereinstimmend befunden wird."

Die ohne Erinnerung geschehene Annahme einer Sendung soll die Rechtsvermutung begründen, daß die Sendung bei der Aushändigung unversehrt gewesen ist. Hier wird einer Handlung des

[1]) Schott S. 564 u. Faßbender S. 15 sprechen dieser Bestimmung mit Rücksicht auf § 6 PTG. die Rechtsgültigkeit ab.

[2]) Ebenso Hellwig S. 521, der auch noch PO. § 20 IX (früher § 19 IX) geltend macht, worauf ich weniger Wert lege; ferner Schmidt Dissert. S. 60; Kann S. 160; a. A. Faßbender S. 16.

[3]) A. A., wenigstens bezüglich der Postanweisung, Walter S. 89.

[4]) O. S. 213.

Empfängers entscheidende Bedeutung für die Geltendmachung von Rechtsansprüchen des Absenders zugestanden.

Eine ähnliche Befugnis legt das PG. im § 48 dem Empfänger bei, indem es die Verantwortlichkeit der Postverwaltung für die richtige Bestellung und damit u. U. den Ersatzanspruch des Absenders beseitigt, „wenn der Adressat erklärt hat, die an ihn eingehenden Postsendungen selbst abzuholen oder abholen zu lassen." Die weitgehenden Befugnisse, welche das PG. dem Empfänger in beiden Fällen gewährt, haben notwendigerweise ein Recht des Empfängers auf Aushändigung zur Voraussetzung. Ohne ein derartiges Recht des Empfängers wäre ein so einschneidender Eingriff in die Rechtssphäre des Absenders unbillig und schwer verständlich.

Endlich spricht § 26 PG. „dem Absender oder dem Adressaten" die Befugnis zu, sich den für verkaufte Sendungen erzielten Erlös auszahlen zu lassen. Darin liegt nicht nur die Anerkennung eines Rechts des Empfängers auf die Sendung selbst[1]), sondern darüber hinaus — entgegen den Bestimmungen des § 6 PG. — sogar auf Schadensersatz, denn etwas anderes ist in dem Erlös für verkaufte Sendungen nicht zu erblicken, freilich ein Schadensersatz, den die Post nicht aus eigenen Mitteln leistet.

Was hier von den eigentlichen Postsendungen gesagt ist, gilt in demselben Umfang von den Postanweisungen. Auch bei diesen ist der Empfänger berechtigt, die Leistung zu verlangen[2]).

Von Gegnern dieser Ansicht wird folgendes geltend gemacht[3]):

Die Postordnungen gewähren dem Empfänger aller Gattungen von Postsendungen — mit Ausnahme der Postanweisungen — nur ein einziges Verfügungsrecht, das des Nachsendungsantrags. Gibt die Post einem solchen Antrag ohne Rechtsgrund, d. h. ohne daß entgegenstehende und daher in erster Linie zu berücksichtigende Anordnungen des Absenders vorliegen, keine Folge, so steht dem Empfänger ein klagbarer Erfüllungsanspruch zu, d. h. nicht etwa auf Aushändigung der Sendung, sondern nur auf Nachsendung laut Antrag.

§ 34 PO. gibt dem Empfänger kein Recht auf Aushändigung von Postsendungen an Unterwegsorten, stellt es vielmehr in das freie

---

1) Vgl. Schmidt Dissert. S. 62.

2) Hellwig S. 533. Vgl. o. S. 220 und Scheda S. 100 f.

3) Die nachstehenden Ausführungen sind auszugsweise einem mir zur Verfügung gestellten Manuskript des Fiskals der K B. Verkehrsanstalten, Postassessor Dr. Nigge in München, entnommen.

Ermessen der Verwaltung, ob sie einem derartigen „Antrag" — so interpretiert man den an dieser Stelle von den PO.en gebrauchten Ausdruck „Verlangen" — entsprechen will oder nicht.

Die Bedeutung des § 34 PO. liegt nur darin, daß er die Post ermächtigt, auf Antrag des Empfängers nach ihrem Ermessen von dem Beförderungsvertrag abzuweichen, was beim Fehlen dieser Ausnahmebestimmung nur zulässig wäre, wenn die Voraussetzungen der Geschäftsführung ohne Auftrag vorlägen.

Ebensowenig werden andere selbständige Rechte des Empfängers auf Beförderung und auf Auslieferung der am Bestimmungsort angekommenen Sendung anerkannt. Solche Rechte sind in den postalischen Rechts- und Vertragsnormen nicht begründet, konnten vielmehr nur auf analoge Anwendung der Art. 404 f. HGB. I gestützt und mit deren Außerkrafttreten nicht mehr aufrechterhalten werden.

Dem Empfänger steht ein Recht, d. h. ein durch Richterspruch erzwingbarer Anspruch, schlechthin nicht zu. Die Aushändigung der Postpaketadresse oder des Ablieferungsscheins an den Empfänger gewährt diesem kein selbständiges Recht auf Auslieferung der dazugehörigen Sendung, selbst dann nicht, wenn er die darauf lastenden Beträge an Porto und Gebühren bereits entrichtet hat. Keine dieser Tatsachen vermag dem Verfügungsrecht des Absenders Abbruch zu tun.

Nach Ansicht des Reichspostamts können diese Rechtsgrundsätze auf *Postanweisungen* keine Anwendung finden, weil man es dabei mit einem von den übrigen postalischen Verträgen grundsätzlich verschiedenen Rechtsgeschäft zu tun hat.

Geht man von der Analogie der Aushändigung von Paketadressen und Ablieferungsscheinen aus[1]) und nimmt man an, daß der Absender das Recht zur Rückforderung der Pakete oder Briefe selbst dann noch hat, wenn die Paketadresse oder der Ablieferungsschein dem Empfänger bereits ausgehändigt ist, so muß man diesen Grundsatz sinngemäß auf Postanweisungen dahin anwenden, daß der eingezahlte Betrag selbst noch nach Aushändigung der Postanweisung an den Empfänger vom Absender zurückgefordert werden darf.

Hiermit steht der § 33 I PO. nicht im Widerspruch. Er bezieht sich nur auf *Postsendungen*. Bei dem eingezahlten Betrag, der hier zurückgefordert wird, handelt es sich aber nicht um eine Postsendung, da er überhaupt nicht befördert wird. Bei einer Post-

---

[1]) Die ich nach Lage des Postsonderrechts ebenfalls für begründet halte.

anweisung kann als „Postsendung" an sich wohl nur der Abschnitt in Betracht kommen. Auch der übrige Teil des Postanweisungsformulars, der mit der Einlieferung in das Eigentum der Postverwaltung übergeht und in allen Fällen an die Post zurückgegeben werden muß[1]), stellt keine „Postsendung" im Sinne des § 33, sondern eine der Post zur Auszahlung eines Geldbetrags erteilte Anweisung, mithin eine nicht unter die Vorschriften der PO. fallende Sendung des innern Postdienstbetriebs dar. Sonach würde der § 33 äußerstenfalls nur in bezug auf den Abschnitt der Postanweisung mit der Wirkung anzuwenden sein, daß der Abschnitt einer an den Empfänger bereits ausgehändigten Postanweisung nicht zurückgefordert werden kann. Dieser Fall dürfte indes nur ein theoretisches Interesse bieten. Für die Praxis wird es im wesentlichen nur darauf ankommen, daß der Absender über den Geldbetrag solange verfügen darf, als dieser nicht vom Empfänger angenommen ist.

Hiergegen ist von anderer Seite[2]) geltend gemacht worden, daß eine analoge Anwendung von Grundsätzen des Beförderungsvertrags über Wertsendungen auf den Postanweisungsvertrag, einen Realvertrag[3]), bei der Grundverschiedenheit dieser Sendungsgattungen rechtlich nicht zulässig, aber auch nicht erforderlich ist, weil man zu demselben Standpunkt auch auf einem anderen, und zwar folgenden, Wege gelangen kann.

Da das eigentliche Postanweisungsformular nebst Postwertzeichen — aber ohne den Abschnitt — mit der Einlieferung in das Eigentum der Postverwaltung übergeht, beschränkt sich das Verfügungsrecht des Absenders aus dem Beförderungsvertrag auf den Abschnitt. Ein Anspruch auf Rückleitung des Formulars steht dem Absender nicht zu.

Für den Realvertrag ist § 33 PO. überhaupt bedeutungslos, weil kein Beförderungsvertrag vorliegt, den § 33 zweifellos im Auge hat.

Überhaupt ist der Absender nicht in der Lage, die Nichtaushändigung des Geldes an den Empfänger einseitig zu erzwingen. Der Weg des Vertragswiderrufs ist von vornherein ausgeschlossen, da dieses einseitige Rechtsgeschäft nur dem Gläubiger aus dem Rechts-

---

[1]) PO. § 20 VIII; Bayr. PO. § 17 VII; vgl. PO. § 20 VII u. Bayr. PO. § 42 III.

[2]) Vgl. o. S. 248 A. 3. [3]) S. o. S. 171.

geschäft des unentgeltlichen Auftrags (BGB. §§ 671, 675) zusteht. Gangbar erscheint dagegen der Weg nach Maßgabe des § 397 BGB. (Schulderlaß). Allein auch diese Schulderlöschungsform hat die Annahme des Erlaßantrags durch den Schuldner zur Voraussetzung ihrer Wirksamkeit; die einseitige Verzichterklärung genügt nicht[1]).

Wenn daher die Postverwaltung Anträgen der gedachten Art seitens des Absenders ausnahmslos Folge leistet, so erfüllt sie damit keine Rechtspflicht, sondern geht aus freien Stücken einen neuen Vertrag ein.

Die Rechte des Empfängers von Postanweisungen beschränken sich bezüglich des Beförderungsvertrags auf das Recht des Nachsendungsantrags. Aus dem Realvertrag stehen ihm überhaupt keine Ansprüche zu, was sich unmittelbar aus dem Wesen dieses Vertrags ergibt, der nur Rechte und Pflichten unter den Kontrahenten erzeugt. Aus dem Mangel eines Vertragsverhältnisses zwischen der Post und dem Empfänger folgt übrigens auch die Unübertragbarkeit der Postanweisung, die einer ausdrücklichen Hervorhebung in der PO. nicht bedurfte.

Auch die Zustellung des Postanweisungsformulars begründet nicht das ausschließliche Recht des Empfängers. Aus den Vorschriften des § 43 I PO. bezw. § 42 I bayr. PO., wonach die Geldbeträge nach Aushändigung der Postanweisungen an den Empfänger an denjenigen verabfolgt werden, der die mit dem Namen des Empfangsberechtigten abquittierte Postanweisung vorzeigt, läßt es sich kaum ableiten. Denn diesen Normen kommt keine weitere Bedeutung zu als denjenigen, nach welchen die Zustellung von Postsendungen an den Empfänger erfolgt (§ 39 PO.). Daraus wird sich ebenfalls kein klagbarer Anspruch des Empfängers folgern lassen. In beiden Fällen handelt es sich nur um Bestandteile der zwischen der Post und dem Absender abgeschlossenen Verträge. Das an den Empfänger ausgehändigte Postanweisungsformular legitimiert ihn zwar zur Empfangnahme des darauf angewiesenen Betrags, gewährt ihm aber keinen Anspruch auf dessen Aushändigung.

Soviel von den mir bekannten gegnerischen Ansichten. Mir scheint, als gewährten sie der Theorie einen zu weiten Spielraum,

---

[1]) Vgl. Planck und Staudinger, Komment. zum BGB. § 397 A. 1; Motive zum BGB. Bd. 2 S. 116. Nach gemeinem Recht gingen die Anschauungen über die Vertragsnatur des Erlasses auseinander; dafür Windscheid § 357, dagegen Dernburg 4. Aufl. II S. 192.

ohne die einfachen, alltäglich sich Tausende von Malen wiederholenden Vorgänge der Praxis gebührend zu würdigen, als käme dabei der Posttechniker gegenüber dem Juristen zu kurz. Zur Widerlegung darf ich auf meine früheren Ausführungen Bezug nehmen.

§ 22.

Das Ergebnis.

Das wichtige Ergebnis der vorstehenden Erörterungen ist demnach folgendes:

PG. und PO. verleihen dem Empfänger ein **klagbares selbständiges** Recht auf Aushändigung der Sendung. Es entsteht bei Sendungen nach außerhalb, sobald die Sendung den Aufgabeort verlassen hat[1]), bei Ortssendungen mit dem Abschluß des Beförderungsvertrags. Es greift demnach früher Platz als das Recht des Empfängers beim handelsrechtlichen Frachtgeschäft.

Unwiderruflich wird das Recht des Empfängers einer Postsendung erst mit der Aushändigung des Ablieferungsscheins, der Paketadresse oder der Postanweisung oder, bei gewöhnlichen Briefsendungen, mit der Aushändigung der Sendung selbst. Die Anstellung einer Klage auf Herausgabe der Sendung seitens des Empfängers verleiht — abweichend von den Grundsätzen des gewöhnlichen Frachtgeschäfts — dem Recht des Empfängers die Unwiderruflichkeit nicht[2]). In dieser Beziehung reicht das Recht des Absenders bei Postsendungen weiter als beim gewöhnlichen Frachtgut.

Daß der Empfänger nicht bloßer Empfangsbevollmächtigter sein kann, folgt, wie bei den übrigen Transportverträgen, auch beim Postfrachtgeschäft schon aus dem Zweck und Wesen des Vertrags[3]).

---

[1]) A. A. **Schmidt** Dissert. S. 63.

[2]) Wohl aber verleiht die Anstellung der Klage dem Empfänger u. U. ein Recht auf Schadensersatz. Ist nämlich der Anspruch auf Aushändigung bereits rechtshängig geworden, hat z. B. ein Empfänger die Post auf Herausgabe eines Wertbriefs verklagt, welche die Post aus irgend einem Grunde verweigert, etwa weil sie die Legitimation des Empfängers nicht für ausreichend erachtet, so greifen im Fall eines Verlusts oder einer Beschädigung die Vorschriften des § 292 BGB. und, soweit die prozessualen Folgen in Frage kommen, die Bestimmungen der CPO. Platz. Die Post könnte sich dann nicht darauf berufen, daß sie nach dem PG. nur dem Absender haftet. Nicht ganz zutreffend **Schmidt**, Dissert. S. 50 f., unrichtig **Tinsch**, der selbständige Anspruch, S. 205.

[3]) Vgl. dazu die zutreffenden Ausführungen von **Hellwig** S. 522 f.

Zu demselben Ergebnis gelangen von neueren Schriftstellern unter Zuhilfenahme der Verträge auf Leistung an Dritte und insbesondere gestützt auf § 328 BGB. Hellwig[1]) und Schmidt[2]).

Die Postverwaltungen des Deutschen Reichs stehen grundsätzlich auf dem entgegengesetzten Standpunkt[3]).

Dieser Standpunkt wird m. E. dem PG. und der PO. nicht gerecht. Vor allem scheint er mir mit den Bedürfnissen des täglichen Lebens nicht vereinbar. Die Praxis der Postanstalten steht mit der Theorie der Postverwaltung im offenen, aber unangefochtenen Widerspruch. Der Grundsatz: die Postsendung untersteht dem Verfügungsrecht des Absenders, bis sie an den Empfänger ausgehändigt ist, läßt sich in der Praxis nicht durchführen[4]). Dies scheint auch die bayerische Postverwaltung anzuerkennen, wenn sie erklärt[5]):

---

[1]) S. 523.

[2]) Dissert. S. 62. Außerdem erkennen das Recht des Empfängers an: Cosack S. 462; Gareis Blätter f. Rechtsanwendung S. 212, 238 (vgl. aber Vertr. zugunsten Dritter S. 120 f.; Goldschmidt System S. 234 (vgl. aber Handbuch II S. 749, 751); Mittelstein Beiträge S. 65, Rechtsfragen S. 579 ff.; Pappenheim S. 11; Freund S. 343 u. a. m. Weitere Literatur s. o. S. 211 und 216, außerdem bei Schmidt, Dissert. S. 5 und bei Dambach S. 73 A. 3 und S. 74 A. 1.

[3]) Ebenso u. a. Dambach S. 73 ff.; Sydow S. 528 ff.; Dernburg Pand. II S. 54; Laband III S. 84; Stenglein S. 286; Stobbe II S. 232 A. 16; Zorn II S. 288; Walter S. 24 und 37 ff.; Schlegelberger S. 69, gestützt auf BGB. § 328 und das Postsonderrecht; Scheda S. 99; Hertz S. 391; Tachau S. 495.

[4]) Oben S. 222.

[5]) Generaldirektion der Kgl. Bayer. Posten und Telegraphen I 19129 v. 10. Juni 1899.

Zu dem oben S. 138 über die prozessuale Vertretung der bayerischen Postverwaltung Gesagten ist noch zu bemerken:

Aktive Klagen des K. B. Postfiskus werden namens der Generaldirektion gestellt. Ihre Vertretung vor Gericht erfolgt in Instanzen mit Anwaltszwang durch Rechtsanwälte, in den übrigen Fällen durch den Fiskal der K. B. Verkehrsanstalten und dessen Kommissare auf Grund der Bestimmung im § 30 der K. Allerhöchsten Verordnung vom 17. Juli 1886 (Verordn. und Anzeigeblatt f. d. K. B. Verkehrsanstalten 1886 Nr. 34). Durch K. Allerhöchste Verordnung vom 14. Dezember 1903 (Verordn. und Anzeigeblatt Nr. 86 v. 1903) ist das Kgl. Staatsministerium für Verkehrsangelegenheiten hinsichtlich der obersten Aufsicht über das Eisenbahn-, Post- und Telegraphenwesen seit 1. Januar 1904 an die Stelle des Kgl. Staatsministeriums des Kgl. Hauses und des Äußern getreten. Die Abgrenzung der Kompetenzen der Generaldirektion gegenüber dem Ministerium bemißt sich zurzeit im wesentlichen noch nach der oben angeführten Kgl. Allerh. Verordnung vom

„Die Königlich Bayerische Postverwaltung ist hinsichtlich der Frage, ob der Adressat einer Postsendung nach deren Eintreffen am Bestimmungsort ein eigenes Recht auf Aushändigung derselben hat, der Anschauung, daß dem Absender, solange sich die Sendung selbst noch im Gewahrsam der Postanstalt befindet, ein unbeschränktes Recht auf Rückforderung oder Zurückziehung derselben zusteht und daß dem Adressaten sonach ein Recht gegen die Postanstalt auf Aushändigung einer an ihn gerichteten Sendung nach deren Eintreffen am Bestimmungsort nur dann zukommen kann, wenn und insolange der Absender von dem ihm zustehenden Zurückziehungsrecht keinen Gebrauch macht".

Es wird also dem Empfänger ein Recht auf Aushändigung der Sendung zugestanden; — nur ist, falls beide Rechte konkurrieren, das Recht des Absenders solange das stärkere, als die Sendung selbst sich noch „im Gewahrsam der Postanstalt" befindet. Dieser Standpunkt kommt dem hier vertretenen schon näher, zumal auch anerkannt wird, daß die Aushändigung des Postanweisungsformulars das ausschließliche Recht des Empfängers auf Auszahlung des Betrags begründet. Denn die K. Generaldirektion führt (1899) weiter aus: „Das Recht der Zurückziehung der Sendung ist dem Absender durch die PO.en solange eingeräumt, als die Sendung selbst sich noch im Gewahrsam der Postanstalt befindet, wird also durch vorgängige Zustellung der Paketadresse oder des Ablieferungsscheins an den Adressaten nicht berührt. Dagegen wird dem letzteren bei bereits erfolgter Zustellung einer Postanweisung das Recht auf Auszahlung derselben an ihn nicht abgesprochen werden können, weil das zugestellte Postanweisungsformular das ausschließliche Recht des Empfängers auf Auszahlung des Geldbetrags an ihn begründet."

In der allerneusten Zeit hat die K. Generaldirektion allerdings den bis dahin von ihr vertretenen Standpunkt aufgegeben und sich entschlossen, künftig in Übereinstimmung mit der Reichspostverwaltung dem Absender den eingezahlten Betrag auch dann noch zurückzuerstatten, wenn die Postanweisung dem Empfänger bereits zugestellt ist[1]).

---

17. Juli 1886; jedoch ist die Auflösung der Generaldirektion ins Auge gefaßt. Dies dürfte eine Erweiterung der Befugnisse der Oberpostämter im Gefolge haben, so daß nur die wichtigeren Aufgaben der Generaldirektion gleichzeitig mit deren Aufhebung auf das Kgl. Staatsministerium für Verkehrsangelegenheiten übergehen werden.

[1]) Gener.-Dir. 1 561 v. 6. Februar 1905.

Eine besondere Erwähnung verdient die Rechtsstellung des Absenders und des Empfängers bei Postaufträgen und Postnachnahmesendungen. Auf derartige Sendungen selbst finden hinsichtlich der Rücknahme und der Aufschriftsänderung die Grundsätze des § 33 PO. Anwendung, nicht aber auf die eingezogenen Beträge. Sie gelangen an den Absender der Nachnahmesendung oder des Postauftrags mittels Postanweisung. Absender dieser Postanweisung ist aber nicht der Empfänger der Nachnahmesendung oder des Postauftrags, sondern die Postanstalt am Bestimmungsort[1]). Der Empfänger der eigentlichen Sendung hat daher keinerlei Verfügungsrecht über die Postanweisung, mittels welcher der eingezogene Betrag dem Absender übersandt wird. Die Postanstalt hat den Betrag namens des Absenders empfangen und ist somit vom Augenblick der Zahlung ab dessen Schuldnerin; er hat von diesem Augenblick ab ein unwiderrufliches Recht auf Auszahlung des eingezogenen Betrags. Nur wenn der Empfänger einen Nachnahmebetrag irrtümlich gezahlt hatte — z. B. für ein verloren gegangenes Paket in der Annahme, daß es noch ankommen würde — und den Betrag zurückfordert, bevor dieser oder das Postanweisungsformular dem Absender ausgehändigt ist, würde die Post dem Verlangen des Empfängers zu entsprechen haben[2]).

Hinsichtlich der Postaufträge besteht eine weitere Besonderheit darin, daß sie im Falle des Konkurses des Zahlungspflichtigen nicht wie die „für den Gemeinschuldner eingehenden Sendungen, Briefe und Depeschen“[3]) dem Konkursverwalter ausgehändigt, sondern dem Gemeinschuldner vorgezeigt werden[4]), als wenn er sich nicht im Konkurs befände. Postaufträge sind eben als Postsendungen nicht an den Gemeinschuldner gerichtet, sondern an die Postanstalt seines Wohnorts; § 121 KO. umfaßt daher Postaufträge nicht. Der Absender hat es aber in der Hand durch den Vermerk „Sofort an .....“ anzuordnen,

---

[1]) Vgl. oben S. 173 ff. und den Vermerk auf dem Abschnitt der Postauftrags- bz. Nachnahme-Postanweisungen:

Eingezahlt vom Postamt ....
in .... M. ... Pf. ...
Postauftrag / Nachnahme an ...... in .....
vom .... usw.

(ADA. V, 1 S. 190.)

[2]) Zum Teil abweichend Dambach S. 98; Sydow S. 527.

[3]) KO. § 121. [4]) ADA. V, 1 S. 74.

daß der Postauftrag nach vergeblicher Vorzeigung bei dem Gemeinschuldner an den Konkursverwalter weitergegeben werde[1]).

Briefe mit Zustellungsurkunde[2]) unterliegen dem Verfügungsrecht aus § 33 PO. wie andere Postsendungen. Waren sie an einen Gemeinschuldner gerichtet, so wurden sie bis Ende 1899 ebenfalls an den Konkursverwalter ausgehändigt oder, falls dieser die Annahme verweigerte, als unbestellbar behandelt. Seit dem 1. Januar 1900 ist — entgegen § 121 KO. — von der obersten Postbehörde eine abweichende Praxis angeordnet, so zwar, daß die für den Gemeinschuldner bestimmten Briefe mit Zustellungsurkunde von vornherein als unbestellbar zu behandeln sind, sobald das Konkursgericht die Aushändigung der für den Gemeinschuldner eingehenden Briefe an den Konkursverwalter verfügt hat[3]).

Daß auf den Vertrieb der Zeitungen durch die Postanstalten die Bestimmungen des § 33 PO. keine Anwendung finden können, folgt aus der Natur dieses Rechtsgeschäfts[4]) und bedarf keiner näheren Begründung. Allerdings hat der Besteller der Post gegenüber ein Recht auf Aushändigung der vom Verleger gelieferten Zeitungen und die Post hat einen etwaigen Verlust von Zeitungen auf dem Wege von der Verlags- zur Absatzpostanstalt[5]) zu vertreten, während der Post beim Verlust von gewöhnlichen Briefsendungen bekanntlich keinerlei Ersatzpflicht erwächst. Dieses Recht auf Aushändigung und auf Schadensersatz beruht hier aber auf anderer Grundlage als bei den reinen Postbeförderungsverträgen. Andererseits hat der Verleger keinen Einfluß auf den Vertrag der Post mit dem Besteller. Insbesondere kann der Verleger nicht verlangen, daß die Exemplare auch wirklich an den Besteller ausgehändigt werden. Dieses Recht hat nur der Besteller. Verzichtet der Besteller, so kann der Verleger nichts dagegen tun; er ist ohne Zustimmung der Post weder berechtigt, die Weiterlieferung des bezahlten Exemplars einzustellen, noch kann er Rückgabe der von dem Besteller nicht beanspruchten Zeitungen oder

1) Ebenso Dambach S. 66 f. 2) S. oben S. 175 ff.

3) § 5 Abs. 5 der „Anweisung über das Verfahren, betr. die postamtliche Bestellung von Schreiben mit Zustellungsurkunde" ADA. V, 1 S. 248. Wegen der praktischen Bedenken des jetzigen Verfahrens s. Dambach S. 65.

4) S. oben S. 178 ff.

5) Nicht dagegen auf dem Wege von der Absatzpostanstalt in die Wohnung des Empfängers, denn dabei handelt es sich nur um einen reinen Beförderungsvertrag über eine gewöhnliche Briefsendung, welche die Post bereits für einen bestimmten Empfänger besitzt.

Erstattung ihres Wertes verlangen. Beim Postzeitungsdebit greifen eben ganz andere Rechtssätze Platz als bei den reinen Postbeförderungsverträgen.

§ 23.

Die Pfändung von Postsendungen.[1])

Die Pfändung von Postsendungen ist von mehreren Schriftstellern in einen unrichtigen Zusammenhang gebracht worden mit dem Recht auf Aushändigung. Walter z. B., der einen selbständigen Anspruch des Empfängers auf Aushändigung eines Geldbriefs oder Auszahlung eines Postanweisungsbetrags nicht anerkennt, fährt fort[2]):

„Ein solcher Anspruch kann daher — und dies ist die praktisch wichtige Konsequenz des obigen Resultats — von Gläubigern des Adressaten nicht gepfändet werden."

Richtig ist daran nur, daß jede Zwangsvollstreckung in eine Forderung des Empfängers einer Postsendung zur Voraussetzung hat, daß eine solche Forderung überhaupt zu Recht besteht. Ganz unzutreffend dagegen ist die Umkehrung dieses Satzes dahin, daß, wenn ein selbständiges Recht des Empfängers auf Aushändigung einer Postsendung anerkannt wird, jeder Gläubiger es pfänden kann[3]). Unzutreffend deshalb, weil die Bestimmungen des § 5 PG. entgegenstehen: „Das Briefgeheimnis[4]) ist unverletzlich. Die bei strafgericht-

---

[1]) Vgl. hierzu o. S. 103 ff.

[2]) S. 40 und Literatur das. Ebenso Scheda S. 99.

[3]) So z. B. Schmidt Dissertation S. 3.

[4]) Vgl. Art. 33 der Pr. Verfassungsurkunde und Pr. Allgem. Landrecht Teil II Tit. 15 § 204.

Über den Umfang des „Briefgeheimnisses" — besser vielleicht „Postgeheimnisses" — stehen sich zwei Auffassungen gegenüber. Vgl. u. a. Dambach S. 59, Sydow in Stengels Wörterbuch I § 2 S. 245 f.; Arndt S. 290; G. Meyer I S. 579 ff.; Laband III S. 57 ff.; ders. im Handbuch des öffentl. Rechts 1902 II 1 S. 168; Fischer im Handwörterbuch der Staatswissenschaften Bd. 6 S. 148; Zorn II S. 264 ff.; von Schwarze S. 102 f.; Stenglein S. 286; Scheda S. 100; Löwe StPO. 10. Aufl. S. 375 f.; Natter, der Schutz des Brief- und Schriftengeheimnisses nach österreich. Recht; Reif, das Recht an Brief und Schrift, beide in den Juristischen Blättern, Jahrg. 33 Nr. 31—37, und ausführlich Wolcke, das Brief- und Telegraphengeheimnis, Rostocker Dissert. 1905, § 5.

Zu S. 180 A. 4 ist hinsichtlich der Eröffnung unbestellbarer Briefe durch Postbeamte noch zu bemerken: Schon bei der Beratung des Entwurfs zum Preuß. StGB. im ständischen Ausschuß ist hervorgehoben, daß die Eröffnung unbestellbarer Briefe

lichen Untersuchungen und in konkurs- und zivilprozessualischen Fällen notwendigen Ausnahmen sind durch ein Reichsgesetz festzustellen. Bis zu dem Erlaß eines Reichsgesetzes werden jene Ausnahmen durch ein Landesgesetz bestimmt."

In Zivilprozessen sind an die Postanstalten wiederholt gerichtliche Pfändungsbeschlüsse von Gläubigern auf Herausgabe der an ihre Schuldner eingegangenen Wertsendungen und Postanweisungsbeträge ergangen. Diesen Beschlüssen mußte lange Jahre hindurch[1]) seitens der Postanstalten Folge gegeben werden. Empfänger und Gerichtsvollzieher wurden gleichzeitig vorgeladen, der Empfänger hatte sich über die Annahme der Sendung zu erklären und u. U. den Ablieferungsschein zu vollziehen. Die Sendung selbst dagegen wurde dem Gerichtsvollzieher übergeben[2]).

Nun bestehen aber für zivilprozessuale[3]) Fälle Ausnahmen vom Briefgeheimnis nicht. Demgemäß ist die Post nur dann berechtigt, der Pfändung eines Anspruchs auf Auslieferung einer Postsendung Folge zu geben, wenn die Herausgabe der gepfändeten Sendung an einen von dem Gläubiger zu beauftragenden Gerichtsvollzieher ohne Verletzung des Briefgeheimnisses erfolgen kann. Ob und in welchen Fällen dies möglich ist, soll unten erörtert werden. Mit vollem Recht führt daher das Reichsgericht in dem bereits teilweis zitierten[4]) Erkenntnis vom 17. Februar 1899 weiter aus: „Die Klage würde aber auch abzuweisen sein, selbst wenn man einen Auslieferungsanspruch des Adressaten in gewissem Umfang anerkennen wollte. Denn jedenfalls ist die Pfändung eines Anspruchs auf Auslieferung eines Geldbriefs unzulässig, weil die Ausführung der nach § 746[5]) bei der Pfändung zu treffenden Anordnung, daß der Geldbrief an einen von dem Gläubiger zu be-

---

zulässig sein sollte, trotzdem dieser Fall nicht im Gesetz, sondern nur in den Amtsreglements und Instruktionen vorgesehen sei. Goltdammer, Mater. z. StGB. 1852 Teil II S. 698 f. zu § 328 und Olshausen, Komm. zum StGB. 6. Aufl. 1901 zu § 354, 4 S. 1294.

[1]) Mindestens seit 1856; vgl. z. B. Verfügung des Kgl. Pr. Ministers für Handel, Gewerbe und öffentliche Arbeiten vom 3. Mai 1856; Postdienstinstruktion von 1867, Bd. 1. S. 112.

[2]) Unzutreffend demnach und im Widerspruch mit seinen eigenen Angaben S. 64 A. 1 Dambach S. 74, daß die Postverwaltung stets den Grundsatz festgehalten hat, der Empfänger habe kein selbständiges Recht, die Auslieferung des Guts zu verlangen. Vgl. Schott S. 566 und Schellmann S. 26.

[3]) Oben S. 225 ff. [4]) S. 212. [5]) Jetzt § 847.

auftragenden Gerichtsvollzieher herauszugeben sei, unmittelbar zu einer Verletzung des in § 5 PG. aufgestellten Rechtsgrundsatzes der Unverletzlichkeit des Briefgeheimnisses führen würde. Zwar ist in § 5 a. a. O. vorgesehen, von diesem Grundsatz für strafgerichtliche Untersuchungen und in konkurs- und in zivilprozessualischen Fällen Ausnahmen durch ein Reichsgesetz festzustellen und es sind in der Folge auch durch § 99 StPO. und durch § 111[1]) KO. für strafgerichtliche Untersuchungen und für Konkursfälle Ausnahmen durch Reichsgesetz gegeben. Für zivilprozessualische Fälle ist aber durch Reichsgesetz eine Ausnahme nicht festgestellt worden. Wenn sich in § 749[2]) CPO. unter den der Pfändung nicht unterworfenen Ansprüchen der Anspruch des Adressaten auf Herausgabe einer an ihn gerichteten brieflichen Sendung gegen die Postanstalt nicht aufgeführt findet, so ist dadurch die Pfändung dieses Anspruchs nicht zugelassen, so wenig durch Nichtaufführung des Inventariums der Postanstalten unter den im § 715[3]) von der Pfändung ausgenommenen Sachen die Bestimmung des § 20 PG. beseitigt ist, nach welcher das Inventarium der Posthaltereien im Wege des Arrestes oder der Exekution nicht mit Beschlag belegt werden darf. Die CPO. hat nicht den allgemeinen Rechtsgrundsatz aufgestellt, daß alle Sachen und alle Forderungen, soweit sie nicht selbst Ausnahmen aufstelle, der Pfändung unterworfen seien. Es sind daher nach § 13 EG. zur CPO. die in früheren Reichsgesetzen aufgestellten oder aus früheren Reichsgesetzen sich unmittelbar ergebenden Ausnahmen von der Pfändung durch die CPO. nicht beseitigt worden"[4]).

Bedauerlicherweise haben diese entschieden zutreffenden Ausführungen des Reichsgerichts in der neuesten Auflage bei Dambach-von Grimm keine Berücksichtigung gefunden. Als Grund gegen die Zulassung der Zwangsvollstreckung in Postsendungen seitens der Gläubiger des Empfängers wird das Moment der Verletzung des Briefgeheimnisses dort[5]) nur bei der Zwangsvollstreckung in körperliche Sachen verwertet, nicht aber bei der Zwangsvollstreckung in eine Forderung des Empfängers auf Herausgabe einer Postsendung. Die letztere Zwangsvollstreckung wird zwar ebenfalls für unzulässig erklärt, aber nur, weil ein Forderungsrecht des Empfängers überhaupt nicht anerkannt wird. Wo Dambach dieses Forderungsrecht anerkennt, —

[1]) Jetzt § 121. [2]) Jetzt § 850. [3]) Jetzt § 811.
[4]) RG. 43 S. 100f. [5]) S. 63f.

bei den von den Empfängern eingezogenen Postnachnahme- und Postauftragsbeträgen[1]) — gesteht er auch den Gläubigern des Berechtigten — also des Absenders — das Recht auf Pfändung der Forderung zu[2]). Hierin geht Dambach entschieden zu weit. Auch bei Beantwortung der Frage, ob die Zwangsvollstreckung in eine Forderung auf Herausgabe einer Postsendung zulässig ist, spielt das Briefgeheimnis eine wichtige Rolle. In vielen Fällen würde die Überweisung gepfändeter Postnachnahme- und Postauftragsbeträge an die Gläubiger des Absenders eine Verletzung des Briefgeheimnisses in sich schließen, zu welcher die Postverwaltung natürlich nicht die Hand bieten darf.

Die deutschen Postverwaltungen haben ihren Standpunkt in der Pfändungsfrage wiederholt geändert.

Zuerst galt, wie bereits erwähnt, folgendes:

„In bürgerlichen Rechtsstreitigkeiten steht den Gerichtsbehörden die Befugnis zu, Briefe mit Wertangabe, Pakete mit und ohne Wertangabe und Postanweisungen (einschließlich der Geldbeträge) mit Beschlag zu belegen. Im Falle einer solchen Beschlagnahme sind der Empfänger der Sendung und der seitens des Gläubigers mit entsprechendem Auftrage versehene Gerichtsvollzieher zur nämlichen Zeit zur Postanstalt zu laden; es ist dann dem Empfänger in Gegenwart des letztgenannten Beamten die Sendung vorzulegen und dem Beamten die Ergreifung weiterer Maßregeln zu überlassen. Der Ablieferungsschein ist vom Empfänger zu vollziehen. Verweigert der Empfänger die Annahme der Sendung, so ist dieselbe zurückzuschicken und es ist dem Gerichtsvollzieher zu eröffnen, daß ihm unter diesen Umständen der Inhalt der Sendung nicht zugänglich gemacht werden könne, vielmehr die Zurücksendung derselben an den Absender erfolgen müsse, da die Postverwaltung ihrer gegen diesen eingegangenen Verpflichtung nur in dem Falle enthoben sei, wenn der Empfänger die Sendung angenommen habe.

Über den Hergang der Sache ist von den Postanstalten eine Verhandlung aufzunehmen. Ein gleiches Verfahren ist zu beobachten, wenn Briefe mit Wertangabe, Pakete mit oder ohne Wertangabe und Postanweisungen durch andere Behörden, welchen das Recht der Zwangsvollstreckung zusteht, im Wege der Zwangsvollstreckung mit Beschlag belegt worden sind (CPO. § 772)."

---

[1]) S. oben S. 250f. [2]) S. 64.

Im Jahre 1890 wurde dagegen bestimmt:

„In bürgerlichen Rechtsstreitigkeiten ist zwischen der Zwangsvollstreckung in körperliche Sachen (§§ 712 bis 728 der Zivilprozeßordnung) und der Zwangsvollstreckung in Forderungen und andere Vermögensrechte (§§ 729 bis 754 a. a. O.) zu unterscheiden. Eine Beschlagnahme von Postsendungen durch den Gerichtsvollzieher nach Maßgabe der Vorschriften über die Zwangsvollstreckung in körperliche Sachen ist in keinem Falle zulässig. Ebenso darf im allgemeinen die Pfändung einer vermeintlichen Forderung des Empfängers an die Postverwaltung auf Herausgabe einer Postsendung oder auf Auszahlung eines Postanweisungsbetrages nicht stattfinden, da dem Empfänger ein solcher Anspruch nicht zusteht. Nur dann, wenn es sich um Postanweisungen handelt, durch welche Postauftrags- oder Nachnahmebeträge übermittelt werden, hat der Empfänger der Postanweisung eine pfändbare Forderung an die Postverwaltung; wird eine solche Forderung gepfändet, so ist nach den im gerichtlichen Pfändungsbeschlusse getroffenen Anordnungen zu verfahren.

Wenn Verwaltungsbehörden, welchen das Recht der Zwangsvollstreckung zusteht, eine nach Vorstehendem pfändbare Forderung usw. im Wege der Zwangsvollstreckung mit Beschlag belegen, so ist einem solchen Pfändungsbefehle ebenfalls nach Maßgabe der darin gegebenen Bestimmungen Folge zu leisten."

Später wurde hinzugefügt:

„Ist der Schuldner im Zivilprozeß Absender von Postsendungen, so können die von ihm herrührenden Briefe mit Wertangabe, Pakete mit und ohne Wertangabe und Postanweisungen (einschließlich der Geldbeträge) bis zur Aushändigung an den Empfänger mit Beschlag belegt werden. Wenn derartige Beschlagnahmen vorkommen, so ist nach den Anordnungen des gerichtlichen Pfändungsbeschlusses zu verfahren. Es ist nicht notwendig, daß darin die Postsendungen genau bezeichnet sind, sondern es genügt, wenn der Schuldner genannt und außerdem angegeben ist, auf welche Gattungen von Postsendungen die Beschlagnahme sich erstreckt, und wie lange der Pfändungsbeschluß Gültigkeit haben soll. Wenn die Postsendungen in der Beschlagnahmeverfügung nicht genau bezeichnet sind, so darf ihr nur insoweit entsprochen werden, als die Postanstalt unzweifelhaft zu erkennen vermag, daß die Sendungen von dem ihr genannten Schuldner herrühren"[1]).

---

[1]) Vgl. ADA. II, Ausgabe 1884, S. 60 und Berichtigungen 39 und 88 dazu, ferner Ausgabe 1897, S. 84.

Seit 1899 gelten im Hinblick auf die angeführte Entscheidung des RG. folgende Grundsätze[1]):

„In bürgerlichen Rechtsstreitigkeiten ist die Beschlagnahme und Pfändung von Postsendungen und Telegrammen mit Rücksicht auf die gesetzlichen Bestimmungen über das Brief- und das Telegraphengeheimnis unstatthaft.

Werden in bürgerlichen Rechtsstreitigkeiten Forderungsansprüche auf Auszahlung von Postanweisungs-, Postauftrags- oder Postnachnahmebeträgen gepfändet, so haben die Verkehrsanstalten in jedem Falle die Entscheidung der vorgesetzten Ober-Postdirektion einzuholen."

Man sieht, hinsichtlich der Pfändung von Forderungen auf Auszahlung von Postanweisungsbeträgen wahrt die Postverwaltung sich freie Hand.

Einige Schriftsteller, z. B. Scheda[2]), halten auch diese für grundsätzlich unzulässig.

Scheda stützt seine Ansicht auf das Briefgeheimnis und die Natur des Postanweisungsvertrags, namentlich aber darauf, daß die Pfändungs- und Überweisungsbeschlüsse über Postanweisungsbeträge die Forderung nicht ihrem Grunde nach bezeichnen, und führt aus: Die Bezeichnung des angeblichen Forderungsrechts als eines solchen gegen die Post aus einer Postanweisung besagt nichts über den Grund der Forderung. Es erfolgen doch auch Zahlungen mit anderem als mit Übereignungswillen und solche ohne eine Leistungspflicht. Andererseits gibt es auch unpfändbare Forderungen. Die Post als Staatsinstitut und Behörde kann bei dieser Rechtslage auch nicht den Standpunkt des Privatmanns einnehmen und ohne Rücksicht auf ihre öffentlich-rechtliche Pflicht der Anordnung des Gerichts Folge leisten. Das Briefgeheimnis muß zweifellos auch solchen Anordnungen gegenüber, denen die rechtliche Grundlage fehlt, unbedingt gewahrt bleiben.

Nur nach Erlaß eines Reichsgesetzes, welches speziell zu diesem Behuf eine weitere Ausnahme vom Briefgeheimnis und dem Widerrufsrecht des Absenders zuließe, würde die Post berechtigt und verpflichtet werden, derartigen Beschlüssen irgend eine Folge zu geben.

Zu demselben Ergebnis gelangt — allerdings, wie mir scheint, auf einem recht künstlichen Wege — Hertz[3]). Eine „Zahlung" an den Empfänger, so deduziert er, kann allerdings nicht erfolgen; sie würde

---

[1]) Amtsblatt des Reichs-Postamts 1899, S. 247; ADA. II, 1 Ausgabe 1903, S. 50.

[2]) S. 102 f. [3]) S. 392.

wegen des entgegenstehenden Pfandrechts des Gläubigers der Rechtswirksamkeit entbehren. Aber eine Zahlung an den Empfänger liegt ja bei der Ablieferung des Geldes an ihn nicht vor, sondern lediglich eine Tilgung einer Forderung des Absenders an die Post. Dem Absender zu leisten ist aber der Post durch den Pfändungsbeschluß nicht verboten; der zur Tilgung der Forderung des Absenders gegen die Post erfolgenden Ablieferung der Summe an den Empfänger steht demnach das Verbot nicht entgegen.

Indes — kann man diesen Standpunkt der radikalen Ablehnung jedes Beschlagnahme- und Pfändungsrechts in allen Fällen festhalten?

Vor einigen Jahren kam in einem Postamt folgender Fall zur Entscheidung. Ein Kaufmann hatte vom Ausland Ware bestellt, welche ihm in Paketen unter Nachnahme zuging. Er nahm die Pakete unbeanstandet an und zahlte den Nachnahmebetrag. Bei der sofort vorgenommenen genaueren Prüfung der übersandten Ware ergab sich jedoch, daß sie ganz minderwert war. Der Empfänger erwirkte infolgedessen schleunigst beim Amtsgericht einen Arrestbefehl, in welchem der dingliche Arrest in Höhe des gezahlten Nachnahmebetrags und eines Kostenpauschquantums angeordnet und insbesondere der Anspruch des Absenders an die Post auf Auszahlung des vom Empfänger eingezogenen Nachnahmebetrags gepfändet wurde. Dieser Arrestbefehl und Pfändungsbeschluß wurde dem Postamt noch vor der Absendung der Nachnahmebeträge zugestellt. Es bestand also eine Forderung des Absenders gegen die Post auf Auszahlung des eingezogenen Nachnahmebetrags; diese Forderung war vom Empfänger rechtzeitig gepfändet; eine Verletzung des Briefgeheimnisses, welche die Pfändung hätte ausschließen können, kam nicht in Frage, weil außer dem Absender und Empfänger niemand um die Sache wußte: mithin war das Postamt verpflichtet, dem Pfändungsbeschluß Folge zu geben.

Ein anderer Fall: Ein Postanweisungsbetrag wird vor der Auszahlung an den Empfänger zugunsten von Gläubigern des Absenders im Wege der Zwangsvollstreckung in Forderungen[1]) gepfändet und nach der Pfändung vom Absender zurückgefordert. In diesem Falle handelt es sich um die Pfändung der zweifellos gegen die Postverwaltung bestehenden Geldforderung des Absenders, von deren Existenz ein Gläubiger des Forderungsberechtigten ohne Bruch des Brief-

---

[1]) CPO. §§ 828ff.

geheimnisses Kenntnis erhalten hat. Darin, daß dann gemäß dem gerichtlichen Pfändungs- und Überweisungsbeschluß das Geld nicht an den Forderungsberechtigten, sondern an dessen Gläubiger gezahlt und daß dadurch mittelbar den Gläubigern des Absenders das Vorhandensein einer entsprechenden Postanweisung bestätigt wird, kann eine Verletzung des Briefgeheimnisses nicht gefunden werden[1]). Haben in solchem Falle mehrere Gläubiger die Pfändung erwirkt, so wird der Postanweisungsbetrag gemäß § 855 CPO. zu hinterlegen sein.

Einer Pfändung wird also von der Postverwaltung Folge gegeben werden müssen, wenn es sich um einen vom Absender an seine eigene Adresse eingezahlten oder um einen als unbestellbar an ihn zurückgekommenen Postanweisungsbetrag oder endlich um einen Postauftrags- oder Nachnahmebetrag handelt, der im Auftrag des im Pfändungsbeschluß bezeichneten Schuldners seitens der Post von einem Dritten eingezogen und an den Schuldner als forderungsberechtigten Absender des Postauftrags oder der Nachnahme auszuzahlen ist.

Auf diesem Standpunkt stehen, soweit mir bekannt, auch die Deutschen Postverwaltungen.

Ich gehe in Anwendung der oben gewonnenen Grundsätze über das Recht des Adressaten auf Auszahlung eines Postanweisungsbetrags nach Aushändigung des Formulars noch einen Schritt weiter und gestehe auch dem Gläubiger des Adressaten einer Postanweisung, die nicht zu den obenbezeichneten Kategorien gehört, das Recht zu, den Betrag zu pfänden, sobald das Formular dem Empfänger ausgehändigt ist, immer vorausgesetzt, daß der Pfändungsgläubiger von dem Bestehen eines Obligationsverhältnisses zwischen der Post und seinem Schuldner, hier dem Adressaten der Postanweisung, ohne Verletzung des Briefgeheimnisses Kenntnis erhalten hat. Ist der Adressat in den Besitz der Postanweisung gelangt, so kann die Post m. E. Einwendungen gegen die Art und Weise der Zwangsvollstreckung gemäß § 766 CPO. nicht mehr erheben. Diesen Standpunkt hat auch die Kgl. Bayerische Postverwaltung Jahre hindurch vertreten, neuerdings aber wieder verlassen. Sie erhebt künftig in Übereinstimmung mit der Reichspostverwaltung derartige Einwendungen auch nach Zustellung des Postanweisungsformulars, sofern der Betrag noch nicht zur Auszahlung gelangt ist[2]).

---

[1]) Vgl. hiergegen Scheda S. 100.

[2]) S. o. S. 249 A. 1. Vgl. ferner Seufferts Blätter für Rechtsanwendung, zunächst in Bayern, 1895 S. 33 ff., 49 ff., 65 ff., 81 ff. u. 225 ff.

Die Pfändung von Briefen und Paketen durch Gläubiger des Adressaten ist ohne Rücksicht darauf, ob die Voraussetzungen der Forderungspfändung gemäß CPO. §§ 829 ff. gegeben sind, im Hinblick auf § 5 PG. ausgeschlossen[1]).

Man darf daher hier nicht verallgemeinern, sondern muß individualisieren.

Will man eine für alle Fälle gültige Formel aufstellen, so wird sie dahin zu lauten haben: Die Beschlagnahme und Pfändung von Postsendungen einschl. der Postanweisungsbeträge ist statthaft, wenn die Sendung nach Absender, Empfänger, Betrag usw. im Pfändungsbeschluß genau bezeichnet ist, wenn ferner dem darin angegebenen Schuldner im Augenblick der Zustellung des Beschlusses eine konkrete pfändbare Forderung überhaupt zusteht und wenn endlich die Pfändung ohne Verletzung des Briefgeheimnisses geschehen kann[2]).

§ 24.

Schlußwort.

Wir sind am Schluß unserer Betrachtungen angelangt. Ihr Zweck war, zu zeigen, daß sich auch der Lehre vom Verfügungsrecht und insbesondere dem Kapitel vom Verfügungsrecht über Postsendungen so manche juristisch wertvolle Gesichtspunkte abgewinnen lassen. Vielleicht kann das hier beigebrachte Material für eine sachgemäße Änderung oder Ergänzung der einschlägigen Vorschriften im gesetzlichen oder im Verordnungsweg Verwertung finden. Aber selbst wenn jeder praktische Erfolg ausbleiben sollte, so gelten vielleicht auch hier die Ausführungen Kohlers[3]):

„Mögen immerhin Prozesse in bezug auf die genannten Fragen zu den größten Seltenheiten gehören . . . ., so liegt ja das Recht nicht bloß im Prozeß, es liegt in der ganzen Verkehrsübung . . . . Gerade hier kommt es nicht selten vor, daß plötzlich eine Frage auftaucht, die die weitesten Kreise bewegt und deren Lösung als recht zweifelhaft erscheint, weil die Grundlagen des Rechts nicht genügend erforscht sind."

---

[1]) Vgl. Mothes, Die Beschlagnahme nach Wesen, Arten und Wirkungen; Leipz. Dissert. 1903 S. 25.

[2]) Vgl. Fischer im Handwörterbuch der Staatswissenschaften, 2. Aufl. 6. Bd. S. 148. Tachau S. 496 gelangt zu dem Ergebnis, daß die Pfändung eines Postanweisungsbetrags die Post zwar nicht verhindern darf, die Urkunde dem Empfänger zuzustellen, daß aber, falls eine Pfändung vorliegt, die Auszahlung des Geldes unterbleiben muß. [3]) Die Briefmarke im Recht, Arch. f. b. R., Bd. 6, S. 345.

Sachregister.

(Die Zahlen bedeuten die Seiten.)

A.

C.

D.

E.

Druck von A. W. Hayn's Erben, Berlin und Potsdam.